E, e

e I, ë, ė, ę, ê; E, Ë, Ė, Ę, Ê

der Buchstabe *e* im Lemma, ohne bzw. mit Diakritikum, als Bestimmung der etym. Herk.: **1)** *e* (ohne Diakritikum) in der Haupttonsilbe e. Wortes stammt aus mhd. *e* („Primärumlauts-*e*“); Näh. s. 1,10; z. Lautentw. vgl. Lgg. § 4, K.5,6 u. Wiesinger (1983b) 1066f., K.54; s. z.B. → *Pere, decken, denken, Eck, edel*; — **2)** *ë* im Lemma zeigt d. Herk. aus mhd. *ë* (germ. *e*, „altes *e*“) an; Näh. s. 1,9f.; z. Lautentw. vgl. Lgg. § 3 u. K.3,4; s. z. B. → *pëcken, pëten, Tëgel* I, *Tërz* I, *Ëgel*; — **3)** *ė* wird nur im Hauptton e. Nebenlemmas angesetzt; z. Entstehung des *ė* (insbesondere nach der Paulschen Regel) vgl. 1,10 u. Lgg. § 3o, § 4a3; s. z.B. *Pėlz* (→ *Pëlz* I), *Prėdige* (→ *Prëdige*), *Tėchânt* (→ *Tëchânt*); — **4)** *ę* im Hauptton d. Lemmas wird angesetzt bei jüngeren Lw., bei etym. unklaren sowie bei lautmalenden Wörtern, vorausgesetzt, diese werden offen ausgesprochen (*ę* = phonet. Zeichen) bzw. gehen auf e. Grundw. zurück, dessen *e* offen ausgesprochen wird; vgl. 1,10 und → *tę, Tęster, Tschęschke, ę* I; — **5)** *ê* im Lemma bez. d. Herk. aus mhd. *ê*; Näh. s. 1,10; z. Lautentw. vgl. Lgg. § 10, K.9 u. Wiesinger (1970) 1,216–239, K.7; s. z.B. → *Pêr* I, *Pêr* II, *dêchteln, Dêse, êcht, Êfa*. — Zur phonet. Umschrift der jeweiligen Lautqual. des *e* vgl. WBÖ-Beih. 2 21. *E.G.*

e II, E

N., **1)** Bez. f.d. fünften Buchstaben des Alphabets allg.; hist.: *Mit ern, o ausserweltes G, / so freustu mich glich in der sele grunt; / Darnach ain edel R und E / .. / An end der wort zwai T beslossen han die treu / von dir zu mir in ewikait* gemeint ist d. weibl. VN Grett (für Margarete v. Schwangau, Gemahlin Oswalds) Oswald (u.1425/1975) 188,68,11f.; — **2)** Bez. f.d. Musikton *e, E* fachsprl. *E.G.*

ę I, e; ęha, ehé

Interj., **1)** steh!, Zuruf an Zugtiere, stehen zu bleiben obPitzt., öUInnt., nwObMurgeb., ULung., Pong., Flachg., söstl.uMühlv., Perschlingt., sTulln.Beck., uYbbst., nöWeinv., ZarzWb.(v.1920/1983) 55, mGott., Gr. Schütt; Syn. → *aha* 3, *ęba*; — **2)** Lockruf für Schafe obTraisent. — Ltg.: *ę̄* öUInnt., nwObMurgeb., ULung. ve., Pong., söstl.uMühlv., obTraisent., Perschlingt., sTulln.Beck., uYbbst., Zarz; *ē* obPitzt., Flachg., Zarz, mGott.; *ęha* öUInnt., ULung., Salzachpong., uYbbst., nöWeinv., Gr.Schütt; *ehé* mGott.; Etym.: lautmalend. — BayerWb.² 1,4, SdWb. 3,531 (*eh* II). *E.G.*

ę II, e

Interj., meist redupl., **1)** ablehnende Äußerung d. Ekels, Unwillens TirWb.(1955–1956) 1,139 (*e, ee* [spr. *ę-ę*], *ê* [spr. *ę̄*]); Ausdr. d. Ekels u. Abscheus b. Kindern TirId.(1866) 98 (*e-e, ä-ä!*); — **2)** Ausruf m.d. Bed.: „nein, nein, das geht nicht an, das kann nicht sein“ KäId.(1862) 87 (*ē-ē!*); — **3)** umschreibender Ausruf f. „Notdurft“ nöWeinv. (*ē! ē!*), Brünn; Füg.: *e-e mǫχɒ* Kot absetzen Brünn (kindersprl.); — **4)** weibl. Geschlechtsteil wSBö. Micko (1930) 26 (*ę-ę̄*; kindersprl.). — Etym.: lautmalend. *E.G.*

ę III, e

Interj., Ausruf m. versch. Stimmungsgehalt: **1)** merkwürdig! nwObMurgeb. (*ę*); — **2)** nun ZarzWb.(v.1920/1983) 55 (*e!, ei!*); — **3)** bei stockender Rede allg. (*ę̄*). — Etym.: lautmalend, Näh. s. DEWb./K.²⁴ 22 (*äh*). *E.G.*

Ê, Êe, †Êwe [Ehe]

F., Ehe, Ehebund, Ehestand verbr. m. einigen SI, ugs.; Leichenfett (in Füg.) OÖ u. NÖ ve.; Gesetz, Recht, Gebot, Altes u. Neues Testament hist. — BayerWb.² 1,4f. (*Ê*), SdWb. 3,531, VlbgWb. 1,668, SchwäbWb. 2,523f. u. 6/2,1795 (*E*), SchweizId. 1,6f. (*E*).

Ltg.: Sg.: *ę̄a* u.ä. STir. Tscholl (1999) 86, Lüsenert., TirId.(1866) 98 (auch *ē*), TirWb. (1955–1956) 1,139, wObInnt. Schatz (1897) 52 (Näh. zum Diph. s.d.), söMKä. Lessiak (1903) 70, *ē* mMöllt., *ē, ę̄* ÜGeb. u. mbair. verbr., *ē* NöGr. (1886) 407,409, *ę̄* WrWb.(2002) 321, *ē* SMä. Beranek (1936) 63, 135, *ē* [spr. *ę̄*?] BrünnWb. (v.1938/1990) 64; *ēha* otir.Lesacht., *ēi̯e* öUInnt. („b. Vorlesen i.d. Kirche“), *ę̄xę* sbair.ObMurgeb., *ēę, ę̄hę* u.ä. ugs., mGott.; m. unklarer Lautentw.: *oi* Def. TirWb.(1955–1956) 1,139, *ę̄ǫ* uZillert.; — Pl.: *ę̄ɒii̯ə* wObInnt. Schatz (1897) 132, dazu s.a. ebd. 6; *ē'n* NöGr.(1886) 407,409, *ę̄'n* WrWb. (2002) 321.

Etym.: ahd. *êwa*, F., Gesetz, Recht, Regel, Gebot, (Altes u. Neues) Testament, Vertrag, religiöser Brauch EWA 2,1173f. (ahd. Schreibvar. *euua, aeuua, eha, ea*; Vermutungen über d. weitere Herk. s.d.; vgl. auch d. ebd. vorgenommene Trenng. v. *êwa*¹ Recht usw. u. *êwa*² Ewigkeit); mhd. *êwe, ê*, st.F., endlos lange Zeit, Ewigkeit, (Gewohnheits-)Recht, Gesetz, Norm u. Form d. Glaubens, Bund d. Ehe MhdWb./L. 1,715f.; frmhd. konkurrieren *êwe* u.d. Kontraktionsform *ê*, die seit 1200 Norm ist; seit d. 15.Jh. überwiegt d. Schreibg. *ee*; M.17.Jh. setzt sich *ehe* durch DWB[2] 7,109f.; zur weiteren Herk. vgl. DEWb./K.[24] 228, DEWb./Pf.[5] 261f.

Bed.: **1.** Ehe, Ehestand, Bund/Sakrament der Ehe verbr., mGott., Brünn, jedoch eher ugs.; im bes. Wort d. Rechts- u. Kirchenspr.; s.a. HDA 2,564f., DRW 2,1206f. (einige Bel. aus d. Bearbeitungsgeb. des WBÖ s.d.); d. Sammlermaterial stammt aus d. Zeit u.1913 u. ist daher vielfach als va. anzusehen; mdal. Syn. → *(Ê)stand* u. div. Füg. m. → *heirâten*; s.a. → *(Ê)pund* 1 (iron. Syn. s.d.) sowie → *(Ê)pand, -pâr, -pruch, -tanz, -teufel, -dispę́ns, -leüte*; — Füg.: *wilde Ehe* d. Zusammenleben e. Paares ohne (kirchl.) Trauung, Eheschließung (va.) verbr. m. mGott., z. Volksmeing. darüber s. DBÖ; Syn. → *Konkubinắt*; vgl. auch *wilde ê* „außerehel. Verhältnis" TirId. (1866) 99; *gemischte Ehe* Ehe zw. Partnern m. versch. Religionszugehörigkeit (va.) ve.; *goldene Ehe* Ehe ohne Geschlechtsverkehr (va.) öObMurgeb., östl.mInnv., n-,mHausrv., uYbbst.; *marianische Ehe* dass. (va.) Linz; *Helgoländer Ehe* an e. Ort geschlossene Ehe, an dem das „tridentinische Ehedekret" nicht verkündet worden ist, z.B. in Helgoland mInnt. (u.1913); *e. Kind/Kinder außer der Ehe* unehel. Kind(er), meist v.d. Frau i.d. Ehe mitgebracht u. oft mit Bezug auf das ehel. Kind / die ehel. Kinder so genannt OÖ u. NÖ verbr., W., söSMä.; e. Füg. s. WrWb. (2002) 321; Spruch: *d. erste Ehe* (spr. *ę̄hę*) *ist von Gott, die zweite aus Not und die dritte aus Übermut* obGailt.; weitere Sprüche s. DBÖ; — hist., lit.: *ein frumer künic hiez Constantîn .. er wart niht geborn von rehter ê* Enikel (1276/1980) 490,25130f.; *so habent die ersten chind, die si gehabt habent vor der ee .. alls recht ains nicht an alle dem erib* W. (13./14.Jh.) WrStadtRb.(1873) 97; *daz diu herzogin Gedrût* [Gertraud] / *naem zuo der ê und ze trût / von Riuzen des kunigs suon* Ottokar (u.1310/1980) 1,33,2461f.; *Den priester ich smäch, mein e zerprich, / mein tauff und firmung übersich* Oswald (u.1425/1904) 243,106,41f.; *Item, wellicher würt leüt in seinem hauß hat oder haben wirdt die ohne ehe* [unverheiratet] *bei ainander sitzen und die wissentlich ufhelt, derselb ist der herrschaft sechs schilling und zwen pfenning straff schuldig* W. (1562) ÖWeist. 7,767; *an denen jenigen ortschaften, allwo das weibsbild gebürtig und anhero in zechend Stanz zur ehe genomen würd und sich verheurathet* Stanzert. (1768) ebd. 3,236; *Der christlichen auferbaulichkeit wegen solle von ieder ehe* [aus jeder Familie lt. TirWb.(1955–1956) 1,139] *ein person unter fünfzehn kreuzer pfandung bei den angeordneten bittgängen sich andächtig einfinden* Vinschg. (1798) ebd. 3,349; s.a. ÖWeistGll.; *die Ehen, sagt man, werden im Himmel g'schlossen* W. HJörgelBr. 9 (1833) 19; *Das hab' ich der Eh' schon eh' ang'sehn, eh' die Eh' g'schlossen war* W. Nestroy (u.1840/1924–1930) 4,8; *Den åan' gfreut 's Buasein* [d. Ledigenstand], *den ån*ᵈ*an die Eh'* öNOTir. Kohl (1908a) 64; *Eine Ehe ohne Liab ist wie eine ung'salzene Supp* Sarnt. Pölt-Nordheim (1914) 133. — **2.** Leichenfett OÖ u. NÖ ve., nur in den Füg.: *wilde Ehe*: *de wṻde ē* Fett, welches in den Gräbern von verwesten fetten Leuten gefunden wird Perschlingt. (u.1913); dieses gilt als Heilmittel ebd.; *alte Ehe*: *ǫide ē* noch unverwestes Menschenfett in Gräbern nöstl.ob-Mühlv.; es wurde zu e. Salbe gegen Lungenkrankheit verwendet ebd.; s.a. HDA 2,1383f. (unter *Fett*) sowie → *alt* 12a,b. — **†3.** Gesetz, Recht, Gebot (z.B. einer Religionsgemeinschaft; im bes.: d. Alte u. d. Neue Testament) u.ä.: *nach der selben ewe die ich* [Gott] *ivch* [den Juden in Ägypten] *nu lere* MstExodus (u.1125/1862) 152,23 (weitere Bel. s. ebd. Reg. 129f.); *die niuwen ê und die alt* [d. Neue u. d. Alte Testament] / *kund er* [e. Papst] *gar ân mâzen vil* Enikel (1276/1980) 435,22332f.; *so muez der jud sagen pei seinen treuen, und pei seiner Ee, daz er dieselben phenning auf des mannes schaden des tages gelichen hat* W. (13./14.Jh.) WrStadtRb. (1873) 51; [er] *pat von Aleazaro dem priester die půch der ee. Die nam er und sucht auzleger, die si prěchten auz der zung ebreischen* [hebräischen Sprache] *in die kriehisch* [griechische Sprache] ÖChr.(E.14.Jh./1980) 2317f.; *Da mit er* [Jesus] *ent* [Ende] *hat gegeben / Der alten ee und dem jüdischen leben* mSTir. SterzPass.(1490/1897) 4,25f.; Satzung, Bund, Recht TirId.(1866) 99 (einige hist.Bel. s.d.); s.a. WMU 1,539, DRW 2,1206f. (einige Bel. aus d. Bearbeitungsgeb. des WBÖ s.d.) sowie → *†(Ê)albe* (→ *Albe* I), *-plôße, -prucke, -purger, -tafe̋rne, -tēiding, (Ê)halte.*

Komp.: **†(Gottes)-:** Sammelausdruck f. verschiedenste Arten gottesdienstlicher Tätigkeit SteirWb.(1903) 297 (*Gottesehe*, ä.Spr.). — **(Josefs)-:** Ehe ohne Geschlechtsverkehr ve., ugs.; Sachl.: wie Bruder u. Schwester im gemeinsamen Hausstand zusammenleben, „kommt ve. vor, bes. b. sehr frommen Personen" öUInnt. (u.1913). — **(Kuppel)-:** Ehe, bei der d. Ehepartner verkuppelt wurden mInnt.; vgl. → *(Kuppel)pëlz* (→ *Pëlz* I); hist.: *aus diser kupl E Herodis, die er hatte mit Philippi seines brueders weib, konte ia kein ander bluem herforwaxen als die saubluemen Herodias* W. (1673) ABRAHAM (u.1690/1943–1945) 1,97f. — **†(Un)-:** d. Zusammenleben e. Paares ohne (kirchl.) Eheschließung: *So wellent etleich das, daz si nicht habent an dem erib* [Erbe], *da von si geporn sein an der unee* W. (13./14.Jh.) WrStadtRb. (1873) 96; *sover auch ainer zwai beherbrigen thet .. so in der unehe lebeten und nit rechte eheleit wären* nördl.obVinschg. (1591) ÖWeist. 4,65; s.a. TirWeistGl. 936, SteirKäWeistGl. 655, NöWeistGl. 721; vgl. weiters TirId.(1866) 99 (Bel. aus 1603 s.d.); Etym.: mhd. *un-ê*, st.F., Konkubinat MhdWb./L. 2,1816. — **(Winkel)-:** d. Zusammenleben e. Paares ohne (kirchl.) Eheschließung öUInnt. (u.1914). — **(Ziwíl)-:** Zivilehe, e. nur amtl. geschlossene Ehe ve.; Sachl.: die *Z.* wurde bis 1938/1939, als d. „obligatorische Zivilehe" in Öst. eingeführt wurde, nur in Ausnahmefällen vollzogen (fast alle Ehen wurden kirchl. geschlossen); d. *Z.* ist zwar bekannt (u.1913), d. Bel. sind jedoch meist m.d. Hinweis versehen „kommt hier nicht vor" verbr.; die *Z.* sei „von Juden und Sozi erfunden" nördl.obVinschg. (u.1913); diese Eheleute seien „dem Teufel verfallen" obYbbst.; weitere Volksmeing. s. DBÖ; Ltg.: *tswīlēha* östl.uVinschg., *tsɒfílę̄a* nördl.obVinschg., *tsɒfǘlē* mMSt., *dsiwǖē* u.ä. mbair. ve. — **(Zwifel)-:** Zivilehe uMurgeb. (*tswīflē*); Etym.: d. Bw. Spielform von → *(Ziwīl)-* m. scherzh. Anlehng. an → *Zwifel*. — **(Zwisel)-:** Zivilehe, lit.: *Zwisleh* Zivilehe mbair.ObSt. ROSEGGER (1884) 298 (Reg.); Etym.: d. Bw. Spielform von → *(Ziwīl)-* m. scherzh. Anlehng. an → *Zwisel*.

Abl. → *†Êhaft, †êhaft, êlich.* *E.G.*

ê, êer, êger, êher, êner, êent, êenter, ient, ienter; êesten, êentesten, ientesten; êrst, êrstel, êrsten; -êen

Adv., Partikel, Konj., Adv.: früher, lieber, leichter, zuerst u.ä. verbr. m. SI; unmittelbar vorhergehend (adj./subst.) Villgratent., Zillert.; Partikel: ohnehin sbair. ve., mbair., ugs.; (subordinierende) Konj.: ehe, bevor binnenbair. verbr. — BayerWb.[2] 1,122f. (*êr*), SdWb. 3,531 (*eh* I, *ehe*), 3,756 (*erst* I), VlbgWb. 1,669 (*eher*), SchwäbWb. 2,524f. u. 6/2,1795 (*e*), SchweizId. 1,10f. (*ē* I).

Ltg. (zu mhd. *ê* > mdal. *ę̄ɒ* bzw. *ę̄* s. Lgg. § 10 u. K.9, zur jüngeren Rückbildung in konservativen Mda. von *ę̄ɒ* > *ę̄* s. ebd. § 10b3, zur Entw. vor Nasal zu *iɒ* s. ebd. § 10d1; zu mhd. *-rst* s. ebd. § 32b6,7 u. § 50e5, zu *-g-* u. *-h-* als Hiatustilger s. ebd. § 29b4, 33b10): *ê*: *ę̄ɒ* u.ä. obstZillert., Plad., obLavantt., ObSt., WSt., Raabt., Lung.; *ę̄* ve. nUInngeb.; MKä., Liesert., obFeistritzt., steir. Lafnitzt., Pinkat., Murgeb., Gr.Arlt., ve. NÖ; W., Zahre, Zarz, ugs.; binnenbair. verbr. in Bed. II,1; *ę̄i* Ennspong.; *ę̄x* Brünn; — *êer, êher, êger*: *ę̄ɒr* obZillert., auch adj./subst.: *dər ę̄ɒrərə* Villgratent.; *ę̄i̯ɒ* u.ä. MKä., uTraisent., ve. söNÖ, W., Znaim.Ld.; *ę̄hɒr* obGailt., Brünn, *ę̄hɒ* ve. OÖ; *ę̄xɒ* uKampt., nöWeinv., Marchfd., söSMä.; *ę̄gər* obstObInnt., obStub.; *ę̄gɒ* südl.obMühlv., nöWaldv., uBöW, SBö.; — *êner*: *ę̄ɒnər* u.ä. TirWb. (1955–1956) 1,139; *iɒnər* mInnt. (jungmdal. um 1967) u. TirWb. ebd.; — *êent, êenter*: *ę̄ɒnt* Villgratent., Kä.Id.(1862) 87; *hę̄ɒnt, -ɒr* Zarz, Gott.; *iɒnt* Lüsenert., wOPustert.; *hiɒnt* wOPustert.; *ę̄həndɒr* u.ä. ve. WSt. (neben *ę̄ɒ-*), Pinzg., Salzachpong., *ę̄hɒ(n)dɒ* u.ä. westl.mInnv., söstl. uMühlv., sTulln.Beck., *ę̄hɒntɒ* Mostv., Dunkelstn.Wd., Tulln.Beck., söNÖ, W.; *ę̄xɒntɒ* Kampt., Marchfd.; ve. Mostv., sTulln.Beck. u. söNÖ, nöWeinv.; W. (u.1900), nSBgl.; *ę̄ɒdntɒ* ve. nwObMurgeb.; *ę̄-ɒntɒ* u.ä. ve. mNTir., sUInngeb.; ObKä., MKä., WSt., steir.Raabt., Lung., MPinzg., söTraunv., söstl.obMühlv., *iɒndɒr* obstObInnt., s.a. TirWb. (1955–1956) 1,139; *iɒntɒr* u.ä. otir.Draut., obMöllt.; *iɒ(n)dɒr* u.ä. STir., NTir. verbr. (neben *ę̄ɒ[n]dɒr* Sillt., *ę̄ndɒr* u.ä. öNTir.; *entor* Sieb.Gm., *entɒ, ę̄ntɒ* u.ä. Maltat., obstGurkt., uMürzt., Auss.Ld., ve. W-,M-,OSt.; Pong., Flachg., OÖ verbr., nwWaldv., W., ve. SZNeuhs.; *ę̄ndɒ* u.ä. ve. öNTir.; Pinzg., ObMurgeb., Mostv., Dunkelstn.Wd., Buckl.Wt., Waldv., Weinv., W., Bgl., SBö., söSMä., Brünn; — Elativ: *am ę̄ɒntɒn, am ę̄ntɒn* Innv., Hausrv., Mühlv., *en ę̄gɒn* ve. obMühlv.; — *êentesten*: *(am) ę̄ɒntstn* TirWb. (1955–1956) 1,139; *(am) i̯ę̄ɒntißtn* Plad., *(am) ę̄ntɒstn* u.ä. UInnt., OÖ verbr.; — *êest*: *ɒm ę̄i̯ɒsdn* Linz; — *êrst, êrstel, êrsten*: *ę̄ɒrßt* u.ä. sbair., *i̯ę̄ɒrßt* Plad., *ę̄rst* zimbr., *ā̆št* Lung., ähnl. Lus.; *ę̄ɒχt* Zillert., *ę̄ɒt* Pass., *ę̄ɒrst* Dt.Geg., obGurkt., Laßnitzgeb., mbair.ObSt. (neben *ę̄xt* Auss.Ld.), sWSt. ve.; *ę̄ɒšd* mbair.; *ę̄ɒšdɒ* sSeew., *ę̄ɒrštl* (zu Suff. *-el* vgl. → *dër* 4,1627) Lüsenert.

Etym.: ahd. *êr, ê* aus got. *air(iz)*, zum *r*-Schwund vgl. AhdGr./B.[15] § 120,A.2; zur sek. Steigerg. v. ahd. *ê(r)* „früher" zu ahd. *êrôr* u. *êriro* ebd. § 266 u. 268,A.2; zur Verstärkg. d. adv. Sup. *êrist* m. Präp. s. ebd. § 268,A3 u. → *(am)-, (an)-, (fon)-, (zu)-*; mhd. *êr, ê* Adv., Präp., Konj.

„früher, vormals; eher, lieber" mit / ohne nachfolgendem Komparativsatz; Präp.: „vor", zeitl. mit Gen. od. Dat.; Konj.: „eher als, ehe" meist mit folgendem Kj., nach Kompar. ohne zeitl. Bed.Komponente; mhd. *êrer, êrre* „der frühere", mhd. *êrst* „zuerst, vorher, nicht früher" MhdWb./L. 1,605; s.a. EWA 2,1107f.; zur Konj. *ehe*, der süddt. Sonderentw. *eh* „ohnehin" bzw. zum jüngeren Sup. *ehest* s. DEWb./Pf.[5] 261 (*eh*), 262 (*eher, ehe*), zu *erst* s. ebd. 297 (unter *erster*), s. a. DEWb./K.[24] 227 (*eh*), 228 (*ehe, eher*), 256f. (*erst*) u. DWB[2] 7,106 (*eh, ehe*) u. 7,140f. (*eher*); die im Mhd. bel. Präp. ist nur in Komp. wie → *(ê)for, (ê)gleich, (ê)wann, (ê)wenn, (ê)zeiten* erhalten; *êenter* wohl Kompar. zur durch Gleitlt. *d/t* gestützten Adverbialform *êen* (Lit.Bel. aus d. 19.Jh. s.u. Bed.I,1a), vgl. NöGr.(1886) 71, anders DWB[2] 7,138f. (*ehender*); zum Sup. *êrst* als Num. (Ordnungszahl) s. → *êrst*.

Bed.: **I.** Adv. (temporal/modal): **1.** Früher, zu einem früheren Zeitpunkt, (gerade) erst u.ä. (im Kompar. u. Sup.) verbr. m. Plad., Zarz, Gott.; — im bes.: **a)** früher, zu einem früheren Zeitpunkt, (unmittelbar) vorher verbr., meist i. d. Ltg. v. *ê, êer, êent(er)* bel. u. seit der 2.H.20.Jh. im Sbair. u. im ÜGeb. durch *früer* (= Kompar. v. → *frů*) ersetzt; im konservativen Mbair. i.d. Ltg. v. *êenter* weiter gebräuchl.; — Füg., Ra.: *hę̄sd mivßn ę̄ khāimv* (du) hättest früher kommen müssen steir.Lafnitzt.; *ę̄v is ę̄ dǫu gwei'n* er ist früher da gewesen Gr.Arlt.; *kxunst nid ę̄v kxę̄mv?* könntest du nicht früher kommen? Lung.; *v węŋvl/bißvl ę̄* etwas früher nwWaldv.; *wat-ß v węiŋ ę̄ntv ghę̄mv* wärt ihr etwas früher gekommen Innv., Mühlv.; *hę̄dsd ę̄ntv wǫs gsǫgd* hättest du eher/früher was gesagt südl.ob-Mühlv., ähnl. obstObInnt.; *ęxvntv hǫb i ghǫv(n) dsaed* früher habe ich keine Zeit uKampt., ähnl. sSeew.; *ivndər hǫšt nit dərwail kχet?* früher hast du nicht Zeit gehabt? obstObInnt.; *i pin iə(n)dər dort gwēisn* mInnt.; *wen-i-s ę-əntv gmǭv(n)d hiəd, ǫfd hiəd-i šə anvšə dū(n)* wenn ich es früher geahnt hätte, dann hätte ich schon anders gehandelt sUInngeb.; *s līsae is ę̄ndv dǭ gweisn* das Lieserl ist gerade vorher da gewesen Pinzg.; *morgn muaßt enter kema, sünst kimmst wida zspat* SaWb.(1995) 58; ähnl. UInnt.; *ę̄ntv drǭ(n) sae(n)* früher dran sein, früher (mit der Arbeit) beginnen nördl.ob-Innv.; *węvr ę̄ khimb, dęv mǫit ę̄* wer früher kommt, mahlt früher/zuerst nUInngeb., Sachl. zum alten Rechtsspruch s. DRaLex./R.[3] 1,615; — hist., lit.: *Artûs unde Ginovêr, als ich hân gesaget êr, diu wâren vol der wirde* Heinrich/Tü.(u.1210/1883) 209; *die es* [das Vieh] *ehender darein driben oder kern, dann es vom gemain diener oder hürten angesagt wierdet* Innsbruck (1620) ÖWeist. 2,242; *erblickte er mich ehenter als ich ihm* NÖ Kleinschroth (1683/1956) 45; *ist man befugt, die gemain* [Gemeinschaftswiese, → *(Ge)mēine*] *zu mähen auf den 21. augusti, und ehender nit* uEisackt. (1742) ÖWeist. 5,339; *in dem .. Entwurff, welchen* [*ich*] *schon ehender .. resolvirter* [verworfen] *gehalten habe* MTherDenkschr.(18.Jh./1871) 311; *und hab nicht eher gruht, bis ich zehn Doctor z'sam bracht hab* W. Eipeldauerbr. 10 (1794) 8f.; *und habn d' Kinder taxirt, und habn s' nicht ehender zruck gebn, bis d' Våter und d' Můtter fůr ihre armen Kinder die Tax erlegt habn* W. ebd. 31 (1796) 23; *„Is'n Geltsgott nöt werth – / Hädst mi ehndá drum gfrait* [gefragt]*!"* Innv. Stelzhamer (1844a) 50; *sö müessen mir ehender erst die Vortel* [Kunstgriffe, → *(For)tēil* 2] *derlernen* sWr.Beck. Nagl (1909) 123; *weh* [weshalb, → *weu*] *sagst denn däs nit ehnta* Auss.Ld. Fraungruber (1921) 16; *waun s d amoe so weid bist / daun eascht schreib dei gedicht / und ned eea* W. Artmann (1958) 7; — **b)** früher – als (komparativisch u. korrelierend) ve.; — Füg.: *ęvr-is ę̄vntvr khę̄mvn vs wiə sai(n) pruədvr* er ist früher gekommen als sein Bruder MKä.; *dęin hę̄vd mv oiwae ę̄gv vs man sivg* den hört man immer früher, als man ihn sieht uBöW; *ī bī(n) ę̄hvntv fivti wō'n ǫis du* ich bin früher fertig geworden als du Dunkelstn.Wd.; — **c)** gerade vorher, soeben, erst (kürzlich), unmittelbar vor dem Zeitpunkt (Sup.) verbr.; — Füg.: *gro iədər* soeben Dt.Geg.; *ivnt hǫßə ksǫk* soeben hast du gesagt Lüsenert.; *äšt wēln* [etliche, → *wēlch* Pl.] *tāgə* kürzlich, neulich LusWb.(1905) 216 (w.d.); *hivts ę̄* gerade vor einigen Tagen uMurgeb.; *ęv is grǫd ęvšd ghęimv* er ist soeben gekommen sSeew.; *erst ist er da gewesen/gegangen* soeben mbair.; *er hat erst übergeben* er hat vor kurzem, jüngst (seinen Besitz) übergeben ve. OÖ; *sie ist erst krank gewesen* vor kurzem ve. OÖ; *dēs iš ęršt gwēsn* das hat sich gerade erst ereignet mInnt.; hist.: *Da schick ich dem Herrn Vettern ein Buch, das erst z' Wien heraus kommen ist* W. Eipeldauerbr. 2 (1794) 22; — **d)** zum frühesten Zeitpunkt, möglichst bald, zuerst (Sup., z.T. subst. u. nicht immer eindeutig v. Zahladv. [→ *êrst* 3] zu trennen) verbr. m. SI; häufig auch in präpositionalen

Verbindg. (s. hist.Bel. w.u.), die mdal. zu → *(am)-, (an)-, (fon)-, (zu)-* verschmolzen sind; — Füg.: *in der erst* anfangs Tirld.(1866) 109; *dęɒ kximb ǫiwae ɒn ęndɒstn* der kommt immer zuerst öUInnt.; *das tun wir erst* als erstes obMühlv., Plad.; *węɒr-is ən ę̄ntɒn ghę̄mɒ* wer ist zuerst gekommen westl.mInnv.; *ɒn ę̄intɒn węi'nd dē dsaide* am frühesten, zuerst werden die(se) (näml. Zwetschken) reif nöSkgt.; *ęɒšdɒ mǫx mɒ dęis* zuerst machen wir das sSeew.; *ęɒrštl kχim ī́* zuerst komme ich (dran) Lüsenert.; *du muiš ęɒrštl autiən* du mußt zuerst auftun, aufsperren Lüsenert.; — hist., lit.: *sein poßhait was Ime am ersten verporgen* Teuerd.P (u.1510) 15v; *darüber sich ein ieder richter, wann er seinen genedigen herrn solches fürbracht, mit dem ehisten, weil es den gemainen nutz betrifft, resolviren* [lösen] *und bei dem dorfrichter anmelden soll* Pulkaut. (16.Jh.) ÖWeist. 8,210; *zu bschait geben solche ehist ir gnaden zuezeschicken* östl.mWeinv. (1622) ebd. 11,226; *der Fuller* [EigenN] *solt des ersten wäßern und darnach die andern* uVinschg. (1687) ebd. 5/1,21; *In haltung sollicher gmain* [Gemeinschaftsdienste, → *(Ge)mēine*] *solten für das erst die alten dorfpürgen zum driten mahl rieffen* westl. uVinschg. (17.Jh.) ebd. 4,280; *Und wer am ersten auf die risen mit seinem holz ankombt, der soll firderlich fahrn, damit allweg der hinter nacher mag* mInnt. (1711) ebd. 2,180; *Der Langezboatze ist von dem ersten gaseent* der Sommerweizen wird (ist) zuerst gesät Sieb. Gm. Baragiola (1908) 61; — **e)** unmittelbar vorhergehend (hierher?; adj. Verwendg. des verblaßten Kompar. *êr* m. sekundärer Suffigierg.) Villgratent., Zillert. i.d. Füg.: *dr earare tąg, an earang tąg* der vorhergegangene bzw. am vorhergegangenen Tag Zillert. Hupfauf (1956) 159; *di ę̄ɒrɒre wouχə* die vorige Woche Villgratent.; — **f)** jetzt LusWb. (1909) 216. — **2.** Vormals, ehemals, vor/zu einem (weit zurückliegenden) früheren Zeitpunkt; von jeher verbr. m. Lus., Plad.; — Füg.: *wiɒ-r-ę̄* wie ehedem W.; *wiɒ foɒ-und-ę̄* wie vor und ehedem, nach wie vor Pinkat., ähnl. Tirld.(1866) 98; *ham-mɒ wīdɒ wiɒ fǫɒr und ę̄* sind wir wieder (gute Freunde) wie früher nwestl.obMühlv.; *nôu ê* noch früher sWr.Beck. NöGr.(1886) 71,73; *ę̄ foɒ dsaedn* einst uYbbst. (va.); *ę̄gɒ-r-ɒ-mǭl* früher einmal wSBö.; *dǫsn* (→ *dâ*, Nf. *dâsen*) *ę̄ɒntɒ* früher einmal, vor langer Zeit sUInngeb.; *ę̄ɒndɒ amǫl* dass. Laßnitzgeb.; *gǫnds ę̄ntɒ* vor sehr langer Zeit wSkgt.; *danǭ wiɒ ę̄nɒ* nach wie vor östl.mWeinv. (u.1890); *ęntɒ is beßɒ gwē'n* früher ist es/alles besser gewesen südl.obMühlv., ähnl. verbr. m. Plad.; *dǫsn ęɒntɒ bin-e ɒmǫ́ö ɒfs gaßl gǭŋɒ* vor langer Zeit bin ich einmal fensterln gegangen sUInngeb.; *ęɒntɒr hǫts dǫs nit gēbm* früher hat es das nicht gegeben MKä.; *enter hat ma ös* (→ *ëß*) *zu die Öltern gsagt* früher hat man „ihr“ zu den Eltern gesagt SaWb.(1995) 58; *ę̄ntə is dǭ ə hoids gwē'n* früher war da ein Wald westl. mInnv.; *si hǭd ęntɒ niks guɒds aof dɒ wę̄id* sie hat von jeher nichts Gutes auf der Welt westl.mInnv.; *äšt on äšt* dann u. wann LusWb. (1905) 216; *seit eh und je* W. u. ugs.; — hist.: *ê hiez er Vavianâ* Enikel (u.1285/1980) 601,73; *Ich Gerwirth hern Hermans hausvrou von sand Pôlten weil und e rihterin ze Wienn* (1316) UBKremsmst. 173; *wan krammer dergleichen wahren welche bei den burgern in markt ehender vorhanten in den markt brächten* nwOSt. (u.1665) ÖWeist. 6,193; *Eher hat nur d' Leopoldstadt ihren Kasperl ghabt; jetzt aber hat jede Vorstadt ihrn eigenen* W. Eipeldauerbr. 3 (1794) 35; *wo ehender der schône Wald gstanden ist* W. ebd. 23 (1795) 22; *Dort sind eher lauter Getradfelder gwesen .. so baun s' jetzt Hâuser auf d' Gtradfelder* [→ *(Ge-trēid)fēld*, Pl.] *hin* W. ebd. 16 (1795) 23; *Koanö so guat'n Zeit'n geits* [gibt es] *neama wir eïh* wie früher Salzachpong. (1810) Süss (1865) 138; *d'Mensch'n sán nimmer, wie-r eh'* NÖ Seidl (1844) 177; *ûnd wia-'s bǎn aíŋk khiadǎ-r êchǎntǎ gwêïn îs* und wie es bei euch zum Kirchtag / Festtag früher gewesen ist sWr. Beck. NöGr.(1886) 70; *wie-st du mih hast ehend bán Krag'n ghabt* sWr.Beck. Nagl (1909) 234. — **3.** Eher, lieber, ziemlich, wahrscheinlich (modal, relativierend, komparativisches Gradadv., ein hypothetisches Verhältnis der Gleichheit [mit Konjunktiv im Nebensatz] od. ein proportionales Verhältnis ausdrückend) verbr. m. Plad.; — Füg.: *fil ę̄ɒntər* wahrscheinlicher ve. mNTir.; *am ię̄ɒntißtn kχimpr morǧn tšnǫχtß* am wahrscheinlichsten (oder frühestens?) kommt er morgen nachts Plad.; *ę̄hɒntɒ hǭt dēs šo(n) dɒ fukß gštöö'n* am wahrscheinlichsten Pinzg.; *tsi pettl gę̄ɒ i nöt, iənt šprĭŋ-i in pǫχ* Lüsenert.; *ę̄hɒ hęngɒd ī mī āf* lieber würde ich mich aufhängen westl.mInnv.; *ī wā ę̄ntɒ sitßn blī'm* ich wäre lieber sitzen geblieben (anstatt aufzustehen) ebd.; *am ęntɒn ghimɒ-*

mɒ mid dɒ ǫɒwɒd dsǫm, wǫ-mɒ des und des dsęɒšd duɒnɒt am besten kommt man mit der Arbeit zurecht, wann (= wenn) man das und das zuerst täte mHausrv.; *dǫ gīw-i-s ęɒntɒr sain fǭtɒ* da gebe ich es lieber seinem Vater (bevor ich es ihm selbst gebe) MKä.; *iənt as ɒ an seksɒ hęrgāb iənt liəs ɒr n an riəm fɒ dər haut šnaidn* bevor / eher als er einen Sechser (d.i. e. alte [Tiroler] Münze im Wert v. 6 Kreuzern) hergäbe, lieber ließe er sich einen Riemen aus der Haut schneiden, über einen geizigen Menschen gesagt Lüsenert. (u.1930); *ęndɒ låß ɒ mɒ in hois ǭšnae'n, ęwęn* (→ *[ê]wenn) i dəs dę̄d* eher lasse ich mir den Hals abschneiden, bevor ich das täte nö-Weinv., so u. ähnl. Mühlv., NÖ; *da geh ich eher Steiner klopfen* uTraisent., ähnl. mbair. ve.; — hist.: *damit s' eher ein Allmosen kriegn* W. Eipeldauerbr. 9 (1794) 16; *Ehnta tausendmal steribn, / Eh ain Wártl sagn!* Innv. STELZHAMER (1846) 172. —

II. Partikel: **1.** Ohne Zweifel, ohnehin, sowieso verbr. m. Plad. u. Gott., ugs. (ausgehend v. der temporalen Bed. [schon] im Vorhinein, „eh" [vgl. hist.Bel. unter Bed.I,1a u. lit.Bel. w.u.] im Mbair. im 19.Jh. in Mda.Lit. in kommunikationssteuernder Funktion, i. d. 2.H.d.20.Jh. v. W. ausgehend auch als Affirmationspartikel bel., in d. Lit. bisweilen durch die Schreibg. *eh'* von der Konj. (*eh*) unterschieden, Näh. zum urspr. Austriazismus s. EDER [1975] 39–57 bzw. zur grammatischen Einordnung als Abtönungs- bzw. Konnektivpartikel vgl. EGGS [2003] 270–306); im bes.: **a)** ohnehin, sowieso ([z.T. resignativ] rückverweisend auf eine im Vorhinein feststehende Tatsache) verbr. m. Gott.; — Füg.: *er/sie is(t) eh schon da* u.ä. verbr.; *es ist eh nicht wahr* ugs.; *ich hab eh schon genug* u.ä. ugs.; *dǭs wiß-mɒ ę̄ šǭ(n)* u. ä. das ist uns ohnehin schon bekannt mbair. verbr.; *ī gę̄ ę̄ glai / ī duɒ s ę̄ glai* so u.ä. verbr.; *ī bī(n) ę̄ net ts-šbę̄d ghumɒ* W., ähnl. verbr.; *i hå(n) ę̄ nikß då(n)* mInnv., ähnl. verbr.; *bisd ę̄ di oiįɒ brāfe* beschwichtigend: bist ja sowieso die allerbravste mInnv.; *saetß ę̄ došt!* (wir setzen voraus,) daß ihr ohnehin dort seid ObPinzg.; *'s išt ē aus monžišt* es ist ohnehin alles umsonst GottWb. 1,124 (weitere Füg. dort); *das ist ihm eh nicht zu gut* sowieso zu schlecht nördl.obInnv.; *is ę̄ wǫɒr-ā* beteuernd, zustimmend: es stimmt ve. Innv., obMühlv.; *eh wurscht* egal ugs.; — hist., lit.: *Man sitzt eh, wann viel Leut sind, in den Wagen drin, wie in ein Taubenkobel* W. HJörgelBr.(1832) 5,48f.; *In ein Jahr kommt der Comet, nacher geht eh die Welt z' Grund* W. NESTROY (u.1840) / HKA 5,122; *eh .. ohnedieß* WrWb.(1847) 38; *Und aft drumpf i dahin* [trotte ich (trotzend) fort, → *(dâ-hin)trumpfen* (→ *trumpfen* II)], */ Ös wißts eh, wie ri bin, / Und wann s' wiedáwöll* [noch so viel, → *wollen* (Füg.)] *schreit* Innv. STELZHAMER (1844a) 28; *Ih hab' nur án'n oanzing' Trám, / Den kenn' ih eh'* NÖ SEIDL (1844) 7; *Du woást ás ja eh* Traunv. KALTENBRUNNER (1845a) 105; *Schau, dein Prodeln* [Schwatzen, → *prodeln* 3] *und Prohln* [Prahlen, → *prallen* 1], *waißt ehntá dáß's / d'Ahnl nöt habn mag!* Innv. STELZHAMER (1851) 29; *mir is's eh schon allsoans* sWr.Beck. NAGL (1909) 233; *daß wir eh die reinen Lamperln* [unschuldige Wesen, → *Lamm* (Dem.Pl.)] *sind* Fackel/AAC (1929) 820,19; *i bin eh erst kumma* WrWb.(1929) 52; *Und ea hoda* [hat auch] *ned frogn brauchn. Weu i hedad eam e olas gem* W. NÖSTLINGER (1974) 49; — **b)** selbstverständlich, selbstredend i.d. Füg. *eh klar* ugs.; *eh schon wissen* scherzh./augenzwinkernd: du verstehst es/mich schon W. u. ugs.; *Eh' schon wissen* schon lange WrWb. (1873) 51; — lit.: *man verweigere an zuständiger Stelle jede Auskunft. »Eh schon wissen«, ergänzt der Leser des ‚Deutschen Volksblatts'* Fackel/AAC (1905) 186,16; *Eh wissen!* nördl. obInnv. WAGNLEITHNER (1921) 24; *Alle 26 Bewohner entpuppten sich plötzlich – „eh kloar!" – als Burger-Sympathisanten* [Sympathisanten v. Norbert Burger, Rechtsextremist (1929–1992)] Kurier 11.6.1981; *Eh klor, jetzt wär' wieder Zeit für a Wette* Kurier 23.12.1981; *Will man noch eins draufsetzen, sagt man „eh klor" .. Und wenn's am Ende „eh kan Sinn" hat, dann ist man in der Regel der, der es „eh immer schon gewusst" hat* Presse 22.8.2010; vgl. auch: *De Soundso ausn drittn* [Wiener Gemeindebezirk] *mitn Hund und in Ehschowißn ausn zweitn* [Wiener Gemeindebezirk] *mit der Katz* KronenZtg. 30.8.1981; — **c)** ja, klar, zweifelsohne (affirmativ, eine bereits bekannte Tatsache bestätigend) verbr. m. Plad. (hier wohl jung, Ltg. *ęɒ*); in Füg.: *wul e* Sulmt.; *e so* uMurgeb.; *ehaso* mMöllt.; *ęɒ woi* Lung.; *įǭ ęɒ* ja, ohnedies PladWb. 155; *ja eh!* aber so was! bzw. fragend *ja eh?* wirklich? ve. OÖ, NÖ u. ugs.; feststellend: *bisd dǫ? – ę* WrWb.(2002) 321; *ja eh* ugs.; *nū(n) įǭ ę̄* (nun) ja klar OÖ, ähnl. W.; *a nɒr ę̄* ja, (wirklich) wahr söSkgt.; *na ę̄, hǫusd ę̄ rexd* sSeew.; *ę̄ ɒ so ā* dass. nördl.obInnv.; *ned ę̄, ned ę̄!* halt, aber nein! nördl.obInnv. — **2.** Erst (fokussierend) mbair., ugs.; — Füg.: *des wa ęɒšd wǫs gwe'n, wǫn de ā nū(n) ghę̄mɒ wā* das hätte erst etwas bedeutet/ausgelöst, wenn die auch noch gekommen wäre ve. obMühlv.; *er hat erst 2 Stunden gelernt* ugs.; *gerade erst ist er (ge)gangen/(ge)kommen* ugs.; *(gerade) dann ist es erst lustig (ge)worden* ugs.; *dås muɒs mɒ(n) ęɒšt dɒwårtn* das wird erst die Zukunft weisen nöSkgt.; *lern erst was, dann kann ich dich brauchen* söFlachg.; *iɒtß hūn ī das ęɒšt gsǫkt – n ao'ŋblikx frǫkst šɒ wīdɒ* jetzt habe ich dir es gerade gesagt – im (selben) Augenblick fragst (du) schon wieder nUInngeb.; *ich bin erst heute kommen* (u. nicht früher) u. ä. ugs.; *erst zu Weihnachten/Neujahr* u.ä. nicht vor Weihnachten etc. ObInnt., ugs.; *hietz/jetzt erst recht* verbr.; *jetzt kommt er erst nicht* ugs.; — lit.: *Und wånn i auf's Weib müat auflos'n* [gehorchen müßte], / *Eih jaogat i's decht ban Loch aus* nMPinzg. (1810) Süss (1865) 53; *sö müessen mir ehender erst die Vortel* [Kunstgriffe, → *(For)tēil* 2] *derlernen* sWr.Beck. Nagl (1909) 123. —

III. Konj.: **1.** Ehe, bevor (temp.) verbr. m. Gott.; — Füg.: *ea i' hâm gea* bevor ich heimgehe KäWb.(1862) 79, ähnl. verbr.; *ę̄ de hēbom kę̄mɒn is, is's khint šon dǭgwesn* ehe die Hebamme gekommen ist, ist das Kind schon da gewesen obGurkt.; *hīf mɒ nōx, ęɒ-st gęɒst* hilf mir noch, bevor du gehst Lung.; *ęndər du fourtgešt* mMöllt.; *ę̄-s fɒkhouxd wiɒd* bevor es (die Speise) verkocht, d.i. zu weich gekocht wird mOSt.; *miɒ miɒßn uns āln, das mɒ(n) hǫɒmkhę̄mɒn, ę̄i aß tß re'ŋnɒn ånfåŋk* wObMurgeb.; *iɒndər es reŋk* mMöllt., ähnl. Gott.; *entor – aß* eher – als, bevor zimbr.; *ę̄-sd widɒ frǫgsd, dę̄ŋg sǭwɒ nǭ* obMühlv.; *ę̄-sd foɒtgę̄sd, gibsd mɒ en šlīßl* obMühlv., ähnl. mbair. ve.; *ę̄ndr gibd ɒ ghǫɒ(n) ruɒ, ęwęn ęɒ nid saene šlę̄ix hǫd* vorher gibt er keine Ruhe, solange er nicht seine Schläge hat uYbbst.; *ę̄-s dǭg īs* bevor es hell wird nördl.obInnv., südl.obMühlv.; *ę̄ daß d/ę̄-sd* bevor du binnenbair.; *ę̄ węn-i* bevor ich nöWeinv.; — hist., lit.: *ê daz er in di eht* [gerichtl. Verfolgung, → †*Ācht*] *chom* W. (1305) FRA 3/1,10; *Eh ich meine Hundel weg thåt, eher danket ich mein alten Lakey ab* W. Eipeldauerbr. 37 (1797) 32; *Eh' ih auf's Feld geh', hätt' ih gern / Á Busserl noh von dir!* NÖ Seidl (1844) 16; *Und schau nu ámal z'ruck / Ehst di aui und aai dráhst / Übán Hausruck!* Innv. Stelzhamer (1844a) 43; *Láft s' már áf ainmol für, / Ehn is umtrau* [bemerke, → *(um)trauen* 2] Innv. ebd. 151; *Steht má denn nöt árá* [auch eine] *Weil vorn Beichtstuhl eht má hineintrett* Innv. Stelzhamer (1851) 27; *Zwainzg Jahr, wie má maint, / Nehmán ewi kain Endt, / Mein, zwainzg Jáhrl sán dáhin, / Eh' má d' Händt umwendt – / Eh' má d' Händt umwendt, / Eh' má d' Achsel zuckt, / Eh' má Bfüetgott sagt / Und sein Hüeterl ruckt* Innv. Stelzhamer (1868) 58; *'s woant oft, ehst denkst dra(u)f grod, / 's Kind um a Brod* SBgl. Reichl (1918) 13. — **2.** Eher/früher – als, lieber – als (temp., modal, komparativisch u. korrelierend [m. Negation]) verbr. m. zimbr. SI, Gott.; — Füg.: *heɒntɒr az biə* eher – als wie Gott.; *iə(n)dər wårm əls kχålt* lieber warm als kalt wObInnt.; *iənt asn di gǫɒße āfn poudn freßn, iənt štaigŋ si in ɒn pām* bevor die Geißen vom Boden fressen, steigen sie lieber auf einen Baum: über einen hochmütigen, eingebildeten Menschen gesagt (?) Lüsenert.; *tęßto iɒndər* u.ä. desto/je eher/früher mInnt.; *ę̄ntɒ gę̄ ī in d dǫɒnɒ* (Donau), *bəfuɒ-r-i de* (sc. diese Frau) *nim* W.; *ę̄ntɒ gę̄ ī sǭwɒ, ǫis das ī dī låŋ bit* W.; *ę̄ndɒ īs i gǫɒ nikß befo-r-i dęis īs* sSeew.; — hist.: *in das gerichtshauß holen lassen und sodan solchen aus den stock ehender nicht entlassen biß er sechs reichstaler straff erlegen thue* Buckl.Wt. (17.Jh.) ÖWeist. 7,73; *aber die ließ mich eher zwanzg Jahr in Loch sitzen eh s' zu mir in Arrest ging* W. Eipeldauerbr. 22 (1795) 11; *und da ists ja ihr Pflicht, daß d' neuen Stuck eher lobn als verschreyn* W. ebd. 28 (1796) 18; *Schau dih nit ehnder um, / Bis á nit kummt* NÖ Seidl (1844) 91; *Ehnta tausendmal steribn* [sterben], / *Eh ain Wártl sagn* Innv. Stelzhamer (1846) 172; *Awer ehntá frißts Haberstraoh, / Ehts dá varöckt* Innv. ebd. 29; *Müet ain'n ehntá dábarmá / Als wohlgfalln und freu'n* Innv. Stelzhamer (1868) 194; *I woass net, was is, / Daß Du mi net magst; / I laß' net enda nach, / Bis D' meini Fahla net sagst* Auss.Ld. Werle (1884) 150.

Komp.: **(all)-, (aller)-:** Adv.: **1.** Zu allererst, zum frühesten Zeitpunkt, gleich, jetzt (temp.) mdal. ve. m. Gott. (*ǫlrę̄ɒrßt* u.ä. Tir., *alāst* Gott., *úlvę̄ɒšd* SBö.), s.a. TirId.(1866) 109, ugs. (*ǿlvę̄ɒšd* u.ä.); meist i.d. Füg.: *das kommt zu allererst* u.ä. ugs.; — hist.: *alrêrst ich mich versinnet* [bedachte] ÜbelWîb (u.1250/1968) 461; *und süllen all quottemer* [jede Quatemberwoche] *ainst* [einmal, → *ēinst*] *in die vest Mollenberg geen und am aller ersten in sand Veyts cappellen beschawn* swWaldv. (M.15.Jh.) ÖWeist. 8,1029; *sollen die jungen roß am allerersten zum wäldeli zum Nötschen auf die waid gethan* Außf. (1575) ebd. 3,135; *do hierunder allerst die oberkeit erlangt werden müeste* nWr.Wd. (1615) ebd. 9,80; *wie man allererst anno 1614 aus ainer bekomen abschrift aines püechls befunden* wOPustert. (17.Jh.) ebd. 5,587; *welliche zum allererst und päldisten darvon liberirt werden* nObInngeb. (1691) ebd. 3,87. — **2.** Am wahrscheinlichsten (mod.) Gott. (*ǫldr hiɒntišt*). — **(am)-:** Adv.: **1.** Vorher, zuerst u.ä. verbr.; im bes.: **a)** vorher, ehedem, vor e. weit zurückliegenden Zeitpunkt (häufig im Sup.) STir., Tir., Plad., Gott., Ob-,UPinzg., Salzachpong.; s.a. TirId. (1866) 98 (*am-êa, am-ead'n*) u. TirWb. (1955–1956) 17 (*améa, améadn, amearst, ameart*), Laßnitzgeb., SaWb.(1995) 24; — Füg.: *ameart hatts dës nit geebm* PassWb. (2004) 16; *hasche mers ameart ggsågg, når waar i kemmin* vorher, zuvor ebd.; *əmēɒ iš-ər ǫndəršt gwest* früher war er anders wObInnt., ähnl. UInnt.; *ɒmę̄ iß ɒsō dɒ braox gwesn* früher ist es so gebräuchlich gewesen öUInnt.; *ɒmę̄ɒršt sen d laet brāfɒ/štęrkxɒ gwesn* öUInnt.; *dęɒχ ɒmę́ɒχt het* der es früher hatte, der Vorbesitzer obstZillert.; *ɒmēɒšt no* vorher noch sMPinzg.; — hist., lit.: *Ja, ja so geht's! ameh ä zwainzig Küeh und Kalben* Tir. Zoller (1819) 16; *Amerst håm*[b]*d sö die Hõnal und Hãhnal, Kòpauna* [Masthähne] *und Vögl 'gess'n* Brixent. Kohl (1908a) 108; — **b)** früher, vor e. unmittelbar zurückliegenden Zeitpunkt, gerade erst Pinzg.; Füg.: *nęt* (→ *nętto*) *ɒmēɒßt* nur vor einem Augenblick, soeben ObPinzg.; — **c)** zuerst, vorrangig Lüsenert., obstObInnt., sUInngeb., Brixent., Leukent., s.a. TirId.(1866) 98 (*am-êarst*); — Füg.: *eɒr iš amę́ə gštǫɒrwə, si iš tswuə(n)tsk i̯ǭr wipwə* er ist zuerst gestorben, sie ist schon 20 Jahre Witwe obstObInnt.; *dǭs kximb amę́!* zuerst Brixent., ähnl. Leukent.; *i tui amę́ɒ fiətərn, nǫχɒ kχim i nǭχn* ich füttere vorher, dann komme ich nach Lüsenert.; hist.: *mit'n Pforar rödat i a Weartl gearn amea* Lutterotti (1854) 78; die Bel. *am ersten* s. → Simpl.I,1d. — **2.** Partikel: von vorneherein, ohnehin, gleich (fokussierend) sbair. verbr., im bes.: **a)** ohnehin, sowieso Pass., Lüsenert., mNTir.; — Füg.: *doo faalt ameart a haufn* da fehlt von vorneherein schon sehr viel PassWb.(2004) 16; *ɒmę̄əχt niχt hǫbm, nǫχχɒ nou ǫls fərprin* wörtl.: von vorneherein/ohnehin nichts haben, dann noch alles verbrennen (wohl: alles vergeuden) Lüsenert.; *do ißt ɒmę̄əχt šuə(n) gnüəg mißt* da (d.h. am Hof) ist ohnehin schon genug Mist (= Geld, Reichtum) obZillert.; *dēs hęt-i əmę̄ə gwißt* das hätte ich ohnehin gewußt mInnt., ähnl. Stub.; lit.: *Daß der* [näml. d. Primizsegen] *isch viel werschd, / Wißt ös amerst* Ahrnt. Kohl (1908b) 188; — **b)** sofort, gleich STir., OTir., Samn.; — Füg.: *mein haus ist amerstn mit leuten voll an* Pass. TirId.(1866) 98. — **3.** Konj.: bevor Salzachpong.; Füg.: *ɒmę̄-s ǭ(n)gęid, dǫɒns lāetn* bevor es angeht (näml. die Messe), wird geläutet ebd. —

Ltg. (erstarrte Füg., *an* + Art. + Adj.Adv., z.T. m. Gleitlt. u. Adv.Endg. *-en*, häufig nur Sup.): *(am)ê*: *ɒmęɒ, əmęɒ* u.ä. STir., NTir., *ɒmę̄* öU-Innt., Brixent., Leukent., Laßnitzgeb., Salzachpong.; *(am)êen*: *ɒmę́ɒdn* u.ä. uEisackt., obstZillert., Sillt., Stub., Ach.Beck.; *(am)êrst*: *ɒmę̄ɒrßt* u.ä. STir., WTir., öNTir., ObPinzg., sMPinzg., wUPinzg., Salzachpong.; *ɒmi̯ę̄ɒrßt, ɒmi̯ę̄ɒrißt* Plad.; *ɒmę̄ɒrß* Reggelbg., *ɒmę̄əχt* u.ä. Lüsenert., obstZillert.; *ɒmę̄ɒrt* Pass. —

(dâ)am-, domêrst: Adv.: **1.** früher, gerade erst Pinzg., nur i.d. Füg.: *bist grǭd domę́ršt mit ę̄ɒm baenǫ́ndɒ gštǫndn, hǫst ę̄ɒm nit gsǫgt* bist gerade zuvor mit ihm beisammen gestanden Pinzg. — **2.** Währenddessen, indessen Lüsenert.; Füg.: *sī'mɒ muis is wol ɒn tǫmā́št sain* sieben Uhr muß es wohl währenddessen sein Lüsenert.; *tǫmā́š, meχ ši mǫɒn, miəßɒt mɒn epɒs hę̄ərn, iətß sains ǫχt i̯ǭr as ɒ fərmißt iš* in der langen Zeit/währenddessen, möchtest du meinen, müßte man was hören, jetzt sind es acht Jahre, daß er vermißt ist ebd. — **(gleich)am-, gleimêrst, leimêrst:** Adv., sofort, gleich Samn., mEisackt., Pustert., Antholzert., Def.; Füg.: *do tiəmos glamerst lǫssn as lętz mǫchn* gleich erst lassen als schlecht machen Pustert. TirWb. (1955–1956) 1,239; *hiət er's glammerscht àll's g'sàgg* gleich Def. Hintner (1878) 16; *Weil i um d' kue kemmen bin, ist leimerst 's kàlb â hin* TirId.(1866) 384; — Ltg.: *laimę̄ɒrß* mEisackt.; *glammę̄rßt* Def., Pustert., Samn.; *glamǭßt* Antholzert. — **(an)-:** Adv.: **1.** Vorher, früher, soeben u.ä. (adv.) verbr.; im bes.: **a)** ehemals, früher, zuvor, vor e. weit zurückliegenden Zeitpunkt Gott., Kä., ObSt., nwFlachg., swTraunv.; ve. NÖ, SMä.; wBrünn; Füg.: *noux ɒnẹ̄ɒ* noch früher Gurkt.; — **b)** gerade vorher, vor e. (bestimmten) Zeitpunkt Kä., ObSt., mbair.; — Füg.: *i muas anea hâam gean* Käld.(1862) 13; *so wiɒ anẹ̄ɒntr* wie gerade vorher obGurkt.; *wrum sǫgst dẹn dǫs nit ɒnẹ̄ɒntɒ* Auss.Ld., ähnl. obGurkt., Glant.; *du tsẹ̄ɒršt – ǫbr ī ɒnẹ̄ɒntr* nekkendes Wortspiel: du zuerst, aber ich eher (voran, zuvor) obGurkt.; *dui di ɒnẹ̄ å(n)lei'ŋ* zieh dich vorher an söSMä.; hist.: *aned'n bin ih doa't gwöst* NöWb.(1847) 50; — **c)** in diesem Moment, jetzt Gott., NÖ ve.; *grod ɒnẹ̄* Buckl.Wt. — **2.** Partikel: ohnehin KäWb. (1862) 79; Füg.: *du wâst's anea* nämlich: ehe ich es dir sage ebd. — **3.** Konj.: bevor, ehe obGurkt.; *ɒnẹɒntɒr dr ǫndre khāmɒt* bevor der andere käme obGurkt.; deshalb (wirkl.?) VUMB (u.1890). —

Ltg.: *(an)ê*: *ɒnẹ̄ɒ* Gurkt., Käld.(1862) 13, nwFlachg.; *ɒnẹ̄* Lavantt., ObSt., nwFlachg. ve. (neben *ɒnẹ̄ɒ*); Skgt., ve. NÖ, SMä.; — *(an)êen*: *ɒnẹ̄dn* VUMB (u.1890), NöWb.(1847) 50 (*aned'n*); — *(an)êenter*: *ɒnẹ̄ɒntɒ* u.ä. obGurkt., Glant., ve. ObSt.; — *(an)êest*: *ɒnāšt* Gott.; — *(an)êrst*: *ɒnẹ̄ɒršt* u.ä. Kä., wBrünn. —

(ant)-: Adv.: **1.** Ehemals Pustert. Tirld. (1866) 98 (*ant-ê, -ö*). — **2.** Gerade vorhin TirWb.(1955–1956) 1,139 (*atéa*). — **(dâ)-:** Adv.: **1.** Vorher mMSt. (*dǭẹ*). — **2.** Gerade/kurz vorher öNTir., nur i.d. Füg. *dâ (dâ)ê* öUInnt. (*dɒdẹ̄*) u. hist. *dâ (dâ)êrst*: *dadöst* kurz zuvor Sald.(1796) 960. — **(dann)-:** Adv.: **1.** Damals, unlängst u.ä. verbr.; im bes.: **a)** früher, damals, vor langer Zeit (nur im Sup.) Laßnitzgeb. (*dɒnestn*), Buckl.Wt., VUMB (*dɒnast* va.); — **b)** vorhin, unlängst, kürzlich ve. Ob-,O-,MSt., M-,SBgl. (*dɒnẹ̄* u.ä., doch *dənei[n]t* Seckau.Beck.), s.a. SteirWb.(1903) 142 (*danneh*), NöGr.(1886) 261,303 (*dănê*); Füg.: *gråd dɒnẹ̄* OSt., *dɒnẹ̄ ẹ̄ɒršt* erst vorhin sMBgl.; — lit.: *dánenstá* Innv. LUBER (1849) (Reg.); *just daneh hot a Bauer a poor Oxn vorbeitriebm* St. GIMPL (1910) 30; *Hobts'n ah gsehgn danerst, den Haaloudri* SBgl. KARNER (1930) 13. — **2.** Konj.: darum, deshalb VUMB (u.1890; *dănedn*); Füg.: *ɒ dɒnẹ̄dn* auch deshalb nöWeinv. (1889). — **(dëm)-:** Adv.: **1.** Zuvor, vordem Tirld.(1866) 98 (*demerst*), obGurkt. (*demẽ*). — **2.** Zuerst Zarz (*dəmeərßt*). — **(ëben)-:** Adv.: eben erst, gerade swNBgl. (*äi'mšt*). — **(fon)-:** **1.** Adv.: vorher, früher, zuerst (temp.) verbr.; im bes.: **a)** früher, vorher Ennst., SteirWb.(1903) 246, Gr.Arlt., OÖ, uYbbst., Erlauft., SBö. (*fɒnẹ̄* u.ä.); — **b)** zuerst, von Anfang an Tirld.(1866) 791 (*vunèrst*), nöOSt., Skgt., Mühlv., VUMB, ve. Bgl.; Füg.: *ē ī – nǫχə tu fənẹɒšt* Wortspiel: eher/vorher ich, nachher du zuerst swNBgl.; — hist.: *Von erst sol ein iglicher perkman .. in seinen rechten vervahen* [seine Rechte wahren] swFlachg. (1346) ÖWeist. 1,196; *Item von erst wird gefragt, ob es on weil und on zeit sei* Salzbğ. (1405) ebd. 1,110; *das ainer von notturft wegen der armuet müest versetzen .. ainen acker, den sol er von erst seinen nachpaurn anbieten* UInnt. (1462) ebd. 1,156; *Von erst sult ir wissen* öObInnt. (16.Jh.) ebd. 3,57; — **c)** im vorhinein ve. (*fɒnẹ̄*); Füg.: *i sǭg dɒs fɒnẹ̄* ich warne dich nwestl.obMühlv.; lit.: *Han a Gamsbökl g'schoss'n, / Möcht no oan's datrag'n; / Wer mei Diandl wil küss'n, / Muass mi von eh' frag'n* Murt. WERLE (1884) 225; — **d)** seit jeher Sa., OÖ (*fɒnẹ̄* u.ä.); Füg.: *dös is ma voneh bekannt* SaWb.(1995) 209; *des is fɒnẹ̄ ned ånɒs* (anders) *gwē'n* westl.mInnv., ähnl. sonst OÖ verbr.; *Mein Vadern han ih von eh nöt kennt* OöWb.(1978) 316; — hist., lit.: *Von ersten ist es also herkomen von ains präbsts* [→ Probst 2] *wegen, das die herschaft sol ain präbst setzen auf Schennan* Burggr. (1423) ÖWeist. 5/1,105; *Von erst haben sew recht drei sprach* nöWaldv. (1488) ebd. 8,776; *Von erst, so haben wür das recht daß wür alle jahr haben drei panntaidung mit unserm richter und der richter herwieder* nwMostv. (1705) ebd. 9,807; *Und ehn i dráf vo Grummá* [Gram, → *Grummer*] *geh, / Voneh, voneh, voneh – ! / Wos d'Lieb thuet, thuet nöt weh!* Innv. STELZHAMER (1844a) 63; *dös woaßt jå von eh'* Pinzg. SÜSS (1865) 103; *Diandl, i ken Di, / Bist scho da recht Schlauch; / Hebst a Plaudawerch an / Wia vonert is Dei Brauch* Murt. WERLE (1884) 201. — **2.** Konj.: bevor UInnt. (*fɒnẹ̄*); Füg.: *miɒ miɒßn ins gšlaen, das mɒ hǫɒmkxẹ̄mɒn, fɒnẹ̄ s ts re'ŋɒ ū(n)fǫŋg* wir müssen uns beeilen (→ *[ge]schläunen*), daß wir heimkommen, bevor es zu regnen anfängt öUInnt.; *fɒnẹ̄-s-d gẹ̄sd, ẹ̄-sd gib mɒ in šlißl* bevor (daß) du gehst, davor gib du mir den Schlüssel ebd. — Ltg.: *fɒnẹɒšt* u.ä. verbr., doch *fɒnẹ̄* ve. Mühlv. — **(zu)-:** Adv., nur im Sup.: **1.** Zum frühesten Zeitpunkt, zuerst verbr. m. Gott.; im bes.: **a)** zuerst (i.d. zeitl. Reihenfolge) verbr.; — Füg.: *wer zuerst kommt, mahlt zuerst* verbr., Sachl. zum alten Rechtsspruch s. DRaLex./R.[3] 1,615; *ich habe ihn zuerst gesehen* verbr.; *zuerst der Va-*

ter, nachher die Buben obstObInnt.; *i khim tßęvršt* Außf., ähnl. ve.; *zuerst steigen wir über die Leiter hinauf* ve.; *wer hat zuerst angefangen* (zu streiten/lachen etc.) verbr.; *ich habe es dir zuerst gesagt* ich habe dir das von Anfang an gesagt westl.mInnv.; *tßęvrß muəß mə wißə* wObInnt., ähnl. obMühlv.; *zuerst hat er sich einmal niedergesetzt* obMühlv. u. ähnl. ve.; *zuerst heißt es arbeiten* ve.; *ī tsęvršt und dū a vmęvršt hǫt de gǫvs gsǫk* ich zuerst und du auch zuerst (→ *[am]*- 1c), hat die Geiß gesagt (scherzh. Wortspiel) sUInngeb.; *tsęvšt gęv ī ed štrēb und ǫft gęv ī hǫvm mǭxn* zuerst gehe ich „in die Streu" (Streu machen?) und dann geh ich heim melken sUInngeb.; *en hintvn fuvs dsęšd firi dǫv(n)* wörtl.: den hinteren Fuß zuerst nach vorne tun, d.h. sich beeilen müssen mHausrv.; — hist., lit.: *Doch solt zu ersten erwelt werden ain richter, .. darnach die geschworn* uEisackt. (17.Jh.) ÖWeist. 5/1,213; *Den Herrgod daonkt ma zerschtn* sSBgl. Reichl (1918) 15; — **b)** gerade vorher, soeben Weinv., Buckl. Wt. ve.; *dsęvšd is v dǭgwē'n* Schneebg.Geb. — **2.** Partikel: im vorhinein, ohnehin, gleich (fokussierend) ve.; — Füg.: *des hat i tßęvršt giwíßt* von vorneherein Lüsenert.; *dē hâut tsęvßk-kxǫv(n) tsaed* überhaupt keine Zeit obEnnst.; *des dęvrfst tsęvšt net-tǫv(n)* gar nicht nUInngeb.; *du springst zuerst die ganze Zeit zu anderen* du läufst ohnehin immer zu anderen (sc. Mädchen) sUInngeb.; *dęvsn lōdv* (→ *Loter*) *is tsęvšd ǫöwaö foö raoš* dieser Mann/Kerl ist ohnehin immer betrunken sUInngeb.; *bist tsęvšd fiv nikß* wUPinzg.; *i mǭg dsęvšd ned* überhaupt nicht nördl.obInnv.; *is dsęvšd niks* erst recht nichts Innv., Mühlv. ve.; *wer hätte denn das zuerst gemeint* wer hätte denn das gedacht nöSkgt.; *des gibts zerscht net* gibt es von vorneherein nicht WrWb.(1929) 225. — **3.** Konj.: sobald Pustert., sUInngeb.; *tßęvršt/tßęvrštn ī förtikχ pin, kχim ī* sobald ich fertig bin, komme ich Lüsenert.; *tßęvrštnt vs v widər ksunt iš giwédn, hǫt v widər ūnkχeft tsi saufn* sobald er wieder gesund war, fing er wieder an zu saufen/trinken ebd.; *tsęvšd vs de rivšt węšt dvšoßn* sobald/wenn du dich nur rührst, wirst du erschossen sUInngeb. — Ltg.: *tßęvrßt* u.ä. sbair., *dsęvšd* u.ä. mbair., doch *dsęšd* Hausrv., *tßęvrštn* Lüsenert., ähnl. sSBgl.

Abl. → *êentlich, -êrstig*; s.a. → *êrst*; weiters: *êenterigst,* Adv., am wahrscheinlichsten Pustert. (*vm ivndrigštn*); *êentig,* Adj., früher obstGurkt., ObSt. (*ęvntig*); *êerig,* Adj., vorhergehend, vergangen SaWb.(1995) 56; *êig,* Adj., vergangen Skgt., hist. (s. DBÖ). *I.G.*

Eb, Mutterschaf, → *Āue* II

ęba

Interj., Zuruf an Pferde, um diese z. Stehenbleiben zu bewegen Maltat. (*ęba*); Etym.: lautmalend, vgl. syn. *ęha* unter → *aha* u. → *ę* I,1. *H.B.*

Ebel, Teil d. Schlittens bzw. Wagens, → *Eppel*

ëben, ėben

Adj., Adv., Partikel; Adj.: eben, flach u. horizontal, gerade, glatt u. div. übertr. Bed. verbr. m. SI; Adv.: genau so, ebenso, aufs Geratewohl, wirkl., vollständig, (so)eben, unterdessen, gerade noch, sogleich, bald, voraus ve.; Partikel: eben, halt, gerade, genau, nur, zieml. ve., tw. ugs. — Etym.: ahd. *ëban* Adj., *ëbano* Adv., mhd. *ëben(e)* Adj., Adv., Näh. s. DEWb./Pf.[5] 258 u. DEWb./K.[24] 225; s.a. → *nëben* < *enëben*. — BayerWb.[2] 1,14f., SdWb. 3,522, VlbgWb. 1,663f., SchwäbWb. 2,527f., SchweizId. 1,43f.

Ltg. (im größten Teil d. Verbr.Geb. m. geschlossenem *e* des Prim.Umlt. nach der Paulschen Regel [*ė*] aus ahd. *ëbeniu*, einem neutr. Pl.-Subst., s. Lgg. § 3o1; Qualität d. Stammvokals, Ausfall des *-b-* u. Assim. *-n* > *-m* aus d. Sammlerbel. oft nicht klar ersichtl.; zu unorg. *h-* s. Lgg. § 33a2; s. a. Grau [1939] K.18): m. geschlossenem *e* im Anlt.: *ēbm* u.ä. Tir. ve., obLesacht.; MKä. ve., obLavantt., obEnnst., Laßnitzgeb.; Plad. Bruniera (1937) 148, Gott.; *ēbv* u.ä. außf.Lecht., obstObInnt., Pazn., Stanzert.; *eiwə* wObInnt.; *hēbv* Pazn. (Bed.III,3); *ē'm* u.ä. NOTir. ve., Katscht., mittl.obMurt., Auss.Ld., Liesingt., uSalzat., nöWSt.; Sa. u. mbair. sonst verbr.; *eibm, ei'm* u.ä. STir. verbr., otir.Lesacht., Lienz. Beck., wObInnt.; mNTir. verbr., UInnt., TirWb. (1955–1956) 1,139, mMöllt., Ob-,UDraut., Metnitzt., obGurkt., obGörtschitzt.; sbair. ObSt. ve., Mürzgeb., Graz; M-,OSt. ve., Schneebg.Geb., Buckl.Wt., sSeew., sMBgl., nSBgl., uBöW, wSBö., Zarz; *ebənə* u.ä. zimbr.; *ei'mə* Fersent.; m. unorg. *-s* bzw. (superlativischem?) *-sd-/-st-* (meist Adv., analoge Bel. z.B. SchlesWb. 1,228, ObSächsWb./FG. 1,484f., ThWb. 2,1f.): *ē(b)ms* u.ä. ObSt. (Bed.II,1a,bα), Znaim.Ld., SMäWb. (1999) 134 (Bed.I,2a); *ē(b)mst* u.ä. ObSt. (Bed. II,1a,bα), nWachau (Bed.III,2a), WrWb.(1929) 52 (Bed.II,2a), WrWb.(2002) 326 (Bed.III,2a); *ē(b)mstv, ei'mstv* u.ä. Gegendt. (in → *[der]-*), Ossiach.Geg. (Bed.II,2a), Glant., Gurkt. (Bed. II,2b), St. (Bed.II,1a,bα;2a,b,d,e); m. *-st-* u.

Sproßvok.: *ē'mɒstɒ* Obdachgeb. (Bed.II,2d); m. offenem *ę* im Anlt.: *ęi(b)m* u.ä. Münstert. (amdal.), Ultent., Stanzert., UDraut., obGörtschitzt., swObMurgeb., ve. nMSt., nOSt., swFlachg.; sMBgl., nSBgl., ve. uBöW, SBö.; Tisch.; *ę̄'m* (nur Adv., Partikel) Lung.; *ęi̱be, ęi̱bn* Plad.; *ę'mst(ər)* Liesingt. (Bed.II,2d); — Kompar.: *ebɒnr* außf.Lecht.; *ebnɒr* Pazn.; *ē'mɒ* u.ä. Lung., nöSkgt.; — Sup.: *ebɒßtɒ* außf.Lecht., Pazn.; Sup. umschreibend: *ɒn ē'mɒn* nöSkgt.; — lautl. Unterscheidg. zw. Adj. u. Adv.: *ē'm* (Adj.) versus *ę̄'m* (Adv., Partikel) Lung.; *ęi̱bn* (Adj.) versus *ęi̱be* (Adv., Partikel) PladWb.(1972) 155; vgl. auch d. w.o. angeführten adv. gebrauchten Formen m. epith. *-s* bzw. *-sd-/-st-*, denen reguläre Formen in adj. Verwendg. gegenüberstehen.

Bed.: **I.** Adj. (tw. in adv. Verwendg.): **1.** flach, eben, glatt, gerade u.ä. (z. Bezeichng. der Lage od. Gestalt v. [Ober-]Flächen, Linien) verbr. m. SI; im bes.: **a)** gleichmäßig flach, eben verbr. m. SI; s.a. TirWb. (1955–1956) 1,139, KäWb.(1862) 79, SteirWb.(1903) 186; OöWb.(1978) 201 (*öb[m]*, wohl irrtüml. statt **ö[b]m*, sprich *ē'm*); Syn. → *podnig* 1, *flach, (ge)lâge, (ge)rade*; verdeutlichend auch als *(be)-* ganz eben wOblnnt. SCHATZ (1897) 22 (*piéiwə*). — Füg.: *ɒ e'mi ge'ŋd* nwWaldv.; *ɒn ē'ms lǫnt* nUlnngeb.; *ə eibmər plǫtß* wOblnnt.; *e'mɒ ǫkhɒgrund* Liesingt.; *ɒn eibms akɒl* nMSt.; *ɒn ē'ms fǫ̈üt* ebenes Feld wUPinzg.; *ɒn e'mi wīs* uBöW; *ē'mɒ rǭɒ(n)* ebener Rasenstreifen zw. zwei Äckern nwWaldv.; *ɒn ē'mɒ wēg* uTraisent.; *de Schdrǫssn is gånds e'm* WrWb. (2002) 325; *af da Stroßn geht's gaunz ęim* söSBö. SdWb. 3,522; *ɒn ē'ms hiɒ'n* e. flache Stirn nwTenneng.; *ebnɒ pakɒ* flache Wangen Zw.Toren, *eibmə wǫŋən* dass. mMöllt., ähnl. ve. im Verbr.Geb.; *ęɒ hǭd ɒn ē'mne gē'ŋd en gsixd* hat flache Wangen mHausrv.; *ds-e'mɒr-ęɒd* im Erdgeschoß westl.mInnv., ähnl. verbr. (s.a. hist. Bel.); *zimmererd* dass. Klagenfurt KäWb.(1862) 79 (m. volksetym. Anlehng. an → *Zimmer*); *ē'm mǫχɒ* eben machen, ebnen Jaispitzt., ähnl. nwWaldv. (unebene/abgemahlene Stellen im Mühlstein ausgleichen); — hist., lit.: *auf dem eben land* nWachau (v.1355) ÖWeist. 8,985; [d. Türken] *schussen mit grossen puchsen der mawr an dem geschloss einem micheln tail ganntz eben ab dem grundt* wohl: bis auf d. Grundmauern nieder UNREST (1499/1957) 7; *Aber der weeg ist Eben* HERBERSTEIN (v.1553/1855) 315; *Wir wunderten unß des pferdß, welches .. nur deß ebnen landts gewohnet, das eß ohne schaden so hoch steigen möge* KLEINSCHROTH (1683/1956) 120; *Grund Riss zu Ebener Erden* Titel e. Grundrißskizze sWr. Beck. (1730) LkBlNÖ 77 (2006) 108; *Zu ebener Erde und erster Stock* Titel e. Posse W. NESTROY (u.1840/1924–1930) 6,1; *de Stiga zo ghenan oben au' in de Kamarn, ba saint ebene, ona nach dar andarn* „su nelle camere che sono piane", wohl: nebeneinander auf einer Ebene gelegen Sieb.Gm. BARAGIOLA (1908) 79f.; — **b)** gerade (verlaufend), geradlinig mSillt., obLavantt., obEnnst., nöWSt., nwestl.obMühlv., nöstl.uMühlv., W., uBöW, Zarz, Gott.; Füg.: *ɒn ēbmi nǭsn* m.d. Stirn in einer Ebene verlaufende Nase obLavantt.; — **c)** glatt TirWb.(1955–1956) 1,139, Thörlt., nHausrv., nSBgl., uBöW, Gott.; Füg.: *ē'me hǫɒ* glattes Haar nHausrv., ähnl. Thörlt., uBöW; — **d)** randvoll verbr. m. Gott.; Füg. (meist m. → *foll*): *eibm foulə* randvoll Lienz.Beck., ähnl. verbr. m. Gott. — **2.** Zur Bezeichng. v. Passendem, durch Gleich- bzw. Ebenmäßigk., Exaktheit u.ä. Charakterisiertem (meist m. positiver Bewertg.): passend, recht, ordentl., gefällig, „quitt", exakt u.ä. ve. m. zimbr.SI, Gott.; im bes.: **a)** passend, gelegen, recht u.ä. TirId.(1866) 100 („gelegen, bequem, gefällig"), Kä. ve., nördl. oblnnv., Znaim.Ld., SMäWb.(1999) 134; — Füg.: *eine Sache ist mir êben .. ich werde es thun, wenn es mir êben ist* TirId.(1866) 100; *dàs ist mer èt öb·n* wohl: ist mir nicht recht KäWb.(1862) 79; *heunt hàt der pfàrrar öb·n giprödigit* gepredigt ebd. 79; *di sǭx khimp mɒr ęibm* kommt mir gerade recht UDraut. RUDOLF (1965) 191; *is dɒ laexd wǫs ned ē'ms* (herausfordernde) Frage an e. Streitpartner Znaim.Ld., ähnl. SMäWb.(1999) 134; *des is' ma nit ebms* gefällt mir gar nicht ebd. 134; *es gę̄d ē'm hęɒ* es verläuft nach Wunsch nördl. oblnnv.; hist.: *Ös nennts mi á Lümperl, / Is má freili nöt öbn* mlnnv. STELZHAMER (1844b) 167; — **b)** brauchbar, ordentl., verläßl. u.ä. UDraut., KäWb.(1862) 79, SteirWb.(1903) 186; Füg.: *an öbner mensch* KäWb.(1862) 79; *hietz àrbat amàll öb·n und schaug èt àllwa' ummar!* ebd.; — **c)** quitt (in bezug auf Verbindlichk.), rezent nur i.d. Füg.: *eben sein* quitt sein außf.Lecht., obZillert., NOTirWb. (1993) 25, Lung., SaWb.(1995) 55, SHausrvWb.(2008) 149, ZimbrWb.(1975) 130; hist.: *Weils üs aners mit 'n Geld nöt ausgeht, mach már 's mit 'n Tue* [Leinwand, → *Tůch* 2b] *öbn* mlnnv. STELZHAMER (1844b)

123; — **d)** genau, exakt u.ä. Tirld.(1866) 100, SteirWb.(1903) 186, Gott.; Füg.: *går zu êben* „nennt man e. zu genauen Menschen" Tirld. (1866) 100; *hundert Gulden êben* ebd. 99 (hierher?); — hist., lit.: *Das die sechser* [d. 6 Mitglieder einer Ratskörperschaft] *und .. die ganz gemain gar treuleich eben sehen und gedenken schullen* Donnersbacht. (15.Jh.) ÖWeist. 6,17; *mandat, geschäft oder verpot .. die sol man offentlichen lesen und ieder eben und wol darauf merken* südl.obVinschg. (16.Jh.) ebd. 4,2; *Es sol auch der richter eben acht haben .. daß nit gestatten große spill und gottslesterung* steir.Raabt. (1651) ebd. 10, 151; *veracht die lieben eltern nichts, gebrauch ihren rat gar eben* Lesacht. KäWb.(1862) 79 (aus e. „alten" Kirchenlied); — **e)** gerade (v. Zahlen), durch 2 (ohne Rest) teilbar Tirld. (1866) 99, Kä., obEnnst.; Füg.: *öbna zàl·n* gerade Zahlen KäWb.(1862) 79; — **f)** gefällig, nett u.ä. Kä. ve., östl.mWeinv.; Füg.: *an öbn·s dink* KäWb.(1862) 79 (Näh. s. ebd.); *ɐ e'ms ghepfɐl* schöner, ebenmäßiger Kopf östl.mWeinv.; — **g)** geziert, eitel nördl.obInnv., nur in Füg.: *ē'm gę̄(n)* „geziert einhergehen (als ob man eine Flüssigk. tragen würde)" ebd.; *ē'm šao(n)* eitel blicken ebd.; lit.: *Sö* [sc. d. Mädchen] *gengant dahea, / Aso üppög und öb'm, / Aß wånn's mecht'n unmügla, / Koan Fuaß nit dahöb'm* Sa. Süss (1865) 121 (hierher?). — **II.** Adv.: **1.** Modaladv.: **a)** ja, genau, eben, als Bekräftigg., daß d. Sprecher derselben Meing. wie sein Gesprächspartner ist bzw. das v. diesem Gesagte auch schon selbst erwogen/geäußert hat ugs.; vgl. auch SteirWb.(1903) 186 (*Ebens, ebenst, ebenster* wahrl., wirkl. ObSt.); — Füg.: A: *hętß iß pǫld wintɐ und miɐ höm ǫlwɐ* (immer, → *[all]weil*) *nou kχǫɐ prẹinholtß* – B: *eibm, weigŋ sę foɐ'mɐ mǫgŋ* (→ *morgen*) *ǫɐns houln* Lienz.Beck; A: *hae(n)t kximp siχɐ kxǫɐ(n) rę̄'ŋ* – B: *ę̄'m, drum gęɐ i hiɐts šwåχtsbe* (Heidelbeeren, → *[Schwarz]pere* 1) *brokxn* Lung.; *i̯ǭ ęibe, du ǫßt bol rẹχt* ja eben, du hast wohl recht PladWb. (1972) 155; — **b)** z. Kennzeichng. der Art u. Weise: **α)** genau (so), gerade (so), ebenso, in gleicher Weise u.ä. (tw. korrelativ zu Vergleichspartikeln) ObSt. SteirWb.(1903) 186 (*Ebens, ebenst, ebenster*), W.; — hist.: *Es werd der gross Turgg* [d. türk. Sultan, → †*(Grôß)türke* (→ *Türke* I)] *dem Walischen Lannd Eben thuen wie er Hungern* [Ungarn] *than hat* Kirchmair (v.1553/1855) 521; *wir hatten eben wie vorige nacht einen lärmen über den andern* Kleinschroth (1683/1956) 106; *indeme der gesell eben die kost und lohn, ob er gleich diese oder jene arbeit verfertiget, zugenüessen hat* W. (1714) NöHandwOrdng./O. 296; *Wan einer .. ambtman ist, mueß er ewen alß wie die andern daß gaißhaltergelt oder ochsenhaltergelt geben* nöOSt. (1738) ÖWeist. 6,101; — **β)** aufs Geratewohl Gott., nur. i.d. Füg.: *aus ē̱bm* ebd. („m.e. Beigeschmack des Verkehrten"); *ɐr rē̱dət aus ē̱bm* spricht ohne zu überlegen ebd.; — **c)** z. Kennzeichng. des Grades, Maßes: vollständig, gänzl., exakt PassWb.(2004) 51, STir. Wb.(1972) 17, mInnt., Tirld.(1866) 99, PinzgWb.(1992) 46, Gott.; Füg. (meist m. → *aus*): *ęɐr sīxtn fǫtər glaix aus und eibm* mInnt., ähnl. STir.Wb.(1972) 17, Tirld. (1866) 99, Gott.; *Dei(n) Nah(n)lmöitz grout' ö(b)m und aus dir nouch* deine Enkelin gerät ganz nach dir PinzgWb.(1992) 46; *ëibm der Tatte* v. jem., der seinem Vater [→ *Tätti* 1] ähnl. sieht PassWb.(2004) 51. — **2.** Temporaladv.: **a)** gerade in diesem Augenblick, (so)eben PassWb.(2004) 86, Ossiach.Geg.; uMürzt. (*ei'mstɐ*), W., WrWb.(1929) 52 (*ebenst* „eben", hierher?), SMäWb.(1999) 134; Plad. Bruniera (1937–1938) 148 (m. Kontextbel.); Syn. → *just, (ge)rade*; Füg.: *i pin grod ëibm kemmin* bin soeben gekommen PassWb.(2004) 86; *(grǭd) ę̄'m* (gerade vorhin) *īs ɐ nox dǭgwe'n* Lung.; *ts-ēbmstɐr* jetzt Ossiach.Geg.; — hist.: *Zw dem so ist Eben der Schnee allennthalben zergannɡen* Herberstein (v.1553/1855) 271; *weilen sie eben alsdan zue Baaden waren* Kleinschroth (1683/1956) 20; *denn er ist eben auf den Sprung .. ein Cessioni bonori* [vgl. *Cessio bonorum* Abtretg. d. Vermögens eines Schuldners an seine Gläubiger] *z' machen* W. Eipeldauerbr. 19 (1795) 28; *Eb'nst hat 's wieder a kloani Paus'n geb'n* NÖ Seidl (1844) 265; — **b)** nebenher, unterdessen, inzwischen u.ä. Glant. Lessiak (1903) 161, Gurkt. (jew. *e'mstər* u. ä.), nOSt. Eiselt (1999) 41 (*ebenster*, m. Kontextbel.), steir.Lafnitzt. (*ēi'mstɐ*); hierher od. Sup. v. → *nëben*?; Füg.: *i gęɐ e'mstɐr* ich gehe voraus (wohl zeitl.) Gurkt.; *dōu khāo(n)sd ēi'mstɐ ɐ waiŋg šāǫ(n)* steir.Lafnitzt.; — **c)** gerade noch Pass.; Füg: *i hån s Poschtaute* [Autobus, → *(Post)auto*] *ëibm dertoon* [erreicht, → *(der)tůn* 2] PassWb.(2004) 51; — **d)** sogleich, sofort; bald u.ä. Gurkt. (*e'mstɐr*), Liesingt. (*ę'mst[ər]*), Obdachgeb. (*ē'mɐstɐ*),

Mürzt. Pirchegger (1927) 142 (*əi'mpstə*), St. ZsHeimgt. 4 (1880) 475 (*emsta*); Füg.: *Er wird emsta kema* St. ZsHeimgt. 4 (1880) 475; *ę'mstər bin i gǫŋgen* Liesingt.; — **e)** immer wieder WSteirWb.(1987) 486 (*eimstɒ*). — **III.** Partikel: **1.** Abtönungspartikel: **a)** z. Bekräftigg. einer (oft resignativen) Feststellg.: halt, eben TirWb.(1955–1956) 1,139, Kä. ve., Lung., uTraisent., Znaim.Ld.; GottWb. (1973–1976) 1,124 (m. Kontextbel.) u. ugs. (vgl. WADU 2,K.103); Füg.: *nǫχɒ lǫßtɒs ę'm blae'm* dann laß es eben bleiben Lung.; *es gę̄d ē'm nēd* es geht eben nicht uTraisent., ähnl. KäWb.(1862) 79; *ǫfd kximbsd ei'm nīd* dann komm eben nicht sSeew.; — hist., lit.: *i waiß mi nix schuldi, / Drum háribts mi* [ärgert es mich, → *härben*] *öbn!* mInnv. Stelzhamer (1844b) 318; *nu nembt mich hin und tötet mich öben, / last mir mein liebes traut kindelein löben* Lesacht. KäWb.(1862) 79 (aus e. „alten“ Kirchenlied); — **b)** z. Kennzeichng. der Beschränkg.: nur, bloß obKremst., OöWb.(1978) 201; Füg.: *i hǭ(n) e'm ɒn graedsɒ* habe nur einen Kreuzer obKremst.; *i mǫɒn e'm* ich meine nur ebd. — **2.** Fokuspartikel z. Bekräftigg./Verstärkg. einer Feststellg.: **a)** z. Hervorhebg. e. Pron. od. Adv.: eben, gerade, genau Pass., außf. Lecht., TirWb.(1955–1956) 1,139; öNockgeb. („so ist es, richtig“), uTraisent., nWachau, W., SMä., Gott. u. ugs.; — Füg.: *säll hån i ëibm nit giwëllt* gerade das habe ich nicht gewollt PassWb.(2004) 51; *ẹibm díɛ* gerade diese TirWb.(1955–1956) 1,139; *ē'm deßweŋg hǭd-ɒß nēd ghaerɒd* genau deshalb hat er sie nicht geheiratet uTraisent.; *ē'msd dɒfúɒ* eben deshalb nWachau (u.1930); *e[b]m des gifd mi* gerade das ärgert mich WrWb.(2002) 325f.; *e[b]msd so isas gwesn* genau so ist es gewesen ebd. 326; *drum ē'm* eben darum, deswegen söSMä.; *eb'm d'rum* dass. SMäWb. (1999) 134; — hist.: *wan ein mitbrueder ausser land einen jungen aufdingt, solle eben das, was die allhiesige jungen zugeben schuldig seint .. bezahlet werden* W. (1707) NöHandwOrdng./O. 53; *Já – dös is ja ebn d' Kunst, / Und dös is ja ebn d'Sach* Traunv. Gartner (1856) 75; — **b)** z. Hervorhebg. e. Nebensatzes (korrelativ zu Konj.): eben, gerade ugs.; Füg.: *eibm wail i tßęɒšt ɒf dęß nit kßauk hǫun* weil ich das zuerst nicht beachtet habe Lienz.Beck.; hist.: *Ja, eben weil s' nicht arbeiten wollen, bhalten wir sie nicht z' Wien* W. Eipeldauerbr. 2 (1794) 33. — **3.** Gradpartikel: ziemlich Pazn. (*hēbɒ*).

Komp. (s.a. → Simpl.I,1a; Hauptakzent tw. auf d. Gw., Akzentstelle i.d. Bel. jedoch meist nicht gekennzeichnet): **(plân)-, (plân)-:** (sehr) eben bzw. glatt, waagrecht Münstert. (*plounẹibm*, amdal.), nördl.obVinschg. (*plānēbm*); TirId.(1866) 99, 506, TirWb. (1955–1956) 1,84 (jew. *plǭnēbm* u.ä.). — **(plättlein)-: 1)** randvoll W. — **2)** übertr.: **a)** schuldenfrei UDraut., nur i.d. Füg.: *ęɒr khimp fǫɒr lautɒr šuldn nimɒr platlēbm* kommt aus d. Schulden nicht mehr heraus ebd.; — **b)** betrunken W. — **(prëttlein)-: 1)** Adj.: (sehr) eben, flach (wie e. Brett) binnenbair.; verdeutlichend auch als *(nudel-prëttlein)-* uTraisent. (*nū[d]lbrē[d]lē'm*); im bes.: flachbrüstig Burggr., mMSt., SHausrvWb. (2008) 114, W., wSBö.; s.a. hist.-lit. Bel. w. u.; — Füg.: *di gē'ŋd is bredlḗ'm* nwWaldv.; *dɒ hēfm is brętle'm fōi* d. Topf ist randvoll Lung.; *bredlḗ'me wǫŋɒn* flache Wangen mHausrv., ähnl. Linz, W.; *den sae(n) gsixd is bredlḗ'm* er hat flache Wangen Salzbḡ., ähnl. öUInnt.; *ɒ bredlḗ'ms gfrīs* e. Gesicht m. flachen Wangen Salzbḡ.; *de hǭd ɒn bredlḗ'mɒ šē(d)l* e. kurzen, platten Kopf mHausrv.; *si is hint und fuɒn bredlḗ'm wiɒ-r-ɒ bēgllǭ'n* (Bügelbrett, → *[Pögel]laden*) v.e. Frau m. wenig weibl. Rundungen öUInnt.; *Brettlebn isch fein af der Wies, âber nit ba der Lies* Burggr. ZsSchlern 36 (1962) 311; — hist., lit.: *bretel-eben* ÖMdaEWb.(1815) 1,115; *Brötlöbn hint und vorn, / So Leut sollts go nöt göbn* mInnv. Stelzhamer (1846) 109; *Berglan und Riegelan* [Bergrücken, Hügel u.ä., → *Rigel*] / *Machn 's Land schean, / A brettlebnas Deandl, / Das laßat i stean* Obdachgeb. Grasberger (1880) 46; *'s Lisál wá á saubás Diandl, / Abá d 'Brust is bröttlöbn* nHausrv. Krempl (1919) 62; — **2)** Adv.: **a)** der Länge nach (hinfallen u.ä.) Flachg. (lit.), westl. mInnv., obYbbst.; Füg.: *bredlḗ'm hī(n)fǫe'n* westl.mInnv.; lit.: *Er fallt auf da Straß'n / Grad brettleb'n her* Flachg. Pflanzl (1907) 15; — **b)** unumwunden, direkt Sa., OÖ ve.; Füg.: *i hǫn ęɒms bręqdle'm gsǫɒd* (gesagt) wSkgt., ähnl. SaWb.(1995) 43, OöWb.(1978) 57; hist.: *der Stein ist bretel-eben bey mir niedergefallen* ÖMdaEWb.(1815) 1,115 („in gerader Richtung“, wohl auch: exakt, genau); — **c)** ganz u. gar nöSkgt.; Füg.: *mǫreŋ faeɒ'n ma-n bręqdlé'm* wohl: begehen wir ihn zünftig (sc. e. Bauernfeiertag) ebd. — **(pri)-:** nur i.d. Füg. *pri-ebɒ fol* wohl: randvoll Stanzert.; Syn. → *(pri)foll*; Etym.: z. Bw. s. → *pri* völlig, ganz. — **(pün)-:** ganz flach PassWb.(2004) 170 (*piinëibm*); Etym.: Bw. zu → *Püne* Bühne, Stand-, Ablagefläche u.ä. — **(tęller)-:** glatt, eben TirId.(1866) 99 (*tellerêben*). — **(der)-:** manchmal Gegendt. (*dre'mstɒ*). — **(hand)-, (händlein)-:** sehr eben Jaufengeb. TirWb.(1955–1956) 1,278 (*hǫnteibm*), öUInnt. (*hantle'm*); Füg.: *ɒ hantle'ms guɒd* Bauerngut m. flachem Grund öUInnt. — **(hâr)-:** **1)** Adj.: **a)** sehr eben Salzbg̃., SaWb. (1995) 90, nöSkgt., ve. Innv., Hausrv., OöWb.(1978) 113; uBöW; wSBö., ebd. Micko (1930) 60; vgl. → *(Hâr)ëbene*; — Füg., Ra.: *dɒ weig is hǭɒrei'm* uBöW, ähnl. westl. mInnv.; *ɒ hǫɒrē'me ge'ɣɒd* westl.mInnv.; *hǭre'm foi* randvoll ve. Hausrv., ähnl. nördl. obInnv., W.; *auf haarebener Stelle umkehren* Ausgesprochenes sofort leugnen, seine Gesinnung rasch ändern wSBö.; — hist.: *Schene Oerter und Plätz, / Aber selten haaröbn* mInnv. Stelzhamer (1846) 7; — **b)** handelseins, quitt, nur i.d. Füg. *iet háben má haareben* jetzt sind wir handelseins SHausrvWb.(2008) 239; — **2)** Adv.: direkt, ohne Umschweife, nur in Füg.: *i hab iehm 's haareben einhingsagt* SHausrvWb.(2008) 239, ähnl. SaWb.(1995) 90. — **(mudel)-:** sehr eben SHausrvWb.(2008) 385; Etym.: Bw. zu → *Mudel* Katze, vgl. analoge Bildgg. (als Verstärkg.) wie → *(mudel)lind* sehr weich, → *(mudel)warm* angenehm warm. — **(schlag)-:** sehr eben (bes. v. Wiesen, die keine Unebenh. aufweisen u. so m.d. Sense gut zu mähen sind) SHausrvWb.(2008) 484. — **(schmiß)-:** „geraderückig, d. Gegenteil v. sattelrückig" (v. Rind) söSkgt.; Etym.: z. Bw. s. → *Schmiß* Ende d. Peitschenschnur. — **(schnůr)-, (schnůrlein)-:** ganz eben, ganz gerade öUInnt. (*šnūɒr-*), VUMB (*šnīɒl-*); Syn. → *(schnůr)ge-rade*; Füg.: *šnūɒre'me lipm* schmale, gerade Lippen öUInnt. — **(so)-:** Adv.: gerade, soeben wObInnt., obGurkt., söFlachg., nwWaldv. u. ugs.; seltener als syn. → *(ge)rade*; Füg.: *ər ịßt soéiwə furt* er ist eben erst fort wObInnt. — **(un)-:** **1)** nicht flach/gerade, uneben, holprig u.ä. STirWbNtr.(1979) 86, nUInngeb.; mMöllt. („rainig"), wObMurgeb., mEnnst., WSteirWb.(1987) 414, SteirWb.(1903) 609, wUPinzg., nördl.obInnv., uErlauft., uBöW, wSBö., SMäWb.(1999) 457; Zarz (*unéibm*), Gott. u. ugs.; — Füg.: *ɒn ū(n)e'mi wīsn* uBöW; *ɒn ū(n)ē'ms baolǫnd* e. unebener Akker (→ *[Pau]land*) wUPinzg.; *s fẹö* (Feld) *is ū(n)e'm* nöSkgt.; *dɒ ǫkɒ is ū(n)ei'm* uBöW; *ɒn ūnē̱bmḏr ḇakχ* e. Weg, der „hin u. her führt" Gott.; — **2)** unschön, unangenehm, ungut u.ä. (z.B. v. Aussehen od. negativen Charaktereigensch. e. Person) uPustert., TirId.(1866) 100, Gurkt., SteirWb.(1903) 609, NöGr.(1886) 136; — Füg.: *ɒn uneibmər kxopf* e. mißgestalteter Kopf Innsbruck; *ɒ unebmr mẹntš* unangenehme, streitsüchtige Person Gurkt., ähnl. TirId.(1866) 100 („Mensch, m. dem sich nicht wohl auskommen läßt"); häufig verneinend in Füg. gebr., um angenehme äußere Erscheing. od. positive Eigenschaften e. Person, seltener einer Sache od. ähnl. hervorzuheben (Litotes) binnenbair. ve., Gott., Bud.: *nẹd une'm* sympathisch (v.e. Person) Buckl.Wt., ähnl. Innsbruck Benigni (1967/1971) 40 („gut gewachsen" [v.e. Mädchen]), UDraut. Rudolf (1965) 334 (gut, passend, hübsch, sympathisch), Ossiach.Geg. Rader (1966) 318 (gut [v.e. Speise], hübsch), öNockgeb. (gut, angenehm, nett), steir.Lafnitzt. („ganz leidl., brauchbar"), WSteirWb.(1987) 414 („anerkennenswert, v. Menschen od. Bemerkungen"), WrWb.(1929) 203 („zieml. hübsch od. gut"), nöWeinv. („nicht so übel, gar nicht häßl."), Znaim.Ld. (annehmbar, gefällig, ebenmäßig), Gott. (v.e. Person, die aufgrund ihres Benehmens, angenehmer Eigenschaften od. ihres Aussehens gefällt), GottWb. (1973–1976) 1,124; *Das is ka unebene Person net* Bud. SBöVZtg. 1.1.1917 („nur in Verbindg. m.e. Person"); *dẹɒ hǫut kxǫɒ(n) unei'ms ksixt* hat e. hübsches Gesicht sMSt.; *kein ûnẹibms mâdl* e. schönes Mädchen STirWbNtr.(1979) 86; *de Idee is' nit uneb'n* d. Gedanke ist brauchbar SMäWb.(1999) 457; *wɒr-ā́ nit unēbm* wäre auch nicht übel, wäre auch recht öNockgeb.; — hist., lit.: *Auch ich finde dich nicht uneben .. Du bist recht lieblich anzuschau'n* W. Nestroy (u.1840/1924–1930) 7,351; *Nöt án unöbná Bissen / Höbi auf mit den Stiel* [m.d. Löffel] mInnv. Stelzhamer (1868) 218 (hierher?); *es wár' schongar uneb'n, / wann sih oans ausdrücká möcht' über sölhere Leut'* sich abfällig über solche Personen (näml. unehel. Geborene) äußern möchte sWr.Beck. Nagl (1909) 138; *Bist grad' koa unebner Mensch nit!* mInnt. Greinz (1912a) 11; — **3)** unpassend, ungelegen u.ä. (wohl v.a. adv.) TirId.(1866) 100, KäWb.(1862) 79, SteirWb.(1903) 609; obYbbst. („ungemütl."), SMäWb.(1999) 457,

Gott.; Füg.: *eine Sache ist mir êben oder unêben* Tirld.(1866) 100; *dö àrbat kimp' mer unöb·n* kommt mir ungelegen KäWb.(1862) 79.

Abl. → *Ëbene, -ëbenhëit, ëbnen, Ëbnete*; weiters: *ëbenlich*, Adj., Adv., viel, sehr ZimbrWb.(1882–1885) 179 (*eibela, eibala*, m. Kontextbel.), ZimbrWb.(1936) 41 (*éibala*), jeweils hierher?; *ëbnig*, Adj., eben FersentWb. (1982) 71 (*ei'mig*). *H.B.*

Ëbene, Ėbene

F., waagrechte, ebene Fläche, Ebene (v.a. topograph., häufig auch in Namen) binnenbair. m. SI; Etym.: Abl. v. → *ëben*; ahd. *ëbanî*, mhd. *ëbene*, Näh. s. DWB[2] 7,16. — BayerWb.[2] 1,14, SdWb. 3,522 (*Ebene[t]*), VlbgWb. 1,664, SchwäbWb. 2,530, Schweiz-Id. 1,46 (*Ebni*).

Ltg. (z. anlt. *ë* bzw. *ė* s. → *ëben*): Sg.: m. geschlossenem *e* im Anlt., tw. zu *ei* diph.: *ēbm, ē'm* u.ä. obSarnt., Laßnitzgeb., Lung., Pinzg., Gr.-Arlt., ve. Innv.; nöSkgt., ve. Mühlv.; Dunkelstn. Wd., Piestinggeb., Semmeringgeb., uKampt.; östl.mWeinv., Eisenst., söSBö., ve. uBöW, SMä.; Gott.; *ē'mɒ* u.ä. Traunv., uYbbst.; *ewɒn* östl. mWeinv. (u.1890); *ēbmə, -ɒ* u.ä. Ahrnt., Wimitzgeb., Glant.; *ebnɒ* u.ä. außf.Lecht., obstOblnnt., Kaunert.; *ebmi, emni* Stanzert.; *ebni* Pazn.; *ē'me* Lüsenert.; *ebɒne, -ɒ* u.ä. Jaispitzt., Wisch., Sieb. Gm.; *eibm, ei'm* u.ä. otir.Lesacht., TirWb. (1955–1956) 1,139, mMöllt., nMSt., Sulmt.; Buckl.Wt. (Bed.3), uBöW, SZNeuhs., Znaim.Ld., Fersent., ZahreWb.(2.H.20.Jh./2007) 62, Zarz; *ei(b)mə* Ahrnt., otir.Lesacht.; Def. (Bed.3), Lienz.Beck., Oblnnt.; Innsbruck (amdal., neben jüngerem *eibnə*); *eiwə* Oblnnt.; *eib̲ən* Dreiz.Gm. (Bed.3); *ēi'mi* sWr.Beck. (1886); m. offenem *ę* im Anlt.: *ęibm* u.ä. otir.Lesacht., PladWb.(1972) 155, Zahre (1952), Tisch.; *ęibn* wBrünn (Bed.3); *ębmi* Stanzert. (amdal.); *-ęmmə* obstOblnnt. (in zs.gesetzten FlN) TirWb.(1955–1956) 1,139; *ęiwɒni* sMBgl.; *ę̄i'mɒ* (neben seltenerem *ę̄i'n*) wSBö.; *ęib̲ə* Plad. Bruniera (1937–1938) 149; *ā̊i'm* swNBgl., ung.Heide; — Pl.: *ebmɒn* obSarnt.; *ēbm* u.ä. Lüsenert., Gott.; *ē'mən* nöSkgt.; — 1.Dem.: Sg.: *ebmli* obSarnt.; *ēbmlə* Lüsenert.; *eb̲ənlə* u.ä. Sieb.Gm.; *eib̲mlə* u.ä. PladWb.(1972) 500 (Bed.3), Zarz; *eib̲nd̲lə* Zahre; *ęi'mli* nwWSt. (Bed.3); Pl.: *ebmlɒr* obSarnt.; *eib̲mlɒr, eib̲nd̲lɒn* Zahre; *ęib̲ən* Plad. Bruniera (1937–1938) 149; — 2.Dem.: *eibmələ* wOblnnt.; *ēbnɒl* Buckl.Wt.; *eib̲ilịɒ* ZimbrWb.(1882–1885) 178 (Bed.3).

Bed.: **1)** waagrechte, ebene Fläche, v.a. in topograph. Hinsicht (ebene Stelle an einem Berg[hang], Talsohle, Tiefland u.ä.), Ebene verbr. m. SI; Syn. → *Plân(e)* 1b, *Poden* 1b, *Land*; — Füg., Ra.: *aof dɒ ē'm* an e. ebenen Stelle Lung.; *ɒ dɒr ē'm* i.d. Ebene (im Gegensatz zu *auf d. Berg*) westl.mInnv.; *af dɒ ē'm gęd mɒ(n) se laexdɒ* ist d. Gehen weniger anstrengend uKampt.; *af dɒ hǫihɒ ei'm* auf d. Hochebene uBöW; *ɒf dɒ ē'm is līfrigs* (ertragreiches, → *liferig*) *lē'm* Gr.Arlt.; *Auf da E(b)m is 's leicht åawatn* PiestinggebWb. (2006) 147; *A aufgloah(n)dö* (aufgelehnte, → *[auf]lëinen* [PPt.]) *Ö(b)m* e. steiler Hang PinzgWb.(1992) 46, vgl. e. ähnl. Füg. unter → *Ëbnete* 1; *aufglǫɒntɒ ē'm* e. steil aufwärts führender Weg Laßnitzgeb.; — hist., lit.: *tal, berc und lîte / eben unde gründe* Seifried (E.13.Jh./1886) 143; *auf ainem weingarten gelegen ze Wesendorf in der Eben* W. (1372) UBSPölt. 2,128; *pühel* [Anhöhe, → *Pühel* 1], *eben, perg und tal* Oswald (u.1425/1975) 156; *meines herren recht auf der ebne und an der dinggassen* [Gasse, wo Gericht gehalten wird] *ze Prutz* obstOblnnt. (1548) ÖWeist. 3,289; *vom Khumbriedl wider herab an des Pfaffenriederß ebm* obSteyrt. (1642) ebd. 13,93; *dö̊ Grů̊nd auf der Eb'n ums Haus uma* ObPinzg. Kürsinger (1841) 174; *In dár Öbn hin rinnt 's Bácherl* mInnv. Stelzhamer (1844b) 169; *Ganz drunt in der Ebná* Traunv. Gartner (1856) 59; *d' Houhzátleut kemman ös Dorf, jung und alt / .. vo dá Öbn und von Wald* nördl.obInnv. Wagnleithner (1921) 29; — **2)** Niveau, (gleiche) Ebene zimbr., nur lit.: *siban, acht hundart Metarn* [hinab] *in de Prunnen* [Bergwerksschacht, → *Prunnen* 6] *un denne noch vil Bek in Ebene* von dort (weg) noch e. längere Strecke vertikal Sieb. Gm. Baragiola (1908) 63 (hierher od. **[in]ëben*?); — **3)** als/in FlN/ON verbr. m. SI; Bsp.: *i dɒr ebni* ON Ischgl Pazn.; *d indɒr* [innere] *ęibme* anderer Name f.d. Weiler Plon (dieser zu syn. → *Plân[e]* 1b) Def. TirWb. (1955–1956) 1,139; *ęimli* FlN nwWSt. WSteir.Wb.(1987) 295 (1.Dem.); *e dɒr ē'm* Name e. Ortschaft i.d. Ebene zw. Altmst. u. Traunkn. nöSkgt.; *hansl ɒf dɒ ei'm* HofN Buckl.Wt.; weitere Bsp. (tw. m. hist. Bel.) in TirWb.(1955–1956) 1,139, OBOÖ 3,148, 6,2, 6,71, 10,62, 11,210, NöONB 1,459f., ANB 1,298, ZimbrWb.(1882–1885) 178, PladWb. (1972) 500, ZarzWb.(1983) 55, GottWb. (1973–1976) 1,124, BrünnWb.(v.1938/1990) 214.

Komp. (zu einigen zs.gesetzten FlN m. *Ëbene* als GW s. Fiala [1965] 47, ZahreWb.[2.H.20.Jh./2007] 62 u. DBÖ):

(Grund)-: eben gelegener Grund nöSkgt.; Füg.: *ə hǫd ɒ šẹ̄ne grundē'mɒ* ebd. — **(Hâr)-:** ebene Stelle uBöW, nur i.d. Füg.: *ɒf dɒ hǫɒrei'm hǭd-ɒ umgwǫɒfn* auf ganz ebener Stelle ist er (m.d. Wagen) umgekippt ebd.; vgl. → *(hâr)eben* 1. — **(Sand)-:** ebener, sandiger Teil e. Grundes nMSt. (*sǫmpeibm*).
Abl. → *Ëbner, ëbnisch*; weiters: *Ëbnach, Ė-*, N.Koll., „terrassenförmig verebnetes Geb." Gr.Arlt. (*e'mɒx, ẹ'mɒx*); *ëbnerisch, ė-*, Adj., flachländisch Laßnitzgeb. (*ēbmeriš*). *H.B.*

-ëbenhëit, -ėbenhëit

F., nur im Komp. **(Un)-: 1)** durch unordentl. Pflügen entstandene Vertiefg./Unebenh. Innsbruck (*unebmhait*); — **2)** Mißstand STir-Id.(1901) 326 (*Unebenheit*). — Etym.: Abl. v. → *ëben*. *H.B.*

Ebenus

Genus?, Ebenholz: *nur 's Holz Öwennás wird gleich* [hoch] *g'schátzt* sWr.Beck. Nagl (1909) 176; Etym.: mhd. *ebênus, ebenus* Ebenholz(baum), Näh. z. Entlehng. aus d. Altägypt. über das Griech.-Lat. s. DWB^{2} 7,27 u. DEWb./K.^{24} 225 (unter *Ebenholz*). *H.B.*

Ëber

M., **1)** Mast-, Zuchteber, unverschnittenes männl. (Haus-)Schwein Lecht., Außf., Gurglt., Seefd.Plateau, ve. wObInnt., mInnt., Pillers.Geb. TSA 3,95; östl. uVintschg., uLecht., Stanzert., obstObInnt., Ötzt., nUInngeb., Brixent., uMöllt., mMöllt., obGurkt., Ossiach.Geg., Gr.Arlt., westl. mWaldv., nSBgl. u. ugs.; hist.: *zu welcher zeit .. ain schwein zu dem schwilch* [Zuchteber, → *Schwilch*] *oder eber getriben wiert, ist man darvon nichts schuldig, wann man darvon den zechenten gibt* obstObInnt. (16.–17.Jh.) ÖWeist. 3,221; Füg.: *miɒr hǭbɒ kχuɒn ēbɒr* (Zuchteber), *ǫbɒr ɒn pẹɒtß* (kastriertes männl. Schwein, → *Pêtsch[e]* 2) obstObInnt.; Sachl.: Gebildbrote in Form e. E. zu Neujahr ve. nö.Semmeringgeb. bzw. zur Hochzeit ve. Rechnitz.Hügelld. ÖVA 1,4; Syn. f.d. unverschnittenen E. → *Pêr* I,1 (w.d.), *Potsch(e)* 3; *Schwilch* (w.d.); — **2)** männl. Wildschwein obGurkt., sWr.Beck., W.; — **3)** in Namen: *Eberhof* Gr.Arlt. (*ẹihof*); *Eberstein* uGörtschitzt. (*comes de Ebersten* 1132) ANB 1,301; *Eberbach* b. Furth Triestingt. (*ēwɒbǫx; Eberpach* 1376) NöONb. 1,462; tw. unklar, ob hierher od. zur Kf. v. → *Ëberhard*. — Ltg.: Sg.: *ẹ̄br, ẹ̄wr* u.ä. Stanzert., obstObInnt., Ötzt.; Tannheimert., Außf.Lecht., obLecht., Stanzert., obstObInnt., Gurglt. VALTS-Komm. 1,339; Außf., Lecht., Gurglt., Seefd. Plateau, ve. wObInnt., mInnt., Pillers.Geb. TSA 3,95; Gr.Arlt.; *nẹ̄bər* u.ä. nwAußf., uLecht. TSA 3,95; *ẹ̄wɒ* Gr.Arlt.; *ēwr, ēiwr* u. ä. östl.uVintschg., obLecht., obStanzert., wObInnt., Gurglt. VALTS-Komm. 1,339; obstObInnt., obGurkt., m-,uMöllt.; Ossiach. Geg. (amdal.); *ẹi, ẹi'm* u.ä. Gr.Arlt. (amdal.); *ēwɒ* u.ä. nUInngeb., Brixent., Kössent.; Ossiach.Geg. (jung u.1966); westl.mWaldv., sWr.Beck., W., nSBgl; — Pl.: *ēwɒn* u.ä. westl.mWaldv.; *ēbɒ, -w-* ugs.; — 1.Dem.: *ēwɒlə* mMöllt.; *ẹ̄i(d)l* u.ä. Gr.Arlt. — Etym.: ahd. *ëbur*, mhd. *ëber*, st.M., Eber; Näh. s. DEWb./Pf.^{5} 258 u. DEWb./K.^{24} 225; s.a. DWB^{2} 7,28f. — BayerWb.^{2} 1,15, SdWb. 3,523, VlbgWb. 1,664, SchwäbWb. 2,531, SchweizId. 1,46f.
Abl.: *ëberlecht*, Adj., aufgeregt, nur i.d. Füg. *ebərlɒt tīɒn* wOPustert. (u.1922); s.a. → *Ëberhard*. *E.WV.*

Ëberhard

M., **1)** männl. VN verbr. (auch i.d. Kf. *Härtel*, s. Ltg.); zu den HeiligenN s. HlNLex./W.^{5} 228; Sachl.: d. hl. Eberhard (v. Tüntenhausen) ist Patron der Hirten u. Haustiere (Festtag: 28.9.), Erde aus seinem Grab gilt als Heilmittel gegen Viehseuchen obstObInnt., s.a. HlNLex./W.^{5} 228; — hist.: *testes sunt .. Eberhart* nHausrv. (1155) UBOÖ 2,276; *Eberlein den Netschern, Eberlein den Omarser* i.e. Aufzählung mSillt. (1398) ÖWeist. 2,294; hist. häufig i.d. Kf. *Eberl, Ebert* bel. HDVNb. 1,553f.; Näh. zur Kf. *Eber, Eberl, Eberle, Eberl(e)in* s. FNWb./B. 371f. bzw. zu *Eberhar(d)t, Eberhardi* u.ä. ebd. 372; — **2)** (in) FamilienN: *Eberharter, Eberl* TirFNKde./F. 255 (Näh. zur Kürzung ebd.); hist.: *Ferdinand Franz Sigmund freiherr von Eberhardt* nwObMurgeb. (1715) Ö.Weist. 6,256; — **3)** (als/in) ON: *Eberharts, Großeberharts* nwWaldv. (*in maiori Eberhartzes* ca. 1230/1400; *éwɒhǫɒds, ébhǫɒds*) NöONb. 1,463 (weitere ebd., sowie 465f.); *Hebetshub* östl.mInnv. (*Hebharczhueb* c.1470, *Eberhartzhueb* 1497; *‚ēwɒtß'hūɒ*) OBOÖ 2,88f. — Ltg.: Vollf.: *ēbɒrhǫɒrt* obstObInnt.; *ēwɒhɒšt* nWSt. WSteirWb.(1987) 152, *ẹ̄wɒhǫɒšd, ẹ̄iɒhǫɒšd* Gr.Arlt.; *ēbərhart, ēwɒhɒd* u.ä. ugs.; Kf. (Dem., M., s.a. → *Përnhard, Êrhard, Leonhard*): *hartl, hādl* nWSt. WSteirWb. (1987) 153, nwestl.obMühlv., obTraisent., *haštl* u.ä. WSteirWb.(1987) 153, Gr.Arlt. — Etym.: zu → *Ëber* + *harti* hart, fest HDVNb.

1,552ff.; zur Entw. des FN aus dem PN s. ebd. 372; Näh. s.a. DEWb./Pf.[5] 258 u. DWB 3,17 (jew. unter *Eber*); von e. verbr. VN in „namengebender Zeit" (FNWb./B. 372) zu e. seltenen VN im Verbr.Geb., vgl. ÖBabyN (2000) 111. — BayerWb.[2] 1,15 (unter *Eber)*, SdWb. 3,523, SchwäbWb. 2,531, SchweizId. 1,47. *E. WV.*

Ebl, Teil d. Schlittens bzw. Wagens, → *Eppel*

Ebme, Ebne, Ebene, → *Ëbene*

ëbnen, ėbnen

sw.Vb., **1)** eben machen, (ein)ebnen öUInnt., TirWb.(1955–1956) 1,139; TirId.(1866) 99f. („gleichmachen"), WSteirWb.(1987) 433; SteirWb.(1903) 186 (*Ebnen*), nwestl.obMühlv., swestl.uMühlv., ZimbrWb.(1975) 130, PladWb.(1972) 156; ZahreWb. (2.H.20.Jh./2007) 62 (m. Kontextbel.); verdeutlichend auch als Komp. *(fon-ēin-ander)-* nördl.obInnv. (z.B. Maulwurfshügel od. Ameisenhaufen), *(ein)-* nUInngeb., uTraisent., NöWb.(2007) 102; im bes.: unebene/ abgemahlene Stellen im Mühlstein ausgleichen öUInnt.; — **2)** randvoll anfüllen, nur i. e. Lied (v.d. Kindern b. Heidelbeerpflücken gesungen, wenn d. Sammelgefäß voll war): *hǫ(n) gē'mɒd, hǫ(n) gē'mɒd* (habe d. Sammelgefäß randvoll angefüllt), *hǫ(n) gupfd* (d. Gesammelte aufgehäuft), */ hǫ(n)s bęɒwaewe* („Beerenweiblein") *grupfd, / hǫ(n) b-fēdɒn foghaofd, / un s-gęidl* (Geld) *fosaofd* (vertrunken, → *[fer]saufen*) westl.mInnv.; vgl. → *ëben* I,1d; — **3)** „abgerutschte" Erde v. unteren Ende geneigter Äcker wieder am oberen Ende anschütten uYbbst.; — **4)** „aus-, vergleichen, (sich) vertragen" SteirWb.(1903) 186 (*Ebnen*); hist.: [der Abt] *ebent sich mit mir als verr, daz ..* söstl.uMühlv. (?) (1297) UBOÖ 4,253; *daz sich die .. herren .. mit vns Trewleich vnd frewntleich geebent vnd vericht haben vmb den hoff* W. (1398) FRA 2/ 18,455; — **5)** subst. (N.): Planierg. östl. mWeinv. (*ē'mɒ*). — Ltg. (z. anlt. *ë* bzw. *ė* s. → *ëben*): *ēi(b)mən, ēbmən, ē(i)bnɒn* u.ä. sbair.; *ebɒnɒn* zimbr.; *ēibm* Plad. (in → *[aus]-* 1), Zahre; *ē'mɒ* u.ä. ÜGeb., mbair.; *-ęi'mɒ* uBöW (in → *[ab]-*); *-e'mnɒ* NöWb.(2007) 102 (in *[ein]-*, s. Bed.1); *ęibnin* Plad.; PPt.: *gē'md* uTraisent.; *gē'mɒd* u.ä. söSkgt., westl. mInnv.; *ḡə-ęibnt* Plad.; *ḡeibnt* Zahre; Etym.: Abl. v. → *ëben.*

Komp. (s.a. → Simpl.1): **(ab)-: 1)** nur oberflächl. reinigen nwestl.obMühlv., nur i.d. Füg.: *en drēg ǭ-è'mɒ* ebd.; — **2)** sich beruhigen (refl.) uBöW SdWb. 1,28; Füg.: *dås muaß si erst ååäjma, dåunn kåuma (kann man) wida davån räi(d)n* ebd. — **(an)-:** eben machen, einebnen STir. Hoeniger (1946) 87 (das durch Bearbeitg. des Bodens aufgeworfene Erdreich), nUInngeb., TirId.(1866) 100; söSkgt. (d. im Herbst vorgeackerten Kartoffelacker übereggen), westl.mInnv. (z.B. Beete im Garten), mHausrv., söstl.uMühlv.; Füg.: *en misd å̄(n)ē'mɒ* den Mist auf dem Misthaufen gleichmäßig verteilen (damit man neuen Mist hinaufführen kann) söstl. uMühlv.; *Teig a.* d. Brotteig i.e. Form/Model drücken u. glattstreichen mHausrv. — **(aus)-: 1)** eben machen nwestl.obMühlv. („ausebnen", hierher?); ZimbrWb.(1975) 130, PladWb.(1972) 47 (jew. m. Kontextbel.), ZahreWb.(2.H.20.Jh./2007) 12; — **2)** gleichmachen TirId.(1866) 100; ausgleichen PladWb.(1972) 47; Füg.: *In tadelndem Sinne nennt man einen zu genauen Menschen går zu êben, weil er alles haarscharf ausêbnen will* TirId.(1866) 100. — **(aus-hër)-:** hervortreten, erscheinen (v.d. zweiten Zähnen des Jungviehs) nöSkgt.; Füg.: *d-dsend ē'mɒnd grǫd aoɒ* ebd.

Abl.: †*Ëbnung*, F., Vergleich, Ausgleich, Vertrag (rechtssprl.) SteirWb.(1903) 187 (ä. Spr.); s.a. DRW 2,1180. *H.B.*

Ëbner, Ėbner

M., **1)** Bewohner eines (relativ) ebenen Gebietes bzw. des Talgrundes SteirWb.(1903) 186 (im Gegensatz z. jem., der auf e. / an e. Berg/Hang wohnt [→ *Përgler* 1, *Leitner*]) Gr.-Arlt. (f.e. Bewohner d. Talbodens), nHausrv. (f.e. Bewohner der [landwirtschaftl. relativ leicht zu bearbeitenden] Gegend um Prambachkn. u. Eferding); Syn. → *(Tal)pauer* (→ *Pauer* I; w.d.), *Podner* 1; hist.: *daz niemand, weder perger noch ebmer, in kainer aw den gaissen nider zu hacken sol* (wohl: f.d. Ziegen Äste m. frischem Laub zu Futterzwecken abhacken) Lienz.Beck. (1468) ÖWeist. 5/ 2,787; — **2)** als/in HN u. FN sowie als EinwohnerN zum häufigen ON *Eben* verbr. m. Dreiz.Gm., Zarz; s.a. OBOÖ 10,24, 10,35, 11,242, AÖG 100 (1911) 2,546, Umg.KorneubgFN/E.-Z. 1,317; — hist.: *Ebner* Lienz. Beck. (1385) Bergmann (2005) 240 (zu e. noch heute [2011] gebräuchl., gleichlautenden HN in Gaimbg.; d. betr. Gehöft liegt an e. flacheren Stelle im Bergabhang); *unten hinauf in des Ebners rain* Pass. (1589)

ÖWeist. 5/1,75; *abwerts zum Ebmer* steir. Raabt. (1662) ebd. 6,173. — Ltg. (s.a. → *ëben*): *ē(i)bmɒ(r)* u.ä. sbair.; *ēibənər* Dreiz. Gm.; *ē'mɒ* u.ä. ÜGeb., mbair.; *ēwnɒ* Gr.Arlt.; Etym.: Abl. v. → *Ëbene*. *H.B.*

Ëbnete, Ėbnete

F., **1)** flaches Land, Ebene PassWb.(2004) 51 (*Ëibmt*, m. Kontextbel.), Burggr. Insam (1936) 14, 16 u. 18, stir.Wippt.; Gschnitzt., Jaufengeb., Etschgeb., Reggelbg., Zillert., nUInngeb., UInnt. TirWb.(1955–1956) 1,139; STir. Tscholl (1999) 87; TirId.(1866) 99 (*êbnet*), obErlauft. (nur in Füg., s.u.), uYbbst., MostvLex.(2002) 121 (*Emat*, m. Kontextbel.), NöWb.(2007) 108 (*Emad*); Füg.: *åfglǫɒ(n)di* [„aufgelehnte", → *(auf)lëinen* (PPt.)] *ei'mɒd* steiler Hang obErlauft. Grunwald (1963) 106, vgl. e. ähnl. Füg. unter → *Ëbene* 1; hist.: *in da*ʳ *Ömad* NÖ Castelli (1852) 157; — **2)** als/in Name(n) ve.; Bsp.: *Ebnat* FlN öOblnnt. TirONKde./F. 3,1066; *Eblt, Ebleta* FlN Innsbruck ebd. 3,1066; *ē'mət* HausN nUInngeb.; ebd. auch e. Komp. *(Ross)-* (1.Dem.) als FlN; *ē'mɒd* d. ON Ebnet östl.mInnv. OBOÖ 2,17; vgl. auch OBOÖ 4,32; — **3)** kurzer horizontaler Grubenbau als Zugang zu e. Schurf od. Ablaß (bergmannsprl.) SteirWb.(1903) 186 (*Ebentel* offene Verbindungsstrecke im Salzberg-Tagbau v.e. tieferen z.e. höheren Lage), SkgtLex.(1999) 164 (*Ebent[e]l* [1.Dem.], Näh. s. ebd.); hist.: *Ebentl* kl. offene Verbindungsstrecke im Salzbergbau v.e. tieferen in e. höhere Etage od. z.e. Laugwerk ÖBgld.(1856) 61. — Ltg. (z. anlt. *ë* bzw. *ė* s. → *ëben*; Bel. m. unklarem Vok. tw. nicht berücksichtigt): m. geschlossenem *e* im Anlt.: Sg.: *ē(i)bmətə* u.ä. stir.Wippt., Gschnitzt.; *ē(i)bmət* Ultent., Burggr., Jaufengeb.; *ē'mɒtə, ē(i)bnɒtə* u.ä. Zillert.; *eibmt* u.ä. Pass., STir. Tscholl (1999) 87; *ei'mət, ē(i)mɒd* u.ä. Reggelbg., nUInngeb., UInnt., östl.mInnv., Mostv.; m. Auslautassim.: *ē(i)bmp* Burggr.; m. agglutiniertem best. Artikel u. Auslautassim.: *teibmp* Pass.; m. offenem *ę* im Anlt.: *ębmət* Etschgeb. TirWb.(1955–1956) 1,139; *Eblt, Ebleta* Innsbruck TirONKde./F. 3,1066 (ev. Resultate e. Umbildg. *-n-* > *-l-*, ähnl. wie im Dem.Pron. *dërsen, dër[s]el* [unter → *dër* III [WBÖ 4,1627], Näh. s. ebd.]); Pl.: *eibmtn* Pass.; *ē'mɒtn* nUInngeb.; 1.Dem.: *ē'mɒtl* nUInngeb.; *ēbəntl* u.ä. ve. St., Skgt. (Bed.3); *Ebentel* SteirWb.(1903) 186; *Ebent(e)l* SkgtLex.(1999) 164 (Sg. = Pl.); Etym.: Abl. v. → *ëben*; ahd. *ebanôtî*, st.F., (Ober-)Fläche AhdWb./Sp. 1/1,165, dieses m.d. Suffix *-ôtî* v. *ëban* abgel. — BayerWb.[2] 1,14 (unter *eben*), SdWb. 3,522 (*Ebene[t]*), SchwäbWb. 2,530 (unter *Ebene*), 6/2,1796 (*Eb*ⁿ*et*), SchweizId. 1,46 (*Ebnet*). *H.B.*

ëbnisch, ėbnisch

Adj., **1)** in der Ebene gelegen obSulmt. (*ē'meš*); Füg.: *ē'meše wīsn* e. im Tal(grund) gelegene Wiese ebd.; — **2)** aus der Ebene stammend Laßnitzgeb., nur i.d. Füg.: *ēbnišəs diɒndl* ebd. — Etym.: Abl. v. → *Ëbene*. *H.B.*

Eccehomo, Verletzter, der aus mehreren Wunden blutet, → *Ękzehomo*

Ech

M., N., **1)** Verknorpelg./Krümmg. u.ä. im Holz (an der d. Jahresringe enger stehen) obstZillert. (*e[i]χ*, M.), ebd. TirWb. (1955–1956) 1,140 (*eχ, ēχ*, M., „wenn d. Jahresringe im Holz eng u. ungleich stehen"), SHausrvWb.(2008) 150 (*Ech*, M., „Verspanng. e. Baumes m. exzentrischem Wuchs"); — **2)** bes. hartes Holz Reggelbg. (*eχ*, N.); Syn. → *Puchs* 3; — **3)** jene Seite d. Baumstamms m.d. härteren, schwereren Holz (b. e. Baum, der durch abnormale Wachstumsverhältnisse e. unregelmäßige Struktur d. Jahresringe aufweist) wSkgt. JbOÖMV 113 (1968) 182 (*Ech*, M.); — **4)** krummer u. harziger Fuß e. Fichte obSalzat. (*ex*, Genus?). — Etym.: unklar; s.a. → *echig* (Etym.).

Abl. → *echig*. *H.B.*

ech

Interj., Ausdruck d. Ärgers Liesert. (*ex*); Syn. → *ach!*; Etym.: lautmalend. *H.B.*

echig, jechig, jechtig, jechterlich

Adj., **1)** hart, verknorpelt, knorrig, krumm u.ä. (v. Holz, bedingt durch abnormale Wachstumsverhältnisse, dies auch an den unregelmäßigen Jahresringen ersichtl.) obstZillert.; Zillert. Hupfauf (1956) 133; TirWb.(1955–1956) 1,140 u. 1,318, obLesacht.; Auss.Ld. (v. verhärtetem od. astreichem Holz), ve. Lung.; Pinzg.; Pong. SaWb. (1995) 55, Gr.Arlt., LammertId.(1988) 13; wSkgt. („hart, verzogen", auch v.e. Brett, das aus d. Säge kommt u. seine gerade Form nicht behält, sdn. sich krümmt), ebd. JbOÖMV 113 (1968) 182, ebd. SHausrvWb. (2008) 150 (v.e. Baum v. „exzentrischem" Wuchs, dessen Holz Verspannungen aufweist; zu mögl. Ursachen s. ebd.), obErlauft.; Syn. → *puchsig* 1; Füg.: *eχigs hoetß* Lung., ähnl. TirWb.(1955–1956) 1,140; hist.: *Echig,* *ein innerlich braunes oder rötliches und dabei doch sehr hartes Holz, als Schnittholz nicht zu gebrauchen* SkgtLex.(1768–1769/1936) 101; — **2)** subst. (M.): Baum im Hochwald, der auf d. unbesonnten Seite im Wachstum zurückbleibt u. dessen Wachstumsringe eng beieinanderliegen, sodaß d. Holz hart ist Pinzg.; Füg.: *des is wīdɒ ɒ eχigɒ* ebd.; — **3)** harzreich (v. Holz/Bäumen) obZillert., öUPinzg.; — **4)** übertr.: **a)** z. Beschreibg. e. Zustandes v. Pflanzen/Personen: **α)** schwächl., kränkl. u.ä. Laßnitzgeb.; nöWSt. WSteirWb.(1987) 401; — **β)** müde, abgearbeitet Reggelbg. TirWb.(1955–1956) 1,318; — **b)** z. Beschreibg. v. Charaktereigensch. e. Person: **α)** fade Auss.Ld.; — **β)** allzu pünktl. Auss.Ld.; — **γ)** lästig, scharfzüngig, zynisch, unaussteh1., böse Auss.Ld.; — **δ)** empfindl., hitzig, zornig Leukent. BayerWb.[2] 1,24. — Ltg.: *e(i)χikχ* u.ä. Zillert., TirWb.(1955–1956) 1,140; *eχig, -eg* Leukent., Auss.Ld., Sa., wSkgt., sHausrv.; *ęχi* obErlauft.; *i̯ęχikh* obLesacht.; *i̯ęχi* Reggelbg.; *i̯ęχti* nöWSt.; *i̯ęχtərli* Laßnitzgeb.; flekt.: *eχis* TirWb.(1955–1956) 1,140; Etym.: Ableitg. v. → *Ech*; Bel. m. *j-* im TirWb.(1955–1956) 1,318 als Abl. v. → *Joch* behandelt (Benennungsmotiv?), jene m. *e-* jedoch ebd. 1,140 unter *ęch*. — BayerWb.[2] 1,24. *H.B.*

êcht, ęcht

Adj., Adv., **1)** Adj.: **a)** echt, unverfälscht, richtig, nicht nachgemacht (v. Gegenständen, Stoffen etc.) verbr. m. Plad., Gott. (ve. explizit als jüngere Entl. aus d. Stdspr. ausgewiesen, so z.B. f. W. Gartner [1902] 192); im bes.: unverdünnt, pur (v. Essig) uBöW SdWb. 3,524; in fachsprl., terminolog. Verwendg. (meist in Gegensatzpaaren m. → *falsch*) ve., nur in Füg. (s.w.u.); Syn. → *kausch; rëcht, (ge)-, wirklich*; — Füg.: *ęxde bęɒln* echte Perlen uTraisent.; *ɒn ęxtɒ riŋg* Ring aus wertvollem Metall (v.a. Gold) Liesingt., ähnl. öUInnt., Linz, nöSkgt.; *ę̄ixds fǭi* echtes Fell Schneebg.Geb.; *de ęxdn dsęnd* d. zweiten Zähne W.; *echter Kaffee* Bohnenkaffee SBö., SMä. ve. SdWb. 3,524; *nid ęxd* v. verfälschtem Wein od. Kunstwein westl. mWeinv.; *ęχtə ripm* d. oberen Rippen (im Gegensatz zu den unteren) obGurkt.; *ęχtə ǖəržlaχtn* (→ *[Ur]schlächten*) Schwarze Pokken Gott.Uld., vgl. → *Plâtter* 1a (*echte Blattern* Schwarze Pocken im Gegensatz zu Windpocken); *ęxdɒ mǭdao* Mehltau (Pilzerkrankg. d. Weintrauben, → *[Mil]tāu* 1a) SMäWb.(1999) 134; — hist.: *manche Leute sollen ausg'schaut haben .. wie die Eimerfassel, von lauter echten und veritabeln Gesundheitsflanell, in den sie sich eingewikkelt haben* [um d. Cholera zu entgehen] W. HJörgelBr. 1 (1832) 54; — **b)** wahr, recht, richtig, vorbildhaft, leidenschaftl., typisch, „klassisch" u.ä. (oft v. Personen) westl. uVinschg., Leukent., swestl.obMühlv., nwWaldv., Pulkaut. u. ugs.; im bes.: leiblich St.Pölten, nur i.e. Füg. (s.w.u.); — Füg., Ra.: *ɒ ęxtɒ bāo* e. vorbildl./tüchtiger Bauer nwWaldv.; *dęɒ šaot mɒ hęɒ wiɒ ɒn ęxtɒ doip* Dieb Leukent.; *a ęchda Dęp* e. richtiger Dummkopf WrWb.(2002) 326 („iron."); *ɒn ęxdɒ węɒnɒ* (Wiener) „Lob" (m. Satzbetong. auf *węɒ-*) bzw. „Tadel" (m. Satzbetong. auf *ęx-*) nördl.obInnv.; *ein echter Wiener geht nicht unter* läßt sich nicht unterkriegen W. u. ugs. (auch Titel e. populären, 1975–1979 v. Österr. Rundfunk produzierten Fernsehserie), s.a. lit. Bel. w.u.; *ein echter Böhme/Tscheche* e. passionierter Tscheche söSBö., SMä. ve. SdWb. 3,524; *sae(n) ęxdɒ bruɒdɒ* sein leibl. Bruder St.Pölten; — hist., lit.: *Á Herz voll Dábarmen, / Á söltás is echt* NÖ Seidl (1844) 228; *Der hat einen echten Herrn Aehnl* [Großvater, → *Enel*] e. Rausch WrWb. (1847) 8; *Ja frisch, froh, keck, is das g'sunde echte Weanerbluat* aus e. Wienerlied WrWb. (1905) 184; *Gerade sang ein Barde mit schönstem Vorstadttenor: „I bin a echta Weana, so nach'n alt'n Schlag .."* W. Stürzer (1926) 48; *Es gilt als stählernes Denkmal für einen lebenstapferen Grundsatz der Menschen in Österreichs Hauptstadt: „A echter Wiener geht net unter!"* Kurier 6.8.1982; — **2)** Adv.: tatsächlich, wirklich (tw. verstärkend) jungmdal. u. ugs.; Füg.: *sę iß ęχt supɒ* das ist wirkl. gut Lienz.Beck. (2011), ähnl. ugs. verbr.; *des is ęchd a Wånsin* e. Wahnsinn (ablehnend od. bewundernd) WrWb.(2002) 326; *is' des echt wåhr?* SMäWb.(1999) 134; lit.: *Dafür waren die Topfenpalatschinken .. echt gut* Kurier 14.7.1981; *„Ich arbeite auch bei einer Zeitung", sage ich .. „Echt? Irgendwie bist du mir bekannt vorgekommen .."* KronenZtg. 19.10.1980. — Ltg.: *ęχt* u.ä. südbair. m. Plad., Gott.; *ęxd, ę̄xd* u.ä. ÜGeb., mbair.; *ę̄ixd* Schneebg.Geb.; Etym.: mnd. Entsprechg. v. → *êhaft* rechtmäßig, gesetzl. u.ä., zuerst als Rechtsterminus ins M- u. Obd. entlehnt, ab d. 17.Jh. dort auch in allgemeinerer Bed. verbr., Näh. s. DWB[2] 7,37,

DEWb./Pf.[5] 259, DEWb./K.[24] 226. — SdWb. 3,524, VlbgWb. 1,665, SchwäbWb. 2,533.
Komp.: **(un)-: 1)** nicht echt, nachgemacht u. ä. uTraisent., nöWeinv., Znaim.Ld. u. ugs.; Füg.: *ɒ ūnẹxdɒ riŋ* e. unechter Ring, Imitat Linz; Syn. → *falsch*; — **2)** in fachsprl. (botan.) Verwendg. i.d. Füg.: *unẹxdɒ šouwou* („Schabab", → *[ab]schaben*) Schwarze Schafgarbe (→ Achillea atrata) söSkgt. — **(wasch)-: 1)** sich b. Waschen nicht verändernd (v. Textilien, v.a. im Hinblick auf Farben) ugs.; — **2)** unverfälscht, ursprüngl., typisch u.ä. (v.a. v. Personen) ugs.; lit.: *Er zählt zu den letzten „Waschechten"* (subst.) *der alten Garde des Wiener Liedes* AZ 4.12.1981. *H.B.*

-echt, Suffix z. Bildg. v. Adj. verbr., s. DBÖ

êchtig

Adj., Adv., **1)** Adj.: tüchtig, anständig, ordentl., genau, ansehnl., gefällig, nett u.ä. Vinschg.; Lecht., ebd. SCHNELLER (1877) 74, Stanzert., PaznWb.(1994–2000) 3; obstOblnnt., ebd. Tirld.(1866) 100; Oblnnt., ebd. TirWb.(1955–1956) 1,140; mlnnt. TirHBl. 9 (1931) 22; Füg.: *an eachtigɐ puɛ* „der sich gut führt, gefallend ist" TirWb.(1955–1956) 1,140; *a ẹaχtis .. waibɒts* e. gute/tüchtige Hausfrau obstOblnnt. INSAM (1954) 80; hist.: *ein her er zesamme brâht, / daz was ehtic* [ansehnlich, andere Hs.: *æhtich, êchtig, mëchtig*] *und starc* OTTOKAR (u.1310/1980) 1,405 (Bed. lt. ebd. 2,1328); — **2)** Adv.: **a)** beträchtl., viel Vinschg., Lecht., Oblnnt. TirWb. (1955–1956) 1,140; Füg.: *eachti Holz bringen* TirWb.(1955–1956) 1,140; *es schneit eachti* ebd.; — **b)** wirkl., tatsächl. westl.uVinschg.; Vinschg., Lecht., Oblnnt. TirWb. (1955–1956) 1,140; Füg.: *si sain ẹɒχti wīdərkxẹmmən* sie sind wirkl. wieder gekommen westl.uVinschg.; *jetzt kommt er haili* [wirkl., → *hëilig*] *und eachti* TirWb. (1955–1956) 1,140. — Ltg.: *ẹɒχti[g]* u.ä. im Verbr.Geb.; Etym.: lt. TirWb.(1955–1956) 1,140 zu ahd. *êhtîg* reich, tüchtig, fähig, einer Abl. v. ahd. *êht* Besitz, Reichtum EWA 2,966f. — SchwäbWb. 2,533.
Abl.: *Êchtigkëit*, F., wohl: Ordnungsliebe, Sauberk. mlnnt. TirHBl. 9 (1931) 22 (*Eachtigkeit*). *H.B.*

Eck, Ecke, Egg, Egge; -egg(e)s

N., F., M. (Näh. s.u.), Adv. (nur im Komp. → *[über]-*), Eck(e), Bereich, der „innen"/„außen" a.e. Winkel grenzt, Kante, (spitz) hervorspringender (bzw. zulaufender) Teil e. Gegenstandes/Objektes allg. m. SI; Vorsprung/Erhebung im Gelände, Berg, Grat u. ä., auch als/in Name(n) verbr. m. SI; weitere, z.T. übertr. Bed. s.w.u.; Schneide e. Hieb-, Stichwaffe hist. — BayerWb.[2] 1,33, SdWb. 3,524f., VlbgWb. 1,665, SchwäbWb. 2,533f., Schweizld. 1,155f.
Etym.: germ. **agjō-* > ahd. *ecka, egga*, st.F., mhd. *ecke, egge*, st./sw.F., st.N., Ecke, Kante, Schärfe, Schneide e. Hieb-, Stichwaffe; mhd. *eck(e)*, nhd. *Eck*, N., zunächst (ohne Bed.Diff.) überwiegend obd., später i.d. Bez. f. best. geometr. Figuren (z.B. → *[Drei]-*) gesamtdt.; wz. verw. m. → *Eckel*; Näh. s. DEWb./Pf.[5] 259 u. DEWb./K.[24] 226, z. Verwandtsch. m. → *Ege* ebd. 226f.
Genus: *Ecke, -gg-*: F. STir., Glant., Plad., Tisch.; SBö., SMä. SdWb. 3,524; ugs., hist. (bes. in Füg.); N. sbair. m. Sieb.-,Dreiz.Gm., Plad., Dt. Ruth, Zarz; M. KäWb.(1862) 237 (in → *[Spieß]-* 1), Tisch.; — *Eck, Egg*: N. allg. m. SI; M. Schnalst. TirWb.(1955–1956) 1,141; Gr.Arlt., hist. (Bed.3a), STir. HOENIGER (1946) 87, PassWb.(2004) 51, Tirld.(1866) 101, MKä., Lung. (elliptisch, Bed.7), wMKä. (Bed.8); SBö., SMä. ve. SdWb. 3,524., ve. in Bed.13a (s.d.); F. STir. lt. TirWb.(1955–1956) 1,141, öBrünn.
Ltg. (zu mhd. *e-* s. Lgg. § 4a–c u. K.5, zu mhd. *-gg(-)/-ck* ebd. § 37b,c; z. Adv. s. → *[über]-*): Sg.: *Ecke, -gg-*: *ek(k)e, -ə* u.ä. sbair. m. Dt.Ruth, Zarz, Gott.; SBö., SMä. SdWb. 3,524, *ei-* u.ä. UDraut., swNBgl., Sieb.-,Dreiz.Gm.; Plad. (neben *e-* Bed.13a), Tisch. (neben *-kx-*), *ek(k)ŋ* u.ä. s-,öSTir. TirWb.(1955–1956) 1,141 (Bed.13a,b), Kä., ÜGeb., mbair., ugs., *ei-* u.ä. SBgl., wSBö.; — *Eck, Egg*: *ek* u.ä. allg., Lus., Fersent., Zarz; SMä. BERANEK (1936) 40 u.ö.; SBö., SMä. SdWb. 3,524, *ekh, ekx* u.ä. öMKä., Auss.Ld., Gr.Arlt., nHausrv., nwWaldv., *-ẹk, ẹkh, -ẹkx* u.ä. obLesacht. (in → *[Tisch]-*), sWr.Wd.; östl.mWeinv. (in → *[Maul]-*), *eik, eikh, eikx* u.ä. uLesacht. (in → *[Tisch]-*), St.; nördl.oö.Ennst., nöstl.obMühlv. (in → *[Maul]-*), VUWW, M-,SBgl., sWUng., uBöW; Brünn (neben *ai̯k*; vgl. *ẹik* uBöW, SZNeuhs., Brünn ve. SdWb. 3,524), SMä., wSBö.; *-ékh, -éi-* u.ä. St. ve., *-éik* Fersent. ve., *-ekχ/-ékχ, -ekx/-ékx* Zarz (Bed.13a,b); — Pl.: *ek* u.ä. (wie Sg.) Lus. (Bed.1), swFlachg., swestl.uMühlv.; uYbbst. (in Bez. f. best. geometr. Figuren wie → *[Drei]-, [Fier]-* usw.), Buckl.Wt. (Bed.3c), VUMB, *ekχ* Gr.-Arlt. (wirkl.?), *eik, ẹik* u.ä. öNBgl., nWUng., nöSMä., *ekke* (wie Sg.) Dt.Ruth, Zarz (neben *ekkŋ*), *ek(k)ər* u.ä. Reggelbg., obSarnt., wOb-Innt.; Glant. LESSIAK (1903) 151; Sieb.-,Dreiz. Gm. (zu *-ər* vgl. KRANZMAYER [1925/1981] 217 [Fn. 45], 219 u. 236f.), Lus. (Bed.3eβ), *ek(k)ɒ* u. ä. ÜGeb., mbair. (neben *ẹkɒ* SMä.), *eik(k)ɒ* u.ä. nöOSt.; sWr.Beck. NöGr.(1886) 418f.; nMBgl. (in → *[Maul]-*), uBöW (in → *[Mund]-*), sSZNeuhs. (in

→ *[Maul]-*), *ekərd̠ər, eikəd̠ər* u.ä. Sieb.-,Dreiz. Gm., *ek(k)ŋ* u.ä. verbr. (neben *-ɒn* [wohl < *-(ɒ)nɒn*, s. Lgg. § 46i4] söSkgt., swestl.uMühlv., wSBö., jew. in → *[Maul]-*), Zarz (neben *ekke*), Gott., *ei-* u.ä. mMSt., Plad., Tisch.; uBöW (in → *[Maul]-*), wSBö., *ai̯kŋ* öBrünn; — 1. Dem.: Sg.: *ek(k)l* u.ä. verbr., *ei-* u.ä. ObDraut. (in → *[Drei]-*), Mürzt.; nSZNeuhs. SdWb. 3,524 (*ęikil*); *-ek(k)le* u.ä. Dreiz.Gm. (Bed.13b); Pl.: *ekln* KäWb.(1862) 81 (Bed.12), *eklɒr* mSTir.; — 2. Dem.: Sg.: *ek(k)ile, ei-* u.ä. sbair. m. sbair.SI, daneben *eikela* u.ä. Sieb.-,Dreiz.Gm., *e-* Zahre; *ek(k)ɒl* mbair., *ai̯kɒl* öBrünn; Pl.: *ekələn* Lienz.Beck., *ęik(k)ələn, eikɒlɒn* u.ä. mMöllt., Tisch., *ek(k)ɒln* u.ä. mbair., *ai̯kɒln* öBrünn.

Bed. (*Eck/Egg* u. *Egge* sind Syn.; z. ve. Diff. s. Etym., Bed.1e u. → *[March]-* 1): **1.** (Räuml.) Bereich bzw. Fläche, welche(r) „innen"/„außen" an einen v. zs.laufenden Linien/Flächen gebildeten Winkel grenzt allg. m. SI; — im bes.: **a)** Winkel i.e. Zimmer, Raum u.ä. allg. m. SI; — Füg., Ra.: *štē de əs ekx!* Aufforderg. an e. Kind: stell dich ins E.! (u.zw. als Strafe) Gr.Arlt. u.ä. verbr.; *marß in̄ in zęl* [die(se), → *sëlb*] *eikke* PladWb.(1972) 156; *ęɒ muɒs in ekɒl šdę̄(n)* näml. als Strafe WrWb.(2002) 326 u.ä. wohl verbr.; *i šdę̄ in ekɒl* u.ä. Schuldeingeständnis W. (iron.); s.a. *Winkellein* → *stên*; Syn. → *Winkel*; *eine(n) ins linke/rechte* (u. dgl.) *Eck stellen* einer best. ideolog./polit. Richtg. zuordnen ugs.; *im ek sitsn* „keine Frau bekommen" WrWb. (2002) 326; *im Eck sein* physisch u. psychisch in schlechter Verfassg. / deprimiert / in Bedrängnis / chancenlos / handlungsunfähig u.ä. sein W., ugs.; — lit.: *bein Wirtschoftn holt, hot der Raimund en Vodern is Eck triebm* den Vater wirtschaftl. ruiniert Znaim.Ld. Bacher (1937) 136; *Wir sind total im Eck. Zusammensetzen und reden, das ist das einzige, das uns helfen kann* KronenZtg. 23.1.1983; *Den Bladen* [Dicken, → *plâen* I,3b] *druck ma ins Eck* bringen wir in Bedrängnis / isolieren wir Kurier 6.1.1983; *s Ejkl hinta da Stieag* Bereich unter d. Treppe nSZNeuhs. SdWb. 3,525; *heilige Ecke* meist i.d. Bauernstube befindl., m.d. Kruzifix (ev. zusätzl. m. Heiligenbildern u.ä.) geschmückte u. z.T. m.e. Wandnische f. weitere Devotionalien ausgestattete Ecke öSMä. SdWb. 3,525; auch als *(Hêrr-gotts)-* nöWeinv.; Syn. → *(Kräuz)-* 1, *(Hêrrgotts)winkel*; — **b)** Bereich im Umfeld zs.laufender (Geh-)Wege/Straßen od. Seiten e. (öffentl.) Platzes, meist im Anschluß an eine v. Häuserfronten gebildete Kante verbr.; verdeutlichend als *(Strâßen)-* nöSkgt., nwWaldv.; — hist., lit.: *an der Ecke, da man get zu dem Pletzenprunne* W. (1350) QuWien 1/1,70; *der Andres wart't auf mich am Eck* W. Nestroy (u.1840/1924–1930) 8,4; *Bögögn't ma dö eascht* [die erste] *dort unt'n en Öck* Sa. Süss (1865) 126; — Füg., Ra.: *ums Eck* in unmittelbarer Nähe verbr.; *Die Wiener Märkte. Die Welt ums Eck* Werbeslogan d. Stadt Wien RK 17.5.2005; *scharfes Eck* besonders markante E. (u. somit exponierter Platz) W.; *i steh am schårfen Eck* ebd. (1935) Weinheber (1953–1956) 2,187; *eine(n) ums Eck bringen* töten W. u. wohl verbr., ugs.; vgl. DRaLex./R.[4] 2,351; *oder sollen wir tatenlos zuschauen, wie sich die jungen Leute selber um die Ecke bringen?* AZ 27.11.1980; *Schon um .. Gerechtigkeit zu verschaffen, wäre es höchst an der Zeit, mit den schwarzen Schafen* [hier: m. Politiker(inne)n, denen Fehlverhalten vorgeworfen wird] *ums Eck zu fahren* sie loszuwerden bzw. ihrer Ämter zu entheben Kurier 12.10.1982 (s.a. → *[ab]faren*); *er mag* [kann] *umi ums Eck* findet schnell eine Ausrede SaWb.(1995) 55, ähnl. OöRaWb.(2005) 50; *ein Eck machen* sich davonmachen W. (gaunersprl.) Burnadz (1966) 33; sterben W. (gaunersprl.) ebd., Petrikovits (1922) 16, söSMä., SMäWb.(1999) 134; *dǫ iß* [ist es, sc. d. Ziel vorangegangener Bemühungen] *ums ek* verschwunden, u. somit hat sich aller Aufwand als sinnlos erwiesen nwestl.obMühlv., ähnl. Innv.; — **c)** Grenzmarkierg. (sc. exponierte[r] Stelle, Bereich a.d. Grenze v. Landbesitz, e. land-/forstwirtschaftl. Nutzfläche, e. Waldes u.ä.) verbr.; verdeutlichend als *(Gränz)-* obTraisent.; — **d)** Bereich im Winkel zw. Torlinie u. vorderer Stange d. Torgehäuses sportsprl.; Füg.: *kurzes/langes Eck* von d. b. Hand-/Fußball aufs Tor Schießenden aus gesehen näher/weiter entfernt liegender Bereich im Winkel zw. Torlinie u. vorderer Stange d. Torgehäuses sportsprl.; lit.: *Krankl .. schießt den Ball ins lange Eck* KronenZtg. 29.3.1981; — **e)** Winkel, den Tor- u. Seitenlinie bilden, Corner sportsprl. (Typus *Egge*); im bes.: Schuß v. dort, Eckstoß (Spielfortsetzg.) sportsprl. (Typus *Egge*); — **f)** Mundwinkel verbr.; verdeutlichend als *(Goschen)-* Schneebg.Geb. (derb); Syn. → *(Maul)-*, *(Mund)-*; Füg.: *Eck vom/beim Mund/Maul* u. ä. verbr.; — im bes. (meist als Pl.): Entzündg., Bläschen, Belag u.ä. im Bereich d. Mundwinkels mbair. verbr.; Znaim.Ld. u. öBrünn SdWb. 3,525; Füg., Ra.: *ęɒ hǫd d ekɒ* entzündete Mundwinkel obSteyrt.; *wę̄xs* (→ *wê*) *ek* W. u.ä. mbair. verbr.; auch als *(Schwalben)-* nWr.Beck., *(Spatzen)-* nWr. Beck., Jaispitzt. (Pl.); Syn. → *Puss* 1 (Füg.), *(Ků)-* (1.Dem.); *(Maul)tusel* 2; — **g)** Augenwinkel verbr.; verdeutlichend als *(Äugen)-* wVUWW, VOMB, mSBgl., uBöW, nöSMä.; Füg.: *Eck vom/beim Auge* u.ä. verbr. — **2.** Durch zs.laufende Flächen gebildete Kante allg. m. SI; Syn. → *Kante*; — im bes.: **a)** Kante v. Innen- u. Außenwänden, -mauern u.ä. verbr.; verdeutlichend als *(Mauer)-* nwWaldv.; Ra. m. Einfl. v. Bed.1b (s.a. Bed.6 [auch Füg., Ra.]): *ęɒ sīχt um di ekŋ* sieht (allzu) viel, weiß alles (im voraus) mNTir.; ähnl. öNTir., nHausrv., wBrünn; hist.: *die selb hofstat, die .. an der prait gieng an des aygen von Chappeln vnd als die nidern Ekk gemaurt werden an dem Tůrn* [→ *Turm* I,1] nöTraunv. (1297) CAU 4,82; — **b)** Ecke e. Gegenstandes/Objektes, Möbelstückes u.ä. verbr.; — Füg., Ra.: *übers Eck* diagonal/ schräg (über e. E. hinweg, z.B. d. Relation zweier Sitzplätze b. Tisch) u.ä. verbr.; vgl. DIdiomWb./D. 178, → *(über)-* 1, *eckeln* I,2; im bes.: Befestigungsart d. Strickes bei Eggen, deren Zugrichtg. der Diagonale d. Rahmens entspr. Kä., St., OÖ, NÖ, Bgl. ÖVA-Komm. 4,56–58,21; Abb. s. ebd.14; *iwɒs ek ghemɒ* in Streit/Konflikt geraten mHausrv. u.ä. verbr.; *iwɒs ek sae(n)* zerstritten/verfeindet sein W. u.ä. verbr.; Syn. → *(über)-* 1 (Füg., Ra.). — **3.** Spitze, Erhebg. i.d. Topographie, Ausbuchtg. u.ä. verbr., im bes.: **a)** Spitze (e. Gegenstandes), (spitz) vorspringender Bereich im Gelände / eines Berges u. ä. (auch als natürl. Orientierungspunkt d. Grenzverlaufs) verbr. (M. Gr.Arlt.), ZimbrWb.(1975) 131, LusWb.(1905) 244, FersentWb.(1982) 71, PladWb.(1972) 156, GottWb.(1973–1976) 1,125; verdeutlichend als *(Përg)-* nwWaldv.; — Füg.: *dɚ bęrg mǫxt ɒn-ek* hat e. Vorsprung öNTir. u.ä. verbr.; hist.: *von ainem rigl* [Bergstufe, steiler Bergrückenabschnitt u.ä., → *Rigel*] *und egg unzt auf den andern egg* mittl.obMurt. (1681) ÖWeist. 10,177; *Eck, zeiget etwas Spitziges an* ÖMdaEWb.(1815) 1,173; Syn. → *Spitz*; — **b)** vorspringende Spitze d. Ufers, Landzunge u.ä. OÖ u. NÖ, ebd. (schiffersprl.) NEWEKLOWSKY (1939) 234; hist.: *das Eck .. Entfernung* [hier: Vorsprung d. Flußufers], *die als ein langer Spitz, oder eine Zunge angesehen wird* als Benennungsmotiv f. GebäudeN? ÖMdaEWb.(1815) 1,173; — **c)** zungenförmiger Ausläufer e. Gebirges Buckl.Wt. (Pl.); — **d)** zwickelförmiges Feld nöSkgt.; — **e)** Erhebg. i.d. Topographie: Berg, Gebirgsgrat, Anhöhe, Bühel, Hügel, Unebenh. im Gelände u.ä. verbr. m. SI, auch TirWb. (1955–1956) 1,141, LusWb.(1905) 244, FersentWb.(1982) 71 (auch 1.Dem.), PladWb. (1995) 160, Zahre MAGRI (1940) 118 (2.Dem.), TischWb.(2002) 116; häufig bel. in BergN, s. Bed.13a; Füg.: *de* [sc. die Sensen] *schnaident as bi a Gift .. pan Eckelan, pan Perglan und pan Kchēvelan* schneiden (so scharf) wie Gift .. beim Eckelein, beim Berglein und beim Köfelein ([spitz zulaufender] Berg, → *Kofel* [Dem.]) (Lied) Zahre HORNUNG (1963) 71; Ra.: *'z leban vome mennese* [Menschen] *ist gamacht mit eckelen un teldarn* [Tälern] d. Leben d. Menschen hat Höhen u. Tiefen CimbrWb.(1855) 178; *A tällele* [→ *Tal* (2.Dem.)] *un a eggele machent an ebenle* [→ *Ëbene* (1.Dem.)] e. Tal u. e. Berg bilden e. Gegend, Landsch. Sieb.Gm. BASS (1906) 142; hist.: *Dar nach ain guet da pei gelegen aůf dem Ekke* uPustert. (1290) CAU 2,535; *wie das tall auf denen hohen gebürgen von ainem ögg oder scharten* [scharfe Einsenkg. i.e. Bergrücken u.ä., → *Scharte*] *zu der andern .. angrenzet* obEnnst. (2.H.16.Jh.) ÖWeist. 6,10; s.a. → *Eckelach*; — **f)** Ausbuchtg., Beule u.ä. ve.: **α)** Ausbuchtg. im Brot, nur i.d. Füg.: *s* (sc. d. Brot) *mǫxd haed ɒn-ekh* bekommt b. Backen e. Ausbuchtg. nwWaldv.; — **β)** Beule am Kopf: *dę̄n sae(n) šę̄(d)l hǫd ɒ ek ao(n)gsetst* hat e. Beule obTraisent.; — **g)** Zipfel söMKä.; Syn. → *Zipfel*. — **4.** (Steil) abfallender Hang ve.; — im bes.: **a)** schmaler, stark abfallender Berghang u.ä. TirId. (1866) 101, nöMKä., KäWb.(1862) 80, SteirWb.(1903) 187; auch als *(Mâd)-* z. Mähen geeignete Wiese im Almgelände GrArlt. (*mǫudekx*), *(Mâer)-* dass. GrArlt. (*mārɒrékx*); — **b)** jene zwei Hangseiten, die einen Graben einschließen KäWb.(1862) 80 (Pl.); Syn. → *Seite*. — **5.** Teil(bereich), Abschnitt, Stück/ Anteil v.e. größeren Ganzen (Gegenstand, Grundstück, Fläche u.ä.), auch v.e. abstrakten Ganzheit verbr.; Ra.: *an allen Ecken und Enden* überall, ganz u. gar, völlig ugs.; lit.: *Gott sei Dank! D' Welt is wögg. / Á für üns bleibt koan Öck* kein Stück v.d. Welt, nichts mInnv. SCHATZDORFER (1969) 55; — im bes.: **a)** (z.T. spitz zulaufendes) Stück v. Brot-, Käselaib, Kuchen, v.d. Wurststange, Semmel u. ä. verbr. (meist 2.Dem.); verdeutlichend als *(Sëmmel)-* d. jew. durch zwei Kerben begrenzte Teil e. Semmel mMöllt. (2.Dem.); — **b)** Rand-, Endstück e. Gegenstandes/Objektes, e. Fläche u.ä. verbr.; im bes.: Endstück d. Brotlaibes GottWb.(1973–1976) 1,125 (2.Dem.); Syn. → *Schërz* I; — **c)** Teil(gebiet) e. Ortes, Landes, e. Gegend u.ä. verbr.; Füg.: *das schönste Eck von Wien / von Österreich / vom Oberland* u. dgl. verbr.; — **†d)** Flächenmaß (f. Waldbesitz): *das wür haben siben eck holz* Dunkelstn.Wd. (1471) ÖWeist. 9,391. — **6.** Biegung, Krümmg. e. Linie, Kurve (e. Weges) u.ä. verbr.; — Füg., Ra.: *ein Eck haben* v. „geraden" Weg (d. Norm, d. Erwartbaren) abweichen, e. Hindernis darstellen, nicht in Ordng., nicht richtig, anrüchig, unzulässig, unmögl. u.ä. sein, (unvorhergesehene) Schwierigk., Unannehmlichk. bereiten, absonderl., verrückt sein u.ä. sbair., ÜGeb. ve., mbair. verbr.; *dẹi hǭd ɒ nutsəs* (beträchtl., → *nutz*) *ek* sie ist verrückt sWSt.; *ɒ ek mǫχɒ* e. Kurve machen, abbiegen, e. üble Wendg. nehmen mbair. u.ä. verbr.; *iwɒ drae/fīɒ ekŋ* u.ä. weitläufig, auf Umwegen, umständl., indirekt W. u.ä. verbr., ugs.; *dẹɒ šauk ums ek* schielt öUInnt. u.ä. sbair. ve., ÜGeb., mbair. verbr.; lit.: *Bon* [beim] .. *Simmál* [→ *Simon*], / *Da hat's heit á Öck* mInnv. SCHATZDORFER (1933) 145; *und so hot de Gschicht bold an Eck ghot* SMä. BACHER (v.1954/1974) 204, s. a. SdWb. 3,524. — **7.** Kegel, welcher b.d. Grundaufstellg. d. Kegelspiels zuvorderst, an der dem Spieler zugewandten Spitze, steht PassWb.(2004) 51, Lüsenert., STir. HOENIGER (1946) 87, TirId.(1866) 101, MKä., Lung.; nSZNeuhs., nZlabings.Ld. SdWb. 3,525; elliptisch f. → *(Eck)kegel*; s.a. → *(an)ecken* 2; — Füg., Ra.: *en ek štẹɒ(n) lǫßn* d. Eckkegel stehen (ge)lassen Lung., ähnl. PassWb.(2004) 51; *ɒs geɒt fɒn ek aus* es geht (z.B. bei d. Arbeit) laut, hitzig (u. somit wie b. Kegelspiel?) zu Lüsenert.; Sachl.: wenn b. Kegelspiel d. Eck umfällt, zählen d. anderen gefallenen Kegel doppelt Lung. u. wohl verbr.; Syn. → *Ecker* I,1. — **8.** Heubüschel a. d. (oberen) Ecken d. Heufuhre, d. Heufuders wMKä., sWSt., ObPinzg., Gr.Arlt.; Syn. → *(Eck)schübel*. — **9.** Öst. Zehntausend-Kronen-Note (vorwiegend 1918–1922, zur Zeit massiver Inflation) verbr., vgl. WrWb.(1929) 52, WrWb.(1951) 44; lit.: *er solle ‚ein Eck springen lassen', sonst würden sie die Anzeige erstatten* e. größere Geldsumme bezahlen AWille 14.11.1933 (hierher? ev. u. Einfl. v. Bed.5; s.a. → *[Haus]-* 2). — **10.** Teil d. Ausrufs *Bruder ums Eck!* Ausdruck d. Erstaunens, d. Verwunderg. / positiven Wertg. u. ä., etwa: Mein Lieber! Oho! mEisackt. STirWb.(1972) 53, NÖ, W.; s.a. → *Průder* 5. — **†11.** Schneide e. Hieb-, Stichwaffe: *Ein swert, daz .. Wol ze beiden ecken sneit* HEINRICH/Tü. (u.1230/1852) 112. — **12.** PflN: wohl Alpen-Aurikel (→ Primula auricula): „Frühjahrsblume, die besonders gerne von den Ziegen gefressen wird" KäWb.(1862) 81 (*ekln*, 1.Dem.Pl.); zur Benenng. nach d. Standort vgl. → *(Schrofen)plůme* u. MARZELL (1943–1979) 3,1033f. — **13.** Als/in Name(n) verbr. m. SI (Auswahl; frühe Bel. f.d. Weiterentwicklg. zum [Bestandteil v.] FN s. z.B. CAU 2,48; 3,320,343,550; 4,466 u. ZENEGG-SCHARFFENSTEIN [1927] 280): **a)** als/in BergN, FlN, GegN u.ä.: *ekŋ* Eggent. TirWb. (1955–1956) 1,141; weitere s. PladWb. (1972) 500; s.a. SaWb.(1995) 55; — Füg.: *Hôhes Egge* „Berggebiet" PladWb.(1972) 506 (*hōzékke*); *Nacketes Eck* ZarzWb.(1983) 114 (*z nǫkkχate* [→ *nackecht*] *ekke*); *s gāxi* (jähe, scharfe, → *gâ̂h*) *ekx* Stelle, an der e. best. Felsenstraße e. scharfe Kurve macht Gr.-Arlt.; s.a. → *(Fëld)-* 2, *(Fier)-* 3, *(March)-* 2, *(Spieß)-* 2 u. weitere zs.gesetzte Namen (ve. M.) DBÖ; — **b)** als/in ON verbr., z.B. *Egge* Ortsteil von Pladen PladWb.(1972) 500 (*eikke*); *Egg* (Gm. Hermagor — Pressegger See) obGailt. (1024–39 *in loco Ecca*) ANB 1,304; *Eck* (Gm. Kirchschl./O.) swWaldv. (u.1182–89 *Libhardesekke*) ebd. 1,302 (weitere s.d. bzw. ebd. 1,304f.); häufig auch in Komp., wie z.B. *Bruneck* öSTir. (*praunekŋ* lt. TirWb.[1955–1956] 1,141), *Hirschegg* nwWSt. (*hiɒšḗkh*), *Mureck* uMurgeb. (*muɒréik*), *Pernegg* nMSt. (*beɒ'nék*, *-éi-*), obst-Pulkaut., *Steyregg* swestl.uMühlv.; s.a. ANB, d. einschlägigen (hist.) ON-Bücher, DBÖ sowie → *(Lug)-* 2, *(March)-* 2; — **c)** als/in Name(n) f. Burgen, Schlösser, Gehöfte u.ä. verbr., z.B. *Trauneck* mHausrv., *Hohenegg* uTraisent., *Marchegg* öMarchfd. (s.a. → *[March]-* 2); zu *-eck* in BurgN im Waldv. u. i. d. Wachau vgl. WIESINGER (2003e) 166–180; weitere s. FersentWb.(1982) 21 u. DBÖ; hist.: *Schlösser von einem solchen Nahmen sind in unseren Gegenden Enseck, Steyereck,*

Kremseck, Trauneck, Albeneck ÖMdaEWb. (1815) 1,173 (Bed.3b).
Komp. (zu verdeutlichenden bzw. toponym. u.ä. Zs.Setzungen s.a. → Simpl.1a,b,c,e,f,g, 2a, 3a, 4a, 5a, 13): **†(Palkenen)-:** (als Grenzmarkierg. dienende) Stelle e. Zaunes m.e. mittels Schiebestangen verschließbaren Durchlaß: *nach selbigem Gattern .. hinunter auf des Christoph Spenners .. Zaun und drei Palkenenegg* nöFlachg. (1670) AÖG 102 (1913) 427; Etym.: Bw. → *Palken* 4b; z. erw. Pl.Endg. *-enen* s. BairGr.(1867) 357. — **(Peund)-:** (als Grenzmarkierg. dienender) Bereich e. umzäunten Grundstückes u.ä. verbr.; lit.: *ainà fählt / Vo dö brüedaling – drei* [von d. drei Brüdern, hier: drei Stämmen e. Baumes], */ Der hin übers Bientöck, / Mit den is 's vobei!* mInnv. STELZHAMER (1868) 84; Etym.: Bw. → *Peunde* 1. — **(Tisch)-: 1)** Stelle, an der zwei Kanten e. Tischplatte zs.laufen verbr., GottWb. (1973–1976) 2,383; — **2)** mit e. Tisch u. div. Sitzmobiliar ausgestatteter Bereich i.d. Küche Lesacht. — **(Drei)-, (Dri)-:** v. drei Linien begrenzte Fläche, Gegenstand/Objekt, (Teil e.) Feld(es), (Stück) Land u.ä. in dreieckiger Form verbr.; Ltg.: *drai-, drae-* u.ä. verbr., *dri-* nHausrv. — **(Geo)drei-:** Abk. f. Geometriedreieck: rechtwinkeliges, gleichschenkeliges Dreieck aus durchsichtigem Kunststoff spez. f.d. Geometrieunterricht schülersprl. bzw. ugs. verbr. — **(Tschappellein)-, (Tschäppellein)-:** fiktive (Zimmer-)Ecke, nur i.d. Füg.: *ān ins dšǫpɒlek* (*dšapɒlek*) *šdȫ'n* jem. nicht ernst nehmen, an seinen Fähigk. zweifeln (u. deshalb herablassend behandeln), als unfähig hinstellen u.ä. W. u. ugs.; lit.: *die Damen* [werden] *vorsichtshalber von vornherein ins Tschapperleck gestellt* (sc. b.d. Fahrprüfg.) KronenZtg. 17.5.1981; Etym.: Bw. → *Tschapp* I. — **(Farz)-:** Hinterteil, Gesäß uEisackt. (derb); Füg.: *di hęnt afm fǫrtsek hǫltn* am Rücken kreuzen ebd.; Syn. → *(Furzger)-*. — **(Fëld)-: 1)** (als Grenzmarkierg. dienender) Bereich e. Feldes, als solches genutzter Teil e. landwirtsch. Besitzes u.ä. verbr.; verdeutlichend als *(Wald-fëld)-* nördl. obInnv.; s. → *(Wisen)-, (Wald)fëld*; — **2)** FlN Gereut/Frassilongo FersentWb.(1982) 76 (*fęltek*); s.a. → Simpl.13a. — **(Fier)-: 1)** vierseitige (haupts. rechteckige/quadrat.) geometr. Figur, Gegenstand/Objekt, (Teil e.) Feld(es), (Stück) Land u.ä. in viereckiger Form verbr. (auch 1.Dem.); s.a. → *(fier)eckecht* 1, *(fier)ge-* 1, *(fier)eckig* 1; — **2)** Grab, Friedhof W. (gaunersprl.), auch PETRIKOVITS (1922) 53, BURNADZ (1966) 116 (jew. 1.Dem.); — **†3)** FlN: *ein ander klaines weingartl das Vieregkl* W. (1563) QuWien 1,1,230; s.a. → Simpl.13a. — **(Furzger)-:** Hinterteil, Gesäß Reggelbg. TirWb.(1955–1956) 1,197 (*furzgərẹgg*); Syn. → *(Farz)-*. — **(Garten)-:** (als Grenzmarkierg. dienender) Bereich e. Gartens, als solcher genutzter Teil e. Grundstückes u.ä. verbr.; hist.: *die erst seulen steet .. bei der strassen .. an Martin Wöckhls gartnegk* nördl.obInnv. (1549) ÖWeist. 15,57. — **(Haus)-: 1)** durch d. (Außen-)Mauern e. Hauses gebildete Kante verbr.; — **2)** übertr. (unter Einfl. v. → *[Eck]haus?*): beträchtl. Menge, hohes Ausmaß, viel u.ä. verbr.; Füg., Ra.: *um ɒ hås̊ek beßɒ* W. u.ä. wohl verbr.; *deis khoust khɒ(n) haoseik* mMSt. u.ä. wohl verbr. — **(Himmel)-:** Stück vom bzw. Platz im Himmel (als Ort jenseitigen Lebens im christl. Sinn) sMSt. — **(Kräuz)-: 1)** m.d. Kruzifix (u. ev. zusätzl. m. Heiligenbildern u.a. Devotionalien) ausgestatteter Bereich i.d. Ecke e. (Wohn-)Raumes wTenneng.; Syn. → *(Hêrr-gotts)winkel*; — **2)** Bereich im Winkel zw. vorderer Stange u. (Quer-)Latte d. Torgehäuses sportsprl. — **(Lůg)-: 1)** „Eckhaus, von dem aus man nach mehreren Richtungen hin ausspähen [→ *lůgen*] kann" SteirWb.(1903) 444 (*Lugeck*); — **2)** Toponym: *Lugeck* mMöllt. (hierher?), W. (*lugék* u.ä.); Sachl.: d. *Lugeck* im 1. Wr. Gemeindebezirk war Alarmplatz f.d. Bewohner d. umliegenden Stubenviertels u. Stätte f. öffentl. Maueranschläge, vgl. WienLex./Cz. 631; hist.: *diser priff* [sc. e. öffentl. Kundmachg.] *ist an dem lugeck nachtes angeschlagen* W. (1528) QuWien 1/2, 37; Etym.: vgl. WrWb.(1905) 107f., letztl. jedoch unklar; s.a. → Simpl.13b. — **(March)-: 1)** Anhöhe, vorspringender, aufragender Bereich im Gelände als natürl. Grenzmarkierg. Pass. (Typus *Egge*, → Simpl.3a); Füg.: verdeutlichend: *hintərs, mitlərs mǫrxekɒ* hinteres, mittleres Markeck ebd.; — **2)** als Toponym: *Marchegge* Lienz.Beck. (*mǫrχékə*), *Marchegg* öMarchfd. (1268 *in Marhecke*) NöONb. 2,526; s.a. → Simpl.13, *(March)ecker*. — **(Maul)-:** Mundwinkel, verdeutlichend f. → Simpl.1e verbr.; — im bes.: Entzündg., Bläschen, Belag u.ä. im Mundwinkel Auss.Ld., swFlachg., söSkgt. (meist Pl.); Füg.: *wẹ̄dige* (→ *wê*) *mǫ̈iekŋ* söSkgt. (Pl.). — **(Mund)-:**

Mundwinkel, verdeutlichend f. → Simpl.1e ve.; Füg.: *wę̄gi* (→ *wê*) *mundeikɒ* (Pl.) Entzündg., Bläschen, Belag u.ä. im Mundwinkel uBöW. — **(Ofen)-:** Standort/Bereich d. Ofens (im Wohnhaus) verbr.; verdeutlichend als *(Pach-ofen)-* Perschlingt. — **(Hof-râts)-:** nur Pl.: Geheimratsecken, d.s. (durch Haarausfall entstandene) Einbuchtungen im Haaransatz oberhalb d. Schläfen W., ugs. — **(Ried)-:** e. best. Stück Rindfleisch (→ *Ried*) nHausrv., NÖ, W. (*riɒdekl* u.ä., jew. nur 1.Dem.); s.a. → *(Tafel)spitz*; Etym.: ev. volksetym. (aufgrund v. Zs.Ziehg. d. beiden *d*-Laute a.d. Komp. Fuge u./od. unterbliebener *-el*-Vokalisierg.?) aus *(Ried)deckel* entwickelt, vgl. SteirWb. (1903) 504; möglicherw. ist aber auch *(Ried)deckel* sek. Umdeutg. v. *(Ried)eck* ([dreieckiges] Stück/Eck v.e. Ried [1.Dem.]); wegen d. Ltg. d. Bw. (*riɒd-* u.ä.) auch mit einem kein außerspr. Referenzobj. aufweisenden *Rührdeckel* (→ *[Rů̈r]deckel, rů̈ren*) in Verbindg. gebracht, vgl. WrWb.(1929) 147; s. a. NöWb.(1847) 219, WggUgs./K.² 453. — **(Rund)-:** „abgerundete Ecke" SteirWb.(1903) 513 (*Rundecke*); hist.: *ain silberne Flaschen mit 6 Rundeggen, mehr ain ziervergulte Flaschen mit 8 Rundeggen* uEnnst. (1680) ebd.; s.a. → *(rund)eckecht*. — **(Sëchs)-:** sechseckiger Papierdrachen als Spielzeug W. (u.1930; Abb. s. DBÖ); s.a. → *Drache(n)* 3a, *(sëchs)eckecht* 1. — **(Spieß)-: 1)** schiefer/spitzer Winkel KäWb.(1862) 80, 237 (*spiessègge*, M.); — **2)** FlN: *spiessègge* ebd. 237; s.a. → Simpl.13a. — **(über)-, (über)éck, (über)ecks, (über)écks, (über)egges, (über)égges:** Adv.: **1)** übereck, um d. Ecke, d. Weg entlang, quer(feldein), diagonal/schräg (über e. Ecke hinweg, z.B. b. Tisch [Abb. s. DBÖ]), schief u.ä. verbr.; s.a. → *eckeln* I,2; hist.: *ez müezen rinder vor mir lüen* [brüllen, → *lů̈en*] / *die ich über ecke trîbe* Wernher (u.1270/1974) 16; — Füg., Ra.: *iwɒ-éks gę̄(n)* in Verlust geraten, schiefgehen W.; *iwɒréks khę̣mɒn* in Streit/Konflikt geraten, i.d. Quere kommen Liesert. u. ä. verbr.; *iwɒ-éks sae(n)* uneinig, zerstritten/verfeindet sein W. u.ä. verbr.; *überèggis ungischaugt* „quer, verkehrt, über die Achseln" KäWb.(1862) 80; *iwɒréks, iwɒréks, ole sīm, seks* lt. Bel. Bauernregel: nach Georgi (→ *[Geórgen]tag*) dürfen d. Wiesen (sc. alle sieben, sechs, d.h. alle/ausnahmslos?) nicht mehr betreten werden westl.mInnv.; — **2)** durcheinander, unordentl., ungenau, übereilt, planlos, enthemmt, zügellos u.ä. verbr.; — Füg., Ra.: verstärkend: *bunt* (→ *punt*) *iwɒrékh* chaotisch, (völlig) enthemmt, außer Rand und Band u.ä. Znaim.Ld. u.ä. ve.; lit.: *Es is aber kein Kleinigkeit, wo hietzt alles in der Welt so g'wiß bunt ůberecks zugeht, in unsern Staaten so eine .. Liebe und Anhånglichkeit .. zu sehn* W. HJörgelBr. 15 (1833) 47; s. a. → *(spieß)eckecht* 1b; *ībəreks tuɒn* (s.a. → *tů̄n*, Bed.I,4) übereilt, schlampig durchführen Zw.Toren; *ibərék nān* schlampig, schief nähen öUlnnt.; *iwəréḱəs kχaffn* übereilt, ohne Abschätzg. d. Preises, sorglos kaufen obstZillert.; *s haos* (u. dgl.) *iwɒréks griɒ'ŋ* abwirtschaften nHausrv.; hist.: *daz ich niht ensnurre* [sause, dahinjage, → *schnurren*] / *mit den andern über ecke* [wohl: daß ich mich nicht gemeinsam m.d. anderen völlig enthemmt/zügellos gebärden kann] / *und die gebûren durch die hecke / niht enfüere bî dem hâre, / daz ist mir leit zewâre* Wernher (u.1270/1974) 16; vgl. DWB 3,23. — Ltg.: *iwɒ(r)eks, -é-, īwɒ(r)eks* u.ä. verbr., *iwɒ(r)eiks, -éi-, īwɒ(r)eiks* u.ä. sMSt., mHausrv., VUMB, nSBgl., *iwrek(k)əs, -é-* u. ä. sbair. verbr., *iwɒ(r)ék* u.ä. sonst ve. — **(Wald)-:** (als Grenzmarkierg. dienender) Bereich e. Waldes, bewaldeter Abschnitt d. Geländes u.ä. verbr.; lit.: *und wia ih oft ums Woldeck umibuig* [(abbiegend) herumkomme, → *piegen*], *dou gsiah ih ah scha .. sei Villa .. umaleuchtn!* SBgl. Neubauer (1962) 54. — **(Wisen)-, †(Wis)-:** (als Grenzmarkierg. dienender) Bereich e. Wiese, mit einer ebensolchen bestandener Abschnitt d. Geländes u. ä. verbr.; hist.: *Daß paanholz* [Bannwald, → *(Pann)holz*] *in der Laniggen hebt sich in des herunteren Laniggenpaurn wißegg an* obSteyrt. (1642) ÖWeist. 13,95. — **(Zaun)-:** (als Grenzmarkierg. dienende) Stelle/Bereich e. Umzäung., wo zwei Zaunseiten i.e. Winkel zs.laufen verbr.; hist.: *von disem aichel* [Eiche, → *Ēiche*] *an .. biß an das zaunegg zwischen des pergpaurn feld* mHausrv. (1632) ÖWeist. 14,302.

Abl. → *eckecht, eckeln* I, *-ecken, Ecker* I, *eckig, ecklecht*; s.a. → *Eckelach.* *M.G.*

(Är)eck, Erker, → *Ärker* I

†(dri)eck, Adj., dreieckig Tulln.Beck. (1614), s. DBÖ

eckecht, eggecht

Adj., eckig, kantig, spitz u. übertr. verbr. m. Fersent., Plad., Zarz, Gott. u. öBrünn; Etym.: Abl. v. → *Eck*. — BayerWb.² 1,33, SdWb. 3,526, VlbgWb. 1,1078, SchwäbWb. 2,535f., SchweizId. 1,159.

Ltg.: *ek(k)ət* u.ä. sbair. verbr. m. Fersent. (in → *[fier]-* 1), Zarz (neben *ekkɒχt* ZarzWb.[v.1920/1983] 55), Gott., *ei-, ẹi-* u.ä. UDraut., Metnitzt., nwObMurgeb.; Plad. (neben *e-* in → *[fier]-* 1), *eikɒd, ẹi-, -kh-* u.ä. St., Buckl.Wt., sWr.Beck., N-, mSBgl., nWUng., *ai̯-* öBrünn, *ekɒd* u.ä. ÜGeb., mbair. verbr.

Bed.: **1)** eckig, kantig, spitz u.ä. verbr. m. PladWb.(1972) 156, ZarzWb.(v.1920/1983) 55, GottWb.(1973–1976) 1,125, öBrünn; — Füg.: *ekkɒti sailɒ* eckige, kantige Säulen obstObInnt., ähnl. obGurkt.; *ekɒtɒ pfaei̯ɒ* ekkiger Pfeiler, Pilaster öUInnt.; *ɒ ekɒds gsixd* eckiges (somit wohl: markantes) Gesicht WrWb.(2002) 326; vgl. Bed.1b; *de ekɒtə šār* (→ *Schâre*) e. best. Schneiderschere, deren Klingen gezähnt sind, um b. Schneiden v. Stoffrändern deren Ausfransen zu verhindern obGurkt.; vgl. Bed.1c; hist.: *hinab unzt geen Nößlacher prugg, und über dise [in] den eggeten stain* [Fels(höhle), → *Stēin*] obÖtzt. (1684) ÖWeist. 3,385; s.a. → *(an)-*; Syn. → *eckig* 1, *ecklecht* 1; — im bes.: **a)** viereckig (im Ggs. zu rund) KäWb.(1862) 62; vgl. Bed.1 (Füg.); Füg.: *ẹikɒtɒ kxnoupf* südl.mObMurgeb.; — **b)** unebenmäßig (v. Wuchs), ungestalt, grobschlächtig, vierschrötig, untersetzt, breitschultrig u.ä. verbr.; — Füg.: *ɒ ekɒdɒ šẹ̄(d)l/ghoubf* verwachsener, grobe Gesichtszüge aufweisender Kopf Waldv., ähnl. verbr.; *ekɒds ghīn* kantiges Kinn W. u.ä. ugs.; *ekɒdɒ gōdɒ* eckiges, spitzes Kinn (→ *Goder*) sWr.Beck.; *ekɒds maoe* Mund m. spitzen Winkeln Salzbḡ.; *ekɒdɒ ghẹɒpɒ* kräftiger, untersetzter, grobschlächtiger Körper nwWaldv.; Syn. → *(drei)-* 2 (weitere s.d.); — **c)** adv., nur i.d. Füg.: *ekət šnaidn* „Ecken machend", zackig (m.e. best. Schneiderschere?) schneiden Gitscht.; vgl. Bed.1 (Füg.); — **2)** ungeschickt, unbeholfen u.ä. westl.mInnv., obKremst.; Ra.: *šdō̆ de/di ned so ekɒd å̄(n)!* benimm dich nicht so ungeschickt westl.mInnv., ähnl. obKremst.; — **3)** eigensinnig, widerspenstig, lästig, mißgelaunt u.ä. TirId.(1866) 101, mEnnst., westl. mInnv.; — **4)** angeheitert, betrunken, nur i. d. Füg.: *ekɒd drā̆(n)šå̄'n* (→ *[dâr-ein]schäuen*) W.; — **5)** noch nicht ausgereift, nicht harmonisch im Geschmack (v. Wein) SMäWb. (1999) 134, vgl. auch SMäWeinbLex./Z. 28; subst. (M.): noch nicht ausgereifter, nicht harmonisch schmeckender Wein SMäWb. (1999) 134 (*dɒ ekɒdə*); — **6)** subst. (N.): kl. Schnapsglas (in eckiger Form?) bzw. d. entspr. Menge Schnaps, nur i.d. Füg.: *gīb mɒ ɒ ekɒts* schenk mir e. Gläschen Schnaps ein öNockgeb.

Komp.: **(an)-:** (allzu, sehr) eckig Buckl.Wt.; Etym.: zu (meist d. Bed. modifizierendem) *an-* als Adjektiv-Präf. s. → *an* I,9 (1,207) u. vgl. → *(an)ge-*. — **(drei)-, †(dri)-: 1)** dreieckig verbr., PladWb.(1972) 148; — Füg.: *draiẹikɒds fǭld* dreieckiges Feld südl.mObMurgeb.; *drae-ekɒde ao'ŋ* Lung.; — hist.: *Sie* [sc. d. Müller] *sollen .. haben .. daß venster auf die mül driecket auf ein vodere spannweit* [wohl: mühlseitig e. dreieckiges, e. Vorderspanne (Längenmaß, s. OöWeistGl. 229) breit vorstehendes Fenster] nHausrv. (15./16.Jh.) ebd. 14,20; *ain dreiegget gemain* [Gemeindegrund, → *(Ge)mēine*] *im rib* [Kehre, Wendung, → *Rib*] *zwischen beider weg* mInnt. (1558) ÖWeist. 2,229; *2 paar messene leichter* [Messingleuchter] *auf 3eggeten füeßl* [→ *Fůß* (1.Dem.)] W. (1624) QuWien 1/5,227; Syn. → *(drei)eckig* 1; — **2)** unförmig, verwachsen u. ä., nur i.d. Füg.: *draieikɒdɒ šẹ̄(d)l* steir.Lafnitzt., uMürzt.; Syn. u. Bed.Ähnl. → Simpl.1b, *(fier)-* 2, *(fünf)-* 2, *(fier)ge-* 2, *(sĕchs)-* 2, *(siben)-* 1, *(spieß)-* 1, *(ge)spieß-*, *(spitz)-; eckig* 1, *(drei)eckig* 2; *(fier)-* 2, *(spiß)-*; — **3)** widerspenstig, nur i.d. Ra.: *deir-ǫt* (der hat) *ə draiekətə sẹɒl* (Seele, → *Sêle*) Reggelbg.; — **4)** subst. (M.): Feldspatz (Passer montanus) Zillert. (*tr* [der] *draiekkɒtə*); Etym.: Bez. wohl v.d. schwarzen, dreieckig gezeichneten Färbg. d. Wangen- u. Halspartie. — **(fier)-: 1)** viereckig verbr., FersentWb.(1982) 277, PladWb.(1972) 182; im bes.: quadratisch nöSkgt.; Füg.: *ɒ fiɒekɒdɒ ǫkɒ* Liesingt.; *šnaed dẹs blā̆(d)l fiɒekɒd* W.; hist.: *zwölffe vierecket Täller* (Teller, → *Tälle*r) Lienz.Beck. (1478) BrautschlInv.(1478/1952) 147; *ain .. vierechichtes salzfässl* W. (1592) QuWien 1/1,276; — **2)** unförmig, verwachsen, ungestalt, plump, fett(leibig) u.ä. verbr.; — Füg., Ra.: *Dei' Frau wird ordentli' vierekert* sehr dick WrWb.(1873) 182; *ɒ fiɒrekɒdɒ šẹ̄(d)l/ghoubf* Waldv. u.ä. verbr.; *fiɒrekɒdɒ gwɒdrā̆dšẹ̄(d)l* (→ *[Quadrát]schēdel*) nwWeinv.; vgl. e. ähnl. Ra. unter → *(siben)-* 1; übertr.: starrsinnig, stur, nur i.d. Füg.: *fiɒekɒdɒ ghōbf* Querulant W.; — **3)** ungeschickt im Benehmen SteirWb.(1903) 233; — **4)** dumm, starr, stumpf, nur i.d. Füg.: *fiɒekɒd drā̆(n)šå̄'n* dumm, erstaunt aussehen bzw. angeheitert, betrunken sein W. — **(fünf)-: 1)** fünfeckig uTraisent., W.; — **2)** unebenmäßig, unförmig, verwachsen u.ä., nur i.d. Füg.: *fimfekvdv šẹ̄(d)l* nwWaldv. — **(ge)-:** eckig WSteirWb.(1987) 397, sMSt., SaWb. (1995) 55 u. 72, swNBgl. — **(an)ge-:** „etwas eckig geworden" SteirWb.(1903) 21 (*ongekkat*); Etym.: zu (meist d. Bed. modifizierendem) *an-* als Adj.Präf. s. → *an* I,9 u. vgl. → *(an)-*. — **(fier)ge-: 1)** viereckig WSt., uMurgeb., söFlachg., mSBgl.; — **2)** kräftig, breitschultrig, ungestalt u.ä., nur i.d. Füg.: *v fivgekətv brouky* (Mann, → *Procken* 2b) WSteirWb.(1987) 146. — **(rëcht)-:** rechteckig Weinv.; Syn. → *(rëcht)eckig*. — **†(rund)-:** m. abgerundeten Ecken: *ein rundeggetes Flaschl* uEnnst. (1680) lt. SteirWb.(1903) 513; vgl. → *(Rund)eck*. — **(schëlh)-:** „schiefeckig" ZillertWb.(1992) 190; vgl. → *(spieß)-* 1, *(ge)spieß-*. — **(sëchs)-: 1)** sechseckig W.; hist.: *ein sechsecketes handpeck* [Handbecken, → *(Hand)peck(e)*] W. (1674) NöHandwOrdng./O. 213; — **2)** unebenmäßig, unförmig, verwachsen u.ä., nur i.d. Füg.: *sẹikseikvdv šẹ̄(d)l* uMürzt. — **(siben)-: 1)** unebenmäßig, unförmig, verwachsen, unregelmäßig, häßlich u. ä. verbr., nur i.d. Füg.: *sīmekvdv šẹ̄(d)l/ ghōbf* W. u.ä. mbair. verbr.; *sīmekvdv balṓnšẹ̄(d)l* (unförmiger) überdurchschnittl. großer Kopf (→ *[Pallón]schëdel*) schülersprl. nwestl.uMühlv.; vgl. e. ähnl. Ra. unter → *(fier)-* 2; *sīmekvdv i̯aosnblūdsv* Scheltw. f.e. häßlichen Kopf (?) St.Pölten; vgl. → *Plutzer* II,2; *v sīmekvdi nǫsn* nwWeinv.; — **2)** subst. (F.): (bes. heftige, kräftige) Ohrfeige: *i gib dv v sīmekvdi* (sc. *wādšn* [Ohrfeige, → *Wätsche*]) östl.mWeinv. — **(spieß)-, (spiß)-: 1)** spitzwinkelig, schief, verdreht, nicht genau im (rechten) Winkel, unförmig, verwachsen u.ä. verbr.; — Füg., Ra.: *špivsekvtv kxopf* ungestalter, unförmiger, häßlicher u.ä. Kopf südl.obVinschg.; *ən špīßekətə lǫvb* aus d. Form gegangener Brotlaib wOblnnt.; *s fuədə* (Fuder, → *Fuder*) *is gaonts šbiəsekəd gfaost* (→ *faßen*) schief geladen wSBö.; Syn. → *(spiß)eckig, (spiß)ecklecht*; — im bes.: **a)** schielend, nicht m. beiden Augen in dies. Richtg. blickend, nur i.d. Füg.: *špivsekvd šao'n* Buckl.Wt.; vgl. → *Eck* 6 (Füg., Ra.); — **b)** verdreht, verrückt, nur i.d. Ra.: *s gẹ̄d in dv wǫ̈ld šbiəsekəd tsuə* wSBö.; vgl. → *(über)eck* 2 (Füg., Ra.) unter → *Eck*; — **2)** mager (v. Vieh) uKampt. — **(ge)spieß-, (ge)spiß-:** verzogen, schief, nicht im rechten Winkel, nur i.d. Füg.: *gšpīsekvde bapm* (→ *Pappe* II) verzerrter, schiefer u.ä. Mund sMPinzg.; *s haos i̯s gšpivsekvd* „die Ecken sind nicht im rechten Winkel" PinzgWb. (1992) 46. — **(spitz)-:** spitz zulaufend, nur i.d. Füg.: *v šbīdsekvdv šẹ̄(d)l* uYbbst. *M.G.*

Eckel, Eggel

M. (zimbr.), N. (Zahre, Zarz) Stahl zimbr.; Fersent. lt. ZarzWb.(v.1920/1983) 88 (Genus?), Zahre, Zarz; binnenbair. hist.; hist. (Auszug): *nâch lêr der meister wîsen / wart er* [sc. e. Baum als e. Art Rammbock, Räumgerät] *beslagen mit îsen / und an dem orte über al / mit wehsem* [(schneidend) scharfem, → *wächs*] *eckel unde stâl* Ottokar (u.1310/1980) 1,409; s.a. Kranzmayer (1950) 37f., BayerWb.[2] 1,33f. u. DBÖ. — Ltg.: *ekχχel* lt. ZarzWb.(v.1920/1983) 88, *ek[k]χl, -əl, -vl* (letzeres auch m. sek. *h-* CimbrWb.[1855] 178), *-kx-* u.ä. neben *eikvl* zimbr.; *eikxl* Fersent. lt. ZarzWb.(v.1920/1983) 88, *ẹikl* Zahre, *i̯ẹ̄kl* (rückentl. aus slow. *jéklọ* Stahl ZarzWb.[v.1920/1983] 88) Zarz. — Etym.: germ. **akkial* Stahl (Entl. aus vulg.lat. *aciāle* dass.) > ahd. *eckol* st.M. (N.?), mhd. *eckel* Stahl; wz.verw. m. → *Eck*; Näh. s. EWA 2,944, vgl. AhdWb./F. 3,242, AhdWb./K. 223; s.a. DWB 3,23; entl. ins Slow. als *jéklọ* Stahl SlowWb./P. 1,364, SlowWb.(1789) 296 (*heklu, j-, ſtheklu*), SlowEWb./B. 1,225 (*jẹ́klo*), ins Tschech. als *ocel* Stahl Mayer (1927) 19, TschechWb./H. 1,1201, Newerkla (2004) 600 u. ins Slwk. als *oceľ* dass. ebd. Abl. → *eckeln* II. *M.G.*

Eckelach, Eggelach

N.Koll., bes. unebene Stelle im Gelände (?) Zillert. (*ekkilvχ*); auch als *(Schatt-seit)-, (Sunn-seit)-* ebd.; vgl. → *Eck* 3e; Etym.: unklar, wohl Abl. v. → *Eck* (2.Dem.). *M.G.*

eckeln I, eckellen, -gg-

sw.Vb., **1)** ausmessen, berechnen, (genau) planen u.ä. TirWb.(1955–1956) 1,141 (*ekələn*), SteirWb.(1903) 187 (*Eckeln*); — **2)** e. best. Kartenspiel spielen PladWb.(1972) 156 (*eikkln*) u. wohl auch Tir., Kä. (s. Bed.3); hist.: *eckelen* Tir. (1819) lt. BayerWb.[2] 1,33; zu Sachl. ebd. („überecks spielen") vgl. → *Eck* 2b (Füg., Ra.), *(über)-* 1; subst.Inf. (wohl N.): e. Kartenspiel Tirld.(1866) 304 (*ekələn*), KäWb.(1862) 80 (*èggln, èggilan*) u. wohl auch Plad. (s.o.); — **3)** jem. necken, reizen, herausfordern, sich „eckig" (sc. kratzbürstig u.ä.) zeigen, zanken u.ä. Tirld.(1866) 101, TirWb. (1955–1956) 1,141 (jew. *ekələn*), KäWb. (1862) 80 (*èggln, èggilan*). — Etym.: Abl. v. → *Eck*. — BayerWb.[2] 1,33, SchwäbWb. 2,536.

Komp.: **(aus)-:** sorgfältig überdenken, kalkulieren, genau berechnen, ausmessen, untersuchen, behandeln u.ä. TirId.(1866) 101, TirWb.(1955–1956) 1,141 (jew. *ausekələn*); „keinen Stoffrest unbenützt lassen" SteirWb.(1903) 37 (*Auseckeln*; schneidersprl.). — **(drei)-:** nur als subst.Inf. (wohl N.): „Art des Schusserspieles [e. Murmelspiel] mit aufgezeichnetem Dreieck" Bozen STirWb.(1972) 64 (*draiekələn*). — **(aus-hër)-:** d. zu verarbeitenden Stoff m. möglichst geringem Materialverlust zuschneiden, nur i. d. Füg.: *s tsuig* (→ *Zeug*) *außɒekəlɒ* obst-ObInnt. *M.G.*

eckeln II

sw.Vb., schärfen, stählen TirWb. (1955–1956) 1,145 (*ekχln*), SteirWb.(1903) 187 (*Eckeln*, Eisenarbeiterspr.), zimbr. (*ekχln, ekəlɒn*), Fersent. (*ekxln*); Etym.: Abl. v. → *Eckel*. — BayerWb.[2] 1,34. *M.G.*

Eckemar, Eggemar

M., Gew. Bürstling, Borstgras (Nardus stricta) obPustert. STirWb.(1972) 213, Villgratent., ebd. TirWb.(1955–1956) 1,141 (*ekima, -r*) u. LANSER (1948) 198, LANSER (1950) 116 u. 118 (*ekəma, -r*), Lienz.Beck., Lesacht., Gitscht. (*ekima, -r* u.ä.), GitschtWb.(2009) 77 (*Éggemar*), Gailt. lt. MARZELL (1943–1979) 3,296 (*ekimar*), KäWb. (1862) 81 (*èggimar*); Ra.: *wẹn di khīɒ ekəma frẹßnt, khẹmɒnt sən* [diesen, → *sëlb*] *bɒn šaißn di tsāxɒ* [Tränen, → *Zäher*] Gitscht. HUBMANN (1990) 46; z. *E.* im Volksglauben des Villgratent. s. LANSER (1950) 116; Syn. → *Pürstling*. — Etym.: unklar. *M.G.*

-ecken, -eggen

sw.Vb., nur i.d. Komp.: **(an)-: 1)** intr.: Anstoß erregen, sich unbeliebt machen u.ä. ugs.; lit: *Bei Politikern eckt T.* [e. Journalist] *nach wie vor an .. Wegen seiner letzten Dokumentation .. war Stadtrat N. gekränkt* Kurier 14.4.1981; — **2)** tr.: beim Kegelspiel d. vordersten Kegel (→ *Eck* 7, *Ecker* I,1) treffen STir. HOENIGER (1946) 87. — **(fer)-: 1)** m.d. Hacke nicht richtig treffen (u. Ecken i.d. Holz schlagen) PladWb.(1972) 175 (*vrekkŋ*); — **2)** PPt.: fertig ausgebildet, ausgereift (v. Hirschgeweih bzw. dessen Enden) W. (*fɒékt*; jägersprl.) u. wohl allg., vgl. JägSprWb./K. 302, JägSprWb./F. 88 u. JägSprWb./Z.[2] 136 (jew. unter *verecken*); hist.: *Hürsch .. wolliche .. das Khürn* [Hirsche, welche d. Geweih] *schon verrökht .. gehabt haben* STRASSER (1624/1997) 125. — Etym.: Abl. v. → *Eck*. — BayerWb.[2] 1,33, SchwäbWb. 6/2,1797, SchweizId. 1,158f.

Abl.: *(Fer)eckach, -gg-*, N.Koll., „schlechtes, nicht treffsicheres Hacken" PladWb.(1972) 175 (*vrekkaχ*). *M.G.*

Ecker I, Egger

M., **1)** Kegel, welcher b. d. Grundaufstellg. d. Kegelspiels zuvorderst, a.d. dem Spieler zugewandten Spitze, steht Lüsenert., STirWb. (1972) 66 (*ekɒ, -ər*); Syn. → *Eck* 7, vgl. → *(an)ecken* 2; — **2)** FN allg. m. SI, Wohnstätten- u. HerkunftsN aus toponym. *Eck(e)/ -eck(e)* allg. m. SI (→ *Eck* 13), z.B. *kan ekərn* beim E. (HN) FersentWb.(1982) 21; auch in (Personen-)Bez., die aus m. *Eck/Egg* u.ä. gebildeten Toponymen abgel. sind, wie *Egger* Bewohner v. Egge PladWb.(1972) 501 (*eikkar*), *Landecker* Bewohner v. Landeck wOb-Innt. (*lǫ́ndekɒr*), *Pernegger* v. Pernegg nMSt. (*beɒ'nékɒ, -éi-*), s.a. DBÖ; *Steyregger* e. (vermutl. nach d. Ort *Steyregg* swestl.uMühlv. benannter) Paartanz Mühlv. (u. wohl Öst.) HORAK (1959) 150, TanzLex./Sch. 140 (jew. *Steyregger*); vgl. → *eckerisch*. — Etym.: Abl. v. → *Eck*. — SchwäbWb. 2,535 (*Ecker* II), SchweizId. 1,159.

Komp. (Auszug; Komp. m. nicht übertr. Bed. s. DBÖ): **(Dâ-en-halbs)-:** auf d. anderen Seite d. Höhenrückens Wohnender Metnitzt. (*dẹɒ[n]xlsekɒ*); Etym.: z. Bw. s. → *(dâ)enhalb*. — **(Hirsch)-:** jem., d. alles falsch macht, umständlich agiert, Schildbürger (urspr. HerkunftsN f. d. Bewohner v. *Hirschegg*, vgl. → *Eck* 13b) WSteirWb.(1987) 34 u. 161 (*hiɒšékɒ*, selten *hiɒšekɒ*). — **(March)-:** „Grenzsteinverrücker", (in Volksglauben u. Sage) jem., d. zu Lebzeiten e. Grenzstein versetzt hat u. nach seinem Tod als Geist umgehen muß Tir. verbr. (*mǫrχekər* u.ä.), vgl. ZINGERLE (1871) 53; s.a. → *(March)eck* 2.

Abl. → *eckerisch*. *M.G.*

Ecker II, Egger

Genus? (wohl F., meist Pl.), Buchecker, Frucht (Nuß) d. Rotbuche (Fagus silvatica) söFlachg., nur i.d. Füg.: *ekɒn* (Pl.) *suɒxŋ* Bucheckern suchen söFlachg., sonst → *(Půch)-*; Syn. → *Ackeram, Půchel*. — Etym.: germ. **akrana-* Wildfrucht > ahd. *ekarn*, mhd. *ackeran, eckern* (M., N.) Eichel, Frucht d. Eiche/Buche, *ecker* (F.) dass., wohl nach Wegfall d. als Pl.Endg. gedeuteten *-n*; Näh. s. DEWb./Pf.[5] 259 u. DEWb./K.[24] 226. — SdWb. 2,698 u. 3,525, VlbgWb. 1,477, SchweizId. 1,165.

Komp.: **(Půch)-:** Buchecker mMöllt. (*puəxekhər*), obGurkt. (*puɒxekrn* [Pl.]), östl. uInnv. Slg.NEUMANN (u.1970) 9 (*buɒxekɒl* [Dem.]); söFlachg., Dunkelstn.Wd., sWr. Beck. (*buɒxekɒn* u.ä. [Pl.]), W. (*buɒxekɒln* [Dem.Pl.]), wSBö. („Bucheckern" [Pl.], Ltg.?), Bud. (*b̲ūxekə*), öBrünn (*b̲uixai̯kɒln* [Dem. Pl.]); Füg.: *buɒxekɒn glao'm* (→ *klauben*) Bucheckern sammeln söFlachg. *M.G.*

(Hirsch)ecker, Bewohner v. Hirschegg, Schildbürger, → *Hirschegger*

(Steier)ecker, Bewohner v. Steyregg, Paartanz, → *Steyregger*

eckerisch, eggerisch

Adj., **1)** e. best. Weise d. Paartanzes bezeichnend Mühlv., wWaldv. HORAK (1959) 149f.; TanzLex./Sch. 140 u. wohl weiter verbr.; hist.: *Alsso Blofueß* [„der vulgo Name eines hiesigen Spielmanns" LUBER (1849) Reg.]/ *geh geig ain'n / Án sáxáröschen* [→ *säkrisch*], */ Án schen'n Lándlá* [→ *Ländler*] *voneh* [→ *(fon)ê*] */ Aft* [→ *aft*] *án öggárischen!* Geh, spiel (einen) auf / e. besonderen, außerordentlichen (auch: teuflisch, verdammt u.ä. guten) / e. schönen Landler v. früher / dann e. ekkerischen OÖ LUBER (1849) 105; auch als → *steyreggerisch*; vgl. → *Ecker* I Bed.2; — **2)** subst. (M.): auf best. (welche?) Weise getanzter Tanz söstl.uMühlv. (*dɒ ekɒriš*); dass. Waldv. LAGER (1981) 60 (*Der Eckerische*; Sachl. s. ebd. 61); Etym.: Abl. v. → *Ecker* I. *M.G.*

eckig, -gg-

Adj., **1)** eckig, kantig u.ä. ve. m. Plad., Tisch., ugs.; im bes.: unebenmäßig, ungestalt, häßlich u.ä., nur i.d. Füg.: *eckiger Kopf, Schädel* u.ä. uMürzgeb., söFlachg., Schneebg.Geb.; Syn. → *eckecht* 1, *ecklecht* 1; — **2)** tief angesetzt (v. Schweif d. Rindes) Lesacht. (hierher?). — Ltg.: *ek(k)i, -g, -x, ei-* u. ä. im Verbr.Geb.; Etym.: Abl. v. → *Eck.* — SdWb. 3,516, SchwäbWb. 2,535f.

Komp.: **(drei)-: 1)** dreieckig östl.mWeinv. u. wohl ve.; ugs.; — **2)** unförmig, häßlich u.ä., nur i.d. Füg.: *dẹɒ họd ɒn drae-eikigŋ šẹ̄(d)l* uMürzgeb.; Syn. → *(drei)eckecht* 2. — **(fier)-: 1)** viereckig, insbes. quadratisch öWaldv. u. wohl ve.; ugs.; — **2)** unförmig, häßlich u.ä., nur i.d. Füg.: *fīɒeikigɒ ghọubf* wSBö. — **(rëcht)-:** rechteckig östl.mWeinv. u. wohl ve.; ugs. — **(spiß)-:** eckig, schief (wohl: unförmig, häßlich u.ä.), nur i.d. Füg.: *špīsekigɒ šẹidl* sMPinzg.; vgl. → *(Spieß)eck.* *M.G.*

ecklecht, eckellecht, -gg-

Adj., **1)** „mit Ecken versehen" KäWb.(1862) 80 (*èggilat*); Syn. → *eckecht* 1, *eckig* 1; — **2)** adv., nur i.d. Füg.: *aiklt gāi(n)* zum Nachbarn (eig. „eckig", wohl: um d. Ecke od. unsicheren Schrittes) gehen uIglat.; vgl. → *Eck* 1b (Füg., Ra.). — Etym.: Abl. v. → *Eck.*

Komp.: **†(ge)-:** eckig, m. Ecken versehen mittl.obMurt. (1533) SteirWb.(1903) 272, uMurgeb. (1616) ebd. (*Geecklet*). — **(spiß)-:** schief, spitzwinkelig TirId.(1866) 101 (*spiessègkelet*); Syn. → *(spieß)eckecht* 1, vgl. → *(Spieß)eck.* *M.G.*

ęcko, ęggo, Interj., sieh da, da hast du es u.ä., Füllw. sbair.SI in It., s. DBÖ

Edächslein, Eidechse, → *Ēidechse*

Edamer, Ei-

M., Edamer, hell- bis goldgelber, fester Schnittkäse ugs.; Füg.: *ɒn šẹ̄(d)l wiɒ-r-ɒ aedamɒ hǭ'm* rote (wie d. Paraffinschicht des E.) Haare haben W. — Ltg.: *ēdamɒ* u.ä. ugs., *ae-* u.ä. W. u. wohl ve. (va.), ugs. ÖBshWb./E.[3] 90 (veraltend); Etym.: HerkunftsN, nach d. ndl. Stadt *Edam*; s.a. DWB[2] 7,55. *M.G.*

Ede, PN, → *Eduard*

Ede, Egge, → *Ege*

Ede, Bergwiese, → *Ȫde*

-ede, Suffix zur Bildg. v. Verbalabstr. verbr., s. DBÖ

-ede, Suffix, → *-ach, -at, -echt*

Edechse, Eidechse, → *Ēidechse*

Edechslein, Eidechse, → *Ēidechse*

edel

Adj., edel, wertvoll u.ä. binnenbair. verbr. m. sbair.SI, ugs.; adelig einige SI, hist.; merkwürdig, verrückt u.ä. wOPustert.; weitere Bed. (subst., adv., hist.) s.w.u. — Etym.: ahd. *edili*, mhd. *edel(e)*; letztl. aus wg. **aþalja* edel, d.i.: z. Adel gehörig, vornehm (Zugehörigk.Bildg. z. → *Adel*); vgl. DEWb./K.[24] 226, DEWb./Pf.[5] 259f. — BayerWb.[2] 1,37f., SdWb. 3,526, VlbgWb. 1,666 (unter *Edelweiss*), SchwäbWb. 2,536f., SchweizId. 1,91.

Ltg. (zu *-[d]l* s. Lgg. § 34c6, z. ve. [nicht bez.] palatovel. Qualität v. *ē-* u. insbes. *ei-* ebd. § 4c1,2): Pos.: *ēdl* u.ä. sbair. verbr. (daneben *ei-* u.ä. Tir. verbr., ve. sonst), zimbr. (daneben *ēd̲el, -ɒl, ei-*), Zarz, Gott., ugs., *ē(d)l* u.ä. mbair., *eidl* u.ä. Tir., Mürzt., obSulmt., nMBgl., Fersent.; Plad. (daneben *-ɒ*); — flekt.: M.: *ēdlɒ* u.ä. binnenbair. allg., ugs., *ēdldr* wOPustert., *ēd̲əld̲ɒr* CimbrWb.(1855) 178; F.: *ēdlə* u.ä. binnenbair. allg., Gott.ULd., ugs., *ei-* u.ä. TirWb. (1955–1956) 1,140, Gott., *ēd̲lɒ, ēd̲əlɒ, ed̲əlnɒ* u.ä. zimbr.; N.: *ēdls* u.ä. binnenbair. allg., ugs., *ēd̲elts*

CimbrWb.(1855) 178 (z. *-ts* vgl. KRANZMAYER [1925/1981] 63); subst. (N.,F.): *ēdlə* Gott.ULd.; Kompar.: *ēdlɒr* LusWb.(1905) 244; Sup.: *ēdlest* Dreiz.Gm., *ēdlɒrštə* LusWb.(1905) 244.

Bed.: **1)** edel, v. guter, vornehmer Art, hoher Qualität, fein, zart, wertvoll, fruchtbar u.ä. allg. qualifizierend binnenbair. verbr. m. sbair.SI, ugs. — Füg., Ra.: *ēdls bluɒd* W. u. ä. verbr. (vgl. w.u.); s.a. → *Plůt* I,4; *edler Wein* verbr.; *ēdlə rābm* Reben GottGr.(1908) 258; *ēdlɒ ęɒrdə* LusWb.(1905) 244; *ɒn edəlnɒ haut* glatte, reine Haut ZimbrWb.(1975) 130; *ɒn ēdls ğiətle* gutrassiges Rind (→ *gůt*) GottWb.(1973–1976) 1,125; *ɒn ēdls baip* Weib ebd.; *das Brot ist e. edle Gottesgabe* TirWb.(1955–1956) 1,140; *das ist (aber) edel* hervorragend, fein u.ä. ugs. — hist.: *Derselb vischmaister soll .. zins von guetn edlen vischen .. empfangen* Burggr. (1505) ÖWeist. 5/1,8f.; *so soll .. kain vorster das edl laubholz .. den trächslern .. verlassen* [verkaufen] nMPinzg. (17.Jh.) ebd. 1,250; *wögen denen dem edlen soldatenstant allergnädigst vorgedachten vortheilen* öUInnt. (18.Jh.) ebd. 2,46; — im bes.: e. abbauwürdiges Mineralvorkommen aufweisend (v.e. Mineral-Lagerstätte) ÖBgId.(1856) 61f. (bergmannssprl.); vgl. → *(fer)edeln* 2; adv., nur i.d. Füg.: *edel anfahren* e. Mineral-Lagerstätte mit Erzen aufdecken ÖBgId.(1856) 62 (bergmannssprl.); vgl. → *Adel* 2; — **2)** adelig, d. Adelsstand zugehörig zimbr.SI, PladWb. (1972) 156; vgl. w.u.; Füg.: *ɒn eidl ğəžlęχt* PladWb.(1972) 156; — im bes.: Adel vortäuschend PladWb.(1972) 156 (Kontextbel. s. d.), s.a. → *edelen* (unter Abl. w.u.); Syn. → *adelig*; — hist.: *mit des êdeln herren insigel* obKampt. (1297) CAU 4,180; *sît guot* [Besitz] *den liuten edel* [edle Abkunft, Adel, vgl. w. u.] *birt* [verschafft] / *und man von guot edel wirt* SEIFRIED (E.13.Jh./1844) 198; *niemant ausgenomen, er sei edel oder unedel* nö-Weinv. (1414) ÖWeist. 11,186; vgl. → †*(un)edel* 1; *wär aber, daß ein paur ein edel weib näm, so sollen si baide mit einander steuren* [Abgaben entrichten] obstObInnt. (1548) ebd. 3,288; — **3)** merkwürdig, sonderbar, verrückt u.ä. wOPustert.; Füg.: *an ēdldr męntß* eigenartiger Mensch, Sonderling ebd.; *eidl in kχopfə* halbnärrisch ebd. TirWb. (1955–1956) 1,140; — **4)** subst.: **a)** N.: Edel-, Pfropfreis (im Weinbau) Gott.ULd. (*s ēdlə*); — **b)** F.: e. Rebsorte, nur i.d. Füg. *Alte E.* Gott.ULd. (*autə ēdlə*); — **†c)** M.: Edelmann, Adeliger: *die edln* [Pl.] *unser lieb Ohem Graf Meinhart von Gorcz, Graf Ulreich und Graf Hainreich von Schowmberch* W. (1362) QuWien 1/1,168; Syn. → †*Edling* 1; — **†d)** N., F.: (vornehmes) Geschlecht, Adel E.13.Jh. (Bel. s. Bed.2); Syn. → *Adel* 1; s.a. DBÖ.

Komp.: **(gold)-:** nur subst. (Genus?; wohl M., F.): e. Reb-, Trauben- u. Weinsorte uKampt., W.; Etym.: ev. Umdeutg. v. → *(gůt)-* m. amdal. *-ui-*. — **(gůt)-:** nur subst. (M., F. [wenn bez.]): e. Reb-, Trauben- u. Weinsorte Weinv., ebd. HÖFER/KRONFELD (1889) 132 („Virgilia grata"), W., wBrünn; verdeutlichend als *rote(r)/weiße(r) Gutedel* STir. HOENIGER (1946) 101, Saggaut., Gott.; vgl. DWB 4/1,6,1410, ARNBERGER (2007) 155; s.a. → *(Gůt)edler.* — **†(un)-: 1)** nicht adelig, v. niederer Herkunft, v.a. in d. Füg.: *edel und/oder unedel* (meist verallgemeinernd in Bez. f. Personengruppen; s.a. → Simpl.2): *mit Levten edeln vnt vnedeln* sMSt. (1298) CAU 4,253; *es sein lantherren purkgraffn ritter und knecht ambtleut mauter zolner ungelter* [Einheber e. Verbrauchssteuer (→ †*[Un]gëlder*)] *purger pawren edel und unedel, nimant ausgenumen* obErlauft. (Ende 15.Jh.) ÖWeist. 9,584; subst.: *wir .. gebieten ouch mit ganzem ernst allen rittern und knechten, edeln und unedeln, armen und reichen, geistlichen und weltlichen* sWr.Wd. (1355/c.1450) ebd. 7,524; — **2)** als Kompar.: v. abnehmender Mineral-Reichhaltigkeit, nur i.d. Füg.: *d. Gang* [Mineral-Lagerstätte, → *Gang*] *wird unedler* ÖBgId.(1856) 90 (bergmannssprl.); vgl. → Simpl.1, †*(fer)un-edeln.*

Abl. → *edeln*; s.a. → †*Edling*; weiters: *edelen*, Adj., Adel vortäuschend PladWb.(1972) 156 (*eidlin*). *M.G.*

Edel, PN, → *Eduard*

Edel, Großvater, → *Enel*

Edel, Erle, → *Erle*

Edel, Öhrlein, → *Ôr*

Edellein, PN, → *Eduard*

edeln

sw.Vb., **1)** tr.: edel machen, veredeln SteirWb.(1903) 187; Syn. → *(fer)-* 1a; — im bes.: **a)** fett, beleibt machen SteirWb.(1903) 187; — **b)** liebkosen, herzen, streicheln u.ä. ZimbrWb.(1975) 130; Ra.: *De mèerarsten bàibar* [meisten Frauen] *édelnt lìbor de khatza* [Katzen] *dan in zàin mann* [als ihren Mann] ebd.; — **2)** intr.: edel werden, gedeihen, Erfolg haben, zunehmen, fett werden u.ä. ObKä., Ossiach.Geg., KäWb.(1862) 3, uMürzt., GottWb.(1973–1976) 1,125; — Füg., Ra.: *əs wiərt sẹnən nikß ēdln* ihnen nicht zuträglich / nicht v. Vorteil sein ObKä.; *dǫs ēi(d)ld mɒ* ist mir zuträglich, schlägt mir gut an uMürzt.; *dāmon ēdlt aus* dem geht alles gut v.d. Hand GottWb. (1973–1976) 1,125; — hist., lit.: *ungerechtes Gut edelt nicht* gedeiht nicht Käld.(1847) 191; *weil án ung'rechts Guet nie net ödelt* sWr.Beck. Nagl (1909) 134; *dös Glück hat nit ödeln wölln bá mein'n Vatern* nicht „gut anschlagen" ebd. 71; — **3)** sich bewahrheiten, nur i.d. Füg.: *kāi(d)ld hǫts* bewahrheitet hat es sich Pinkat. — Ltg.: Inf.: *ē(d)ln* u.ä. verbr. m. GottWb.(1973–1976) 1,125, *ēdlən, -ɒn* u. ä. sBoz.Uld., Sillgeb., *-ēidlən* Bozen (in → *[fer]-* 1), *ēi(d)ln* St., *ẹ̄i-* u.ä. Bgl., *edalɒn* ZimbrWb.(1975) 130; 1.Sg.: *-ē(d)l* (in → *[fer]-* 1) Eisenst.; 3.Sg.: *ēi(d)ld* uMürzt., *ēdld* u.ä. sWr.Beck. (*ödelt*, lit., s.d.), GottWb. (1973–1976) 1,125; 3.Pl.: *edəlnt* ZimbrWb. (1975) 130; PPt.: *-ē(d)ld* Linz, Eisenst. (in → *[fer]-* 1), *kāi(d)ld* Pinkat. — Etym.: Abl. v. → *edel.* — BayerWb.[2] 1,38.

Komp.: **(fer)-: 1)** tr.: veredeln allg. verbr.; — im bes.: **a)** Pflanzen (im Obst-, Wein- u. Gartenbau) mittels best. Techniken d. Transplantation v. Pflanzenteilen (Okulieren) widerstandsfähiger, ertragreicher, höherwertig u.ä. machen verbr. m. Gott., SMäWb. (1999) 463; Füg.: *fɒ́ēdln aof fesláoɒ rōd* wohl: Weinreben z. Sorte „Vöslauer Rot" veredeln nöWeinv.; *wūdi rẹ̄i'm* [Reben] *fɒ-r-ḗdln* sSeew.; s.a. SdWb. 4,131, DWA 1,41f., SDWA 1,28; Syn. → *äugeln* 1, *pëlz(n)en, pfropfen, okulíeren*; — **b)** sittlich verfeinern, wertvoller machen SMäWb.(1999) 463; — **†2)** refl.: abbauwürdiger werden (v.e. Mineral-Lagerstätte), nur i.d. Füg.: *der Gang, die Kluft, das Flöz hat sich veredelt* ÖBgId. (1856) 62 (bergmannssprl.); vgl. → *edel* 1; — **†3)** intr.: aus edler Art schlagen, entarten: *der veredelt, der ist ein gebûre* [Bauer] Konrad/H.(1280/1851) 550; Bed. lt. MhdWb./ L. 3,102. — **(grůn)fer-:** d. Reben v. im Freiland stehenden Weinstöcken m. grünen Pflanzenteilen veredeln Laßnitzgeb., W., Bgl. (winzersprl.); vgl. → *(Grůn)fer-edler, (Grůn)fer-edlung* (→ *[Fer]edlung*). — **(schnittring)fer-:** mittels e. best. Technik (welcher?) Weinreben veredeln W. (winzersprl.). — **†(fer)un-:** refl.: weniger abbauwürdig werden (v.e. Mineral-Lagerstätte), nur i.d. Füg.: *der Gang, die Kluft, das Flöz hat sich verunedelt* ÖBgId.(1856) 62 (bergmannssprl.); vgl. → *(un)edel* 2.

Abl. → *-edler, -edlung.* *M.G.*

-edler

M., nur i.d. Komp.: **(Fer)-: 1)** z. Veredelung im Weinbau dienender Pflanzenteil swNBgl. (*-ēdlɒ*); — **2)** männl. Person, die im Weinbau Veredelungen durchführt SMäWb.(1999) 463. — **(Grůn)fer-:** „grünveredelte" (→ *[grůn]fer-edeln*) Weinrebe, -traube nwNBgl. (winzersprl.); s.a. → *(Grůn)fer-edlung* (→ *[Fer]edlung*). — **(Holz)fer-:** aus d. Veredelung v. eig. nicht z. Weinproduktion vorgesehenen Trieben hervorgegangene Weinrebe, -traube nwNBgl. (winzersprl.); Sachl. s. Arnberger (2007) 176. — **(Gůt)-:** e. Weintraubensorte Pulkaut. (nur Pl. [*-ēdlɒ*], hierher od. z. → *[gůt]edel?*), nSBgl. (*-ẹ̄i[d]lɒ*); vgl. → *(gůt)edel*; s.a. → *-edlung.* — Etym.: Abl. v. → *edeln.* *M.G.*

Edling, Erle, → *Erle*

†Edling

M. (in Bed.3 wohl N., jedoch unbez.), **1)** Edelmann, Adeliger: *ist er aber ein edling so ist er.. ains gwalts phlichtig* verpflichtet, Strafgeld zu zahlen sWr.Beck. (1520) ÖWeist. 7,100; vgl. DRW 2,1195f., DWB[2] 7,68; Syn. → *edel* 4c; — **2)** privilegierter Bauer Kä., St. lt. Kranzmayer (1960a) 19f., SteirWb.(1903) 187 (ä. Spr., m. hist.Bel.); *in der Dobre* [ON] *quicquid colunt Edlinge* steir.Raabt. (1240) UBSt. 2,494; Syn. → *Edlinger* 1.

Sachl.: als E. galt in Kä. u. St. bzw. in Teilen d. gegenw. Slowenien e. bevorrechteter Bauer, der zu Reiter-, Waffen- u. Gerichtsdiensten verpflichtet war u. im Naheverhältnis zum Landesfürsten bzw. zu hochadeligen Herrschaftsträgern stand. D. Ursprung dieser Institution ist unklar, die v.d. älteren Forschung z.T. postulierte got. Herkunft (vgl. Kranzmayer [1950b] 297–304) wird heute [2010] ausgeschlossen, vielmehr e. Verbindung slaw. u. fränk.-bair. Elemente angenommen (H. Ebner, schriftl. Auskunft; vgl. auch Ebner [1956], bes. 77–84, sowie Fräss-Ehrfeld [1984] 49–54 u. Gleirscher [2000] 40). Die Bez. *E.* hatte e. slow. Äquivalent (*kosez*, vgl. Kranzmayer [1950b] 292, SlowEWb./ B. 2,69f.), wobei v.e. außer- u. innersprl. germ.-slaw. Wechselbeziehg. auszugehen ist (vgl. die *Edling/Kazaze*-ON in Kä., s. dazu Lessiak [1913] u. Kranzmayer [1950b], bes. 292). Die E. spielten e. bedeutende Rolle b.d. Einsetzungszeremonie d. Kärntner Landesfürsten am sog. Herzogstuhl (vgl. Moro [1967] 96f.); s.a. Vilfan (1968), DRW 2,1195, DWB[2] 7,68; — **3)** als ON: *Edling/Kajzeze* Rosent., *Edling* obGurkt., steir.

Eisenstr.; zu d. ON in Kä. vgl. KRANZMAYER (1950b) 292, zu jenen in St. EBNER (1956) 85–90 (jew. m. hist.Bel.); s.a. ANB 1,303. — Etym.: wohl Abl. v. → *edel*.

Abl. → *Edlinger*. *M.G.*

Edlinger

M. (in Bed.2 unbez.), †**1)** privilegierter Bauer Kä., St. lt. DWB² 7,68f. (hist.Bel. s.d.); s.a. DRW 2,1196, EBNER (1956) 20 (jew. m. hist. Bel.); Syn. → †*Edling* 2.; — **2)** als FN St., O-, NÖ verbr., übr. Öst. ve.; Etym.: Abl. v. → †*Edling*. *M.G.*

-edlung

F., nur i.d. Komp.: **(Fer)-:** Veredelung v. Weinreben winzersprl.; je nach angewandter Technik verdeutlichend als *(Trucken)fer-*, *(Grůn)fer-* Saggaut., *(Herbst)fer-*, *(Holz)fer-* Bozen; Sachl. s. ARNBERGER (2007) 318f., HOENIGER (1946) 131, DBÖ; vgl. → *(Fer)edler* 1. — **(Gold)fer-:** fiktiver Gegenstand, um den jem. am 1. April geschickt wird südl.mOb-Murgeb. — Etym.: Abl. v. → *edeln*. *M.G.*

Edmund, Ẹdmund; Edi, Ẹdi; Mundi, Mundlein

M., **1)** Edmund, männl. VN ve.; s.a. HlNLex./W.⁵ 231f.; Ltg.: *edmund, ẹdmund* ve.; vgl. auch HDVNb. 1,567 (*Edmund*, spr. kurzes *e*-); Kf., Dem.: *ēdi, ẹ̄di*, M., ve., auch SMäWbNtr.(2000) 6 (*Edi*); s.a. → *Eduard*; *mundi*, M., WSteirWb.(1987) 154, WrWb. (2002) 598, öPollau.Bg. SdWb. 3,527; *mundl*, M., nMarchfd. (u.1890), W. (u.1930), auch WrWb.(1990) 158, WrWb.(2002) 598; s.a. → *Raimund, Sigmund*; lit.: *Der „Mundl", die ur-Wiener TV-Figur des Edmund Sackbauer .. ist dem Fernsehpublikum seit Jahrzehnten ein Begriff* Presse 11.4.2006; *wenn Schauspieler oder Sänger einen saftigen, einem Mundl nichts nachstehenden Dialekt auf die Opernbühne bringen* Standard 8.4.2008; — **2)** ordinärer Kerl WrWb.(1990) 158 (*Mundl*, M.), nach d. Hauptfigur einer TV-Serie ebd.; vgl. d. lit.Bel. unter Bed.1; d. Serie „Ein echter Wiener geht nicht unter" von E.HINTERBERGER wurde erstmals 1975–1979 gesendet; s. a. (bed.ähnl., aber ä.) → *Mundel*. — Etym.: übernommen v. engl. VN *Edmund*; dieser zurückgehend auf ae. *ēad* Erbgut, Besitz + ae. *mund* Schutz, Schützer GrVNLex./D. 95. — SdWb. 3,527. *E.G.*

Eduard, Ẹduard; Edi, Ẹdi; Wätlein, Dätlein

M., Eduard, männl. VN verbr., zimbr., mGott., öBrünn; Scheltw. Öst.; Etym.: übernommen v. frz. VN *Édouard*; dieser entl. aus engl. *Edward*, zurückgehend auf ae. *ēad* Erbgut, Besitz + ae. *weard* Hüter, Schützer GrVNLex./D. 95. — SdWb. 3,527f., VlbgWb. 1,666, SchwäbWb. 2,538, SchweizId. 1,91 (*Edi*).

Ltg.: *ēduad, ēdoad, ẹ̄-* u.ä. ve., ugs.; vgl. auch HDVNb. 1,569 (*Eduard*, spr. langes *e*-), *ẹ̄duart* LusWb.(1905) 433; Spielformen: *ẹ̄dəwart* TirWb. (1955–1956) 1,140, wOblnnt., *ẹ̄di-, ẹ̄duward* obstÖtzt., *ēduaxd* uBöW; *ēdǫrt* Pollau.Bg., Jaispitzt. SdWb. 3,527; Dem., Kurz- u. Koseformen (M., soweit angegeben): *ēduaxdae* uBöW; *ẹ̄dukɒl* öBrünn SdWb. 3,527, *ēdwatl* WrWb.(1873) 51; *ēdi, ẹ̄di, ēdə* u.ä. Pazn., jeweils ve. ÜGeb. u. mbair., mGott., öBrünn, auch WSteirWb.(1987) 152; *ẹ̄dər* zimbr. (1948), *ēdo* öBrünn SdWb. 3,527; *ẹ̄dl* TirWb.(1955–1956) 1,140, *ēdl* Lienz. Beck., *ẹ̄dl, ēdl* (*e*-Qual. meist unklar) wOblnnt., ObDraut., nHausrv., nördl.oö.Ennst., W. (u.1930); *ēdɒl* (kosend f.e. Kind) sWr.Beck., nwNBgl., söSBö.; s.a. → *(Hirn)-*; *watl* Laßnitzgeb.; *datl* W. (u.1930).

Bed.: **1)** Eduard, männl. VN verbr., zimbr., mGott., öBrünn; Festtag: 5.1. bzw. 18.3., s. a. HlNLex./W.⁵ 232; Füg.: *tɒ-šẹ̄nį ẹ́di* d. schöne Edi, so hieß in Wien Eduard Strauß [e. Komponist] W. GARTNER (1902) 1,190; Spottruf: *ẹ̄dl, wẹ̄dl, kxouwəsšẹ̄dl* „Eduard mit dem (großen) Krautkopf" ObDraut. (u.1925); — hist., lit.: *wie Eduardus, kinig in gross Britannia, mit einem gifftigen pfeil verwundt worden* W. (1691) ABRAHAM (u.1690/ 1943–1945) 2,119; *sogar d'Holzscheiber-Buben* [Söhne v. Holzarbeitern] *werden hietzt Adolph, Wilhelm oder Eduard tauft* W. HJörgelBr. 9 (1833) 4; *tea'* [näml. e. Bub] *håt g'håass'n Edewa't* nSBgl. BÜNKER (1906) 149; s.a. ebd. 313; — **2)** harmloses Scheltw. als Einwurf im Gespräch: *Edi*, Verkleinerg. f. Eduard Öst. ÖSchimpfWLex.(1998) 126, viell. zu *Hirnederl* ebd.

Komp.: **(Hirn)-:** beschränkter, ungeschickter Mensch, Dummkopf (harmloses, gutmütiges Scheltw.) sWr.Beck., W. (*hiɒ'nẹ̄dɒl* u. ä., 2.Dem., meist N., ve. M.), auch WrWbb. (1974–2002) u. wohl sonst im Mbair. verbr.; s.a. SCHMUTZER (1980) 313; lit.: *daun kumd a* [er] *ma fua oes wia r a so a Hianädal, wos si sei Heisl auf an Saundhaufm baud* W. TEUSCHL (2001) 83; s.a. ebd. 255 (Reg.); *Diesen Hirnederln ham's an Führerschein anvertraut, wahrscheinlich in der Lotterie!* Presse 20.7.2007; s.a. ÖBshWb./E.⁴ 176 (*Hirnederl, Hirnöderl*, m. e. lit.Bel.); Etym.: d. Gw. wohl zum VN *Eduard*; davon abweichend: zu mhd.

oede leer, verlassen WrWb.(2002) 489; ähnl. ÖSchimpfWLex.(1998) 197 (*Hirnederl, -öderl*, M.). *E.G.*

êentlich

Adv., früher, wahrscheinlicher Pustert. (*iɒndlɒ*); am wahrscheinlichsten Pustert. (*ɒm iɒndligštn*); Etym.: Abl. v. → *ê*. *I.G.*

Ef, nur redupl. in e. Füg., → *Efféff*

Êfa, Êf, Efa, Ęfa, Ęfe, Ęf [Eva]

F., Eva, weibl. VN verbr. m. Zarz, mGott., Brünn; Mädchen, Frau verbr.; Scheltw. ve.; Etym.: ahd. *euen* (Gen., Dat.) „Evae“ AhdWb./G. 1,160, mhd. *Êve* Eva MhdWb./BMZ 1,450, vgl. auch MhdWb./L. 1,715 (unter *êven*); aus d. Bibel übernommen, viell. zu hebr. *chajjah* lebendig; Abl.Grundlage u. ursprüngl. Bed. sind jedoch letztl. unsicher, Näh. s. GrVNLex./D. 107 u. HlNLex./W.[5] 266f.; s.a. HDVNb. 1,700f. — BayerWb.[2] 1,178 (*Êv*), SdWb. 3,776, VlbgWb. 1,752, SchwäbWb. 2,896f. u. 6/2,1851 (*Eva* I), SchweizId. 1,108.

Ltg. (d. *e*-Qual. öfter unklar): *ę̄ɒfə* TirWb. (1955–1956) 1,152, wObInnt., Sillt., *ę̄ɒfɒ* u.ä. obGailt., obGurkt., sbair.ObSt.; *ę̄fə* TirWb. (1955–1956) 1,152, *ę̄fɒ* u.ä. Ahrnt., öUInnt., OÖ verbr., mWeinv., wSBö., W. (hier auch *ē*-); *ēfɒ* ugs.; *ę̄u̯e, ę̄u̯a* Zarz u. Dt.Ruth ZarzWb.(v.1920/1983) 59 (aus d. Slow.), *ēvo* mGott. (zu d. weibl. Namen auf *-o* vgl. GottGr.[1908] 220), *ēva* Brünn; Kf.: *ę̄ɒf* TirId.(1866) 112, *ę̄ɒf, ę̄f* TirWb. (1955–1956) 1,152, *ę̄f, ēf* NÖ ve.; 1.Dem.: *ę̄ɒfl* UInnt. Filzi (1911) 4; 2.Dem.: *ę̄ɒfɒl* sbair. ve., *ę̄ɒfɒlə* obGurkt., *ę̄fɒl, ēfɒl* mbair. verbr., ugs.; auch NöWb.(2007) 100 (*Efal*); *ę̄fae* nwestl.obMühlv.; *ēfɒl* u. *ēvɒl* Znaim.Ld., *ēvɒlɒ* Brünn; Koseform: *ēfi* u.ä. verbr.

Bed.: **1)** Eva, weibl. VN verbr. m. Zarz, mGott., Brünn; Festtag: 24.12.; zum Lostag s.u. → *Adam*; e. Rätsel betr. den Namen s.u. → *Ȧ*; hist., lit.: *untern Dienstbothen trifft man hietzt kan anzige Anamirl oder Everl mehr an* W. HJörgelBr. 9 (1833) 4; *Kinnát 's Everl vogössen* mInnv. Stelzhamer (1844a) 13; *Everl, geh dan* [weg, → *dan*], */ Thua nöt so gschámi* OÖ Purschka (1886) 136f.; — **2)** d. bibl. Stammutter Eva verbr.; Füg.: *fǫ(n) ǭdǫm und ę̄fɒ-r-aos fɒwǫnt sāe(n)* sehr weitschichtig, entfernt verwandt sein öUInnt.; *dęɒ hǫd si d-laebhǫ́fdigə ēfa ghāerɒt* (geheiratet) wenn d. Mann wesentl. älter als d. Frau ist nwWaldv.; *wie Adam u. Eva im Paradies* näml. unbekleidet W. u. wohl verbr.; weitere Füg. s.u. → *Adam*; — hist., lit.: *Dů genaht er sich Euen, / Adames winegen* [Geliebte, Gattin] WrGenesis (u.1070/1932) 19,642f.; *Do sprach eua ze dem slangen sa* MstGenesis (u.1125/1862) 13,21; *Der Ew vnd Adam hat derlost* [erlöst] Suchenwirt (2.H.14.Jh./1827) 13,4,467; *got beschuef Adam und Eva* Vintler (1411/1874) 199,5880; *Eva, Eva, dw solt sagen mier* SterzPass.(1490/1897) 212,535; *wie die Eua mit der schlangen geredt* W. (1704) Abraham (u.1690/1943–1945) 3,80; *denn d'Frau Everl hat a im Paradeisgartel so lang mit der Schlanger umertandelt* W. HJörgelBr. 10 (1833) 6; *Wie dá Herrgott .. dár Ev und 'n Adam / 's Voderibn* [Verderben] *had gschworn* mInnv. Stelzhamer (1844b) 203; *Wia hålt der Adam das Eval håt g'sög'n* uPustert. (u.1898) Kohl (1908a) 101; *Wie der Adam und die Ev' Äpfelen essen* mSTir. Pölt-Nordheim (1914) 84; — **3)** Frau, Mädchen (appellativ.) verbr., im bes.: **a)** Frau, Mädchen, als „typische“ Vertreterin d. weibl. Geschlechts ugs. (scherzh.); Füg.: *schon eine richtige kleine Eva sein* eitel, modebewußt u.ä. sein, v.e. kl. Mädchen gesagt ugs.; s.a. DWb./D.[2] 2,995f.; — **b)** dummes Mädchen obGurkt.; Scheltw. f.e. erwachsene, aber sehr dumme Frauensperson WrWb.(1873) 56 (*Everl*, 2.Dem.); Scheltw. W. Gartner (1902) 1,190 (2.Dem.); Füg.: *dēs is ɒ ēfɒ/ēfɒl!* e. dumme Person uKampt.; hist.: *Mirl, Maria, .. spottweise, wie Gred'l, Nánnerl, Kord'l (Kordula), Everl, Ursch'l (Ursula) zur Bezeichnung einer einfältigen Weibsperson mißbraucht* NÖ Seidl (1844) 320 (Reg.); — **c)** naschhafter Mensch [gemeint ist wohl e. Frau] TirId.(1866) 112; Füg.: *du blangige* [verlangend, → *(be)längig*], *gschlekkige Eav!* ebd.; — **4)** Knabenkraut (Orchis morio) Kä., nur in d. Füg.: *Adam und Eva* Kä., s.u. → *Adam*.

Komp.: **(Prodel)-:** schwatzhaftes Mädchen (scherzh.) obGurkt. (*prōdlę̄ɒfɒlə*); Etym.: zum Bw. vgl. → *prodeln* 3. — **(Dudel)-:** eitles, putzsüchtiges Mädchen uMürzt. (u.1913; *dū[d]lēfɒl*); Etym.: zum Bw. vgl. → *Dudel* 4, *(auf)dudeln* 1. — **(Klôzen-fud)-:** Scheltw. f.e. Mädchen mHausrv. (*ghlę̄dsmpfudę̄fɒl*); e. Spottspr. mHausrv. s. DBÖ. — **(Wunder-fud)-:** neugierige Frau Vinschg. TirWb. (1955–1956) 2,714 (*wundərfutę̄ɒfə*). — **(Zwetschken-fud)-:** Scheltw. f.e. Mädchen wSBö. (u.1930; *dsweišbmfudēfɒ*); e. Spottspr. wSBö. s. DBÖ. — **(Halb)-:** dummes Mädchen swWeinv. (1890; *hǫlēfɒl*); Etym.: zum Bw.

vgl. z.B. → *(Halb)narr.* — **(Hâr)-:** Mädchen, Frau m. (ständig) zerrauftem Haar Znaim. Ld. — **(Mar)-:** schwächl., bemitleidenswertes Geschöpf W. (v.1935; *mǫrēfɐl*); Etym.: d. Bw. wohl zu → *María.* — **(Schlôter)-:** schlampige Frau söSMä., nur lit.: *a so a grausliche Schledereverl* söSMä. BACHER (1930) 75 (Bed. lt. Fn. ebd.); Etym.: zum Bw. vgl. → *schlôtern* Bed. u.a. etw. verschütten. — **(Wunder)-:** neugierige Frau Vinschg. TirWb.(1955–1956) 2,714 (*wundərēɐfə*). *E.G.*

Efangęler, Altar im Freien; d. vier Farben b. Kartenspiel, → *Efangęli*

Efangęler

M., evangelischer Christ St. ve. (*efɐŋgō̆lɐ* u. ä.; Sg.=Pl.), uBöW (*efaoŋgū̆lɐ*; Sg.=Pl.); Syn. → *Protestánt* (weitere s.d.); Etym.: Abl. v. → *Efangęli.* *E.G.*

Efangęli, Efangęl, Efangęlium [Evangelium]

N., Evangelium allg. m. SI; Altar im Freien verbr.; weitere übertr. Bed. ve. (s.w.u.). — BayerWb.[2] 1,178 (*Das Evangeli*), SdWb. 3,776, VlbgWb. 1,752, SchwäbWb. 2,897 u. 6/2,1851, SchweizId. 1,108.

Etym.: ahd. *êvangêlio*, M., EWA 1,1169f., mhd. *êwangêli, êvangêli, êwangelje*, st.N., MhdWb./L. 1,715; frühe Entl. v. kirchenlat. *euangelium*, das auf griech. *euangélion* „gute Botschaft" beruht DEWb./Pf.[5] 306f.; m. präziserer Ang. der Entlehnungsgrundlage: vermutl. aus rom. **euangelio* in das Ahd. entl. EWA 1,1169f. (Näh. s.d.). Die bair.-öst. Mda.Ltg. gehen auf jüngere kirchenlat. Formen zurück (daher keine sbair. Ltg. mit *ęɐ*).

Ltg. (d. anlt. *e-* kann offen od. geschlossen sein, ist jedoch meist unbez., es kann auch wegfallen; d. 2. Vok. kann als *-a-, -ɐ-, -ao-, -i-* gesprochen werden bzw. kann überhaupt ausfallen; m. lat. Endg. kirchensprl.): Sg.: *ę-, efaŋgę̄li, -ɐ-* u.ä. Tir., Kä., OÖ verbr.; *ęfaŋgę̄le* swFlachg. WIMMER (1932) 121, *efaŋgę̄li* westl.mWaldv.; *ę-, efaŋgō̆li* u. ä. Tir., Kä. ve.; St., OÖ, NÖ verbr., W., jedoch *efaŋköli* W. GARTNER (1902) 1,190, *Efangǫ̈li* WrWb.(2002) 327; *efaŋgū̆li, efaoŋgū̆li* u.ä. Waldv., Weinv., auch NöWb.(2007) 100 (*Efangüli*) u. NöGr.(1886) 276,323 (*êvăŋgülli*), NBgl., SBö.; *efaŋgę̄l* Lienz.Beck., Pazn., *ę-, efaŋgō̆l* Tir. ve., Glant., wObMurgeb., *-gē* Lung., *-gō̆i* wUPinzg., *-gū̆i* ObPinzg., *-gō̆* ob-, uMühlv. ve.; Spielformen z.B. *ęfngél* TirWb.(1955–1956) 1,152, *efiŋgél* u. *efŋgél* Pass., *efiŋél* Def., *efngē̆l* Glant. LESSIAK (1903) 70, *ęfmgū̆li* uBöW, *ęfn-* wSBö.; daneben jünger mit *-w-* statt *-f-* , also z. B. *ewaŋgę̄li* u.ä. verbr.; m. Abfall des anlt. *e-* in sbair.SI: *vaŋgēili* Zarz u. Dt.Ruth ZarzWb. (v.1920/1983) 59, *vaŋgę̄li* GottGr.(1908) 172; m. lat. Endg. *-um*: *efaŋköliᶦum* W. GARTNER (1902) 1,190, *ęfaŋgō̆lium* SMä. BERANEK (1936) 64, *ęɐ-, ęfaŋgę̄li̯um* u.ä. kirchensprl.; — Pl.: *ef(i)ŋgéldər* Pass. (in Bed.2,4), *efaŋgō̆lər* u.ä. Tir. ve. (in Bed.2,4,5), wNockgeb. (in Bed.4), *ęfngélər* TirWb.(1955–1956) 1,152 (in Bed.4), *eifeŋgǫ́ldɐ* mMöllt. (in Bed.4); Sg.=Pl. sonst ve. (in Bed.2,4); — Dem.: *evangē̆le* GottWb.(1973–1976) 1,147 (d. eingedeutschte Form hat sich zur dem. Form weiterentwickelt ebd.), *vangē̆le* Gott.Mosch. ebd.; Dem.Pl.: *evangē̆lain* Gott.HLd. ebd. (in Bed.4).

Bed.: **1.** Evangelium, d. christl. Heilsbotschaft insgesamt verbr., ugs., kirchensprl.; nicht immer eindeutig v. Bed.2 zu trennen; Füg.: *das E. predigen, verkünden* kirchensprl.; *dęa glaubd af des, wia wåns des Efangǫ̈li wa* der glaubt daran, wie wenn es das Evangelium wäre WrWb.(2002) 327; — hist., lit.: *daz wär wider vernunft und wider das evangelli* öUPinzg. (1565) ÖWeist. 1,215; *als wahr mir gott helfe und das heilige evangelium* sOSt. (18.Jh.) ebd. 6,392; [es wäre schöner gewesen,] *wenn man das Geld unter arme Wittiben und Waiseln vertheilt hått, weil 's mehr nach'n Evangeli gwesen wår* W. Eipeldauerbr. 33 (1797) 40; *Á weng lösen* [lesen] *kan i davantwögn* [trotzdem, → *(dâfon)wëgen*] *no / In heilign Evangölio* mInnv. STELZHAMER (1846) 92; *Án alts Mannl is's, wia má nöt glei oans fundt, / Dá Auszüglá vo derá Söldn* [Kleinbauerngut, → *Selde*] *da drunt, / Der rödt á so wia 's Evángeli dáher* OÖ PURSCHKA (1886) 205. — **2.** Evangelium, eines der vier ersten Bücher des Neuen Testaments, jeweils einem der vier Evangelisten zugeschrieben („Evangelium nach Matthäus" usw.); als Teil des Gottesdienstes, bei dem jeweils ein Evangelienabschnitt (Perikope) vorgetragen wird allg. m. SI; auch TirWb.(1955–1956) 1,152; nicht immer eindeutig v. Bed.1 zu trennen; s.a. → *(Efangęl[ien])pûch, (Efangęli)mann*; — Füg.: *das lange E.* das E. am Palmsonntag (bzw. am Dienstag, Mittwoch u. Freitag der Karwoche), es berichtet v. d. Passion Christi verbr.; *s launge Efangüli* NöWb.(2007) 100; Näh. s.u. → *Pássion* I,1; davon übertr.: *hǟed wiɐr-i s låŋə ęfaoŋgū̆li hę̄ɐ'n* ugf.: heute werde ich e. Strafpredigt zu hören bekommen, sagt e. Mann, bevor er spät abends aus d. Wirtshaus nach Hause geht nwWaldv. (u.1915); *die ist vor dem E.* (spr. *efiŋél*; gemeint ist d. entspr. Teil d. Messe) *zum Opfern* (= Offertorium, Teil d. Messe nach dem Evangelium) *gegangen* sagt man von e.

Mädchen, das bereits vor d. Ehe e. Kind hat (in Anspielung an d. jeweilige Reihenfolge) Def.; *Er red't wiar an Evangelium* Bed.?, wohl: salbungsvoll, gelehrt WrWb.(1873) 56; *Den sei Mal* [Maul] *is a koa Evangelium* er ist e. Lügner SMä. Hruschka (1933) 164f.; ähnl. nZlabings.Ld. SdWb. 3,776; — Brauchtum: *geschriebene Evangelien des hl.Johannes* werden m. div. Lebensmitteln z. österl. Speisenweihe getragen u. am Pfingstsamstag in d. Ecken d. Felder zum Schutz vor Hagel vergraben Zollfd. (u.1915); *ban ẹfmgũli šuißnts* b. Vorlesen des E. b.d. Fronleichnamsaltären (vgl. Bed.4) schießen sie (m. Böllern od. Gewehren?) uBöW (u.1915); — hist., lit.: *Ich mante sie selber alle zit / Mit dem ewangelio, als ez lit* [liegt]: */ Kint, sit barmig* [barmherzig, → *parmig*] *alle frist!* Heinrich/N.(u.1310/1906) 439,7226f.; *heilöga Johånnes, du Evångelist, / Wea woaß, wo du mit'n Evångeli hin bist?* Sa. Süss (1865) 113; *Åls die vier Evangöli wâr' öahn'* [ihnen, den Mädchen] *liaba da Meth* Leukent. Kohl (1908a) 50. — **3.** Religionsunterricht swNBgl. (u.1925); Füg.: *am sao(n)pßtọ họ'mɒ s efaoŋgũli* am Samstag haben wir das E., d.h. Religionsunterricht ebd. — **4.** Altar im Freien, der vor allem zu Fronleichnam errichtet wird (übertr. v. Bed.2), auch die Station als solche ve. STir., Tir.; mMöllt., wNockgeb., obGurkt., südl.mObMurgeb., uMurgeb. (jeweils nur Pl.), Lung., nWr. Beck.; Gott. (Dem.Pl.); Sachl.: es handelt sich um vier provisorische, reichl. m. Blumen geschmückte Altäre im Freien, an denen d. Prozession Halt macht, u. wo d. Priester jeweils einen Evangelienabschnitt vorträgt im Verbr.Geb.; b. Segen m.d. Monstranz werden Böller abgefeuert STir. verbr., Lung. u. wohl weiter verbr.; d. Altäre werden v.d. Ministranten errichtet obGurkt. (u.1915); an den Altären werden Blumensträußchen m. Buchs verteilt u. als Segenszweige im Haus an e. Heiligenbild od. Kreuz gesteckt nWr.Beck.; — Füg.: *pan an niëdn Ëffngëll* (Haltestation b.d. Prozession) *hoobmse gipëllert* PassWb.(2004) 51; *bn Segn va di Evangeler* [wurde m. Böllern geschossen] uEisackt. (2008); *di fiər efaŋgöl* Lüsenert.; *die vier efngẹllɐ* „d. vier E. bei d. Umgängen zu Fronleichnam" TirWb. (1955–1956) 1,152 [wohl hierher]; *ẹfaŋgöli rixtn* d. Altäre zu Fronleichnam richten obGurkt., ähnl. südl.mObMurgeb.; *ban dritn ẹfaŋgẽ is-si blẹ̄ɒd wā̃'ŋ* b.d. dritten Station der Prozession ist sie ohnmächtig (→ *plôd[e]* 3) geworden Lung.; *diə viər evaŋ̄gēlain* d. vier Stationen zu Fronleichnam, wo d. Prozession Halt macht Gott.HLd. GottWb. (1973–1976) 1,147 (Näh. s.d.); s.a. → *Altár* 5, *(Frôn-leichnams)prozessión*; lit.: *Nach dem Umgang werden die Blumen bei den „Evangelern" zusammengerauft* wNockgeb. Moro (1951) 219; [Zweige von Sträuchern,] *die am Fronleichnamstag den Prozessionsweg und die „Evangeler" säumten* Tir. Haider (1985) 226. — **5.** D. vier Farben beim Kartenspiel (scherzh.) STirId.(1901) 286 (Pl.), nur in d. Füg.: *die vier Evangeler* dass. ebd.; übertr. v. Bed.2.

Abl. → *Efangẹler, efangẹlisch*; s.a. → *Efangẹlíst.* *E.G.*

efangẹlisch [evangelisch]

Adj., evangelisch, protestantisch allg.; Syn. → *protestántisch* (weitere s.d.); Ltg.: *öfəŋgöləš* nöMKä., *öfŋgöləš* söMKä., *efɒŋgüliš* u.ä. sMBgl., uBöW, wSBö.; *ẹfɒŋgẹ́liš* u.ä. sonst verbr.; Etym.: Abl. v. → *Efangẹli*; auch als subst. M., F.: *ein Evangelischer / eine Evangelische* Angehörige(r) d. evangel. Glaubens verbr. *E.G.*

Efangẹlíst [Evangelist]

M., Evangelist, Verfasser eines der vier biblischen Evangelien allg. m. SI; Ltg.: *öfauŋgəlíšt* u.ä. Tir. verbr., *efaŋgülísd* u.ä. swNBgl., wSBö.; *ẹfɒŋgəlíst* u.ä. sonst verbr.; Füg.: *die vier Evangelisten* allg.; *Der N. is mir kan Evangelist* „seine Aussprüche sind mir nicht endgiltig"; d.h. ugf.: ich glaube nicht alles, was N. sagt WrWb.(1873) 56; — hist., lit.: *si* [Jacobus u. Johannes] *volgeten ouch Christe, der ein* [eine] *wart ewangeliste* Ava (u.1125/1966) 21; *an sand Matheus tag des heligen zwelfpoten und ewaingelisten* W. (1350) QuWien 1/2,126; *an phincztag vor sand Mathews tag des heil. zwelfpotn und ewangelisten* W. (1465) ebd. 1/1,110; *Mittichenns nach sanndt Lucas, des heiligen Euangelisten, tag* mOSt. Herberstein (v.1553/1855) 139; *Erstlich ain neuss silbernes crucifix mit den vier Evangelisten, verguldt* W. (1592) QuWien 1/1,273; s.a. e. lit.Bel. aus Sa. unter → *Efangẹli* 2; — Etym.: entl. aus lat. *euangelista* Evangelist; vgl. auch → *Efangẹli.* *E.G.*

Efeu, †Ephău

M. (M. u. N. uBöW in Bed.1), Efeu binnenbair.-ugs. verbr. m. Bud., Brünn; Echte

Waldrebe uBöW; Kletterstrauch, wilder Wein Öst. (hist.); Ltg.: *ēfai, ę̄fai, ę̄fae, ēfäü* u. ä. im Verbr.Geb.; *efai* u.ä. Tir. ve. — SdWb. 3,528 (*Efeu*), VlbgWb. 1,665 (*Eb-heu*; auch m. ugs. Ltg.), SchwäbWb. 2,532 (*Eb-heu*), SchweizId. 2,1816f. (*Ab-, Eb-, Ep-Heuw, Ep-peu, Ef-*).

Etym.: Grundlage ist ahd. *ebah* Efeu u. in weiterer Folge ahd. *ebihewi, -houwi* u.ä., dies m. volksetym. Anlehnung an ahd. *houwi* Heu; mhd. *ephöu, ebehöu*, st.N., Efeu; d. Schreibg. m. *-f-* aufgrund einer falsch verstandenen Ltg. von *-ph-* schon im 17.Jh. bel. DWB^{2} 7,90f. (Näh. s. d.); zur weiteren Herk. des ahd. *ebah* (N.?) Efeu bzw. zu dessen Var. vgl. EWA 2,927f.; vgl. auch → *(Ëb)pāum.*

Bed.: **1)** Efeu (Hedera helix) binnenbair.-ugs. verbr. m. Bud., Brünn; auch TirWb. (1955–1956) 1,140; s.a. Marzell (1923) 116f.; Syn. → *(Ëb)pāum, (Ge-ëb)-, (Ërd)-; Eppich, (Immer)grůn, (Mauer)-, (Winter)-; Kriecher, (Winter)läub*; Sachl.: E. wird als Gräberschmuck verwendet verbr.; s.a. HDA 2,558f.; E. schützt gegen Verzauberung NÖ Hovorka/Kronfeld (1908–1909) 1,108; Füg.: *wilder/wildes Efeu* der im Wald vorkommende E. südl.obMühlv. (M.), uBöW (M., N.) u. wohl weiter verbr.; hist.: *mule* [zerstoße, zerreibe, → *müllen*] daz *ephöwe cum uino* Innsbruck (hs. 12.Jh.) DWB^{2} 7,90; — **2)** Echte Waldrebe (→ Clematis vitalba) uBöW, nur in d. Füg.: *Wilder Efeu* uBöW Marzell (1943–1979) 1,1052; — **†3)** Kletterstrauch, wilder Wein (→ Ampelopsis quinquefolia) Öst., nur in d. Füg.: *französischer Epheu* e. rebenartiges Gewächs, das zu Spalieren verwendet wird Öst. ÖMdaWb.(1815) 1,241 (hier als Hedera quinquefolia klassifiziert); Syn. → *Franzóse* (2.Dem.).

Komp.: **(Ërd)-:** Gundelrebe, Gundermann (Glechoma hederacea) öUInnt. (*-efae*); vgl. dazu Marzell (1943–1979) 2,709; Sachl.: dient(e) als Mittel (Tee) gegen Skrofeln (= chron. Entzündungen im Gesichts- u. Halsbereich), Lungenleiden u. Bluthusten, weiters gegen Nieren- u. Blasensteine öUInnt. (u.1925). *E.G.*

Eff̣ęff

N., „Effeff", nur in Füg.: *etw. aus dem Effeff beherrschen/können/kennen* u.ä. etw. hervorragend, gründl., fachkundig beherrschen usw. ugs. (*ęfę́f*); *wos ausn effeff kina* etw. gründl. verstehen NöWb.(2007) 101; *des khå^{n} i ausn Ęffęff* das kann ich ganz vorzügl. WrWb.(2002) 327; *sie singt aus 'm efef* sie singt wunderschön u. fehlerfrei SMäWb. (1999) 134; *etwas aus dem FF verstehen* Öst. Valta (1974) 489 (unter *FF; „ff", auch „Effeff"* ebd.); s.a. ÖWB^{38} 266 (*Effẹff*, ugs., salopp), DWb./D.^{2} 2,813 (*Effeff*, m. versch. Möglichk. der Betong., s.d.), DWB^{2} 7,91 (*EffEff*, N., vokalisierende Schreibg. der Abk. *ff*), DWb./T. 2,675 (*Eff-´Eff*) u. ebd. 2,770 (*ff*; Näh. s.d.), DEWb./Pf.^{5} 260 (im 19.Jh. in d. Schreibg. *Ff, ff* und *FF*, dann *Effeff*); — lit.: *was jedoch nicht bedeutet, daß sie das Fußballspielen aus dem Effeff beherrschen* Kurier 25.5.1981; *Alle drei Herren kennen das politische Geschäft aus dem Effeff* Presse 7.10.2006; — Etym.: letztl. unklar; vermutl. von *fein-fein*, womit man d. Qualität einer Ware bezeichnete, abgekürzt *ff.*, auch ausgesprochen *eff-eff*, z.B. *eine eff-eff-Qualität Kaffee* DKfmSprWb./Sch. 61; so auch DEWb./Pf.^{5} 260 u. DWB^{2} 7,91; weitere Vermutungen: am ehesten f.d. alte Abk. *ff.* f.d. Digesten (Gesetzessammlungen d. röm. Rechts) DEWb./K.^{24} 227 (Näh. s.d.); viell. aus d. Abk. *ff* für *fortissimo* DWb./T. 2,770 (weitere Vermutungen s.d.); viell. entstanden aus d. griech. Buchstaben *π*, der als Anm. in Glossen verwendet wurde DRaLex./R.^{4} 2,352 (Näh. u. weitere Vermutungen s.d.). — SdWb. 4,1, VlbgWb. 1,755, SchwäbWb. 2,905, SchweizId. 1,631 (jew. unter *F*). *E.G.*

Efidęnz

F., **1)** das Register für Vorstrafen im Wiener Sicherheitsbüro W. (gaunersprl.) Burnadz (1966) 36 (*Evidenz*); — **2)** polizeiliche Kontrolle der Prostituierten ebd. — Etym.: letztl. aus lat. *ēvidentia*, Näh. s. DEWb./K.^{24} 263.

Abl.: *efidę́nt*, Adj., im Strafregister vorgemerkt W. (gaunersprl.) Burnadz (1966) 36 (*evident*). *E.G.*

Efter

M., Efter, das Sitzende des Sattels, Hinterzwiesel fachsprl.; hist.: *der Stüzen Sadtl mit den geschlizten Effter* Graz (1687) SteirWb. (1903) 188 (ohne Bed.Ang.); Etym.: viell. zu → *After.* *E.G.*

egál

Adj. (nur präd. gebr.), gleichgültig, einerlei verbr. m. Bud., öBrünn; Füg.: *das ist mir e.* verbr.; *mir ist alles e.* verbr.; *hae(n)t īs mɒ ǭes ęgā́l* verkehrssprl. Lung.; *dēs īs mɒ gåntß ęgā́ö* uYbbst., ähnl. WrWb.(1873) 51; *dēs īs mɒ dut* (aus frz. *toute* ganz) *ęgā́l* alles/völlig gleichgültig W. (um 1930); hist.: *Was geht das mich an? Das is mir total egal* W. NESTROY (u.1840/1924–1930) 13,28; *das ist mir alles egal* ebd. 3,20 bzw. (dies. Textstelle i.e. älteren Ausg.) *das ist mir toute egal!* W. NESTROY (u.1840/1890–1891) 10,17; Syn. → *Powidel* 2 (w.d.), *tutmę̄m, ēins* (→ *ēin*); Ltg.: *ęgā̃ö* uYbbst., uTraisent. (amdal.); *ęgā̃* W. (amdal.); *ęgā̃l* u.ä. verkehrssprl., Bud., öBrünn; Etym.: aus gleichbed. frz. *égal*, Näh. s. DFWB 1,164. — SdWb. 3,528, VlbgWb. 1,666, SchwäbWb. 2,539.

Komp.: **(scheiß)-:** völlig gleichgültig ugs. (derb). — **(schnurz)-:** völlig gleichgültig Graz, W. (*šnuɒtß-*); lit.: *die Autos im Halteverbot waren ihm* [dem Polizisten] *aber schnurzegal* Kurier 6.10.1980; Etym.: Bw. zu → *schnurz* gleichgültig.

Abl. → *egàlisíeren*. *W.B.*

egàlisíeren

sw.Vb., (e. Vor-/Nachteil) ausgleichen ugs.-sportsprl. (*ęgalisī́ɒ'n*, PPt. *-sī́ɒt*); Füg.: *die Mannschaft hat den 2:0-Rückstand egalisiert* (d.h. zum 2:2 ausgeglichen) ebd.; Etym.: Abl. v. → *egál*.

Abl. → *Egàlisíerung*. *W.B.*

Egàlisíerung

F., **1)** Merkmal an der Uniform (z.B. Farbe des Stoffs, der Knöpfe, Ärmelaufschläge, farbiges Abzeichen u.dgl.), das d. Zugehörigk. zu e. best. Waffengattung anzeigt fachsprl. i.d. öst.-ung. Armee vor dem u. im Ersten Weltkrieg (*ęgalisī́ɒruŋ*); — **2)** d. grüne Längsstreifen an der Außenseite d. Hose d. Jäger u. des Forstpersonals Buckl.Wt. (ca. 1917); Füg.: *de ęgalisī́ɒruŋ aenā(n)* einnähen ebd. — Etym.: Abl. v. → *egàlisíeren*. *W.B.*

Egarte, Brache, Wiese u.ä., → *Egerte*

Egate, Egge, → *Ege*

Ege, Nege, Egge; Egede, Egete, Egerte; Ë̈ide, Ë̈ite, Ēide; Ë̈ige, Ēige, Eige; Ede, Ette, Nette

F., Egge, landwirtschaftl. Gerät zur Bearbeitg. d. Acker-/Wiesenoberfläche allg. m. SI; Etym.: ahd. *egida*, mhd. *egede*, kontr. *eide* Egge, aus gleichbed. wg. **agiþō* bzw. idg. **ok̑etā* m.d. Wz. **ak̑-/ok̑-* spitz, scharf, die auch → *Agen, Eck, Eher* zugrunde liegt; d. Form *Ege/Egge*, spätmhd. *ege, egge*, ist sek. aus dem Vb. *egen/eggen* (→ *egen*) gebildet; Näh. s. DEWb./Pf.[5] 261 (unter *eggen*), DEWb./K.[24] 227, DWB[2] 7,101 (*Egde*), 7,102 (*Egge*). — BayerWb.[2] 1,51 (*Ege[n], Eide*), 1,145 (*Arn*), 1,171 (*A´tt[n], Aitt, A´dn, A´´n*), SdWb. 3,529f., VlbgWb. 1,667, SchwäbWb. 2,542f., SchweizId. 1,142.

Ltg. (s.a. TSA 2,84, VALTS 3,44, SDWA 2,43): *Egede, Egete* (zur Entw. *-d-* zu *-t-* s. KRANZMAYER [1935] 103: *Egede* > **Egde* [„Mittelsilbenschwund"] > **Eg[g]te* [Assim.] > *Egete* [„Zerdehng."]): *ēigide* ve. Def.; *ēigid* u.ä. ve. Sarnt., Fersent.; *ē(i)gətə, -itə, -ɒtə* u.ä. ve. Pass.; verbr. Sarnt., ob-,mEisackt., Lüsenert., Pustert., Ahrnt., Antholzert., OPustert.; ve. Def.; verbr. otir.Lesacht., Ötzt., Stub., Sillt.; ve. obLesacht.; Sieb.,Dreiz.Gm., Plad., Zahre; *ē(i)gət, -it, -ɒt* u.ä. uVinschg., Burggr.; ve. Pass., Ultent., Dt.Geg., Sarnt., u-,mEisackt., Boz.Uld., Gsiesert., Fersent.; — *Egerte* (in Anlehng. an → *Egerte* Brache, Wiese u.ä.): *eigaršt*ə Pragsert. KÜHEBACHER (1958) 358; — *Ë̈ide, Ë̈ite, Ēide* (zur Kontr. von ahd. *egi* zu mhd. *ëi* u. dessen tw. Verdrängung durch mhd. *ēi* s. Lgg. § 20o; s.a. WIESINGER [1970] 123f.): *ādе, -ə* Kalsert., Virgent.; Pustert. TirId.(1866) 21; ve. Iselt.; *āte* obZillert.; *āt, at* uZillert., ve. NOTir.; *ātn, atn* wObPinzg.; *ādn, ā'n* ve. mInnt., NOTir.; verbr. nObKä., MKä. (ohne nwMKä.), UKä., St., Lung., öObPinzg., nMPinzg., UPinzg., Pong., swFlachg., nöstl. uMühlv., NÖ, W., Bgl.; ve. SBö.; ve. SMä., auch SMäWb.(1999) 13; Brünn, Wisch., Gr.Schütt; *ā'nd* (m. epith. *-d*) ve. Piestinggeb., nTulln. Beck., nwWeinv., NBgl., nMBgl., nSBgl., söSMä., ung.Heide; *ǭɒde* ve. Iselt., Lienz.Beck.; *ǭɒdn, ǭɒ'n* ve. mMöllt.; Liesert., Maltat., Katscht., Gr.Schütt; — *Ë̈ige* (Mischg. aus *Ë̈ide* u. *Ege*): *āgŋ, ā'ŋ* ve. Gitscht., Weißens.Geb., UDraut., obstGurkt., wObMurgeb., Mürzt., Auss.Ld., Paltent., uEnnst., nMSt., sOSt.; verbr. sMPinzg.; ve. wUPinzg., Ybbst., obErlauft., Semmeringgeb., Triestingt., wWaldv., östl. mWeinv., nöNBgl., SZNeuhs., öSMä.; Wisch.; — *Ēige* (Mischg. aus *Ë̈ide* u. *Ege* u. Zs.Fall des *ëi* m. mhd. *ei*, vgl. Lgg. § 20o2): *ǭɒ'ŋ* ve. nSBgl.; — *Eige* (Mischg. aus *Ë̈ide* u. *Ege* u. Zs.Fall des *ëi* m. mhd. *î*, vgl. Lgg. § 20o3): *āi'ŋ* u.ä. ve. mSBgl., SZNeuhs.; SMäWb.(1999) 135, Bud., Brünn, Wisch.; — *Ege* (sek. aus dem Vb. → *egen*, s. Etym. w.o.): *ē(i)gə, -ɒ* u.ä. ve. Pass., uIselt., Lienz.Beck.; obstObInnt., Samn.; ve. Stanzert., Pazn., Pitzt., uÖtzt., Sell.; verbr. obstZillert., Lesacht., Gailt., Gitscht.; ve. Gott.; *ē(i)g* ob-Vinschg., Reggelbg.; ve. Boz.Uld.; *ēgŋ* ve. mMöllt., obGailt., Kanalt.; *ē(i)'ŋ* u.ä. ve. Sulmt., Auss.Ld., Tenneng.; verbr. Flachg., OÖ, Mostv.; ve. Waldv., uBöW, SBö., öSMä.; — *Nege* (m. proklitischem *n-* des unbest. Art.): *nē'ŋ* ve. Mostv.; — *Egge* (sek. aus dem Vb. *eggen*, s. → *egen* u. Etym. w.o.): *ek(k)ə* verbr. WTir.; *ek(k)ŋ* u. ä. ve. mInnt.; verkehrssprl.; — *Ede* (Mischg. aus *Ege* u. *Ë̈ide*): *ē'n* OSt. SteirWb.(1903) 187; ve. öTenneng., söSkgt.; verbr. uMühlv.; — *Ette* (Assim. *-gd-* > *-tt-*, s.o. unter Egede u. GottGr.[1908] 38): *ettə* verbr. Gott., s.a. GottWb.(1973–1976) 1,125; — *Nette* (m. proklitischem *n-* des unbest.

Art.): *nettə* ve. Gott. ebd.; — Pl. selten bel., z.B. *ē(i)gətn* u.ä. Sarnt., Lüsenert., öOPustert., Ötzt., Fersent., Plad., Zahre; *ādn* Kalsert.; *ā'n* östl. mWeinv.; *ādnɒn* u.ä. obGurkt., nwObMurgeb.; *ā'nɒ* uInnt., Brixent., Paltent., obEnnst., Lung., nwWaldv., Marchfd., Schneebg.Geb.; *ārɒn* (zur Entw. von intervok. *-d-* zu *-r-* s. Lgg. § 28b3) nöOSt., Buckl.Wt., Brünn; *ē'ŋɒ(n)* Flachg., obInnv., nöstl.obMühlv., uBöW; *ē'nɒ* söstl. uMühlv.; — 1. Dem.: *ēgitli* SarntWb. (1958–1961) 4,61; *egitl* Lüsenert.; *ettle* ve. Gott.; *ā'nl* SteirWb.(1903) 28.

Bed.: Egge, landwirtschaftl. Gerät zur Bearbeitg. d. Acker-/Wiesenoberfläche allg. m. SI (heute vielf. va., s. Sachl. w.u.); — Füg.: *mit der E. fahren/eggen* verbr.; *die E. herrichten/führen/umdrehen* u.ä. verbr.; *ɒ bǫɒ ā'n brǭɒd* einige Eggen breit, ungefähre Maßang. f.e. schmalen Acker östl.mWeinv.; *mit hǫlwər ādn štrāfn* m. halber E. streifen (eggen, → *strēifen*), wodurch jeder Ackerstreifen zweimal geeggt wird Krappfd.; *Rittner* [zum GegN *Ritten*] *Eget* schmale, trapezförmige Längsegge (Sachl. s.u.) STir. (wohl mEisackt.) ÖVA-Komm. 4,56–58,5 (Anm.12); *böhmische Eggen* zwei hintereinandergehängte Längseggen nwestl.uMühlv., nöTraunv. ÖVA-Komm. 4,56–58,16, vgl. auch ÖVA 4,57,Abb.9; *Da hebet an der Paur d'erste Arbot* [Arbeit], *zu protalan* [auseinanderbreiten, → *prēitel(e)n*] *in Mist nach 'me Regene mit der Egaten mit Raislen gamacht* [aus Reisigbündeln hergestellt bzw. mit Zweigen durchflochten, s. Sachl. w.u.] Sieb. Gm. Baragiola (1908) 60; *D'égata is ganützet so prechan àu de vaazen* d. E. dient zum Zerschlagen der Schollen (→ *Wasen*) Sieb.Gm. ZimbrWb.(1975) 131; Scherzrätsel: *Ā heltsainai hennə viərət aižərlainə hiənlain? d̲ə ettə* e. hölzerne Henne führt eiserne Hühnlein (= Kücken)? d. Egge [m. Rahmen u. Zahnbalken aus Holz u. Zähnen aus Eisen] Gott. USeite GottWb.(1973–1976) 1,125 (weitere Kontextbel. s.d.); (scherzh.) Vierzeiler: *Hànt die leut nit a˜ geschrâ* [e. Geschrei] / *i' versaufet gàr àlls, / u. die ár·n u. die arl* [altertüml. Holzpflug, → *Arl* 1] / *gent nit àbe in' hàls* UKä. KäWb.(1862) 9; Ra.: *mit-tɒr ādn īwɒrs maul fǫɒrn* grob zurechtweisen obGurkt.; — hist., lit.: *sîn eide und der pfluoc* Seifried (E.13.Jh./1844) 21; *zw* [zwei] *ëden vnd zwen phflüeg* nWr.Wd. (1429) RbKNeubḡ. 9/1; *zwo änden mit ir zugehörung* ObPinzg. (1494) ÖWeist. 1,294; *Es sollen auch all weḡen phlueg ädn auf dem veld sicher sein* W. (1512) ebd. 8,322; *2 Egiten* uPustert. (1534) ZsSchlern 3 (1922) 349; *alle jar mit zwaien ärn zu ecken* Buckl.Wt. (1546) ÖWeist. 7,80; *3 Aden und 1 Pflug* sMostv. (1593) InvBScheibbs 74v (ebd. auch i.d. Schreibg. *Ärn, Ädn, Aden, äden, an, Egenn, Egn*, s. DBÖ); *wer egden oder rechen stilt* [stiehlt], *von iederm zahn 12* ϑ swWaldv. (1605–1623) ÖWeist. 8,955; *die zend an der ädten sollen über sich kert sein* [d. Egge soll umgedreht sein, sodaß die Zähne nach oben schauen] UInnt. (1636) ebd. 2,167; *1 äten* mInnt. (1660) TirHeimat 6 (1933) 100; *von ainer egg* nördl.obVinschg. (1716) ÖWeist. 4,42; *die gewöhnlichen robathen als mit pflueg und eggen* uSteyrt. (1.H.18.Jh.) ebd. 13,34; *Zwo̊lf Roß hab i im Pflueg, 6 in der Arn* Teil e. Gasselreims Pinzg. Hübner (1796/1983) 2,688; *Arn* St. u. Sa. („Gebirge") ÖMdaEWb.(1815) 1,42; weitere hist.Bel. s. TirWeistGl. 793 (*ädte*), 821 (*egg*), SaWeistGl. 363 (*egen, ögen*), OöWeistGl. 186 (*ege, egen, eggen*), NöWeistGl. 604 (*aiden, äden, ädn, ärn, ädten, ährn, ahrn, arn, ern, eren, egen, ägn, erden*); *d'Arndt* [Schreibg. m. eingeschobenem *-r-*, um d. nichtnasalierte Form d. vorhergehenden Vok. anzuzeigen, s. Ltg. w.o.] *loant no d'rān* lehnt noch dran [sc. am Maischbottich] nTulln.Beck. Schauenstein (1888) 3; *Pflui'* [Pflug] *unt an Arnt* nSBgl. Bünker (1906) 101; *Hinta Pfluag und Aarn* Buchtitel bgl.Raabt. Reichl (1918); *Gschwind d' Ögnan herrichten und d'Rösser eingschirrt* nördl.obInnv. Wagnleithner (1921) 10. —

Sachl. (die im folgenden beschriebenen Arbeitsgeräte u. -methoden sind heute vielf. va., doch ist die Egge als Typus — in modernen Formen — weiterhin in Gebrauch): Mit der E. wird v.a. die Ackeroberfläche bearbeitet verbr.; sie dient zur Säuberung des Brachlandes u. zur Verteilung der Maulwurfs- bzw. Wühlmaushügel sowie d. Mists, v.a. aber zum Zerkleinern der Erdklumpen u. zum Einebnen der Furchen nach d. Ackern sowie zum Einbringen d. Samenkörner in den Ackerboden nach d. Säen verbr. Die alte Ackeregge besteht aus e. gitterartigen Balkenkonstruktion, an der (früher) hölzerne bzw. (später) eiserne Zähne/Zinken angebracht sind; nach der Bauart d. Ackeregge gibt es zwei Grundtypen: d. Längsegge, bei der die mit Zähnen besetzten Balken in Zugrichtung (im rechten Winkel zur Stirnseite), u. d. Queregge, bei der die Zahnbalken quer zur Zugrichtg. (parallel zur Stirnseite) angeordnet sind. Verbr.Geb. der Längsegge sind v.a. STir., OTir. (v.a. im S), w-, obstObInnt., Pazn., Stanzert., Sieb.Gm., Plad. (s.a. PladWb.[1972] 156 [m. Abb.]), Kä. (bes. ObKä. u. nMKä.), wObMurgeb., WSt. (s.a. SteirWb.[2000] 203 [Abb.]), uEnnst., Salzat., Mürzt., Lung., Traunv., uMühlv., Waldv., Mostv., uBöW, SBö. u. SMä., jenes d. Queregge OTir. (v.a. im N), NTir. (außer sWTir.), Kä. (bes. im S), Auss.Ld., ob-,mEnnst., Liesingt., Paltent., m-,öObMurgeb., söWSt., MSt., OSt. (s.a. Gamerith [1974] 25 [m. Abb.], SteirWb.[2000] 203 [Abb.]), Sa., OÖ (bes. W), NÖ (bes. O) u. Bgl., Näh. s. ÖVA 4,56 (Ackeregge I — Grundtypen, m. zusätzl. Unterscheidung in Längseggen m. geschlossenem/offenem Rahmen bzw. Groß- u. Kleinformen [einzeln bzw. aus zwei bis vier Eggen zs.gehängt] und Quereggen [einzeln u. doppelt] m. div. Formen [rechteckig, trapezförmig, oval, spitzbogen-, rundbogenförmig]), ebd. 4,57 (Abb. v. div. Längs- u. Quereggen) sowie ÖVA-Komm. 4,56–58,2f. (m. weiteren Abb. S.14); zu den einzelnen Eggenformen s.a. Bein (1914) 181 (Abb.27) u. 194 (ObSt.), Koren (1954) 18f. (Strauch- u. Balkeneggen in St.), Koren (1972) 61f. (Übersicht u. Bestandsaufnahme der steir. Eggen), Walter (1976) K.38 II m. Komm. (Formen der steir. Eggen), Buchinger (1971) 48f. (Längs- und Quereggen in NÖ; m. Abb.); s.a. Abb. 1 u. 2.

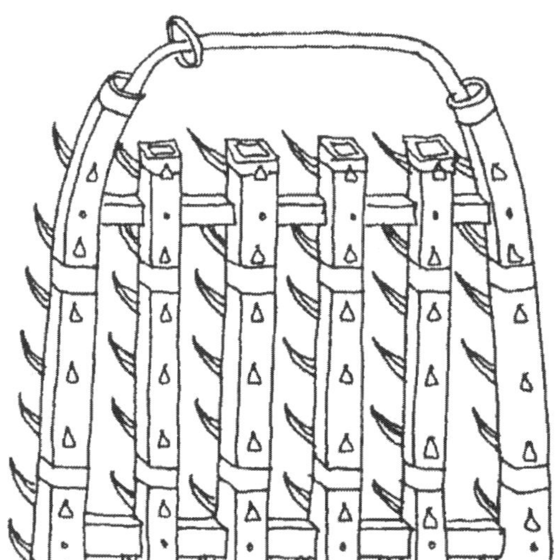

Abb.1: Längsegge (→ *Ege* Sachl.) aus Oberlaussa Gm. Weyer Land) südl.oö.Ennst. Zeichnung v. L.Mayer nach ÖVA 4,57,Abb.7

— Die Zähne/Zinken d. E. waren früher aus Holz (v.a. aus dem der Esche od. der Kornelkirsche) verbr., später aus Eisen m. versch. Formen (spitz, schaufel-, löffel- od. messerartig gearbeitet, Näh. s. ÖVA-Komm. 4,56–58,17f. u. einige Komp. w.u., die auf diese Formen Bezug nehmen). — Zu den Vorrichtungen zum Führen, Lenken bzw. Heben d. E. (Eggenstrick, -haken, -stange, -bügel) u. zum Transportieren (Holzkufen, Schleifvorrichtungen, Schienen, Karren u. dgl.) s. ÖVA-Komm. 4,56–58,20f. (Abb. S.23); s. a. → *(Ēiden)prügel*. — Um d. Wirkung der E. während d. Ackerarbeit zu erhöhen, kann sie m. div. Gegenständen beschwert werden verbr., so z.B. m. Wagenrädern, Ketten, Eisenstücken, Wagenachsen, Pflügen, Holzblöcken, Rasenziegeln, Steinen, Sandsäcken u.dgl. bzw. m. Menschen (v.a. Kindern), Näh. s. ÖVA 4,58 u. ÖVA-Komm. 4,56–58,26f.; s.a. → *(Fürh)zer-reißer*. —

Abb.2: Queregge (→ *Ege* Sachl.) aus Hollersb. ObPinzg. Foto W.Bauer (1970)

Ackereggen werden ebenfalls eingesetzt zur Bearbeitung d. Wiesenböden verbr., v.a. zur Säuberung d. Wiesen (von Moos, Unkraut, Ästen u. dgl.), zum Aufreißen d. Grasnarbe, um d. Boden zu lockern u. zu belüften (vertikutieren), zum Einebnen d. Maulwurfs- und Wühlmaushügel bzw. zum Verteilen u. Verreiben d. festen Düngers (man dreht die Eggen u.U. um, sodaß d. Zähne nach oben schauen, od. man verwendet kleinere Eggen m. kurzen Zähnen, z.T. mit eingeflochtenen Ästen od. Sträuchern, Näh. s. ÖVA 4,59 [Streifgeräte zur Wiesenpflege I] u. ÖVA-Komm. 4,59–60,3f.); auch Wiesenstreifgeräte anderer Art (aus Ast- od. Strauchwerk, Holzblöcke, Holzrahmen m. Reisigbündeln u.ä., Näh. s. ÖVA 4,60 [Streifgeräte zur Wiesenpflege II] u. ÖVA-Komm. 4,59–60,4f. m. zahlreichen Abb.) werden z.T. ebenfalls als *E.* bezeichnet bzw. als Komp. näher spezifiziert, vgl. → *(Patzen)-*, *(Püschlein)-*, *(Dorn)-*, *(Hāunlein)-* 2, *(Hüfler)-*, *(Stauden)-*, *(Strēif)-* 1,2, *(Wisen)-*; s.a. → *Ploche* 2, *(Mist)-*; *Plocher* 2, *Prügel* 4, *Tęsse*; *Flärre*, *(Mist)-*; *(Wisen)hobel*, *(Mist)reibe*, *(Wisen)reiber*, *(Mist)ribler*; *(Acker)schleppe*, *(Stauden)-*; *Strēife*, *(Holz)-*, *(Mist)-*, *(Wisen)-*; *(Wisen)strēifer*, *Strüpfe*, *(Wisen)walger*. — Volksmeing.: wegen d. stacheligen Aussehens der E. sprach man ihr früher abwehrende Kräfte zu: man legte eine E. (meist verkehrt, d.h. m.d. Zähnen nach oben) auf den Acker, wenn Gewitter u. Hagelschlag drohten bzw. um Hexen abzuwehren verbr. St. KOREN (1972) 96, ähnl. östl.mInnv. DANECKER (1933) 155 (i.d. Innenhof d. Bauerngehöfts gelegt); i.d. Rauhnächten lehnte man eine E. m.d. Zähnen nach außen an d. Stalltür, damit sich d. Hexen, die das Vieh verzaubern wollten, daran aufspießten östl.mInnv. ebd. 155f.; Wetterregel: *Setzt man die Ahrn Samstag am Feld mit den Zähnen himmelwärts, regnet's am nächsten Montag* uMürzt. KOREN (1972) 96.

Komp. (zu semant. unergiebigen Komp., wie z.B. *[Eisen]-*, *[Ërd-epfel]-*, *[Holz]-*, *[Pauland]-*, *[Mist]-*, *[Mos]-*, s. DBÖ): **(Acker)-:** f.d. Ackerarbeit eingesetzte E. ve.; Ggs. → *(Wisen)-*; hist.: *1 aker ädl* [Dem.] UInnt. (1778) TirHBl. 1/5 (1923) 9; im bes. E. mit auf d. Oberseite angebrachten Kufen, auf denen die E. beim Transport gleitet uLesacht. SCHABUS (1971) 1,348 u. Abb.70. — **(Arl)-:** E. in Form e. spitzwinkeligen Dreiecks (m.d. Spitze i.d. Zugrichtg. zeigend) m. pflugscharähnlichen Eisenzähnen östl. uInnv. (Abb. s. DBÖ); Mühlv. OöWb.(1978) 35; E. m. geraden Zähnen zum Eggen gleich nach dem Ackern westl.uInnv.; vgl. → *prëtten* 2; s.a. → *(Spitz)-*. — **(Patzen)-:** Wiesenstreifgerät m.e. (eggenförmigen) Holzgestell, auf dem Zweige angenagelt od. angebunden sind zum Zerkleinern u. Verreiben d. Mistbrocken auf d. Wiese Lammert. GOLDSTERN (1918) 17 (Näh. s.d.); Etym.: zum Bw. s. → *Patzen* I,1. — **(Püschlein)-:** Wiesenstreifgerät, bestehend aus e. Holzrahmen m. Löchern, in die Reisigbüschel gesteckt werden wOPustert. ÖVA-Komm. 4,59–60,11 (Näh. s.d.). — **(Toppel)-:** zweiteilige E. westl.mInnv., nHausrv.; mHausrv. (Abb. s. DBÖ), westl. mWeinv.; s.a. ÖVA-Komm. 4,56–58,13f. — **(Dorn)-:** Wiesenstreifgerät, bestehend aus e. Holzrahmen m. Querstangen u. darin eingeflochtenem Strauchwerk UInnt. (Abb. s. DBÖ), nUInngeb. (zum Verteilen d. Mists); westl.m-,östl.uInnv., nHausrv. ÖVA-Komm. 4,59–60,10; s.a. → *(Strēif)-* 1. — **(Ëben)-:** E. m. geraden Zahnleisten zum Eggen e. Akkers m. ebener Oberfläche ve. uFeistritzt., steir.Raabt. JONTES (1965) 23; Ggs. → *(Pifang)-*. — **(Pi-fang)-:** Queregge m. geschwungenen Zahnleisten zum Eggen der gewölbten, aus mehreren Furchen bestehenden Akkerbeete steir.Raabt. GAMERITH (1974) 25 (Abb. s.d.); ebd. u. uFeistritzt. JONTES (1965) 23; ve. OSt., sMSt., Sulmt. WALTER (1976) K.38 (Komm.); s.a. → *(Pi)fang*; Ggs. → *(Ëben)-*. — **(Fëld)-:** schwere E. zum Ebnen d. Ackerbodens ve. w-,nöSBö., wSMä. SdWb. 4,94. — **(Flügel)-:** zwei schräg hintereinander zs.gehängte Quereggen Perschlingt. ÖVA-Komm. 4,56–58,17; nwWaldv. (Pl.). — **(Glider)-:** modernere E., die aus einem an einen Eggenbalken angehängten Geflecht v. Eisen-/Kettengliedern besteht (im Ggs. zur alten Holzegge m. festem Rahmen u. Quer-/Längsverstrebungen) u. v.a. zum Verteilen/Zerreiben d. Mists u. Einebnen d. Maulwurfs-, Wühlmaushaufen verwendet wird ve.; s.a. → *(Ketten)-*, *(Lider)-*, *(Watzel)-*. — **(Häcklein)-:** E. m. schaufel-, löffelförmig gearbeiteten Eisenzähnen Zillert., ebd. HUPFAUF (1956) 134 u. ZillertWb.(1992) 92; Lung. SaWb.(1995) 91, Salzachpong., swFlachg.; wUPinzg., Lammert., östl.mInnv. ÖVA-Komm. 4,56–58,19; Ltg.: *hakχl-* Zillert., *hakxe-* sonst; Etym.: Bw. 1.Dem. v. → *Hacke*. — **(Häunlein)-:** **1)** E. m. hauen-, schaufelförmig gearbeiteten Zähnen Pong.; steir. Ennst. („Seitentäler d. Ennst.") KOREN (1972) 90; — **2)** Wiesenstreifgerät, bestehend aus e. rechteckigen Rahmen m. mehreren Querleisten, auf die (in Zugrichtung angeordnete) Nadelbaumstämme m. ca. 15–20 cm langen Aststummeln aufgenagelt sind Kl.-Arlt. ÖVA-Komm. 4,59–60,8, Salzachpong.; vgl. → *(Hüfler)-*. — Ltg.: *hae(n)lā'n* im Verbr. Geb.; Etym.: Bw. 1.Dem. v. → *Häue*. — **(Hüfler)-:** Wiesenstreifgerät m.e. rechteckigen Rahmen m. mehreren Querleisten, auf die in Zugrichtung angeordnete, aus kl. Baumstämmen hergestellte Heutrockenstangen aufgenagelt sind ObPinzg. ÖVA-Komm. 4,59–60,8; vgl. → *(Häunlein)-* 2; Etym.: Bw. zu → *Hüfler* als Heutrockengerät verwendeter kl. Baumstamm m. Aststummeln. — **(Ketten)-:** E., die aus Eisen-/Kettengliedern zs.gesetzt ist ve. UInnt., Pillers.Geb. (*kxēdnat*); zum Sachl. vgl. → *(Glider)-*. — **(Kruck)-:** die v.a. auf ebenem Gelände verwendete Queregge mit i.d. Mitte des vorderen Querbalkens fest verankerter Zugvorrichtung obstFeistritzt. (Abb. s. DBÖ); ve. nOSt., nMSt. ÖVA-Komm. 4,56–58,13; s.a. → *(Lēiter)-* 1, *(Stäffel)-*; Ggs. → *(Roll)-*; Etym.: Bw. zu → *Krucke* querstehender Griff. — **(Lēiter)-:** **1)** Queregge m. fest verankerter Zugvorrichtung nMSt. ÖVA-Komm.

4,56–58,13, nWSt. KOREN (1972) 90; s.a. → *(Kruck)-*; — **2)** bogenförmige Queregge mObMurgeb. WALTER (1976) K.38. — **(Lider)-:** E., die aus Eisen-/Kettengliedern zs.gesetzt ist Zillert. HUPFAUF (1956) 134, ZillertWb. (1992) 129; zum Sachl. s. → *(Glider)-*; Etym.: Bw. Pl. zu → *Lid* Glied, Gelenk. — **(Meßer)-:** E. m. messerförmigen Zähnen sMPinzg. ÖVA-Komm. 4,56–58,19 (Anm.41). — **(Mies)-:** E., die vornehml. zur Beseitigung des Mooses eingesetzt wird obGurkt., ObLung., nördl.obInnv., mHausrv., nöSkgt., uBöW, wSBö.; s.a. ÖVA-Komm. 4,59–60,1; Ra.: *ę braoxd fiɒ saen bǭxd ɒ miɒsē'ŋ* über jem. m. verfilztem Bart mHausrv. — **(Reiß)-: 1)** E. m. scharfen (z.T. nach vorne gebogenen) Zähnen; sie wird im Frühjahr zum (neuerlichen) Aufreißen des im Winter gepflügten Bodens u. zum Zerkleinern d. Schollen verwendet westl.uInnv. HIERMANSEDER (1968) 124 u. 148; Syn. → *(Ritz)-*; — **2)** E. m. schaufelförmigen Zähnen Gasteinert., mInnv.; nwTenneng., obInnv., n-,mHausrv. ÖVA-Komm. 4,56–58,19. — **(Ritz)-:** E. m. scharfen Eisenzähnen öNOTir.; Syn. → *(Reiß)-* 1, *Ritz, Ritze*. — **(Roll)-:** die v.a. in unebenem Gelände verwendete Längsegge m. an e. Laufstange bewegl. angebrachter Zugvorrichtg. nMSt. ÖVA-Komm. 4,56–58,13; s.a. → *(Schwing)-, (Sproßen)-, (Wëchsel)-, (Wend)-*; Ggs. → *(Kruck)-*. — **(Sât)-:** leichte E., mit der d. Erde aufgelockert wird, sobald d. Getreide aufgegangen ist nwWaldv., W. — **(Schaufel)-:** E. m. Eisenzähnen, an deren Enden kl. spitze Schaufeln angebracht sind westl.mWaldv. BUCHINGER (1971) 49 (m. Abb.), nwWaldv. — **(Schwing)-:** Längsegge m. bewegl. angebrachter Zugvorrichtg. söstl. uMühlv., uErlauft. ÖVA-Komm. 4,56–58,13; s.a. → *(Roll)-*. — **(Spang)-:** Längsegge nwWSt. KOREN (1972) 90; Etym.: zum Bw. vgl. → *Spange* längsgerichteter Zahnbalken. — **(Spiß)-:** E. m. spitzen, spießförmigen Eisenzähnen Salzachpong. — **(Spitz)-:** E. m. geraden, spitzen Zähnen öUPinzg., Pong., m-, uInnv.; wTenneng., obInnv., n-,mHausrv. ÖVA-Komm. 4,56–58,19; sie wird zum Eggen gleich nach dem Ackern eingesetzt westl.uInnv.; s.a. → *(Arl)-*. — **(Sproßen)-:** Längsegge m. bewegl. angebrachter Zugvorrichtg. söstl.uMühlv. ÖVA-Komm. 4,56–58,13; s.a. → *(Roll)-*. — **(Stäffel)-:** Queregge m. fest verankerter Zugvorrichtung söstl.uMühlv., uErlauft. ÖVA-Komm. 4,56–58,13; s.a. → *(Kruck)-*. — **(Stauden)-:** Wiesenstreifgerät m. kurzen Zähnen u. eingeflochtenen Stauden zum Verteilen u. Verreiben d. Mists ObPinzg. — **(Stil)-:** E., an der e. nach hinten ragende Holzstange angebracht ist, mit der d. Egge geführt bzw. gehoben/gesenkt werden kann westl.mInnv. (Abb. s. DBÖ); s.a. ÖVA-Komm. 4,56–58,21. — **(Strëif)-: 1)** Wiesenstreifgerät m. Holzrahmen, Querstangen u. darin eingeflochtenem Strauchwerk mMSt. ÖVA-Komm. 4,59–60,10; s.a. → *(Dorn)-*; — **2)** Wiesenstreifgerät, bestehend aus e. Balkenrahmen m.e. waagrecht angebrachten Schermesser zum Einebnen der Maulwurfs- u. Wühlmaushügel uLavantt., sMSt. ÖVA-Komm. 4,56–60,14 u. Abb.17. — **(Strick)-:** E. m.e. hinten angebrachten Strick zum Führen bzw. Heben/Senken d. Geräts westl.mInnv. (Abb. s. DBÖ); s.a. ÖVA-Komm. 4,56–58,20. — **(Waben)-:** kleines, gabelförmiges Gerät m. 10–20 langen Zinken zum raschen, händischen Entdeckeln der Honigwaben vor dem Schleudern obGurkt. (*wǭbmādn*); Syn. → *(Ab-deck)gabel, (Ent-deckelungs)-*; s.a. → *(ab)deckeln*. — **(Watzel)-:** E., die aus Eisen-/Kettengliedern zs.gesetzt ist; „sie bewegt sich wie e. Wurm", wenn sie über d. Acker gezogen wird obPustert. STirWb.(1972) 298 (*wǫtßlēgətə*); zum Sachl. s.a. → *(Glider)-*; Etym.: zum Bw. vgl. → *watzeln* sich zappelnd bewegen. — **(Wëchsel)-:** Längsegge m. bewegl. angebrachter Zugvorrichtg. Saggaut. KOREN (1972) 90; s.a. → *(Roll)-*. — **(Wend)-:** Längsegge m. bewegl. angebrachter Zugvorrichtg. obstFeistritzt. (Abb. s. DBÖ); ve. nOSt., nMSt., ebd. ÖVA-Komm. 4,56–58,13; s.a. → *(Roll)-*. — **(Über-wërts)-:** Queregge mMSt. KOREN (1972) 90. — **(Wisen)-, (Wis)-:** E. mit meist kurzen Zähnen (z. T. m. eingeflochtenen Ästen) zum Säubern d. Wiesen (v.a. zum Befreien v. Moos), Einebnen der Maulwurfs-, Wühlmaushügel bzw. zum Verteilen d. Mists verbr.; Ltg.: *wīs-* u.ä. SaWb.(1995) 215, söstl.ob-,nöstl.uMühlv., *wīsn-* u.ä. sonst. — **(Der-zwërh)-:** Queregge sMSt. KOREN (1972) 90 (*dɒwę̄ɒßā'n*); Etym.: zum Bw. vgl. → *(der)zwërh* quer.

Abl. → *egen*. *W.B.*

Egede, Egge, → *Ege*

Egedechse, Eidechse, → *Ēidechse*

egeden, eggen, → *egen*

Ėgel, Mutterschaf, → *Āue* II

Egel, Igel, → *Igel*

Ėgel, Ėgler, Nėgel, Nėgler, Sėgellein; Igel M. (F. in Bed.3 SteirWb.[1903] 188), Egel,

Blutegel verbr. m. einigen SI; Kaulquappe ObInnt.; Leberegel St., wBrünn; Saitenwurm nwBoz.Uld.; Schmarotzer SMä.; Streifen i.d. Weinflasche uKampt.; in Namen ve.; Etym.: ahd. *ëgala*, F., mhd. *ëgel(e)*, F., Blutegel, zur idg. Wz. **eĝhi-* Schlange, zu der auch → *Igel* gehört DEWb./K.[21] 87; s.a. DEWb./Pf.[5] 261; DWB[2] 7,101 (seit dem 16.Jh. vorwiegend M.). — BayerWb.[2] 1,52, SdWb. 3,528, VlbgWb. 1,666, SchwäbWb. 2,539, Schweiz-Id. 1,131 (*Ägle* I).

Ltg.: Sg.: *Ëgel* (zum germ. *ë* s. Lgg. § 3 u. K.3; Ang. der Lautqual. der Mittelzungenvok. i.d. Sammlerbel. nicht immer eindeutig): *āgl* Pustert., Ahrnt., Tauferert.; *ēgl, ęigl* u.ä. Vinschg., stir.Wippt., Ultent., uEisackt., obLavantt., Plad.; verbr. St., Sa., Innv.; ve. uMühlv., NÖ; verbr. Bgl.; ve. wSBö., Brünn; *ēgö* uEnnst.; verbr. OÖ; *ē(i)gl* u.ä. Burggr., Sarnt., Reggelbg., Lüsenert.; ve. obPustert., Def.; verbr. NTir., Kä.; ve. Gott., sWSt., nwFlachg.; verbr. NÖ, W.; ve. uBöW, nöSBö., söSMä., Bud.; *ögö* nöSkgt.; *ēgü* nwWaldv.; *ē(g)l* ve. SMä.; — *Nëgel* (m. proklitischem *n-* d. unbest. Art.): *nēgl* u.ä. TirWb. (1955–1956) 2,491 (in → *[Ross]-* 2,3), wObInnt., Gitscht., GottWb.(1973–1976) 1,125; — *Sëgellein* (N.Dem.; m. proklitischem *s-* des best. Art.; in Bed.4): *sēgələ* nwBoz.Uld.; — *Ëgler* (m. *-er* des Nomen-agentis-Suff. od. Pl.?): *āiglɒ* nSBgl.; *āilɒ* swNBgl.; *ēglɒ* Znaim.Ld., SMäWb. (1999) 134; *ēxlɒ* ve. Jaispitzt.; — *Nëgler* (m. *-er* des Nomen-agentis-Suff. od. Pl. u. m. proklitischem *n-* d. unbest.Art.): *nāiglɒ* bgl.-,ung.Pinkat.; — *Igel* (m. Tonerhöhg. aus *ē-* od. m. Anlehng. an → *Igel* [einige Sammler merken an, daß angesetzte (Blut-)Egel „wie Igel stechen"]): *īgl* TirWb.(1955–1956) 2,491 (in → *[Ross]-* 2,3); ve. öNTir.; Gott., s.a. GottWb.(1973–1976) 1,125; W. (in → *[Plůt]-* 1,2), auch WrWb.(1929) 39; ve. uBöW, sSBö., söWisch.; *īxl, īxö* ve. Jaispitzt.; *ī(g)l* ve. SMä.; s.a. hist.Bel. unter → *(Plůt)-* 2; — Pl.: Sg.=Pl. verbr. sbair., ve. mbair.; *-n* verbr. mbair., Bud., Brünn; *ēglɒ* GottWb. (1973–1976) 1,125.

Bed.: **1.** Egel, bes. der (medizin.) Blutegel (Hirudo [medicinalis]) verbr., Plad., Gott., Bud., Brünn, söWisch.; Syn. → *Peuze* 1, *(Plůt)teier*; Füg.: *Egel(n) setzen/ansetzen* Blutegel ansetzen verbr., Gott.; *Egel anlegen* dass. wOPustert.; *āgl paißn lǫßn* dass. wOPustert., ähnl. Gitscht.; *die E. fressen d. kranke Blut* wOPustert.; s.a. Kontextbel. im GottWb.(1973–1976) 1,125; hist.: *du maht* [vermagst, kannst] *ezzen ungesoten / nâternzagele* [Natternschwänze; andere Hs.: *natern, egel*] *unde kroten / und alliu eiter trinken* ÜbelWîb (u.1250/1968) 729f.; — Sachl.: Die (Blut-)Egel werden bis heute zur Blutentziehung als therapeut. Maßnahme bei div. Krankheiten verwendet verbr., Plad. (zum Sachl. s. Brockh.[17] 3,25f.); die Egel saugen das Blut aus, werden dann ausgedrückt und kommen wieder ins frische Wasser Gitscht. (ca. 1915); man erhält sie meist bei Hebammen ebd.; sie werden als Ersatzmittel für das fast in Vergessenh. geratene Aderlassen v. älteren Ärzten u. Hebammen noch verwendet verbr., ve. Gott., Brünn; E. werden zum Absaugen e. Blutergusses od. zum Abschwellen e. Entzündung gesetzt PinzgWb.(1992) 46; sie finden auch bei Zahnweh Verwendung sWr.Wd. (ca. 1915). —

2. Kaulquappe ObInnt.; ebd. TirWb. (1955–1956) 1,141; Syn. → *(Ross)-* 3; s.a. → *(Frosch)-*. — **3.** Leberegel, bes. Großer L. (Fasciola hepatica), der v.a. Weidevieh (Rinder, Schafe) befällt SteirWb.(1903) 188, wBrünn; zum Sachl. s. Brockh.[17] 11,244f.; verdeutlichend als *(Lëber)-* SteirWb.(1903) 431; mHausrv., ebd. Traxler (1965) 257. — **4.** Hierher viell.: Saitenwurm (Gordius aquaticus) nwBoz.Uld. TirId.(1866) 665 u. danach TirWb.(1955–1956) 2,568; Syn. → *Ifer, Ifering, Iferling, (Waßer)kalb*; zum Sachl. s. Brockh.[17] 16,360. — **5.** Übertr.: **a)** die durch den Leberegel (s. Bed.3) hervorgerufene Leberkrankh. SteirWb.(1903) 188 (als Pl.); s.a. → *(Ëgel)krankhēit, -sucht, -wurm* u. ausführl. Traxler (1965) 140f. (*Egelkrankheit*); — **b)** Schmarotzer Znaim.Ld., SMäWb.(1999) 134; s.a. → *(Plůt)-* 2; — **c)** Streifen, den der Wein beim Lagern i.d. liegenden Flasche absetzt uKampt. — **6.** In ON: *Eglsee* uAlmt. (1775: *Eglsee*) OBOÖ 7,49; *Egelsee* Perschlingt. (1112: *Egilse*) ANB 1,304 (w.d.); *Egelsee* sö-Waldv. (1232: *Egelsê*) NöONb. 1,480 (w.d.); s. a. SteirHONb. 162, SaONb. 155,159.

Komp. (s.a. → Simpl.3): **(Plůt)-: 1)** Blutegel verbr., PladWb.(1972) 103 (Kontextbel. s. d.), Gott., Bud., wBrünn, söWisch.; zum Sachl. s. → Simpl.1; Füg., Ra.: *B. setzen/ansetzen* verbr., Gott.; *einen B. anlassen* setzen nwWaldv.; *ang'soffen wie ein B.* total betrunken Perschlingt.; *dęɒ sitßt ān ɒm gnakh wiɒ ɒ pluɒtēgl* der sitzt einem im Genick wie e. B., er „saugt"/beutet einen aus obGailt.; *der ist wie e. B.* sc. so skrupellos, ausbeuterisch söTraunv., ähnl. PladWb.(1972) 103; *der hängt sich an wie ein B.* weicht nicht v.d. Seite, ist sehr anhänglich W., ähnl. Znaim. Ld.; — **2)** übertr.: Blutsauger, Wucherer, skrupelloser Ausbeuter uPustert., obstObInnt., öUInnt., öNOTir., Gurkt., swestl.

uMühlv., sWr.Beck., WrWb.(1873) 41, wBrünn; Füg.: *ęɒ lǫßt n nimɒ aos, ęɒ īs ɒ rętχɒ bluɒtīgl* er läßt nicht locker, er ist e. richtiger Wucherer Brixent.; hist.: *Laurentius* [der angebl. i.J. 258 auf e. glühenden Rost verbrannte Märtyrer], *nachdem ehr von dem tiranischen* [tyrannischen] *bluet Egl Galieno .. ist gworffen worden ins feier* [Feuer] W. ABRAHAM (u.1690/1943–1945) 1,194; *goldesl, geltnar .. bluetigl* ebd. 1,201; *Ihr Blutegel* [im konkreten Fall e. Zimmermann, der in erpresserischer Absicht Geld verlangt] *war doch nicht schon wieder da?* W. NESTROY (u.1840/1924–1930) 7,85; Syn. → *(Gëld)-; (Plůt)sauger*; s.a. Ra. unter Bed.1. — **(Flëisch)-:** jem., der gerne Fleisch ißt Ennspong. — **(Frosch)-:** Bed. wohl: Kaulquappe TirWb.(1955–1956) 1,141; s.a. → Simpl.2. — **†(Fůß)-:** Blutegel Sa. HÜBNER (1796/1983) 3,873 (*Fußegel*). — **(Gëld)-:** Wucherer, habgieriger Mensch SteirWb.(1903) 278; hist.: *Zachaeus, der selbe geltEgl, der selbe pazenkhrämer* W. ABRAHAM (u.1690/1943–1945) 1,386; Syn. → *(Plůt)-* 2. — **†(Mos)-:** Blutegel Sa. HÜBNER (1796/1983) 3,873 (*Moosegel*). — **(Ross)-: 1)** Pferdeegel (Haemopis sanguisuga), bis zu 10 cm langer, nicht zu medizin. Zwecken verwendeter E. ve.; Näh. zum Sachl. s. Brockh.[17] 14,483; — **2)** Blutegel TirWb.(1955–1956) 2,491 (*roßeigl, -īgl, -neigl*); hist.: *Roßegel* Sa. HÜBNER (1796/1983) 3,873; — **3)** Kaulquappe TirWb. (1955–1956) 2,491 (Ltg. wie Bed.2); Syn. → Simpl.2. — **(Schâf)-:** Finne e. Bandwurms, die sich im Hirn d. Schafes niederläßt u. die Drehkrankh. verursacht Pustert., ebd. TirWb.(1955–1956) 1,10 (*šōfagl*); zum Sachl. s. Brockh.[17] 5,82; vgl. → *ëglig*.

Abl. → *ëgeln, ëglig.* *W.B.*

egeln, ëiteln

sw.Vb., eggen ve. uZillert., sUInngeb., UInnt.; Ltg.: *ātln* u.ä. im Verbr.Geb.; PPt.: *gātlt* ebd.; Etym.: Abl. v. → *egen*.

Komp.: **(ein)-:** eineggen ve. UInnt. *W.B.*

ëgeln

sw.Vb., (jem., sich) Egel setzen ve. NOTir., UPinzg. (*ēgln* u.ä.); Füg.: *si ēgln lǫßn* sich Egel ansetzen lassen UInnt.; *'s erschtmâi* [d. erste Mal] *soidst ban ounehmadn Mond ēgln, åber ou-ēgln* [d. Ansetzen von Egeln beenden] *ban aufnehmadn* PinzgWb.(1992) 47; Etym.: Abl. v. → *Ëgel*.

Komp.: **(ab)-:** d. Ansetzen von Egeln beenden Pinzg., Textbel. s.u. → Simpl. *W.B.*

egen, egnen, eggen, eggnen, -eggern; egeden, egeten; ëiden, ëidnen, ëiten, ëitnen; ëigen, ëignen, eigen, eignen; ednen, etten

sw.Vb. (st.PPt. wOPustert., bair.Lecht.; st.,sw.PPt. Gott.), d. Acker-/Wiesenoberfläche m.d. Egge bearbeiten, eggen allg. m. SI; verprügeln uPustert., Gott.; coire Gott.; betrügen uPustert.; Etym.: ahd. *eggen*, mhd. *eggen, egen*, aus wg. **agjan*, einer alten Abl. v. wg. **agiþō* Egge (→ *Ege*); d. Formen *egeden, ëiden* etc. sind jüngere Abl. v. *Egede, Ëide* etc. (Nf. v. → *Ege*); Näh. s. DEWb./Pf.[5] 261, DWB[2] 7,103. — BayerWb.[2] 1,51, SdWb. 3,530, VlbgWb. 1,667, SchwäbWb. 2,543, SchweizId. 1,142.

Ltg. (zu den Stammsilben s. d. Hinweise unter den Ltg. v. → *Ege*): Inf.: *egen*: *ēgŋ, eigŋ* u.ä. verbr. S-,OTir., obÖtzt., Sillt., Stub.; ve. obstZillert., Lesacht., Gitscht., Möllt., ObDraut., nwMKä.; FersentWb.(1982) 71, Zahre, Gott.; *ē(i)gə* u.ä. ve. Stanzert., obstObInnt.; Pazn., Samn.; *egēn* Sieb.Gm.; *eigɒn* Dreiz.Gm.; *ē'ŋ, ei'ŋ* u.ä. ve. UInnt., Auss.Ld., obEnnst., ObPinzg., Pong., Tenneng., Flachg., mInnv., Traunv.; verbr. uInnv., Hausrv., Waldv.; *ęi'ŋ* uBöW, SZNeuhs., Bud., Brünn, Wisch. SdWb. 3,530; — *egnen*: *ēignə* ve. obstObInnt., Stanzert.; *ē(i)gnən* u.ä. ve. obGailt., UDraut.; *ē'ŋɒn* ve. obInnv.; *ē'ŋɒ, e'ŋɒ* u.ä. verbr. Pinzg., Tenneng., Flachg., mInnv.; ve. swestl.obMühlv., ob-, uInnv., sHausrv., Traunv., Ybbst., NBgl., uBöW, SBö., SMä.; *ęi'ŋɒ* uBöW, SZNeuhs., Bud., Brünn, Wisch. SdWb. 3,530; — *eggen*: *ek(k)ə* Außf., bair.Lecht., Kaunert., Pitzt., wObInnt., Gurglt.; *ekŋ, eikŋ* u.ä. ve. uÖtzt., mInnt., NOTir.; verbr. Kä., St., Lung., öUPinzg.; ve. Pong., m-, nHausrv.; verbr. uMühlv., Traunv.; ve. westl. mWaldv., Mostv., Triestingt., Buckl.Wt., swWeinv.; W.; verbr. mSBgl.; ve. uBöW, SBö.; verbr. jünger bzw. verkehrssprl. im ganzen Verbr.Geb.; — *eggnen*: *eknən* ve. obGurkt., uGlant.; *ekŋɒ* ve. Auss.Ld., m-,uEnnst., sTraunv., obYbbst.; — *-eggern*: *-ekɒn* (in → *[aus]-* 1a) WSteirWb.(1987) 369; — *egeden, egeten*: *ēigidn* uSarnt.; *eigətn, -ɒtn* u.ä. ve. Def., otir.Lesacht., uÖtzt., obLesacht.; Fersent. BAUER (1962) 84, Plad., Zahre; — *ëiden, ëidnen, ëiten, ëitnen*: *ādn* ve. mMöllt., Krappfd.; *ā'n* SteirWb.(1903) 27, ve. uTraisent., sTulln.Beck., nWr.Wd., sWr.Beck., Weinv., sWachau, nSBgl.; W.; *ādnən* ve. mMöllt., obGurkt.; *ādnɒ* ve. mInnt., UInnt., Brixent.; *ā'nɒ* ve. obMürzt., Thörlt., obstFeistritzt.; SteirWb.(1903) 28; ve. Salzachpong.; verbr. östl.uMühlv., NÖ (ohne Waldv.); ve. N-,MBgl.; SMä. BERANEK (1936) 140, SMäWb.(1999) 13; *ātn* ve. Zillert., Ach.Beck., UInnt., Brixent.; *ātnən* ve. Zillert.; *ārɒn* (zur Entw. von intervok. *-d-* zu *-r-* s. Lgg.

§ 28b3) ve. sMBgl., nSBgl.; — *ëigen, ëignen*: *ā'ŋ* ve. nSBgl.; *ā'ŋɒ* ve. uEnnst., obYbbst., östl. mWeinv., swNBgl.; — *eigen, eignen*: *āi'ŋ* u.ä. SMäWb.(1999) 135, öBrünn; uBöW, SBö., Wisch. SdWb. 3,530; *ai'ŋɒ* wBrünn; uBöW, SBö., Wisch. SdWb. 3,530; — *ednen*: *ē'nɒ* ve. nöstl. uMühlv.; — *etten*: *ettn* ve. Gott.ULd.; — PPt.: sw.PPt.: *gə-eigət* ObDraut.; *gē(i)gət* u.ä. östl. uVinschg., uSarnt., Lüsenert., Kalsert., Iselt., Samn.; ve. otir.Lesacht., Pazn., Gitscht.; *ḡeiḡət* ZahreWb.(2.H.20.Jh./2007) 62; *ke(i)kəd, g-* u.ä. außf.Lecht., Zw.Toren, nöObInngeb., wObInnt., Pitzt., Katscht., Liesert., Glant., Wimitzgeb., ObMurgeb.; *gekt* obstObInnt., Schmirnt., söMKä.; *gekd* ve. Flachg.; verbr. OÖ; ve. NÖ, W., uBöW; *gə-ék, gi-* u.ä. ve. Pustert., Fersent.; *gek, gēik* u.ä. verbr. STir., obSillt., Stub., Paltent., Liesingt., Mürzt., Lung., Pinzg.; *gekŋt* Auss.Ld., uEnnst., Almt.; *gē'ŋd* ve. Flachg., mInnv., mHausrv., swTraunv., uYbbst.; *gē'ŋɒd* ve. nwFlachg., obInnv.; *gi-ḗgɒtit* u.ä. ve. otir.Lesacht., Plad.; *ḡeiḡatət* ZahreWb.(2.H.20.Jh./ 2007) 62; *ḡēigidəd* obUltent.; *ḡādnd* ve. mInnt.; *ḡā'nd* ve. Pielacht., Traisent., Schneebg.Geb.; W.; *kā'nd* SMä. Beranek (1936) 151; *kand* nSBgl.; *kātət* ve. obstZillert.; *ḡāt* Brixent.; *kā'ŋt* nöNBgl.; *ḡaikt* wBrünn; — st.PPt.: *gə-ḗigŋ* u.ä. wOPustert.; *kekə, g-* bair.Lecht.; — st. u. sw. PPt.: *ḡ(ə)ēḡət* neben *ḡēḡn* Gott., auch GottWb. (1973–1976) 1,125.

Bed.: **1.** Die Acker-/Wiesenoberfläche m.d. Egge bearbeiten, eggen allg. m. SI; Syn. → *pauen* II,2a, *(zwi)prâchen* 4, *prëtten* 2, *protten, (an)tēilen, tęssen* I,2, *(auf)dornen, egeln, (ab)grasen, häsnen, hobeln, reißen, schętzen, strēifen, (fer)ziehen*; — Sachl.: geeggt wird einerseits d. Acker nach dem Pflügen, um d. Erdbrocken zu zerkleinern u. den Boden zu ebnen, damit d. Saatgut gleichmäßig verteilt wird, bzw. nach dem Sävorgang, um d. Samenkörner in die Erde zu bringen; geeggt wird andererseits d. Wiesenboden zur Säuberung v. Unkraut u.dgl., zum Aufreißen u. Durchlüften (Vertikutieren) der Grasnarbe, Einebnen der Maulwurfs- und Wühlmaushügel bzw. zum Verteilen u. Verreiben d. Mists verbr.; s.a. d. sachl. Ausführungen unter → *Ege*; — Füg.: *den Acker / das Bauland / die Brache / die Wiese e.* verbr.; *d. Brachfeld e.* sOSt.; *gerade/schräg e.* verbr.; *der Länge/ Breite nach / nach der Länge/Breite/Quere / quer/überquer e.* verbr.; *tief/fest/scharf e.* gründl. (u.U. mit beschwerter Egge, s. → *Ege* [Sachl.]) e. verbr.; *wǫßr ēgŋ* Wasser e., d.h. den Acker nach d. Säen quer (d.i. im rechten Winkel zum Furchenverlauf) e., damit das Bewässern wirksamer wird (d. Wasser leichter i.d. Boden eindringt) nördl.obVinschg.; *vīrxə ēgŋ* Furchen vor d. Säen e., damit der Samen gleichmäßiger verteilt wird Gott. ULd.; *hae'makɒ ā'nɒ/ē'ŋɒ/ekŋ* u.ä. d. Stoppelfelder (→ *[Hälm]acker*) nach d. Pflügen e. mbair.; *hae'm eikŋ* dass. uBöW; *Mist e.* den auf d. Wiese ausgebreiteten Mist fein verteilen mEisackt., uPustert., wOPustert.; *miɒs ātn/ekŋ* d. Moos m.d. Egge entfernen Ach. Beck., nöSkgt.; *ḡroš ettn* eine (Gras-)Wiese e. Gott.ULd.; *gɒdoplt ēigŋ* doppelt e., d.h. m. beschwerter Egge tief e. mEisackt.; *mit hǫlwr ādn ekŋ* so e., daß d. Hälfte der Egge auf dem bereits geeggten Streifen gezogen u. somit d. Acker doppelt geeggt wird Glant.; *mit fōlr ādn ekŋ* „m. voller Egge e.", d.h. Streifen neben Streifen (nicht überlappend) e. ebd.; *in āšliŋ ā'nɒ* verkehrt (→ *ärschling[s]*) e. (d. Egge wird vom hinteren Teil aus gezogen) sTulln.Beck.; *der Bauer tut säen, der Knecht e.* Sarnt.; s.a. Kontextbel. im GottWb.(1973–1976) 1,125; — hist., lit.: *akcher an ze sën* [säen] *vnd ëgën* nWr.Wd. (1429) RbKNeubḡ. 9/1; *ögen so man gesät hat* swestl.obMühlv. (1485) ÖWeist. 12,168; *ackern, ecken, brahen* söstl.uMühlv. (15.Jh.) ebd. 15,149; *er soll .. di glaiss* [Wagenspuren, → *(Ge)lēise*] *wider zuesän und egen* sHausrv. (1521) ebd. 14,330; *alle jar mit zwaien ärn* [Eggen, → *Ege*] *zu ecken .. so das ëcken verricht ist, so sol man essen und drinken geben* Buckl.Wt. (1546) ebd. 7,80; *Allerlei robaten, ackern ährnen anbauen mäen und heu aufheben* sMBgl. (E.17.Jh.) ebd. 7,1015; s.a. TirWeistGl. 898 (*ögen*), OöWeistGl. 186 (*ecken, egen, eggnen, ögen*), NöWeistGl. 634 (*egen, ecken*), DRW 2,1206; *Dá Knecht aber jodlt bein Ögná voll Freud'n* nördl.obInnv. Wagnleithner (1921) 10; *wann 's Fruihjoahr kimmt, oft muiß er .. okkarn und aaran* SBgl. Neubauer (1962) 27. — **2.** Übertr.: **a)** jem. kräftig verprügeln, verhauen uPustert. (*eigŋ*), Gott.ULd. (*ēḡŋ*); Füg.: *oain ēḡŋ* „einem durch Worte od. Schläge e. Lektion erteilen" Gott.; s.a. → *(umme)-*; — **b)** coire Gott.; Füg.: *oaine ēḡŋ* m.e. Frau geschlechtl. verkehren ebd.; — **c)** jem. betrügen uPustert.

Komp. (zu ve. bel. Komp., die d. Richtung d. Eggens angeben, wie z.B. *[hër]-, [hin]-, [ab-hin]-, [auf-hin]-* u.dgl., s. DBÖ): **(ab)-: 1)** d. Acker (vor/nach d. Säen) e. ve. Pazn., obstObInnt., wObInnt., mInnt., ObKä., MKä., öObMurgeb., swFlachg., uPielacht.,

Buckl.Wt., nwWaldv., sw-,mWeinv., Bgl., GottWb.(1973–1976) 1,125, öBrünn; SZNeuhs., Brünn SdWb. 1,28; Füg.: *s halmɒ ǭbekŋ* d. Stoppelfeld (→ *Hälmach*) e. obGurkt., söMKä.; *glǭɒ(n) ǭ-ekŋ* klein a., d.h. so lange e., bis alle Schollen zerkleinert sind swWeinv.; — **2)** Kartoffelkraut, Krautstrünke, Unkraut u.dgl. m.d. Egge entfernen nSZNeuhs., wSMä. SdWb. 1,28. — **(an)-:** d. Mist m.d. Egge verteilen u. verreiben uPustert., obZillert., nUInngeb. — **(auf)-: 1)** d. Ackerschollen m.d. Egge zerreißen u. zerkleinern Gitscht., nwWaldv., östl.mWeinv., wBrünn; — **2)** d. Acker ein zweites Mal (u. zw. der Quere nach) e., damit beim anschließenden Säen der Samen leichter, gleichmäßiger i.d. Boden gelangt mHausrv. — **(aus)-: 1)** durch Eggen aus dem Boden herausbringen, entfernen: **a)** m.d. Egge Unkraut, abgestorbene Wurzeln, Moos u.dgl. entfernen obGailt., nöMKä., WSt., WSteirWb.(1987) 369, mOSt.; ve. OÖ; verbr. NÖ, mSBgl., uBöW; Füg.: *in bāe āosē'ŋ* d. Ackerquecken (→ *Peier* 1) m.d. Egge entfernen nwWaldv., ähnl. östl. mWeinv., mSBgl.; *miəs ausēgnən* Moos durch Eggen entfernen obGailt., ähnl. obGurkt.; — **b)** Erdäpfel, die nach dem Ausackern (→ *[aus]ackern* 1) u. dem (händischen) Einsammeln noch im Boden verblieben sind, durch Eggen an d. Oberfläche bringen uEnnst., söstl.uMühlv.; ve. NÖ, uBöW; Füg.: *Erdäpfel a.* ebd.; — **2)** den Acker bis i.d. letzten Ecken u. Winkel e. mSillt., öNTir., swWeinv.; — **3)** fertig e., einen Acker zu Ende e. obGurkt., Liesingt., ObPinzg., swFlachg., nwMostv., nWr.Wd., östl.mWeinv., sMBgl., mGott.; — **4)** d. Mist m.d. Egge verteilen Saggaut.; Füg.: *Mist a.* ebd. — **(prâch)-:** d. gepflügte Stoppel-, Brachfeld e. Innsbruck; ve. Kä., St., OÖ; verbr. NÖ, mSBgl.; s.a. → *(prâch)ackern.* — **(andern)prâch-:** das zum zweiten Mal gepflügte Brachfeld e. nwWaldv. (*ānɒnbrǭē'ŋ*); Etym.: zum Bw. s. → *(Ander)prâche* d. Brachfeld nach dem zweiten Pflügen. — **(zwi)prâch-:** das zum zweiten Mal gepflügte Brachfeld e. ve. Waldv.; nWr.Wd.; Etym.: zum Bw. s. → *(Zwi)prâche* 1 (Brachfeld nach d. zweiten Ackern). — **(ein)-, (in)-:** durch Eggen des Ackerbodens nach dem Säen d. Saatgut unter d. Erde bringen verbr. m. Gott., öBrünn; d. Mist durch Eggen m. Erde bedecken mbair.; Füg.: *in sūmə* (d. Samen) *ineigŋ* uPustert., ähnl. ve. sonst im Verbr. Geb.; hist.: *sein saattraid* [f.d. Aussaat best. Getreidesamen] *außäen, und .. eineggen* sWr.Beck. (1724) ÖWeist. 7,208; Ltg.: *in-* uPustert., wOPustert., Def., obstOblnnt., ve. Gott.; *ain-, ae(n)-* u.ä. sonst. — **(for)-:** vor d. Säen e. ve. sbair., ÜGeb. — **(für)-:** das f.d. Wenden d. Pfluges bestimmte Randstück d. Ackers (→ *[Trett]acker, [Ane]wand*) nach d. Pflügen (→ *[für]ackern*) e. ve. m-,nHausrv., nöSkgt., uTraisent., Perschlingt., Buckl. Wt.; Füg.: *n āniwåondɒ fīɒā'nɒ* Perschlingt. — **(ein-hin)-:** durch Eggen des Ackerbodens d. Saatgut unter d. Erde bringen ve. nUInngeb., Glant., Auss.Ld., nwWaldv., W. — **(kräuz)-:** „nach Beenden d. Pflügens nochmals quer über den Acker e., wenn er sehr zäh ist“ UDraut. Rudolf (1965) 255; diagonal e. Glant. — **(nâch)-: 1)** e. zweites Mal e. (bes. jene Flächen, die beim ersten Mal nicht od. unzureichend geeggt wurden) verbr., ve. Gott.; — **2)** nach dem Säen durch Eggen des Ackerbodens d. Saatgut unter d. Erde bringen ObDraut., uEnnst., m-,nHausrv., Perschlingt.; — **3)** eggen, nachdem d. Saat aufgegangen ist (um d. Unkraut hintanzuhalten) W., uBöW. — **(zu-sammen)-:** das im Herbst vorgeackerte Erdäpfelfeld e. Laßnitzgeb., nHausrv., Dunkelstn.Wd., sMBgl., wSBö.; Füg.: *s fǫld dsåmei'ŋɒ* wSBö. — **(über)-: 1)** e. zweites Mal e. (bes. jene Flächen, die beim ersten Mal nicht od. unzureichend geeggt wurden) obGailt., nwMostv., nwWaldv.; — **2)** das im Herbst gepflügte Erdäpfelfeld e. Laßnitzgeb., nöSkgt., nöWeinv., wSBö. — **(umme)-:** herumwüten Gott. (u.1900; *ùmmə-ēgŋ*); s. → Simpl.2a. — **(unter)-:** m.d. Egge d. frische Saatgut zudekken obLesacht.; Füg.: *sūmə untǫreigɒtn* ebd. — **(zů)-:** durch Eggen des Ackerbodens nach dem Säen d. Saatgut unter d. Erde bringen verbr.; hist.: *soll er desselben saamens wiederumen einsprengen und zueggen* mInnt. (1547) ÖWeist. 2,191; Ra.: *Der mit katzen gen acker fert, / der eget mit meusen zu* wer so dumm, närrisch, realitätsfremd ist, m. Katzen zu ackern, ist auch so dumm etc., m. Mäusen zu eggen (?) AmbrLb.(1582/1845) 217; vgl. e. ähnl. Ra. (ohne Erklärg.) im DWB 3,34, 5,283 u. 16,333, DRaLex./R[4] 3,821.

Abl. → *egeln, Eger*; s.a. → *Ege*; weiters: *(Aus)eggach,* N.Koll., d. herausgeeggte Unkraut WSteirWb.(1987) 296 (*ausekɒt*). *W.B.*

Eger, Egger, Egeter, Ëidner

M., **1)** Person, die eggt mEisackt., uPustert.,

obstZillert.; Lesacht. (?) KäWb.(1862) 81, mMöllt., obGurkt., Liesingt., Schneebg.Geb., Gott.ULd.; Füg.: *biər hūbm haint ēgarə* wir haben heute Leute zum Eggen (in Dienst gestellt) Gott.ULd.; hist.: *mader .. sniter .. eckher .. ekär* obKremst. (1467) ÖUrb. 3,3/2,359; *Item zwayn Eger(e)n xx d* [als Lohn] nWr.Wd. (1474) RbKNeubḡ. 9/1; — **2)** Egge Dreiz.Gm. ZimbrWb.(1882–1885) 179 (*eigar* erpice [Egge]). — Ltg.: *ēgɒr, eigɒr* u.ä. mEisackt., uPustert., obstZillert., Dreiz.Gm.; Gott.ULd. (Pl. *-ə*); *ēgɒr, ēgɒtɒr* Lesacht. (?) KäWb.(1862) 81; *ekər* u.ä. mMöllt., obGurkt., Liesingt.; *ā'nɒ* Schneebg.Geb.; Etym.: Abl. v. → *egen.* *W.B.*

eger, früher (Kompar.), → *ê* I

Egerte, Ëgerte, Êgerte, Ergete, Ärgete, Egart, Egarten, Eurde, Ere, Iegerde u.a.

F. verbr., M., N. ve. (s.u.), landwirtschaftl. Grund, auf versch. Arten genutzt u. v. unterschiedl. Qualität (v.a. [Brach-]Wiese, seltener Acker u.ä.) verbr. binnenbair. m. einigen sbair. SI; Begrenzg. e. Flur u.ä. ve.; Heuertrag e. Wiese verbr. NOTir., sonst ve.; in/als Namen ve. m. Zahre, Dt.Ruth. — BayerWb.[2] 1,941f. (unter *Gärt*), SdWb. 3,528, VlbgWb. 1,666, Schwäb.Wb. 2,540f. u. 6/2,1799, SchweizId. 1,129 (*Ägerte*).

Etym.: mhd. *egerde, egerte* Brachland MhdWb./L. 1,512; etym. letztl. unklar; einige Deutungen: DEWb./K.[24] 227 vermutet Zs.Setzg. aus ahd. *êwa* Gesetz, Recht (→ *Ê*) u. *gart-* (→ *Garten*) im Sinne v. umzäuntes Land, für das bes. Rechte gelten; Schnetz (1997) 26 geht v. idg. **eghs-it-* aus, zu idg. **eĝhs* aus + **it*, e. Ableitg. v.e. Wort f. gehen (vgl. lat. *it* er/sie/es geht, Näh. s. IdgEWb./P.[2] 1,292 bzw. 1,294), im Sinne v. Abgang, d.h. Ausfall aus d. Flurbestand; Sonderegger (1978/1996) 528 setzt ahd. **â-gi-erida* an, e. Zs.Setzg. aus d. ahd. *â*-Negativsuffix u.e. Verbalabstr. zu ahd. *erien* pflügen, im Sinne v. nicht umgepflügtes bzw. unpflügbares Land; Prinz (2007) 175 vermutet lat.-rom. Herkunft aus *aegrota (terra)* ausgelaugtes Land, Näh. (u.a. z.e. umstrittenen ahd. Bel. *egerda* u. zu weiteren Deutungen) s. ebd.; zu weiteren etym. Erklärungsversuchen s. DBÖ.

Ltg. u. Genus (z.d. Schwankungen des Vok. im Anlt. s. Lgg. § 3p, zu *-rd-/-rt-* ebd. § 28d, § 50e, K.27 sowie Roitinger [1954] 203f.; z. lautl. Berührg. m. → *Ege* im Lesacht. s. Schabus [1971] 348 u. ebd. K.17; s.a. Kranzmayer [1935] 87, DAÖ 1178 u. Resch [1968] K.32; Bed.Zuweisg. zu einzelnen Ltg. unterbleibt meist, da im folgenden auch Ltg. m. unscharfer bzw. mehrdeutiger Bed.Ang. [z.B. „Egart, Egerte" u.ä.] eingearbeitet wurden; Qualität des Anlt.Vok. aus d. Sammlerbel. oft nicht eindeutig ersichtl.): *Egerte, Ëgerte, Êgerte*: Sg.: *ēg(ə)rtə, ęgɒrtə* u.ä. obPustert., otir.Lesacht., Kalsert., obstObInnt., Ötzt., Gurglt., ObDraut., Lesacht., Gitscht., KäWb.(1862) 109; *eigərtə, eigɒtə* u.ä. Iselt., Kalsert., Lienz.Beck., Außf., bair.Lecht.; obstObInnt. (Bed.4a), w-,öObInnt., Gurglt., uPitzt., TirWb.(1955–1956) 1,140, uLesacht., ve. obLesacht., obGailt.; *agɒtə* u.ä. otir.Lesacht.; *ēgɒχtə, ę-, ęigɒxtə* u.ä. wOPustert., Villgratent., Virgent., Iselt., Ötzt., obst-,obZillert.; *ęgɒrßtɒ, ēgɒrßtə, ēigərßtɒ* u.ä. Def., Sell., obStub.; *ēgɒ(r)t, ēgɒd, ę-* u.ä. westl.uVinschg., ve. WTir.; mInnt., uSillt., Ob-,UDraut., Liesert., öNockgeb., Klagenfurt, Metnitzt., Wimitzgeb., obLavantt., ve. WSt.; nMSt., mSalzacht., Tenneng., nwFlachg., westl.mInnv., mHausrv., obKremst., OöWb. (1978) 70, Piestinggeb., Buckl.Wt., ve. SMä.; *eigɒrt, eigɒd, ęigɒd* u.ä. nöBoz.Uld. (Bed.4b), Außf., Stanzert., mInnt., swNBgl., ve. SBgl., Tisch.; *ęɒgɒt, eəgɒt* u.ä. Tannheimert., nwAußf.; *ēgɒχt, ēgɒxd* u.ä. uZillert., Flachg., Salzbḡ., nwestl.uMühlv.; *ēigərßt; ēigɒßt, ēgɒšd, ę̄-* u.ä. mSillt., mInnt., verbr. NOTir.; uPölst., steir.Eisenstr., obSalzat., Pinzg., Pong., Lammert., Buckl.Wt.; *ēgɒrtn, ēgɒdn, ę̄-* u.ä. verbr. Kä.; wObMurgeb., Obdachgeb., ve. WSt., söFlachg., mHausrv., nwTraunv.; nöstl.obMühlv., OöWb. (1978) 70, Ybbst., Schneebg.Geb.; *eigərtn, eigɒtn, ęigɒrtn* u.ä. ve. ObKä.; UDraut., Millst.Geg.; *ę̄gɒχtn, ēgɒxtn* u.ä. uÖtzt., ob-,uZillert., Katscht., Auss.Ld., Donnersbacht., Lung., sFlachg.; *ēgɒštn, ę̄-* u.ä. ve. NOTir., Pölst., ve. mObMurgeb., Auss.Ld., uEnnst.; steir.Raxgeb., ve. Pinzg.; Pong., obYbbst.; *ēgɒšn* Aichfd.; *ēigɒšdn* obEnnst.; — m. *-g-* > *-x-/-i̯-* bzw. Schwund des *-g-* (vgl. auch hist. Bel. unter Bed.1bδ): *ēxəd* nSBgl.; *ęixɒd* u.ä. sMBgl., bgl.Lafnitzt.; *ęixɒtn* nSBgl. (Bed.4a); *ei̯ɒd, ę̄-* u.ä. nöOSt., steir.Lafnitzt., nSBgl.; *ę̄ɒd, īɒd* u.ä. steir.Lafnitzt., Buckl.Wt.; *ęɒšd* steir.Raabt.; Pl.: *ēgɒrtn, ęgɒrtn, ę̄gɒdn* u.ä. obPustert., Kalsert., obGailt., Gitscht., uEnnst., wFlachg., Schneebg.Geb.; *eigərtn* mInnt.; *ęgɒχtn* wOPustert.; *ę̄gɒχtn* ObLung.; *ēigɒχtn* u.ä. obstZillert.; *ēigɒrßtn* u.ä. Def., mSillt., mInnt.; *ę̄gɒßtn, ē-* u.ä. UInngeb., ve. UPinzg., Salzachpong.; *eigərtɒ, eigɒtɒ, eəgɒtɒ* Außf.; *eigərtnə* Gurglt.; *ęgādnɒ* obSteyrt.; *ēgɒšdnɒ* u.ä. öUInnt., Ennspong.; 1.Dem.Sg.: *ēgɒtlɒ* obstObInnt.; *ēgərßtl* mSillt.; *ēgɒšdl* u.ä. nUInngeb.; — *Egart, Egarten, Êgarten* (wohl in Anlehng. an → *Garten*, deshalb auch tw. M.): *ēgǫɒd, ę̄-* u.ä. Donnersbacht., Laßnitzgeb., mMSt., Ennspong., südl.oö.Ennst., obSteyrt., nöstl.uMühlv., nwWaldv., obYbbst.; *ēgǫ(ɒ)šd* u.ä. Liesingt., wUPinzg.; *ęigǫšd* obEnnst.; *ēgǫɒtn, ę̄-, ęigǫɒdn* u.ä. KäId.(1862) 87, Liesingt., Ennst., Salzbḡ., nöFlachg., obSteyrt., oö.Ennst., Ybbst., Buckl. Wt., nwWaldv.; *ęɒgǫɒtn* obSulmt.; *ę̄gǫɒxdn* u.ä.

Auss.Ld., Donnersbacht., sFlachg., Salzbḡ., wSkgt., obSteyrt.; *ēgǫɒšdn, ę̄-, ęigǫšdn* u.ä. mbair.ObSt., Salzachpong., südl.oö.Ennst., obYbbst.; — *Ergete, Ärgete* (Metathese?): Sg.: *ęrgɒtə* u.ä. wObInnt. (Bed.4a), obLesacht., ve. uLesacht., Plad.; *ērgətə, -ədə, -ɒtə* u.ä. Lecht., Außf., Pazn., wObInnt., obPitzt., Käld.(1862) 89, Zahre; *ergɒt* u.ä. uLecht., nwAußf., Tannheimert.; *argɒtə* KäWb.(1862) 109; Pl.: *ērgədə* obLecht.; *ę̄rḡɒtn* Plad., *ērḡɒtn* Zahre; 1.Dem.Sg.: *ērḡɒtlə* Zahre; 1.Dem.Pl.: *ērḡɒtlɒn* Zahre; — *Ere, Nere* (durch Kontr. entstanden): Sg.: *īɒ'n* u.ä. Waldv., Weinv., Znaim.Ld., Frain.Ld.; m. agglutiniertem unbest. Art.: *nīɒ'n* u.ä. ve. Waldv., Weinv.; Pl.: *iɒ'nɒ* nwWaldv.; — *Eurde* (durch Kontr. entstanden): *ōi'n, ōidn* u.ä. nwestl. uMühlv., Machld., obErlauft., ve. Ybbst.; obPielacht., Waldv., Weinv., nöMarchfd.; *ūi'n* u.ä. obKampt.; *ēo'n* obAlmt.; vgl. auch hist. Bel. unter Bed.1a; — *Iegerde* (tw. m. *-g- > -x-*): *īɒgɒd* u.ä. nöOSt., steir.Lafnitzt., Triestingt., Schneebg.Geb., Buckl.Wt.; *iɒxad* u.ä. ve. nöOSt.; steir. Lafnitzt., Buckl.Wt., Semmeringgeb.; — weitere Sonderformen: *-ēgɒrntn* u.ä. mMöllt. (in → *[Alt]-*, *[Neu]-* 1); *egɒtš* Obdachgeb.; *eidɒgɒtn* nwNBgl.; *eidɒn* uBöW; *ę̄i'n* wSBö., *ę̄i'nl* (1.Dem.) ebd. (hierher od. ev. zu → *Öde*?); — Genus: F. verbr., M. (wohl tw. unter Einfl. v. → *Garten*) obSulmt., WSteirWb.(1987) 292, Auss.Ld., Liesingt.; Mürzgeb. (?) SteirWb.(1903) 482, steir.Lafnitzt., SteirWb.(1903) 188, mSalzacht., Salzbḡ., ve. Buckl.Wt.; Schneebg.Geb.; N. sUInngeb., Söllt. (jew. Bed.3b), PinzgWb.(1987) 28 (Bed.3c, sonst F.), SaWb.(1995) 55, Zahre.

Bed. (s.a. DAÖ 1179): **1.** Landwirtschaftl. genutzte Fläche (v. unterschiedl. Bodenqualität; ve. unklar, ob appell. od. FlN) verbr. sbair. (ohne s-,mSTir., Stanzert., Pazn., Kaunert.) m. Plad., Zahre, Tisch., ÜGeb., ve. mbair.; im bes.: **a)** Grund, der einmal als Grasland, in anderen Jahren (im Zuge der Wechselwirtschaft) jedoch als Acker genutzt wird (Bed.Ang. oft „Brache, Brachfeld, -land, brachliegendes Feld, Rastfeld, -wiese, Wechselfeld, -grund, -wiese“ u.a.m.) verbr. sbair. (ohne w-,s-,mSTir., Stanzert., Pazn., Kaunert.), ÜGeb., FlachgWb.(1996) 11, FlachgWb.(1999) o.S., wSkgt.; mHausrv. SHausrvWb.(2008) 150, ve. Traunv., uMühlv., OöWb.(1978) 70 (*Egert, Egartn*), ve. Mostv., s-,wVUWW, Waldv., NöWb.(2007) 101 (*Egerden, Egadn*), nSBgl., uBöW, wSBö., Plad., ZahreWb.(2.H.20.Jh./2007) 65f.; je nach Form, Lage od. Nutzg. d. betr. Grundes auch verdeutlichend als *(Haus)-* Liesingt., *(Korn)-* Leukent., *(Lang)-* nUInngeb., *(Leiten)-* Liesingt., obYbbst., *(Mitter)-* nUInngeb., *(Schâf)-* steir.Lafnitzt., *(Schmal)-* nUInngeb., *(Wald)-* Liesingt., *(Wēiz)-* Leukent. (tw. unklar, ob appell. od. FlN); —

Sachl.: D. zeitl. Intervalle i.d. Abfolge zw. Akker- u. Graslandnutzg. im Rahmen d. Wechselwirtschaft sind i.d. Bel. nur sporadisch angegeben, sie variieren zudem, je nach Ergiebigk. d. Standortes, stark, tw. auch in ein u. derselben Kleinregion; Näh. s. DAÖ 1179 u. DBÖ; Bsp. f. d. Abfolge d. Bewirtschaftungsformen s. DBÖ; z. räuml. Verbr. d. Egartenwirtschaft (m. Angabe d. Dauer d. Graslandnutzg. [2–3, 4–6 u. 7–12 Jahre]) i.d. St. z. Zeit Kaiser Josefs II. s. AStB K.26; z. weiteren agrarhist. Hintergründen s. Bader (1973) 161f.; d. Verblassen d. ursprüngl. Bed. (auch aufgrund d. Aufgabe der Egartenwirtschaft) u.d. Bed.Verschiebg. „Brachfeld“ > „Wiese“ bzw. d. Erstarren d. Appell. in FlN läßt sich im Bel.Material immer wieder nachvollziehen; vgl. auch d. Bed.Ang. im Käld.(1862) 87 („Wiesenfeld, eigentl. e. Getreidefeld, welches im darauf folgenden Jahr als Wiese benützt wird“) sowie Windberger-Heidenkummer (2001) 244 bzw. 285; s.a. → *(Egerten)wirtschaft*; Egerten werden als Örtlichk. f.d. Ausbreiten des v.d. Samenkapseln befreiten Leins (→ *Har*) bevorzugt westl.obMurt. HkBlSt. 21 (1947) 90; —

Füg.: *aof dɒ-r-ēgɒšd* wUPinzg.; *ɒ šeɒnə ēgɒrtə* Gitscht.; *dǫs is ɒ šleχtə ēgɒrtə, war ɒm pešt aufgəpaut* wäre am besten umgepflügt (→ *[auf]pauen* 1a) u. neu bestellt ebd.; *ɒ wülde ēgɒšn* Wechselfeld, das nicht eingesät wird Aichfd. (im Ggs. zur → *[Ein-sât]-*); *ęgɒχtə šnaidn* e. Wiese aufpflügen (u. somit in Akkerland umwandeln) Villgratent., ähnl. wOPustert.; *ērgədə pauə* (→ *pauen* 2a) dass. uLecht., ähnl. obst-,obZillert.; *ērgədə hauə* (→ *häuen*) dass. obLecht.; *ęrgɒtə kxę̄ɒrn* (→ *kêren*) dass. Lesacht.; *ēgɒrtn umpau'n* (→ *[um]pauen* 1a) dass. Liesert., ähnl. Maltat., steir.Lafnitzt.; *egɒšdn umprexn* (→ *[um]prë-chen*) dass. Seckau.Beck.; *in* (den) *ēgɒdn umǫkɒ'n* (→ *[um]ackern* 1) dass. Schneebg.Geb.; *d-īɒ'n umraeßn* (→ *[um]reißen*) dass. nwWaldv.; *ɒn ę̄gǫɒd mǫχɒ* e. Acker nicht mehr bestellen, sdn. in Grasland umwidmen obSteyrt., ähnl. mInnt., wUPinzg.; *ɒ nui egəršt* durch Brachlegen e. Ackers umgewidmete Wiese (v.a. im ersten Jahr nach d. Wechsel gebr.) mInnt., ähnl. obPustert., Virgent., Def., außf.Lecht., obst-,obZillert., UInnt., Pillers.Geb., mMöllt., ObDraut., obGailt., Gitscht., Liesert., obPölst., Obdachgeb., Pinzg., nöstl.obMühlv.; vgl. → *(Neu)-* 1; *ǫltə eigɒtn* durch Brachlegen e. Ackers umgewidmete Wiese (ab d. zweiten Jahr nach d.

Wechsel od. später gebr.) mMöllt., ähnl. obst-,obZillert., öUInnt., obGailt., Gitscht., Liesingt., Pinzg., Salzachpong., Buckl.Wt.; vgl. → *(Alt)-*; *de ǫitn ēgaštn sen špęɒr* nicht sehr ertragreich (vgl. → *spốr* u.a. karg, unergiebig) öUInnt.; *in iɒxad/īəgɒt līgŋ lǫßn* (wohl:) e. Ackerfeld brachliegen lassen steir. Lafnitzt., ähnl. obGailt., Gitscht., Liesingt., nwWaldv.; (einen Acker) *ę̄gɒšd (węɒ'n) lǫßn* dass. ObPinzg.; *in* (den) *ēgɒdn lǫß-i no lī'ŋ* ackere ich noch nicht um Schneebg.Geb.; *ēgǫšdn brǭxŋ* brach liegen lassen od. e. Brache umpflügen? (vgl. → *prâchen* 1,2) Liesingt.; — h i s t., l i t. (genaue Bed.Zuordng. nicht immer möglich; s.a. → *[Neu]pruch* 1, TirId.[1866] 100 u. ÖWeistGll. [ebd. tw. unter *Ehegarten*]): *der beider tische stuonden vol, / .. daz ir niht vil in egerden lac* (übertr.:) sie nicht „öde“, leer waren, sdn. voll v. Speisen u. Getränken KONRAD/F.(v.1200/1881) 153; *wan daz guot egerde und oede gewesen ist* wEtscht. (1359) STirDeutscht./St. 3/ 2,218; *umb den weingarten mit sambt der ewern .. der selb weingart mit sambt den ewrn* St.Pölten (1394) UBSPölt. 2,368f.; *Den pawmgartẹn vnder der badstubẹn vnd perglein* [Rebenreihen, → *Pęrgel*] *vnd egertlein* wEtschgeb. (1420) MaInv./Z. 180f.; *wan die guetter .. durch menig beschedigung und gantz verdårben der hussårey* [Hussitenkriege] *ze dorf und veld .. gantz ŏd und zw êurden glegt sind worden* Dunkelstn.Wd. (1458) FRA 2/52,508; *ewrden oder newreut* Dunkelstn.Wd. (1475) FRA 2/55,78; *zwishn der eegärten und unser Frauen wisen hinauf* obKremst. (1550) ÖWeist. 13,67; *es soll kainer dem andern .. sein rain, änger oder egarten über sein willen nicht ezen* [beweiden, → *etzen*] *noch abschneiden* [mähen lt. SteirKäWeistGl. 546] Millst.Geg. (1593) ÖWeist. 6,476; *soll kainer den andern auf seiner wüsen, egarten oder öden äckern sein viech ohne erlaubnuß nicht halten* nMSt. (17.Jh.) ebd. 6,368; *welcher pauman ehegarten* [andere Fassg.: *eggärten*] *ligen läst* Lung. (17.Jh.) ebd. 1,237; *Ehegårten* (Pl.) Sa. HÜBNER (1796/1983) 144 (Näh. s. ebd.); *Ehgarten* SaId.(1796) 961; *die Egert (zweyte Sylbe kurz), oder der Egarten .. eine angenehme und grasreiche Fläche, die ein mal mit Getreide besäet, das andere Jahr aber als Wiese gelassen wird* Sa. ÖMdaEWb.(1815) 1,172f.; Syn. → *(Feier)acker, Prâche* 1b, *Prēite* II,1c,d, *Trate* 1bα, *(Prâch)fëld*; — **b)** als Wiese od. Weide genutzter Grund (ohne Hinweis auf Wechselwirtschaft, ve. m. Betong. der Lage nahe dem Haus/Dorf) westl.uVinschg., ve. NTir., verbr. Ob-,wMKä.; obLavantt., ve. Ob-,WSt.; nöOSt., verbr. Lung., Pinzg., Pong.; wFlachg., südl.obInnv., ve. Traunv.; nwestl.uMühlv., obYbbst., ve. öVOWW; Piestinggeb., Buckl.Wt., obstPulkaut., nöMarchfd., sMBgl., SMä., Plad., Tisch.; — im bes.: **α)** Wiese, die gemäht wird (ohne näh. Lagebestimmg.; hinsichtl. d. Bodenqualität meist entw. keine bes. Ang. od. Betong. der guten Qualität bzw. des reichen Ertrags; v. Bed.1a nicht immer klar zu trennen) westl. uVinschg. (m. Birken od. Kastanien bestandene Weide/Wiese), Außf. RUDOLF (1934) 203, obstÖtzt., wObInnt., Sell., mInnt., obZillert., ve. NOTir.; obMöllt., Ob-,UDraut., Gailt., Katscht., KäId.(1862) 87 u. 89, WSteirWb.(1987) 292, Donnersbacht., Paltent., ve. wObMurgeb.; Liesingt., Pinzg., Pong., wFlachg., ve. söTraunv.; obYbbst., obPielacht., obTraisent., Piestinggeb., Buckl.Wt., SMäWb.(1999) 134, Plad. (1910), TischWb.(2002) 116 („nicht gedüngt“); Füg.: *aof dɒ ę̄gɒšd mā(n)* mähen ObPinzg.; — h i s t.: *unta Burk* [Ortsteil v. Mittersill] *hat d'Achn* [d. Salzach] *schon a Wesn Zoig* [wohl: viel Erdreich etc., vgl. → *Wësen* u.a. gr. Menge] *in d'Lack* [Pfütze, kl. See u.ä., → *Lacke*] *eihi tragn, daßd' in 10 Jahn scho guatŏ Egaschtn sehn muaßt* ObPinzg. KÜRSINGER (1841) 175; — **β)** Garten i.d. Nähe des Bauernhauses, Hausgarten (wohl nicht Gemüse-, sdn. Obstgarten, der auch beweidet/ gemäht wird) südl.obInnv., uKremst.; — **γ)** d. im Tal gelegene Wiese (im Ggs. z. Bergwiese) obPitzt., uLesacht.; — **δ)** Weide/Wiese an e. Abhang od. steilen Ort u.ä. obstObInnt., obstPulkaut., sMBgl.; hist.: *ēchĕt, ēchăt* Wiese auf e. Anhöhe SBgl. FDM 6 (1859) 31; — **ε)** eingezäunte Wiese mMöllt.; eingezäuntes Grundstück (Nutzg.?) nwestl.uMühlv.; — **ζ)** Weide UDraut. (nicht eingezäunt), Mürzgeb. (?) SteirWb.(1903) 482 („durch Rasenbrennen gedüngter Weideschlag“), öUPinzg. (nach Aberntg. d. Getreides), Buckl.Wt., nöMarchfd.; — **η)** Kleefeld (v. Bed. 1a nicht immer klar zu trennen, da b. Umwidmung v. Acker- zu Grasland oft Klee eingesät wird) mInnt., mMöllt., obGailt., Maltat., UDraut., Gegendt.; obLavantt. (einjähriger Kleeacker im Frühjahr), uMürzt. („ausgetragener“ [f.e. Umwidmung vorgesehener od. abgeernteter?] Kleeacker), NöOStWb.(2006) 51 (abgeernteter Kleeacker), Buckl.Wt. (altes, vorjähriges Kleefeld); Syn. → *(Klê)acker, -prâche, -fëld*; — **c)** als Acker/Gemüsegarten genutzte Flur ve. Außf., mInnt., Zillert., mbair. ObSt., Sa.; südl.obInnv., nöstl.uMühlv., obYbbst., obErlauft.; — im bes.: **α)** Acker (meist frisch gepflügt bzw. neu aufgebrochen/angelegt u.ä.) Tannheimert., Lecht., mInnt., ob-,uZillert.; mEnnst. Runge (1993) 86 (unkrautfreies Ackerstück, das einige Jahre brach lag), uSalzat., uMürzt.; steir. Raxgeb. (erste „Ackerung", wenn e. als Wiese genutzte Brache z.e. Haferfeld umgepflügt wird), ve. Pinzg.; Gr.Arlt., Ennspong., nwFlachg.; Auss.Ld. („pflügbares Stück Land"), südl.obInnv., obYbbst.; obErlauft. Resch (1968) 70; Füg.: *ɒ noie ę̄gɒštn* frisch aufgebrochener Acker Ennspong., ähnl. öU-Pinzg.; vgl. → *(Neu)-* 2; Syn. → *Acker* (w.d.); — **β)** kl. Gemüsegarten nöstl.uMühlv.; — **d)** unfruchtbarer, schlechter Grund (Nutzg. als Acker od. Grünland geht aus Bel. nicht immer klar hervor; Bed.Ang. wiederholt „Öde, öder Grund" u.ä.) verbr. Lung. (schlechte, nasse, saure, hügelige u.ä. Wiese, die nicht als Ackerfeld taugt), Buckl.Wt., Waldv., Weinv.; swNBgl., ve. SBgl., SMäWb.(1999) 134; Füg.: *dǫs is ɒ gǫundse īɒ'n* e. verwilderter, steiniger Grund nwWaldv.; Syn. → *Ôde*; — **e)** frisch gerodetes Grundstück im ersten Jahr mInnt., nUInngeb., Liesingt., sMPinzg. — **2.** Begrenzg. e. Flur / e. Grundstücks u.ä. ve.; — im bes.: **α)** Feldrand (zw. Zaun u. Akkerland) nwObMurgeb.; Grenzstreifen steir. Lafnitzt.; — **β)** „lebender Zaun" nwNBgl.; — **γ)** „breiter Zwischenraum zw. zwei Häusern" westl.mWaldv. — **3.** Ertrag eines als Grünland genutzten Grundes uÖtzt., verbr. NO-Tir.; Pinzg., Lammert., Auss.Ld., Tisch.; — im bes.: **a)** erster (Grünfutter-)Ertrag e. im Zuge der Wechselwirtschaft umgewidmeten Ackers uÖtzt., Auss.Ld., nMPinzg.; Füg.: *ę̄ɒštɒ* bzw. *dswaetɒ ēgɒχtn* Ertrag e. Wiese im ersten bzw. zweiten Jahr nach d. Umwidmg. v. Getreideacker z. Grünland Auss.Ld.; — **b)** Heu v. ersten Schnitt verbr. NOTir.; Lammert., Tisch.; Füg.: *hǫbs d-ēgɒšdn šo(n) ae(n)brǫxd?* öUInnt.; *iɒds miɒs mɒ d-ēgɒšdn ɒmǫe lī'ŋ lǫßn* näml. weil gerade etw. anderes Unaufschiebbares zu erledigen ist ebd.; Syn. → *(Egert)hǟu, -mâd*; — **c)** Heu v. zweiten Schnitt od. Almheu PinzgWb.(1987) 28; — **4.** In/als Name ve. m. Zahre, Dt.Ruth; — im bes.: **a)** als FlN ve. m. Zahre, Dt.Ruth, z. B.: *ēigərte, ēgɒtlɒ* obstObInnt., *ęrgətə, ēigərte* wObInnt., *eigərte* Gurglt., uPitzt., *ēgərt* Wimitzgeb., *ęɒgǫɒtn* obSulmt., *ęixɒtn* nSBgl., *īɒ'n* Znaim.Ld., Frain.Ld. Beranek (1936) 94; — hist.: *an der Ern* nWr.Wd. (1347) FRA 2/10 319; *ein Wießl zu zwey Tagwerkh, sonsten ein Eudel insgemein genant* steir. Raabt. (?) (1746) SteirWb.(1903) 207 (hierher?); *Ein Grund, Glanitz Eggartl genannt* uIselt. (1780) Bergmann (2005) 141; s.a. JaufengebWb.(2005) 40, Schlern-Schr. 316 (2001) 108f., Rampl (2006) 68, StubON/H. 95, ZahreWb.(2.H.20.Jh./2007) 66, ZarzWb. (v.1920/1983) 55; — **b)** in HN ve., z.B.: *eigət* nöBoz.Uld., *ōi'n*, jünger (unter Einfluß v. → *Albe* I) *ǫi'm* nwestl.uMühlv. OBOÖ 11,168; — **c)** in ON ve., z.B.: *Egarn* obGurkt. ANB 1,304 (12./13.Jh. *de Egerdi*), *d-ōi'n* Machld. OBOÖ 11,37 (1489/1493 *an der oen*), *oi'n* uYbbst. NöONb. 3,70 (1420 *auf der Oiden*).

Komp. (s.a. → Simpl.1a): **(Alt)-:** Wechselfeld nach d. ersten Jahr der Umwidmung v. Akker- zu Grasland obÖtzt., mSillt., obstZillert., UInnt., Brixent., Leukent., mMöllt., UDraut., Liesingt., ObPinzg., Ennspong., Salzbḡ., nöstl.obMühlv., Buckl.Wt. — **(Gras)-:** **1)** Wechselfeld UDraut.; Gitscht. (wenn mehr m. Gras als m. Klee bewachsen); — **2)** Wiese, die gemäht wird u.ä. obGailt. („unbebautes Feld"), UDraut. (Wiese m. Spätheu, gewöhnl. höher gelegen). — **(Mist-haufen)-:** Acker, auf dem e. Düngerhaufen steht nU-Inngeb. — **(Holz)-:** Waldparzelle in bäuerl. Besitz Pulkaut. (u.1890; *hoedsiɒ'n* u.ä.). — **(Klê)-:** brachliegendes Feld, auf dem Klee angebaut wird (Bed. nicht f. alle Bel. gesichert) mMöllt., obGailt.; UDraut., ebd. Herzmansky (1969) 314 (*khlę̄ɒgɒrtn* [Kontr.]), wU-Pinzg., Buckl.Wt., obErlauft., westl. mWaldv. — **(Kunst)-:** Wiese, die aus e. Acker hervorgegangen ist (wohl indem sie eingesät wurde u. nicht „natürl." entstanden ist durch bloßes Liegenlassen des Ackers) swFlachg. — **(Neu)-:** **1)** frisch v. Acker- zu Grasland umgewidmetes Wechselfeld (meist im ersten Jahr nach der Umwidmg.) wOPustert., außf.Lecht., Ötzt., mInnt., obstZillert., UInnt., Brixent., Leukent., ob-, mMöllt., UDraut., Liesingt., Ennspong., mSalzacht., Salzbḡ., nwFlachg., westl. mInnv., Schneebg.Geb., Buckl.Wt., nwWaldv.; Füg.: *ɒ noi-ęgɒšd ae(n)sā(n)* Grassamen etc. i.e. umgewidmeten Acker einsäen

Brixent.; Syn. → *(Ein-sât)-*; — **2)** neu aufgebrochenes, in e. Acker umgewandeltes Grasland Hochköniggeb.; — **3)** Heu, das auf e. Wechselfeld nach dem ersten Jahr der Umwidmung v. Acker- zu Grasland geerntet wird öUInnt.; — **4)** FlN mSillt. — Ltg.: *noi-* wOPustert., obst.Zillert., Brixent., Leukent., ob-,mMöllt., mSalzacht., Buckl.Wt.; *nui-* außf.Lecht., Ötzt., mSillt.; m-,UInnt. (neben *nai-*), Ennspong.; *nai-*, *nae-* UDraut., Liesingt., nwFlachg., westl.mInnv., Schneebg.Geb., nwWaldv. — **(Ein-sât)-:** Wechselfeld, in das man Grassamen etc. einsät Aichfd. (*ai[n]sǫtegɒšn*), Hochköniggeb. (*ae[n]sǫtęgɒšd*).
Abl. → *egerten, Egerter, Egertling*; weiters: *egertig, erig*, Adj., unbebaut, brach, öde ve. mWeinv. (*iɒri*). *H.B.*

Egerte, Egge, → *Ege*

egerten, egertnen, egarten, egartnen, eurden
sw.Vb., **1)** Egartenwirtschaft betreiben (Äcker in Wiesen umwandeln bzw. Brachfelder wieder bestellen) Liesingt., steir.Raxgeb., söFlachg.; wSkgt., ebd. SHausrvWb.(2008) 150, ve. VOWW, Schneebg.Geb., nwWaldv.; — **2)** Heu v. ersten Schnitt einbringen öUInnt., Salzbḡ. — Ltg.: *ēgɒdn* Schneebg.Geb.; *ēgɒšdn* öUInnt.; *ēgɒχdn*, *ę-* söFlachg., Salzbḡ., wSkgt.; *ēgɒdnen* wSkgt.; *ēgɒšdnɒ* steir.Raxgeb.; *ēgǫɒdn* nwWaldv.; *ēgǫɒdnɒn* Liesingt.; *ui'na* ve. VOWW; Etym.: Abl. v. → *Egerte*. — BayerWb.[2] 1,942 (unter *Gärt*).
Abl.: *egerteln*, sw.Vb., Egartenwirtschaft betreiben (Äcker in Wiesen umwandeln bzw. Brachfelder wieder bestellen) wSkgt. (*ēgɒdln*), sHausrv. SHausrvWb.(2008) 150 (*egárteln*; in Intervallen v. 3–4 Jahren). *H.B.*

Egerter, Egarter, Egertner, Egartner
M., **1)** Besitzer e. Egartenwirtschaft nwWaldv. (*ēgǫɒdɒ*); — **2)** jem., der häufig Äcker zu Wiesen liegen läßt Schneebg.Geb. (*ēgɒdɒ*); — **3)** als Haus- u. FN ve., z.B. *eigətər* HN mEisackt.; die gebräuchlichsten (Schreib-)Formen f.d. betr. Namen: *E[h]gart[n]er*; s.a. TirFNKde./F. 257, Pichler (1960) 362, SaFN/Z. 71 (jew. m. hist. Bel.). — Etym.: Abl. v. → *Egerte*. *H.B.*

Egertling, Egartling
M., **1)** jem., der häufig Äcker zu Wiesen liegen läßt Schneebg.Geb. (*ēgɒdliŋ*); — **2)** Sohn bzw. Tochter e. Egartenbesitzers nwWaldv. (*ēgǫɒdliŋɒ*, wohl Pl.). — Etym.: Abl. v. → *Egerte*. *H.B.*

Egete, Egge, → *Ege*

Egge, Egge, → *Ege*

Eggemar, Gew. Bürstling, → *Eckemar*

eggen, eggen, → *egen*

Eggenberger
M., e. best. Futterrübe (rund, m. kurzen Wurzeln) wSkgt. SHausrvWb.(2008) 150 (*Eggenberger*); Etym.: wohl z.e. ON *Eggenberg*. *H.B.*

Eggenburger
M., e. best. Weinsorte westl.mWeinv. (*ekŋbuɒgɒ*); Etym.: wohl z. ON *Eggenburg* östl.mWaldv. *H.B.*

Egídi, Ägidius, → *Ägidius*

Egípter, Egüpter, †Egíptier
M., **1)** Einwohner Ägyptens, Ägypter ugs. verbr. (*ęgíptɒ*, *ęgǘptɒ* u.ä.); hist.: *wie so vil tausendt egiptier in dem Mer ersoffen* Abraham (u.1690/1943–1945) 1,93; *Der Herr von Walter hat mir einmahl erzåhlt, daß die uralten Aegyptier eine eig'ne Schrift g'habt haben, die aus lauter Katzen, Meerfråulern und Ochsenkȍpf bestanden is* W. HJörgelBr. 8 (1833) 49; — **2)** Schausteller, Mitglied d. „fahrenden Volks" söSMä. Slg.Krebs (v.1945) (*ęgíptɒ*). — Etym.: Abl. v. LänderN *Ägypten*. *H.B.*

egíptisch, egüptisch
Adj., zu Ägypten gehörig, aus Ägypten stammend u.ä., ägyptisch ugs. verbr. (*ęgíptiš*, *ęgǘptiš* u.ä.); Füg.: *Ägyptische Finsternis* wohl iron. f. gr. Finsternis (unter Anspielung auf eine der 10 v. Gott verhängten Plagen wider die Ägypter im Alten Testament [2. Mose 10,22]) W. Slg.Pfannl (u.1930); hist., lit.: *der* [...] *Pharao, der Egiptische Monarch* Abraham (u.1690/1943–1945) 1,93; *Ihna lahn i de Böck' außi* [ich werfe Sie hinaus, s. → *Pock* I,6b], *wenn S' mi no 'mal mit Ihnere ägyptischen Tram'* [wohl: Phantastereien, Einbildungen] *aufrewell'n* [aufschrekken, → *(auf)rebęllen*] W. Pötzl (1906/1968j) 83. — Etym.: Abl. v. LänderN *Ägypten*. *H.B.*

Ëgler, Egel, → *Ëgel*

ëglig
Adj., **1)** v. Leberegeln befallen (v. Vieh) mHausrv. Traxler (1965) 112 (Näh. s. ebd.); — **2)** v. Finnen e. parasitären Wurms befallen (v. Schafen) uPustert.; Pustert. (?) TirWb. (1955–1956) 1,10; Füg.: *ein agligis schôf* ebd.; *špriŋ ɒs wi ɒn agligis šōf* seltsame Sprünge machen uPustert. (wohl nach d. auffälligen Verhalten v. Schafen, die an der durch Finnen hervorgerufenen Drehkrankheit leiden, vgl. → *Turm* II,3 u. → *türmisch*

4); s.a. → *(Schâf)ëgel.* — Ltg. (zu *a-* f. *ë-* vgl. → *Ëgel*): *ẹ̄glegs* (flekt.) mHausrv.; *aglig* Pustert.; Etym.: Abl. v. → *Ëgel.* *H.B.*

egnen, eggen, → *egen*

Ẹgresch, Ẹgreschel, Ẹgresel

Genus? (wohl meist nur Pl.), Stachelbeere (Ribes grossularia) nSeew. (*ēgɒrẹ̄sl*), sMBgl. (*eigrẹ̆ßl*), nSBgl. (*ẹ̄grẹ̆ßl, ẹgreißn, eigrẹ̆ßl*), mSBgl. (*eigɒrẹiẞl*), bgl.Raabt. (*eigrẹisl, eigɒrẹ̆ißl*), uMurgeb., M-,SBgl., sWUng. DWA 2,75 (*Egreschl*), swSlwk. ebd. (*Egresch*). — Etym.: Rückentl. des ung. Germanismus *egres* Stachelbeere, Näh. s. unter syn. → *Ágraß(el)*. *H.B.*

Eh, Ähre, → *Eher*

eha, Zuruf an Zugtiere, → *aha, ẹ* II, *öha*

†**Êhaft**, F., N., Gemeinde-, Gerichtsversammlg. bzw. d. dabei angewandte Recht u.ä. hist., s. DBÖ

†**êhaft**, Adj., gesetzl., rechtmäßig u.ä. hist., s. DBÖ

Ehe, Ehe, Ehebund, → *Ê*

ehe, früher, bevor, → *ê* I, III

Eher, Ëher, Äher, Aher, Erhe, Eh, Eer, Ere, Äre [Ähre]

F., Getreideähre verbr. m. SI; (Teil e.) Weintraube westl.mWeinv., wPollau.Bg. (Dem.); Wimper Lus.; Etym.: ahd. *ehir* st.N. AhdWb./F. 3,88f., mhd. *eher, äher* st.N. MhdWb./L. 1,514, diese in etym. Zshg. m. → *Ege* stehend; Näh. s. DEWb./K.[24] 23 (*Ähre*). — BayerWb.[2] 1,54 (*Äh*), BWB 1,238f. (*Ähre*), SdWb. 1,260f. (*Ähre, Eher*; K. 1/11), VlbgWb. 1,56 (*Ähere*), SchwäbWb. 1,119 (*Aeher*), SchweizId. 1,69f. (*Ächer*).

Ltg. (z.d. Schwankg. v. mhd. *ë* u. *e* im Anlt. s. Lgg. § 3p; zu regionalem Nebeneinander v. altem inlt. *-h-* u. jüngerem *-x-* bzw. dessen Schwund im Mbair. u. späterer Restituierg. s. Lgg. § 33b; nicht zuletzt wegen d. starken Rückgangs d. Getreideanbaus in Teilen d. Bearbeitungsgeb. im Laufe des 20.Jh. ältere Formen tw. durch jüngere, v. standarddt. *Ähre* beinflußte verdrängt; häufig nur im Pl. bel., ve. unklar, ob sich Bel. auf d. Sg. od. d. Pl. beziehen; ve. Dem. häufiger gebr. als nicht dem. Form; b. Ltg. des Typs *ẹ̄-ɒ, ẹ̄ɒ* u.ä. tw. nicht klar, ob Zweisilbigk. vorliegt, z.T. auch beide Formen nebeneinander bel., deshalb hier zs.gefaßt; s.a. DAÖ 502, Reiffenstein [1955a] 1f., Resch [1968] K.43, Glattauer [1978] K.13, VALTS 1,74, SAO 1,112): *Eher, Ëher, Äher*: Sg.: *ēh(ə)r, ēhɒ(r), -x-* u.ä. südl.obVinschg., Pass., Etscht., nwBoz.Uld., Jaufengeb., mEisackt., Lüsenert., Def., verbr. WTir.; mNTir., nUInngeb., Brixent., öUInnt., Glant., KäWb.(1862) 4, obSalzat., Mürzt., uFeistritzt., steir.Raabt., uMurgeb., wTenneng., wFlachg., uSteyrt., wSkgt., nwestl.obMühlv., söstl.uMühlv., ve. wVUWW; östl.mWeinv., nöWeinv., Marchfd., nSZNeuhs., Zlabings.Ld., öSMä., Fersent., wBrünn; *ēɒhɒ, eɒxɒr* u.ä. Iselt., Def., m-,sMSt., uMurgeb., Lus.; *iɒhɒ* obZillert.; *eihɒ, ēixər* u.ä. sBoz.Uld., mEisackt., öOPustert., Stanzert., ObInnt. m. SZSamn., Pitzt., nöOb-Inngeb., mInnt. m. Innsbruck, obStub., Sillt., Zillert., Lammert., Ennspong., uBöW, wSBö.; *ẹ̄ɒxɒ* u.ä. ve. mMSt.; *ẹ̄hər, ẹ̄xr, ẹ̄xɒ* u.ä. wSTir., ve. Boz.Uld. m. Bozen; Sarnt., stir.Wippt., Ahrnt., Pustert., Def., Virgent., Kalsert., Tannheimert., Zw.Toren, außf.Lecht., obstObInnt., uÖtzt., Sell., obstZillert., öUInnt., ObKä. m. Kanalt., öNockgeb., mbair.ObSt., obst-,obFeistritzt., steir.Lafnitzt., mOSt., steir.Raabt., uMurgeb., Pinzg., Pong., Lammert., swFlachg., Kremst., öTraunv., nöstl.uMühlv., Mostv., Triestingt., VUWW, verbr. Waldv., nWachau, Weinv.; W., wNBgl. m. Eisenst., ve. nöNBgl.; n-, sSBgl., SMä., ve. zimbr.; *ẹ̄ɒhɒ(r), ẹ̄ɒxr* u.ä. Münstert. (amdal.), östl.uVinschg., Sarnt., sBoz. Uld., uEisackt., Iselt., Lienz.Beck., Zw.Toren, Ötzt., verbr. Kä., sbair.ObSt.; öObMurgeb., W-, MSt., steir.Lafnitzt., mOSt., uMurgeb., Lung., ve. Pinzg.; Salzachpong., zimbr.; *ẹihr, ẹ̄ixɒ* u.ä. westl.uVinschg., nUmg.Meran, sBoz.Uld., Grödnert., Tauferert., obstObInnt., Pazn., ob-, mEnnst., steir.Raabt., uMurgeb., ve. MPinzg., wUPinzg., Hochkönigg eb., Pong.; uBöW, wSBö.; *äihr* Zarz; *aiχɒ* sSZNeuhs. SdWb. 1,260; *ēhɒn* u. ä. obMöllt., Auss.Ld., obEnnst., Flachg. m. Salzbg̃., südl.obInnv., w-,söSkgt., nwestl. uMühlv., uYbbst.; *ēixən* Gurglt.; *eihɒn* wSBö.; *ẹɒx(ɒ)n* u.ä. ve. mObMurgeb.; östl.obMurt., ve. WSt.; *ẹ̄h(ɒ)n, ẹ̄xɒn* u.ä. obMöllt., Auss.Ld., Paltent., uEnnst., steir.Lafnitzt., sMPinzg., ve. sFlachg.; südl.obInnv., westl.mInnv., ve. Hausrv., wSkgt.; Traunv. (tw. amdal. neben jüngerem *ẹ̄-ɒn*), nöstl.uMühlv., obYbbst., Dunkelstn.Wd., nwNBgl.; *ẹixɒn* wUPinzg.; *āh(ɒ)r, āhɒ, -x-, āxər* u.ä. Vinschg., obPustert., wOPustert., otir.Lesacht.; UInnt. (in → *[Prand]-*), TirId.(1866) 6, obGailt. (1870), uMurgeb., Zlabings. Ld., Znaim.Ld., Gott.; — m. *ọɒ-* als hyperkorr. Rückbildg. v.e. Pl./Dem. *ẹɒ-*: *ọɒhɒ* obGailt.; — m. Wandel *-h-* > *-g-* bzw. Restituierg. d. geschwundenen *-h-* durch *-g-*: *ēgɒ* Frain.Ld., Auspitz.Ld., Brünn; *ēigɒ* Auspitz.Ld.; *ẹ̄gɒr, ẹ̄-, ẹgərɒ* u.ä. zimbr., Valsug.; *āgər* Gott.Suchent.; — m. Wandel *-h-* > *-i̯-* bzw. Restituierg. d. geschwundenen *-h-* durch *-i̯-*: *ẹ̄i̯ɒ* u.ä. steir.Lafnitzt., ob-Steyrt.; uMühlv. Pree (1953) 80, ve. NBgl.; nSZNeuhs., Auspitz.Ld.; *ẹi̯ɒ* u.ä. westl.uInnv., n-,mHausrv.; *ẹi̯ɒxɒ* u.ä. ve. mMSt.; *ẹ̄i̯ɒn* u.ä. wTenneng., *ẹ̄i̯ɒn* wSkgt.; — Pl.: *ēh(ə)r, -x-, ēxɒ* u. ä. Lüsenert., Def., uLecht., Stanzert., Pazn., obstObInnt., Kaunert., Sillt., Zillert., NOTir., KäWb.(1862) 4, nMPinzg., wUPinzg., öSMä., wBrünn; *ēhɒn, ēxərn* u.ä. sBoz.Uld., Sell., mInnt., obStub., obSillt., UInnt., KäWb.(1862) 4, w-,nöFlachg., südl.obInnv., w-,söSkgt., nwestl.obMühlv., nwestl.-,söstl.uMühlv., östl. mWeinv., Fersent.; *ēəhɒn* Iselt.; *ɐɒxɒrn* Lus.; *eihər, eihɒ, eiχər, eixɒ* u.ä. nwBoz.Uld., öOPustert., Stanzert., ObInnt., uPitzt., obZillert., UInnt., Pinzg., uBöW; *eihərn, -χ-, eixɒn, -h-* u.ä. sBoz.Uld., Gurglt., obStub., mInnt., obSillt., uBöW, wSBö.; *ēxrɒ* außf.Lecht.; *ē(i)hɒ'nɒ* u.ä. nwestl.obMühlv., wSBö.; *ęhr, ęhɒ, -x-* u.ä. nö-Umg.Meran, Dt.Geg., Sarnt., uPustert., Ahrnt., wOPustert., obstZillert., ve. NOTir.; Lesacht., mMöllt., Liesingt., mEnnst., ve. Pinzg.; Kl.-Arlt., söSkgt., uYbbst., ve. VUWW, öWaldv.; *ęɒhɒ(r), -x-* u.ä. Iselt., Zw.Toren, ob-,uÖtzt., Katscht., Liesergeb., obGurkt., wObMurgeb., Liesingt., Laßnitzgeb., Lung.; *ęɒhn, ęɒxərn, ęɒx(ɒ)n* u.ä. westl.obMurt., mObMurgeb., östl. obMurt., uMurgeb., Lus.; *ęhɒn, ęxərn* u.ä. nördl. obVinschg., Kalsert., mMöllt., ObSt., WSt., öU-Pinzg., Salzachpong., wTenneng., ve. Flachg.; obInnv., westl.mInnv., sHausrv., Kremst., öTraunv., nöstl.uMühlv., Mostv., ve. öVOWW, sVUWW, Waldv., Weinv.; W., bgl.Heide, ve. SMä.; *ęixɒ* ve. Pinzg., Ennspong.; *äihr* Zarz; *aiχɒ* sSZNeuhs. SdWb. 1,260; *ęxrɒ, ęxərə* u.ä. Tannheimert., außf.Lecht.; *ęhɒnɒ* Auss.Ld., uEnnst.; *ęihɒn* uBöW, wSBö.; *āhɒr, āxɒ* u.ä. Ahrnt., obPustert., wOPustert., otir.Lesacht., Zlabings. Ld., Znaim.Ld.; *āhərn* Gott.; *ē(i)gɒn* Frain.Ld., Auspitz.Ld., Brünn; *ęgɒr, ęgɒdɒr* u.ä. Dreiz.Gm.; *ęgərər* Sieb.Gm., Dreiz.Gm., Valsug.; *ęgərn* zimbr. — 1.Dem.Sg.: *ēxərlə* obstObInnt., Kaunert.; *ēhɒl, -x-* u.ä. nwestl.obMühlv., Buckl.Wt., mSBgl., Jaispitzt., Iglat., Wisch.; *ēhrlɒ* Brünn; *ɐɒxɒrlə* Lus.; *ɐɒxl* mMSt.; *eihərlə* wObInnt.; *eihɒl* uBöW; *ęhɒl, -x-* u.ä. westl.mInnv., Strudeng., uYbbst., Erlauft., obPielacht., Perschlingt., Buckl.Wt., nöWaldv., söWeinv.; östl.mWeinv., bgl.Pinkat., uIglat., Brünn, Wisch.; *ęɒxɒl* mittl. obMurt.; *ęɒhɒlə* Virgent.; *ęɒxɒrli* obSarnt.; *ēgɒl(ɒ)* nöSMä., Brünn; *aχǫlə* otir.Lesacht.; *āh(ə)rlə* Gott.; *āxɒlɒ* Znaim.Ld.; — 1.Dem.Pl.: *exərle* Lüsenert.; *ēhrlɒn* wBrünn; *ēhɒl, -x-* u.ä. nwFlachg., obTraisent., mSBgl., öSMä., Wisch.; *ēi̯ɒl* nMBgl.; *ęxɒl* ve. Mostv., Waldv.; *ęxɒln* u.ä. Perschlingt., Buckl.Wt., nöWeinv., ve. SMä.; *ęxɒlə, -ɒ* u.ä. obAhrnt., Lesacht., mEnnst.; *ęχɒlɒn, ę-* u.ä. Antholzert., Lesacht.; *ęɒxɒrlɒr* obSarnt.; *ęɒxɒli* u.ä. Laßnitzgeb.; *āχɒlɒn, āχorlɒn* u. ä. obPustert., otir.Lesacht.; *āhərlain* Gott.HLd.; m. *n-* aus d. Sandhi: *nęgɒln, -xɒln* westl. mWeinv.; — 2.Dem.Sg.: *ēhae, exai* u.ä. wU-Pinzg., nwestl.obMühlv.; *eihai* uBöW; — 2.Dem.Pl.: *eihai̯ɒn* uBöW; — *Aher*: Sg.: *ǫxər* KäWb.(1862) 4; *ǫxɒn* wObMurgeb. (Sg.=Pl.); 1.Dem.Sg.: *ǫxɒl* wObMurgeb.; — *Erhe* (Metathese?): Sg.: *ęərxə* außf.Lecht.; Pl.: *ęərxɒ* außf. Lecht.; — *Eh, Jeh*: Sg.: *ęx* Kössent., Leukent., öUInnt., nMPinzg.; *ęix* ve. Pinzg.; *ēx* u.ä. u-,ob-Zillert., verbr. NOTir.; nMPinzg., wUPinzg.; *ēix* u.ä. UInnt., ObPinzg.; m. Präjotierg.: *i̯ēx* ve. Ach.Beck.; — Pl.: *ęχŋ, ęxn* u.ä. obPölst., mEnnst., Eisenst.; — *Eer, Ere* (ohne Reibelt.; tw. städt. bzw. ve. auch als jüngere, v.d. Standardspr. beeinfl. Ltg.): Sg.: *ē-ɒ, ēr, ēɒ* Reggelbg., steir.Lafnitzt. m. bgl.-,ung.Pinkat., wTenneng., östl.uInnv., nHausrv., obMühlv., ve. westl. uMühlv.; *eirə* Pfitscht.; *ēir* u.ä. Vinschg., Pass., Etschgeb., s-,nöBoz.Uld., Reggelbg.; *ērɒ* u.ä. mEisackt.; *īɒ* swestl.uMühlv.; *ę-ɒ, ęr, ęɒ(r)* u.ä. uEisackt., Tannheimert., außf.Lecht., Zw.Toren, steir.Ennst., steir.Lafnitzt., Lung., Pinzg., Pong., Lammert., westl.uInnv., südl.obInnv., obSteyrt., nördl.oö.Ennst., söstl.-,swestl.uMühlv., uYbbst., verbr. nwMostv., ve. Waldv., verbr. Weinv.; Znaim.Ld., Auspitz.Ld., wNBgl., sSeew. m. ung.Heide, sMBgl., nSBgl., bgl.-,ung.Pinkat., Plad.; *ęrɒ* außf.Lecht.; *ęɒrə, -ɒ* u.ä. obPustert., Villgratent., außf.Lecht., Zw.Toren; *ęir* mEisackt., Reggelbg.; *ē-ɒ'n, ēɒ'n* u.ä. ve. Flachg.; südl.obInnv., östl.mInnv., verbr. Hausrv.; wTraunv., nördl.oö.Ennst., ve. obMühlv., verbr. uMühlv.; obTraisent. (jungmdal.), nwWaldv., nö-Weinv., W., wNBgl., sMBgl., ve. uBöW, SBö.; SMä., Brünn; *eirn* Pfitscht.; *īɒ'n* u.ä. swFlachg., mHausrv.; *ę-ɒ'n, ęɒ'n* u.ä. Aichfd., Erzbg.Geg., wTenneng., Lammert., ve. wFlachg., verbr. Innv., ve. Hausrv., Traunv., verbr. uMühlv.; Schneebg.Geb.; ve. wNBgl.; sMBgl., wSBö.; *ę'n* Auss.Ld.; *eiɒ'n* nwestl.uMühlv.; — Pl.: *ēr* Reggelbg., *ēɒ* ve. westl.uMühlv.; *ērn, ē'n* mEisackt., sMBgl.; *ē-ɒ'n, ēɒ'n* u.ä. steir.Lafnitzt., wTenneng., nwFlachg., östl.uInnv., südl.obInnv., verbr. Hausrv., ve. Traunv., verbr. Mühlv.; *īɒ'n* mHausrv., swestl.uMühlv.; *ēɒ'nɒ* obKremst., ve. obMühlv.; *ei̯ɒ'n* u.ä. westl.uInnv., nwestl. uMühlv.; *ēirn* u.ä. Pfitscht., nöBoz.Uld.; *ę-ɒ, ęɒ* u.ä. westl.uInnv., nWaldv., swNBgl., sMBgl., Znaim.Ld.; *ę-ɒ'n, ęɒ'n* u.ä. Aichfd., Erzbg.Geg., steir.Lafnitzt., nwFlachg., verbr. Innv.; n-, mHausrv., söSkgt., obKremst., öTraunv., söstl. obMühlv., verbr. uMühlv., ve. Mostv.; obTraisent., Schneebg.Geb., Buckl.Wt., ve. nWaldv.; nö-Weinv., W., swNBgl., nSBgl., wSBö., Auspitz. Ld.; *ęi̯ɒr* u.ä. Auspitz.Ld.; *ęrɒn* söstl.uMühlv.; *ę-ɒ'nɒ, ęrnɒ* söSkgt., westl.mInnv.; *ęi̯-ɒ'n, ęi̯'ɒn* u. ä. ve. Sa.; obSteyrt.; uMühlv. Pree (1953) 80; *ęirn* mEisackt.; — 1.Dem.Sg.: *ērlə, ęɒrlə* Zahre; *ē-l* bgl.Pinkat.; *ē-ɒl* nöSkgt.; Buckl.Wt. (neben *ē-ɒln*); *ę-ɒl, ęɒl* u.ä. uFeistritzt., nördl.obInnv., obstKampt., sMBgl.; — 1.Dem.Pl.: *ērlɒn, ęɒrlɒn* Zahre; *ē-ln* bgl.Pinkat.; *ęɒrlɒn* obPustert.; — *Äre*: Sg.: *ā(r)n* Zlabings.Ld., Pollau.Bg., Jaispitzt., öBrünn; Pl.: *ā(r)n* Pollau.Bg., Jaispitzt., öBrünn; — 1.Dem.Sg.: *ārlə* ve. obPustert.; 1.Dem.Pl.: *ārlər* obPustert.

Genus (soweit bel.; tw. mehrere Genera nebeneinander in ein u. ders. Kleinregion): F.: verbr. m. sbair.SI; — M.: Pass., Dt.Geg., uSarnt., Pustert., Def., Virgent., Zw.Toren, Stanzert., Pazn., obst-,wObInnt., Ötzt., Gurglt.; UInnt. (in → *[Prand]-*); Innt. TirWb.(1955–1956) 1,141, Zillert., uMöllt., Katscht., Liesergeb., UDraut., obGurkt., Glant., wObMurgeb., Liesingt., Laßnitzgeb., ve. Lung., Pinzg.; Sieb.Gm., Dreiz.Gm., Valsug., Zarz; — N.: Ahrnt., Def., Sillt., Zillert., verbr. NÖTir., Lung., ve. Pinzg.; swestl. uMühlv.; NÖ Hofer (1880) 82, swNBgl., sSZNeuhs., Plad.

Bed.: **1)** Fruchtstand d. Getreidepflanze, Ähre (v. Weizen, Roggen, Gerste etc., für d. Haferrispe meist → *Hattel*) verbr. m. SI; — im bes.: Haferrispe östl.uInnv.; — Füg. (meist Pl.; s.a. GottWb.[1973–1976] 1,8): *šeini/štǫɒki ę̄ɒ'n* nwWaldv.; *ęəxɒ wiɒ wǫɒtstsępfn* (→ *[Wēiz]zapfen*) so gr./dick wie Maiskolben Laßnitzgeb.; *ęhɒ wiɒ graßddsępfɒ* (→ *[Gräßt]zapfen*) so gr./dick wie Nadelbaumzapfen mEnnst.; *ē-ɒ'n wiɒ dsępfm* dass. nöSkgt.; *ēhɒn wiɒ dǭ(n)dsębfn* dass. nwFlachg., ähnl. wSBö.; *ę̄ɒ'n wiɒ dsißkɒ* (→ *Zischke*) dass. nwWaldv.; *E. wie Drischel* (→ *Drischel* 1a) so gr./dick wie Dreschflegel söSBö.; *drimɒ* (→ *Trumm* 2a) *ę̄ɒ* gr. Ähren nwWaldv.; *ɒ dswilešɒ* (→ *zwilisch*) *ęhɒn* doppelte bzw. gegabelte Ähre südl.obInnv., ähnl. swWaldv.; *tßwīslįgę* [→ *zwislig*] *ę̄ɒ* dass. sSZNeuhs. SdWb. 1,260; *d-ēihɒn san šǫɒdi* sind schartig, d.h. sie weisen leere Stellen, Lücken auf (z.B. wegen Schädlingsbefalls) söSBö., ähnl. mEnnst., söstl.uMühlv., nwWaldv.; *di ęhɒn san šitɒ* (→ *schütter*) dass. nöWeinv.; *bɒ d-ēxɒl* der Teil d. Garbe, wo die Ähren sind Buckl.Wt.; (d. Getreide) *kχriək eirn* bildet Ähren aus Pfitscht.; *is* (sc. d. Getreide) *šiɒst in di ǫxɒn* dass. wObMurgeb., ähnl. nUInngeb., Jaispitzt.; *d-ę̄ɒ'n ghemɒn aoßɒ* d. Ähren bilden sich aus nwWaldv.; *s ghǭɒ'n ghimd ɒ d-ē-ɒ'n* dass. nöSkgt.; *sdrǫɒd gę̄d in d-ęhɒn* dass. W. (u.1930), ähnl. Brixent., Leukent., obGurkt., Dunkelstn.Wd., Buckl.Wt., nwWaldv.; *s drǫɒd hep ǭ(n) ę̄xɒ kxriɒ'ŋ* dass. wUPinzg.; *ęgərn įukχn* wohl dass. (vgl. → *jucken* u.a. werfen) zimbr., ähnl. LusWb.(1905) 244; *glǫɒni ę̄xɒn sedsds ao(n)* d. Ährenansatz ist schwach nöWeinv.; *ēhɒn ǭdrā(n)* b. Garbenbinden d. Ähren zusammendrehen (vgl. → *[ab]drâen* 1b) nwFlachg.; *ēihɒn dsǫmdrā(n)* dass. uBöW; *ę̄xɒ kxlao'm* Ähren v. abgeernteten Acker auflesen Kössent., ähnl. verbr. m. mbair.SI; *ę̄xɒr aukχlaubm* dass. uPustert., ähnl. nö-Umg.Meran; *ęɒxɒ tsǫmkxlao'm* dass. Katscht., ähnl. Def., otir.Lesacht., nöstl.obMühlv., nördl.uMühlv., uYbbst.; ve. uBöW, SBö., SMä. SdWb. 1,261 (K.1/13); *ēhɒn sǫmön* dass. söSkgt.; *E. lesen* dass. ve. uBöW, SBö., SMä., Brünn SdWb. 1,261 (K.1/13); *Z'èrme bàible bon khòome* [„von keinem"] *is gant lèzan àu d'éegare* d. arme alleinstehende kl. Frau ist Ähren auflesen gegangen ZimbrWb.(1975) 130; *ęhɒ ręχɒ* auf d. abgeernteten Acker liegengebliebene Ähren zusammenrechen Piestinggeb.; *ę̄-ɒ hāe'ŋ* (vgl. → *häuen* Heu etc. einbringen, heuen) dass. westl.uInnv.; *ɒ įę̄ds ęɒxɒ īs ɒ šnītl brǭt* Ob-Lung.; *di ōkßlōgnən eixər* d. (durch d. Dreschen) abgeschlagenen Ähren nwBoz.Uld.; — hist., lit.: *wie nemblich unter dem vorwand eher zu glauben* [→ klauben] *auß denen mändln* [Garben, → *Mann* (1.Dem.Pl.),] *ganze schocken* [Büschel, → *Schock*] *herauß geschnidten und dem aigenthumer entzogen worden* swestl.uMühlv. (1756) ÖWeist. 12,355; *Aecher, die Aehren* ÖMdaWb.(1811) 5; *Wie rauschen nöt d'Ähárn, / Wie saust nöt dá Wald* mInnv. Stelzhamer (1844a) 15; *Echa* NöWb.(1847) 119, *Aecher (pl.) die Aehren* WrWb.(1847) 8; *Send di Ächern schlecht g'rathn, / Gibt's Stroah no was aus* sbair.ObSt. Grasberger (1884) 102; *Wia-r-a' in t' Kia'ch'n ainikimmpt, schaut a' halt umatum, wea' tëi Echa' håt* näml. als Erkennungszeichen im Knopfloch nSBgl. Bünker (1906) 27; *Dá Summer is nahgruckt und d' Ähan habn kracht* nördl.obInnv. Wagnleithner (1921) 5; *Zeitige* [reife] *Äh'an* Znaim.Ld. Bacher (1926) (= Buchtitel); *Ja, „Ächer Klaubm"! .. Zu jeder Ähre, die unaufgeklaubt im „Hâlmach"* [Stoppelfeld, → *Halmach*] *lag, mußte ich mich niederbücken* Kä. Unterlercher (1932/1975) 55; *kan Eacha buckt si heint, is ålls mausstat* [mucksmäuschenstill, → *(maus)stât*] swMKä. Glawischnig (1967) 33; — Sachl., Volksglaube: d. Auflesen der auf d. abgeernteten Acker liegengebliebenen Ä. wird v. Kindern verrichtet od. man überläßt diese Ä. armen Leuten ve.; Ä. werden z. Weihwassersprengen verwendet (oft im Zshg. m.d. Aufbahrg. e. Toten bel.) nöSkgt.; sTulln.Beck. (meistens drei Ä.), Buckl.Wt., nwWaldv., nöWeinv.; W. (u.1924); wSBö. (geweihte Ä.), Jaispitzt.; öBrünn (ausgedroschene Ä.); man bringt Ä. am Kreuz i.d. Stube an obPustert.; eine an d. Fenster d. Wohnhauses gesteckte Ä. schützt vor Unwetter sWachau WZV 35 (1930) 152; — **2)** Teil e. Weintraube westl.mWeinv. (1.Dem. Pl.); Ranke m. Weintrauben wPollau.Bg. SdWb. 1,260 (Dem.); vgl. → *(Lës)-*; hist. (hierher?): *welcher abbricht ein örl* [Beere der Weintraube] *ab einen weinper* sTulln.Beck. (17.Jh.) ÖWeist. 9,175 (Bed. lt. NöWeistGl. 697); — **3)** Wimper LusWb.(2001) 82.

Komp.: **(Prand)-:** Ähre, die durch Mutterkorn verdorben ist UInnt. TirWb. (1955–1956) 1,102 (*brǫnd-āxər*); Etym. d. Bw.: → *Prand* 14c Mutterkorn. — **(Ge-trēid)-, (Trēid)-:** Getreideähre steir.Lafnitzt., sTulln. Beck., Dunkelstn.Wd., Perschlingt., nwWaldv.; Jaispitzt. (1.Dem.); Füg.: *fu drae drǫɒdęxɒ di bliɒ eßn – griɒgd mɒ ned sōdbręnɒ* Perschlingt. — **(Dri)-:** dreifache Kornähre swWaldv. — **(Fall)-:** auf d. Feld liegengebliebene Ähre nUInngeb. — **(Gërsten)-, (Gërste)-, (Gërst)-:** Gerstenähre wOPustert., obstObInnt., Kaunert., mInnt., nUInngeb., öUInnt., Brixent., mMöllt., mittl.obMurt., Laßnitzgeb., wUPinzg., nwFlachg., westl. mInnv., nHausrv., nöSkgt., Dunkelstn.Wd., nwWaldv., sMBgl., uBöW, wSBö., Jaispitzt., doch wohl weiter verbr.; Ltg.: *gęrβ̌tə-, -ɒ* wOPustert., obstObInnt., Kaunert., *gęɒšd-* nUInngeb., öUInnt., Brixent., mittl.obMurt., *giɒšdn-* nwFlachg. (amdal., neben jüngerem *gęɒšdn-*), *gęrβ̌tn-*, *gęɒšdn-* u.ä. sonst im Verbr.Geb. — **(Hattel)-:** Rispe (verästelte Ähre) d. Hafers mEnnst.; Etym. d. Bw.: → *Hattel* Haferrispe. — **(Korn)-:** Getreideähre mInnt., nUInngeb., öUInnt., mMöllt., mittl. obMurt., mEnnst., Laßnitzgeb., mMSt., nwFlachg., westl.mInnv., obKremst., nHausrv. m. Linz, nöSkgt., sMBgl., uBöW, w-,söSBö.; im bes.: Roggenähre söstl. uMühlv. SAO 1,112 (1.Dem.); hist.: *korneher, die sich neigen, seindt besser, als die in die hehe steigen* W. Abraham (u.1690/ 1943–1945) 2,244; *Kornåcher* ÖMdaWb. (1811) 5; *Koa'necha* NöWb.(1847) 119. — **(Lës)-:** b. Weinlesen übersehene Traube östl. mWeinv. (1.Dem.); vgl. → *(lës)eherln*. — **(Roggen)-, (Rogge)-, (Rogg)-:** Roggenähre wOPustert., obstObInnt., Kaunert., nUInngeb., wUPinzg., doch wohl weiter verbr.; Ltg.: *roukkə* u.ä. wOPustert., obstObInnt., Kaunert.; *rokŋ-* u.ä. wUPinzg., *rok-* nUInngeb. — **(Spigget)-:** Ähre d. Lavendels uPustert. (*špikɒt-exɒ*); Etym. d. Bw.: → *Spicket* Lavendel. — **(Stutz)-:** Ähre, die m.d. Sichel zu kurz abgeschnitten wurde nHausrv. (*šdūdsēi̯ɒ*), OöWb.(1978) 285 (*Stutz-äher*). — **(Wēizen)-, (Wēize)-, (Wēiz)-:** Weizenähre obstObInnt., Kaunert., nUInngeb., öUInnt., mMöllt., mittl.obMurt., mEnnst., wUPinzg., nwFlachg., nöSkgt., mHausrv., Dunkelstn. Wd., nwWaldv., uBöW, Jaispitzt., doch wohl weiter verbr.; lit.: *Tu gehst aussi a'f 's Fëlt unt raisst tar-a tiari Wåaz'echa' å'* nSBgl. Bünker (1906) 27; Ltg.: *wātβə-* wOPustert., *wǫɒtβn-* mInnt., *wǫɒts-*, *wāts-* u.ä. sonst im Verbr.Geb. — **(Pau-wēiz)-:** Weizenähre Laßnitzgeb., mMSt.; Etym. d. Bw.: → *(Pau)wēizen* Weizen (im Ggs. zu → *Wēizen* Mais ebd.). — **(Zwilisch)-:** Doppelähre wSBö.; Etym. d. Bw.: → *Zwilisch* u.a. Astgabelung. — **(Zwisel)-:** Doppelähre swWaldv.; Etym. d. Bw.: → *Zwisel* u.a. Astgabelung.

Abl. → *Eherach*, *-eherecht*, *Eherer*, *-eherig*, *ehern*; weiters: *(Ge)ehere*, N.Koll., auf d. Feld liegengebliebene Ähren nöUmg.Meran (*gęxərə*). *H.B.*

eher, früher (Kompar.), → *ê* I

Eherach, Aherach; Ehach, Erach

N.Koll., **1)** e. Menge v. Ähren UDraut. (*ę̄xɒx*); — **2)** Ähren, die auf d. abgeernteten Feldern zurückbleiben obAhrnt. (*ęhɒrɒ*), mMöllt. (*ę̄xrɒx*), KäWb.(1862) 4 (*ǫxrɒx, ęxrɒx*); Sachl.: werden v.d. Armen aufgelesen KäWb.(1862) 4; — **3)** Ähren, die b. Aussieben in der Reiter zurückbleiben UDraut. (*ę̄əhrɒx*); Ährenabfälle auf d. Tenne VUMB (*ę̄ɒrɒd*; 1890); Spreu (wohl Getreidespreu) Znaim.Ld. SdWb. 1,263 (*ę̄ɒrɒt*; *ę̄ɒlɒt* [wohl Abl. v.e. Dem.]); hist.: *Waitz vnd Khornhinterich, auch Abreib vnd Errach wiert jährlich auf den Khasten gebracht 48 Viertl* Saggaut. (1688) SteirWb.(1903) 205. — Etym.: Abl. v. → *Eher*. — BWB 1,241 (*Ähret*), SdWb. 1,263 (*Ähr[l]icht*).

Komp.: **(Ge)-:** e. Menge v. Ähren uYbbst. (*gę̄hɒrɒd*); im bes.: Ähren(reste) als Dreschabfall uKampt. (*gę̄xɒrɒd*); auf d. Feld liegengebliebene Ähren nwFlachg. (*gehɒrɒd*), nördl.obInnv. (*geərəd*), westl.mInnv. (*gęɒrɒd*); Sachl.: man überläßt auf d. Feld liegengebliebene Ähren den Armen, die sie zusammenrechen nördl.obInnv. (u.1929). *H.B.*

-eherecht

Adj., nur im Komp.: **(rauh)-:** wohl: buschig, unregelmäßig od. dgl. (v. Ähren) nöWSt. (1918), nur i.d. Füg.: *rāuxęɒxɒdɒ wǫɒts*; Etym.: Abl. v. → *Eher*. *H.B.*

Eherer

M., Person, die Ähren aufliest mHausrv. (*ē-ɒrɒ*), verdeutlichend auch als *(Auf)-* nUInngeb. (*auf-ehərər*); Etym.: Abl. v. → *Eher.* — BWB 1,241 (*Ährer*), SdWb. 1,263 (*Ährer*), VlbgWb. 1,56 (*Äherer*), SchwäbWb. 1,120 (*Aeherer*), SchweizId. 1,70 (*Ächerer*). *H.B.*

-eherig

Adj., nur im Komp.: **(tschopfecht)-:** m. büscheligen Ähren (v. Getreide) PassWb. (2004) 230 (*tschopfit-eechrig*); Etym.: Abl. v. → *Eher.* *H.B.*

eherln, ereln

sw.Vb., Ähren auflesen nwWaldv. (*ęɒln*); Füg.: *ęɒln gē(n)* Ähren auflesen gehen ebd.; Etym.: dem. Abl. v. → *ehern.* — BWB 1,240 (*ähreln*), SdWb. 1,260f. (*ähreln, eherln*; K.1/ 11).

Komp.: **(lës)-**: Nachlese im Weingarten halten östl.mWeinv. (*lēsēxɒln*). *H.B.*

ehern, ähern; eren

sw.Vb., **1)** Ähren ansetzen/ausbilden (v. Getreide) westl.uVinschg., ebd. STirWbNtr. (1979) 81, Dt.Geg., obEisackt.; mEisackt., ebd. LusWb.(1905) 244, obAhrnt., uPustert., wOblnnt., nUInngeb., öUInnt., TirId.(1866) 6, TirWb.(1955–1956) 1,141, Nockgeb., UDraut., obGurkt., KäWb.(1862) 4, mittl. obMurt., mEnnst., SteirWb.(2000) 21, ObPinzg., Salzachpong., nwFlachg., nwWaldv., Pulkaut.; Weinv. (u.1890), sMBgl., Sieb. Gm., Dreiz.Gm., Lus., Gott.; Füg.: *s drǫɒd ēhɒd* nwFlachg.; .. *faoŋgd is ęɒ'n ao(n)* nwWaldv.; Bauernregeln: *Mitn earschtn Gugguschrai / fongs* [näml. d. Korn] *za woxn oun, / Viarzen Tog icherts, / Viarzen Tog bliats, / Viarzen Tog mochts in* [vgl. → *[in]machen* u. a. anschwellen], */ Viarzen Tog raifts* westl. uVinschg. ZsSchlern 52 (1978) 344; *ɒf i̯ouhɒn fɒn nebɒmuk* (Fest d. hl. Johannes Nepomuk, 16. Mai) *soüs drǫɒd is ęɒ'n ao(n)faoŋɒ* nwWaldv.; lit.: *Wenn nach dem Veitstag (15. Juni) der Winterroggen schon „ächern tuat" (in die Höhe schießt)* Nockgeb. Moro (1952) 59; — **2)** Ähren lesen (v.a. liegengebliebene Ähren auf abgeernteten Äckern; ve. m. Hinweis, daß dies armen Leuten überlassen wird) TirWb.(1955–1956) 1,141, verbr. Innv., Hausrv.; swestl.uMühlv., OöWb. (1978) 71; verdeutlichend auch als *(auf)-* nöUmg.Meran, nUInngeb., östl.mInnv.; Füg.: *i gę ɒs ęhɒn* gehe Ähren auflesen westl. mInnv.; — hist., lit.: *alle velt sollen frei sein zu eehern und häbern* [wohl: Haferrispen auflesen, vgl. → *häbern*] nöstl.uMühlv. (1554) ÖWeist. 12,551 (in OöWeistGl. 197 irrtüml. zu *ernten* [→ *ärnen*] gestellt); *das niemande, mann oder weib, jung oder alte personen sich unterstehen sollen, auf den felderen oder äkkern zu echeren, ehe- und zuvor der zehendherr und paumann sein korn ab den felderen gar abgeführt hat* öOblnnt. (A.19.Jh.) ebd. 3,2; *Das Korn ähret schon* GrazTPost 25.5.1930; — **3)** d. letzte Obst sammeln TirWb.(1955–1956) 1,141. — Ltg. (ve. nur flekt. Formen od. PPt. bel., Qualität d. Stammvok. aus Bel. oft nicht ersichtl.): *ēxərn, ēhɒn, ę-* u.ä. nöUmg.Meran, Dt.Geg., mEisackt., obAhrnt., uPustert., nUInngeb., öUInnt.; mMöllt. (in → *[fer]-*), KäWb.(1862) 4, mEnnst., ObPinzg., Salzachpong., nwFlachg., westl.mInnv., sHausrv., OöWb. (1978) 71; nöWeinv. (u.1890), sMBgl.; *eihərə* wOblnnt.; *eihərn, -x-, ēixɒn* u.ä. stir.Wippt., obEisackt., NTir., TirWb.(1955–1956) 1,141; wSBö. (in → *[fer]-*); *ɛɒxɒ(r)n, ęɒhərn, ęɒxn* u. ä. TirWb.(1955–1956) 1,141, UDraut., obGurkt., mittl.obMurt.; WSt. (in → *[aus]-* 1), SteirWb.(2000) 21, Salzachpong., Lus.; *īhɒrn, īxərn* u.ä. westl.uVinschg., uPustert.; *ęgərn* Sieb.Gm., Dreiz.Gm.; *ē̜i̯ɒn* mHausrv.; *-ǫɒxn* WSt. (in → *[aus]-* 1); *axərn, āhərn* u.ä. TirId.(1866) 6, KäWb.(1862) 4, Gott.; *eirn* TirWb.(1955–1956) 1,141; *ē-ɒn, ę̄-ɒn, ę̄ɒ'n* u. ä. verbr. Innv.; n-,mHausrv., swestl. uMühlv., nwWaldv., Pulkaut.; Weinv. (u.1890); sMBgl. (in → *[fer]-*); PPt.: *g̑ə-ɛɒxɒrt* Lus., *gę̄hɒd* u.ä. Salzachpong., westl.mInnv., *gę̄-ɒxd* östl.uInnv., mHausrv.; *gē-ɒd, gę̄-ɒd, gę̄ɒd* u.ä. mInnv., nördl.obInnv., nHausrv., nwWaldv. — Etym.: Abl. v. → *Eher.* — BayerWb.[2] 1,54 (unter *Äh*), BWB 1,240f. (*ähren*), SdWb. 1,262 (*ähren, ehern*), VlbgWb. 1,56 (*äheren*), SchwäbWb. 1,119 (*ähere*ⁿ), SchweizId. 1,70 (*ächeren*).

Komp. (s.a. → Simpl.2): **(aus)-: 1)** Ähren ansetzen/ausbilden, in d. Höhe schießen (v. Getreide) UDraut., WSteirWb.(1987) 422, Pulkaut.; nöWeinv. (u.1890); — **2)** d. Ährenbildg. abschließen (v. Getreide) nwWaldv. — **(fer)-:** d. Ährenbildg. abschließen (v. Getreide) mMöllt., mEnnst., sMBgl., wSBö.

Abl. → *eherln.* *H.B.*

ehest, frühestens, → *ê* I

Ēi

N. (M. tw. Zarz in Bed.1,3a), (Hühner-)Ei allg. m. SI; Hoden verbr. m. einigen SI; (Hart-)Geld W.; Scheltw. W.; weitere übertr.

Bed. ve. (s.w.u.). – BayerWb.² 1,55 (*Aij, Ay*), SdWb. 3,535f., VlbgWb. 1,671f., SchwäbWb. 2,549f. u. 6/2,1800f., SchweizId. 1,13f.

Ltg.: **1)** Typus *ǭɒ* u.ä. (z. Entw. v. mhd. *ei* über mhd.-bair. *ǫi* zu bair. *ǫɒ* vgl. Lgg. § 20b,e u. K.16; zu Ausspr.Var. wie *ǭə* u.ä. vgl. Wiesinger [1970] 2,136f.; zu den Ltg. in WTir. s.a. VALTS 2,85) verbr. m. einigen SI; – Sg.: *ǭɒ* u.ä. Tir. verbr., M-,UKä. ve., St. verbr., Sa., OÖ, NÖ, Preßbḡ.Geg., sWUng., W. (hier bäuerl. amdal.), Bgl. verbr., uBöW, SBö., w-,söSMä.; tw. zimbr., Brünn; *ǭə̯i̯ə* Zarz (auch *ǭi̯e*, vgl. Ltg.2); m. Übertragung des *-r* v. Pl. auf den Sg.: *ǭɒr* Pustert. (in → *[Henn]-* 1), Virgent. (in → *[Ant-lâß]-*); otir.Lesacht. u. öNOTir. ve. (jew. amdal.), swTraunv. (u.1860); *ǫɒr* uBöW, w-,nöSBö., Bud., Brünn SdWb. 3,535; – Pl. (zu auslt. *-r* vgl. Lgg. § 50f1; zu *-g-* als Hiatustilger ebd. § 29b4): *ǭɒr, ǭɒ* u.ä. Tir. verbr., jedoch *ǭɒrə* Pass. VALTS 2,85, Eisackt., Ahrnt., uPustert.; Lüsenert. (in → *[Âmēiß]-* 1), obstObInnt. ve. (in Bed.2a); Sell. VALTS 2,85; mSillt. (in → *[Holz]-* 3), obZillert.; *-ǭɒi̯ə* obstObInnt. ve. (in → *[Aprîlen]-, [Mēien]-*); *ǭɒr, ǭɒ* mMöllt., M-,UKä. ve., jedoch *ǭɒi̯ər* nwMKä. ve.; *ǭɒ* u.ä. verbr. St., Sa., OÖ, NÖ, Bgl., SBö., w-,söSMä.; *ǭɒr* Preßbḡ.Geg., sWUng., Brünn; uBöW, SZNeuhs. u. Bud. SdWb. 3,535; *ǫɒḡi̯ar* Dreiz.Gm., *ǭə̯i̯(ə)r* Zarz (auch *ǭi̯r*, vgl. Ltg.2); – 1.Dem.Sg.: *ǭɒlə* u.ä. uIselt., Lienz. Beck., ObInnt., obstÖtzt., mMöllt., MKä. ve., nwUKä.; *ǭɒdl* obVinschg., *ǭɒ(d)l* M-,OSt., Flachg., OÖ verbr., NÖ ve., sMBgl., wSBö., sSZNeuhs., Brünn; *ǭɒrl* uBöW, wSBö., Bud. SdWb. 3,536; – 1.Dem.Pl.: *ǭɒlən* Lienz.Beck., *ǭɒlə* mMöllt., *ǭɒlɒn* MKä. ve., nwUKä.; *ǭɒdlɒ* sbair.ObSt.; *ǭɒ(d)ln* sonst verbr.; – 2.Dem. Sg.: *ǭɒləli* nördl.obVinschg. VALTS 2,85, *ǭɒlələ* TirWb.(1955–1956) 1,10, *ǭɒrae* öNOTir., Salzachpong., nwestl.obMühlv., *ǭɒlae* Lung., *ǭɒdɒl* u.ä. wSBö. (hier auch *ǭɒdae*), söSMä., Brünn; *ǭɒrərl* wSMä. SdWb. 3,536; – 2.Dem.Pl.: *ǭɒləlɒn* nördl.obVinschg. VALTS 2,85, *ǭɒlɒlɒ* Lung.; – kindersprl.: *ǭɒli* WSt. ve. u. wohl sonst verbr.; – **2)** Typus *ǭi* u.ä. (tw. ä. Lautentw. von mhd. *ei*, vgl. Lgg. § 20f; dies tw. Sieb.Gm., tw. Gott., nSZNeuhs., Wisch.; s.a. Wiesinger [1970] 2,139f.; sonst entstanden im Pl. durch d. Lautentw. mhd. *ei* + *j* > *ǫɒi̯* > *ǫi*, vgl. Lgg. § 20i1; in weiterer Folge v.d. häufigeren Pl.Formen auf den Sg. übertr.) OTir. u. Kä. ve., mbair. ve., einige SI; – Sg.: *ǭi* u.ä. mMöllt. Hornung (1968) 84 (aber Pl. *ǭɒ*, 1.Dem.Sg. *ǭɒle*), nördl.obInnv., söstl.obMühlv., söSBö., SZNeuhs., söWisch.; FersentWb.(1982) 168, Gott. ve.; *ǭi̯e* ZarzWb. (1983) 56; – Pl.: *ǭii̯ər, ǭi̯ər, ǭii̯ɒ* u.ä. Lienz.Beck. Lgg. § 20i1, Kalsert.; nwestl.obMühlv., nwHausrv. (amdal.), nWr.Wd. Pausch (1962) 38, uBöW, sö-,wSBö.; zimbr. Lgg. § 20i1, Fersent., Gott. ve.; *ǭi̯r* ZarzWb.(1983) 56 (auch *ǭə̯i̯[ə]r*, vgl. Ltg.1); *ǭi* nördl.obInnv.; uBöW SdWb. 3,535; – 1.Dem.Sg.: *ǭil* uBöW, SZNeuhs. SdWb. 3,536, *oile* Sieb.Gm. Bass (1904) 35, *ǭidl* Fersent., *ǭile* Gott. ve.; – 1.Dem.Pl.: *ǭi(d)ln* sSZNeuhs. SdWb. 3,536, *ǭilain* Gott.ObLd. GottWb. (1973–1976) 1,126 (in Bed.3a); – 2.Dem.Sg.: *ǭidae* uBöW, *ǭirae* wSBö. u. wSMä. ve., *ǭi̯ərl* Wisch. SdWb. 3,536; – **3)** Typus *ā* (vgl. Lgg. § 20g1; s.a. Ltg.4a; zur Grenze zw. *ǫɒ* u. *ā* in SMä. vgl. Beranek [1936] 82f.) Tir. ve., Kä. ve., Kanalt., W. (amdal.), nöSMä. verbr., söSMä. ve., Plad., Zahre; – Sg. (tw. auf *-r[ə]*, dies aus d. Pl. übertragen): *ā* nöBoz.ULd.; obPustert. (in → *[Pëch]-, [Ôster]-* 1), Stanzert., Pazn., *ārə* wOPustert., *ār* OPustert. TirWb.(1955–1956) 1,10, *ār* KäWb.(1862) 81 (neben *ǭɒr*), *ār* W. (amdal.), auch WrWb.(1873) 15 (*Aar*) u. WrGr.(1956) 67, zu amdal. *ā* in W. vgl. auch e. hist. Bel. unter Bed.1a; *ā(r)* öSMä., s.a. SdWb. 3,535; *ā* Pollau. Bg. (in Bed.1e), *ār* Plad. Bruniera (1937–1938) 116; – Pl.: *ār* PladWb.(1972) 157 (nach Sartor), Pazn., KäWb.(1862) 81 (neben *ǭɒr*), W. (amdal.), auch WrWb.(1873) 15 (*Aar*), 101 (*Ar*); *āre* OPustert. TirWb.(1955–1956) 1,10, *ārə* obPustert. (in → *[Pëch]-*); *ā(r)* nöSMä. verbr., söSMä. ve.; – 1.Dem.Sg.: *ālə* u.ä. Def. TirWb.(1955–1956) 1,10, Ob-,MKä. verbr., Kanalt., KäWb.(1862) 81; *ā(r)l* W. (amdal.), auch WrWb.(1873) 15 (*Aarl*), *ā(r)l, ā(d)l* öSMä. SdWb. 3,536, *āle* PladWb. (1972) 157 (Dat.Sg. *ālan*), Zahre Magri (1940–1941) 91, ZahreWb.(2.H.20.Jh./2007) 3; *nāle* (m. proklit. *n-* des unbest. Art., wie z.B. in → *Ane, Auchte*) sObKä.; – 1.Dem.Pl.: *ālən* otir. Draut., *ālɒn* u.ä. Ob-,MKä. verbr., KäWb.(1862) 81, Kanalt., *ā(r)ln, ā(d)ln* öSMä. SdWb. 3,536, *ālan* PladWb.(1972) 157, ZahreWb.(2.H.20.Jh./2007) 3; – 2.Dem.Sg.: *ālile* KäWb.(1862) 81, *ādɒl, ārɒrl* öSMä. SdWb. 3,536; – 2.Dem.Pl.: *ādɒln* söSMä. SdWb. 3,536; – **4)** Typus *ai, ae* Kä. u. SMä. ve., Kanalt., Tisch.; verkehrssprl.; im bes.: **a)** mit lautgesetzl. *ā* (vgl. Ltg.3) u. Übertragung von *-i-/-i̯-* des Pl. auf den Sg. (vgl. dazu auch Lessiak [1903] 78: v. lautgesetzl. Pl. *ā-i̯r* übertr. auf den Sg.): Sg.: *āi* obGailt. Schabus (1971) 306; *ai* obGailt. Krassnig (1870) 27; *ai̯* Kanalt. (jedoch 1.Dem.Sg.: *ālə*), *ai̯* sö-,wSMä. SdWb. 3,535f.; – Pl.: *āi̯ǫ* obGailt. Schabus (1971) 306, *ai̯ɒr* obGailt. Krassnig (1870) 32, *āi̯ər* südl.Kä. Lgg. § 20i2, Kanalt.; *ai̯r* sö-,wSMä. SdWb. 3,535f.; – 1.Dem.Sg.: *āili* TischWb. (2002) 33; – 1.Dem.Pl.: *āilan* TischWb.(2002) 33; – 2.Dem.Sg.: *aiələ* obGailt. Krassnig (1870) 27 (jedoch 1.Dem.Sg.: *āle*), *āi̯ərl* sö-,wSMä. SdWb. 3,535f.; – **b)** mit verkehrssprl. *ae*: Sg.: *ae* verkehrssprl. verbr.; *aei̯ɒ* u.ä. (m. Übertragung d. Pl.Ltg. auf den Sg.) OÖ u. NÖ ve. (jungmdal.), Preßbḡ.Geg., s.a. PreßbḡWb.(1983) 16 (*Eier*, Sg. u. Pl.); W., s.a. Gartner (1904) 3,189, WrWb.(2002) 327; – Pl.: *aei̯ɒ* verkehrssprl. verbr.; — **5)** div. Sonderltg.: **a)** mit Triphth.: Sg.: *ǫǫɒ* u.ä. OSt. u. Bgl. ve.; *ūäi* mSBgl.; *oai, uai* GottWb.(1973–1976) 1,126; — Pl.: *oaii̯ər* GottWb.(1973–1976) 1,126; — 1.Dem.Sg.: *oaile* GottWb.(1973–1976) 1,126; — **b)** mit Monophth.: Sg.: *ǭ* Def. HORNUNG (1964) 76, Def. TirWb.(1955–1956) 1,10 (jedoch 1.Dem. Sg. *ālə* Def.); *ǭr* wBrünn (neben *ǭɒ*); — Pl.: *ǭr* Def. TirWb.(1955–1956) 1,10, nöSBö. SdWb. 3,535, *ǭi̯ər* Sieb.Gm. KRANZMAYER (1925/1981) 57 (m. Schwund des *ɒ* vor *i̯*); *ǭi̯ər, ǭdži̯ər* Sieb.Gm., *ǭdžɒr* Lus. Lgg. § 24a5 (mit *dž* aus dem Venezian., Näh. s.d.); *ǫdži̯ɒr* LusWb.(1905) 333; — **c)** mit Umlt.: Pl.: *ę̄ɒr* Reggelbg. TirWb.(1955–1956) 1,10; — 1.Dem.Sg.: *ę̄ɒli* obstOblnnt. ve. VALTS 2,85; *öle* CimbrWb.(1855) 212, *öɒle* u.ä. ZimbrWb.(1975) 185, LusWb.(1905) 333; — 1.Dem.Pl.: *ę̄ɒlə* obstOblnnt. ve. VALTS 2,85.

Etym.: ahd. *ei*, st.N., GSg. *eies, eiies*, Pl. *eigir, eiier* AhdGr./B.[15] 1,114; mhd. *ei*, st.N., GSg. *eies, eiges*, Pl. *eier, eiger* MhdWb./L. 1,515f.; weitere Schreibungen wie mhd. *ai*, Pl. *eijer* usw. s. WMU 1,422f.; zum intervok. *-j-/-g-* im Mhd. vgl. MhdGr./P.[23] 142f.; zurückgehend auf germ. **ajjaz-* u. dies letztl. aus idg. **ō(u̯)i̯-om* Ei, d.h. das zum Vogel Gehörige; Näh. dazu u. zu versch. Theorien bezügl. d. Abl. s. DEWb./K.[24] 229, DEWb./Pf.[5] 263, IdgEWb./P.[2] 1,783f., EWA 2,967f.

Bed.: **1.** Hühnerei allg. m. SI; auch in allen Regionalwbb.; ZarzWb.(1983) 56 (M. in Huben); d. meisten Sammlerbel. stammen aus d. 1.Viertel d. 20.Jh. u. sind daher in bezug auf Braucht., Volksmeing., Eierproduktion, -handel u.dgl. vielfach als va. anzusehen; zu Braucht. u. Volksmeing. s.a. HDA 2,595f., DVkWb./EB.[3] 159f.; d. häufige Dem.Form bezieht sich nicht auf d. tatsächl. Größe d. jeweiligen Eies, sdn. ganz allg. auf das Ei als etw. Kleines, Geringfügiges; daher auch oft nur im Dem.Pl. (bzw. im Pl.) bel.; Syn. → *Gacke* (Dem.); Syn. f. (z.B. b. „Eierpecken", vgl. Bed.1e) beschädigtes, zerbrochenes Ei → *(Tschrêp)-*; *Prüchling, Tëgel* I,4d, *Tętsche* I,3b, *Dotter* 2, *Dotterling* 2, *Tschilse* 3, *Lempen*; — Füg., Ra. (die sich auf d. Beschaffenh., d. Aussehen, d. Wert u.dgl. e. Eies beziehen; weitere Füg. u. Ra. in spezielleren Bed. s. unter den entspr. Bed.Punkten): *wie auf Eiern gehen* näml. sehr vorsichtig verbr.; *sich gleichschauen wie ein Ei dem anderen* verbr.; *frisch wie aus dem Ei geschält* v. Aussehen, bes. v. Gesicht nöMKä., westl. mInnv., .. *gekrochen* dass. söFlachg.; *wie aus dem Ei* näml. so sauber, frisch, neu (v. Gesicht, Kleidern, Möbeln) OÖ ve., W.; *das Ei ist gescheiter / will gescheiter sein wie die Henne* sagt man zu e. Kind, das nicht auf d. Eltern hören will uBöW, wSBö.; *'s uai ischt gəschaitar biə də hennə* dass. Gott. ZÖV 12 (1906) 140; *mear sein a's drei âr unter an körblan* sich über seinen Stand erheben wollen Draut. KäWb.(1862) 81; *Den seini Oa haum zwej Duda* dem seine Eier haben zwei Dotter, v.e. Angeber gesagt Waldv. HRUSCHKA (1933) 162; ähnl. wSMä. SdWb. 3,537; *Ist baz häute 'z Oa bedar morgen de Henna* besser heute d. Ei als morgen d. Henne [d.h. besser e. kleinen, aber sicheren Gewinn als große Hoffnungen, die sich nicht erfüllen] Sieb.Gm. ZHDM 1 (1900) 171, ähnl. PladWb.(1972) 157; *dǫ iß gšrǭɒ* (Geschrei) *woe greßɒ ǫeß* (als das) *ǭɒ* v.e. Übertreibg. gesagt sWSt.; s.a. UgsLex./K. 2,682f. (mehr als 100 Ra.), DRaLex./R.[4] 2,354f.; Rätsel m. Bezug auf e. Ei s. KäWb.(1862) 15 (unter *pànze*), GottWb.(1973–1976) 1,126; Volksmeing.: v. Eiern zu träumen bed. Unglück sWSt., bed. Verdruß wSBö.; ein um d. (Weide-)Vieh gerolltes Ei hält d. Vieh zs. söSBö. SdWb. 3,538; wenn d. Hirte d. Vieh zum ersten Mal im Jahr auf d. Weide treibt, gibt man ihm e. Ei mit nSBgl. RIEDL/KLIER (1957) 309 (Näh. s.d.); zum Ei in Sagen aus Tir. s. ZINGERLE (1859) 82 u.ö., ALPENBURG (1857) 263,376; — hist., lit. (Auswahl; weitere hist. u. lit. Bel. s. unter den entspr. Bed. Punkten): [nirgends] *truoc nie dehein meier / einen roc der zweier eier / waere bezzer dan der sîn* es hat niemals e. Meier (Bauer) einen Rock getragen, der auch nur um zwei Eier wertvoller (d.h. geringfügig besser) gewesen wäre als seiner WERNHER (u.1270/1974) 8,171f.; *so tut, sam* [als ob] *ir des golds nit achtet umb ein ei* ganz u. gar nicht LORENGEL (E.15.Jh./1872) 83; *als ver* [weit] *er mit ainem air zwischen der pein durchwerfen mag* [kann] innerhalb dieser Grenze dürfen seine Hühner frei laufen nöFlachg. (1625) ÖWeist. 1,29; s.a. DRW 2,1296; *mer versprochen als ghalten .. vil gschrey, wenig ai* W. ABRAHAM (u.1690/1943–1945) 1,188; *aan Aar* (Sg.) ÖMdaGl.(1785) 70; *Der waß* [weiß] *seine Ar zu essen* er nützt seinen Vorteil ÖMdaWb. (1811) 70; *Oar* (Sg.), *Ár* [spr. *ār*] u. *Oar* (Pl.), *Árl* (Dem.) NÖ SEIDL (1844) 324 (Reg.); *Und haut s' Oar um d' Erd* auf den Boden OÖ PURSCHKA (1886) 131; — d. Hühnerei im bes.: **a)** d. Ei als Produkt u. Ware: d. Henne legt(e) d. Eier in e. Nest allg.; s.a. → *(Pilg)-* 1, *(Leg)-*, *(Nëst)-* 2 sowie → *dienen* 5, *ēiereln* 1, *legen, (fer)-; (Leg)henne*; Volksmeing.: d. erste Ei, das e. Junghenne legt, soll man herschenken, damit sie d. weiteren Eier leichter legt swTraunv.; findet man e. bes. kleines Ei, bedeutet dies Unglück od. Tod söSMä. SdWb. 3,538; s.a. → *(Teufel)-, (Hęxen)-* 1, *(Neid)-, (Ur)-*; — Füg., Ra.: *D' Oa va d' oagna Hea(n) san de bestn* PiestinggebWb. (2006) 93; *s Hendl håt a Eier glegt* WrWb. (1929) 52; *da ailan leing* d. Eier legen TischWb.(2002) 33; *er weiß nicht, wo er das Ei* (spr.: *s ǭɒr*) *hinlegen soll* er kann sich nicht entschließen swTraunv. Slg.GRIENBERGER (u.1860), ähnl. westl.mInnv., Linz, uBöW; *Eier legen* ungeduldig, neugierig sein; e. Geständnis ablegen W. (gaunersprl.) BURNADZ (1966) 34; s.a. eine Ra. unter Bed.6; *alleweil Junge, Eierlein* (spr.: *ǭɒln*, 1.Dem. Pl.) *und Dreck im Nest* sagt man v.e. kinderreichen Ehepaar nHausrv.; *s ǭɒ fɒ dɒ hēn hēɒ* d. Ei v.d. Henne her, d.h. ganz frisch uBöW; Kinderreim: *hęndi bibī́, hęndi bǫbǭ́, wånsd mɒ ghǭɒ(n) ǭɒ(d)l legsd, šdīx i di ǭ* westl. mInnv.; — d. Eier werden/wurden v.d. Bäuerin od. (auf großen Höfen) v.d. Hühnermagd (→ *[Henn(en)]dierne*) eingesammelt verbr.; Füg.: *„Oa aufnema“ nennt man das Herausholen der Eier aus dem Nest* PinzgWb. (1992) 122; s. → *(ab)nëmen, (auf)-*; — das b. Verkauf d. Eier erzielte Geld kann/konnte d. Bäuerin für sich behalten verbr. (va.); vgl. → *(Ēier)päu(e)rin, -gëld, -kräuzer*; d. Eier werden/wurden dem → *(Ēier)mann* od. der → *(Ēier)frāu* verkauft verbr.; s.a. → *(Ēier)tändlerin, -tragerin; Ēierer, Fragner, (Ēier)handler*; Eier handelt(e) man im → *Schock* bzw. im → *Dutzend* ve., vgl. d. Kontextbel. unter → *(Künigel-hasen)-*; auch heute (A.21.Jh.) sind noch Eierkartons m.e. halben Dutzend Eiern im Handel gebräuchl.; Füg.: *Dä'* [diese] *Henn hot a Dutzad Oa g'legt* MostvLex.(2004) 112; — e. Anzahl v. (befruchteten) Eiern läßt/ließ man v.d. Hennen ausbrüten allg.; s.a. → *(Průt)-; průten* 1 (Syn. s.d.), *(ēier)průtig, Glucke, (Průt)henne, (Gluck)-; (an)setzen*; Füg.: *Oar unterlegn* näml. der Bruthenne TraunvWb.(2004) 137; *a liacht's Oa* e. nicht befruchtetes Ei SMäWb.(1999) 320; *e. taubes/blindes Ei* dass. söSMä. SdWb. 3,536; Volksmeing.: aus e. länglichen Ei schlüpft e. Hahn, aus e. rundlichen e. Henne; daher setzt(e) man mehr rundl. Eier an öUInnt.; ebs. söSBö. SdWb. 3,538; weitere Bel. z. Volksmeing. s. DBÖ; — Eier hält/hielt man länger frisch durch Einlegen in Getreide u.dgl. ve., vgl. → *(Trēid)-, (Sag-schēiten)-, (Stützen)-, (Wēiz)-*; durch Einlegen in Wasserglas (e. Chemikalie) od. in gelöschten Kalk u. Wasser verbr., vgl. → *(Kalk)-*; s.a. → *(Äschen)-; (Ēier)dêse*; — hist., lit. (d. Ei auch als Abgabe, z.B. zu Ostern): *si verkoufte manec huon und ei* WERNHER (u.1270/1974) 10,221; *30 aeyer .. 30 ayer* mSTir. (1288) FRA 2/45/1,94; *20 aeiger .. 30 ayr* Burggr. (1288) ebd. 2/45/1,140; *etleich lert er* [d. Teufel] *nemen das ai, / das an dem weihenpfinztag* [Gründonnerstag] *wirt* VINTLER (1411/1874) 274,8189f.; vgl. → *(Weihen-pfinz-tag)-*; *vm aer vnd chëss vnd fleisch semel vnd gewuerczt 37 d* nWr. Wd. (urk. 1488) RbKNeubg̃. 7/2; *er* [e. Krämer] *sol auch geben aines aäs minder dann zu Wien; ob ainer .. gäb 6 aäer und .. nur funf aär* W. (1515) ÖWeist. 7,825; [sie sollen] *geben jahrlichen .. vierundzwainzig hundert air .. und sollen die air gefallen halbe zu ostern und halbe zu sanct Martins tag* [am 11.11.; dies war e. wichtiger bäuerl. Zinstag] wSTir. (1315/c.A.17.Jh.) ebd. 5/1,171; *und zu den ostern hat er* [d. Pfarrer] *von ainem ieden ain ai* Schneebg.Geb. (1630) ebd. 7,255; *daß ihnen* [den Bäuerinnen] *d' Wiener 's Eyr noch um ein Siebner zahln müssen* W. Eipeldauerbr. 18 (1795) 41; *weil er sich seine Aar und Bissel Butter .. selber kauft* W. HJörgelBr. 1 (1832) 14; *Kratzfueß* [Name e. Henne] *.. hat Oarl dermeni'* [die Menge] */ g'legt in ihr Nest* sWr.Beck. NAGL (1909) 16; *Di Hennlan gebm ins* [uns] *Oalalan / Oalalan gebmer in Pater / Pater gipp ins Ringlan* südl.obVinschg. WIELANDER-PLATZGUMMER (1975) 26 (d. Kapuziner u. Franziskaner sammelten Eier ein u. gaben den Kindern dafür Ringe, vgl. ebd. Anm. 20); *I bitt önk, Bäurin, schauggs mei Öland* [Elend] *ån! / An Ale lei!* swMKä. GLAWISCHNIG (1967) 36; — **b)** div. Bestandteile d. Eies: d. Eidotter, in Füg.: *s rǫat* [das Rote] *von ǫa* LusWb.(1905) 333; *z gę̄le* [das Gelbe] *vame ālan* PladWb.(1972) 157; Syn. → *(Tritt)-, (Tutter)-; Dotter* 1 (w.d.); s.a. → *(Toppel)-*; Ei ohne Dotter s.u. → *(Hęxen)-* 1, *(Ur)-*; — d. Eiweiß, in d. Füg.: *z bāißße vame ālan* d. Eiweiß PladWb.(1972) 157; Syn. → *(Weiß)-; (Ēi)klâr, -weiß*; — d. Eihaut, in d. Füg.: *d hāod / s hāedl fon ɒn ǭɒ* mbair. ve.; Volksmedizin: e. Häutchen v.e. Ei legte man kl. Buben auf d. Penis, um ihnen d. Urinieren zu erleichtern wSBö. (u.1915); Syn. →

(Ēi)haut; — d. Eierschale, in d. Füg.: *d šōlv fvn vn aev* W.; zur Verwendg. d. Eierschalen vgl. → *(Ant-lâß-pfinz-tag)-*, *(Ôster)-* 1 (Braucht.); Syn. → *Gucke*, *(Ēier)-*; *(Ēier)schale*, *Schĕrfe*; Füg.: *a ggschĕrfts Oa* e. Ei ohne feste Kalkschale PassWb.(2004) 148, ähnl. TirWb.(1955–1956) 2,519; *gətßę̄vfts ǭv* Lienz.Beck.; vgl. ähnl. Waldv. WEINKOPF (1926) 41f. („hingeschürft" in d. Bed. schalenlos, Näh. zur Entstehungsursache bzw. zur Volksmeinung s.d.); Ra.: *mit einem umgehen wie mit einem g'schürften Ei* näml. sehr schonend TirId.(1862) 652, ähnl. PassWb.(2004) 148; *mit dę̄in mūəßə umgīən wi mit vn gətßę̄vftn ǭv* Lienz.Beck.; Syn. f. e. Ei ohne feste Schale → *(Pumm-elástik)-*, *(Hęxen)-* 1, *(Scharfel)-*, *(Schĕrfel)-*, *(Schliß)-*, *(Schürf)-*; — d. Samen d. Hahns im Ei s.u. → *Pâchtler*, *(Han)puck*, *-tritt*; d. Keimbläschen im Ei s.u. → *Āuge* IV,2c; Syn. f.d. spitze Ende d. Eies → *Pitz* II,1, *Spitz*; Syn. f.d. stumpfe Ende → *Arsch* 3a, *Tschülle* 2; — **c)** d. Ei als Nahrungsmittel allg. m. SI; s.a. → *(Fer-líer)-*, *(Růr)-*, *(Spiegel)-*; *Ēi/Ēier* ist Bw. in zahlreichen SpeiseN wie (Auswahl) → *(Ēier)pier*, *(Ēi)prâten*, *(Ēier)pretze*, *(Ēi[er])prôt*, *(Ēier)punsch*, *-dampf*, *-tatsche(n)*, *(Ēi)tschatsch*, *(Ēier)flĕck*, *-můs*, *-schmalz*, *-schmarren*, *-schober* (Dem.), *-speise*, *-stĕrz*; s.a. → *(Ēier)pĕcher(lein)* (unter → *Pĕcher* II); — im bes.: **α)** auf versch. Weise zubereitet (bzw. roh), in adj. Füg.: *e. hartes, weiches, kernweiches Ei* verbr.; *e. gesottenes Ei* gekocht ve., *ḡezoutna ālan* dass. PladWb. (1972) 157; *v lę̄(n)s ǭv* e. weichgekochtes Ei so u.ä. verbr., *v lēns ovli* dass. WSteirWb. (1987) 266, *v lę̄(n)s ǫvlae* dass. Lung., *len gsodne Oar* dass. OöWb.(1978) 172, *leni Ar* weich gesottene Eier, Tunkeier WrWb. (1873) 101; s.a. → *len*; *Eingerührte Eier* Eierspeise, Rührei Auss.Ld. WggUgs./K.[2] 397; s.a. → *(Růr)-*; *gesetzte Eier* Spiegeleier W. (1899) WggUgs./K.[2] 398 (aus e. Wr.Kochb., Näh. s.d.); s.a. → *(Spiegel)-*; *v fvlūv'ns ae* e. verlorenes Ei, in d. Suppe geschlagen W., ähnl. küchensprl.-ugs.; *a klår's Oa* e. rohes Ei SMäWb.(1999) 320; *ein rohes Ei* ungekocht verbr.; Füg., Ra.: *drei Eier schwer Zukker* (usw.) Ei als Gewichtseinheit b. Backen verbr.; *so hāgli* (heikel) *sǟe(n) wiv-r-v rōxs aev* Linz u.ä. verbr.; *dę is wiv lę̄(n) gsō'nə ǫvr* den muß man wie weichgesottene Eier behandeln, da er leicht gekränkt ist mHausrv. NEUNER (1966) 126; *geßnə ǫvr drǭ'ŋ* „gegessene Eier tragen: e. Sache abdienen f.e. empfangenen Dienst", d.h. sich erkenntl. zeigen müssen nUInngeb.; — hist., lit.: *mach len ayr tikch* W. KlstKochb.(u.1430/ 1999) 276; *Von derwelten* [gekochten, vgl. → *(der)wellen* sieden] *ayern* ebd. 304; *Gefülte Air .. Gestückte* [halbierte] *air* MondsKochb. (1439/1999) 172 (Näh. s.d.); *Wildu machen verlornew ayer* InnsbrKochb.(1451/1999) 204; *Mein herrn probst .. für das erst ain mal haisse ayer* nWr.Wd. (urk. 1457) RbKNeubḡ. 6/5; *Vnnd nach dem Bad ain frisch par Ayr* TirWunschSpr.(1560/1898) 165; *haben wir in den würthshauß ein paar air .. zu unß genohmen* NÖ KLEINSCHROTH (1683/1956) 73; *Eyer (gesezte)* Spiegeleier Öst. POPOWITSCH (u.1770/2004) 142; *verlohrne Eyer* pochierte Eier W. WIESER (1795) 2,63 (Näh. s.d.); *lene Air* weich gesottene Eier ÖMdaEWb.(1815) 1,13; *Air auf die Suppe, oder verlohrne Eyer* ebd. (Näh. s.d.); *gebachenes Air* [Spiegelei] ebd. (Näh. s.d.); *Gefůllte Air* ebd. (Näh. s.d.); *Gesetzte Air* ebd. 1,13f. (Näh. s.d.); *Eyer im Schlafrock* in e. Teighülle herausgebacken LinzKochb.(1827) 101; *Magst .. len gsottne Ai?* mInnv. STELZHAMER (1844b) 126; *verlornes Ei* Ei auf gebackenen Semmelschnitten SteirWb.(1903) 225 (ä.Spr.); vgl. → *(Ferlíer)-*; *seitdem ich statt einer Potage à la Colbert eine „Suppe mit Wurzelwerk und verlorenem Ei" .. zu essen bekomme* W. (1915) FackelRaWb./W. 853; — **β)** auf e. spez. Art zubereitete Eier, e. best. Art v. Eierspeise, in d. Füg. (die auch als Komp. m. neutr. Genus aufgefaßt wird): *Eier in Schmalz / Eier im Schmalz / Eier und Schmalz* „Eierspeise", tw. verdeutlicht als „Rührei", seltener als „Spiegelei" (dies eher sbair.), jedenfalls e. Speise aus Eiern, die in heißes Schmalz (= Butterschmalz) geschlagen werden sbair. ve., ÜGeb., mbair. verbr.; *Das air-in-schmàlz, oarnschmàlz* Eierkuchen TirId. (1866) 6; *Oare in Schmålz* Spiegeleier PassWb.(2004) 148; *ǫvr-in-šmǫltßə* dass. uIselt. u. Lienz.Beck.; *Oringschmalz* Spiegelei Tir., OÖ WggUgs./K.[2] 398; *Eierimschmalz* Name e. Eierspeise SteirWb.(1903) 191; *ǫvr-iŋ-šmǫitß* Eierspeise Dunkelstn.Wd.; *oaruntschmąlz, oarnschmąlz* e. Speise TirWb. (1955–1956) 1,11; verkürzt als syn. → *(Ēier)schmalz*; im bes. als Speise b.e. Festmahl verbr.; vgl. d. Hochzeitsbrauch „Eier- und Schmalzrühren" obEisackt. ZsSchlern 7 (1926) 103; auch als Füg. *Schmalz und Ei*

Eierspeise (Rührei) ZahreWb.(2.H.20.Jh./2007) 282 (*šmoltsundar*); s.a. Bed. 1cγ, 10; — hist., lit.: *dô wart ein phännel dar getragen / mit eiern in dem smalze* ÜbelWîb (u.1250/1968) 2,28f.; *christan der ayerimsmaltz* PN Linz (urk. 1331) UBOÖ 6,11; *dem hund ein .. mit löffel abzugebendes eier und schmalz .. vorgesetzet* nwOSt. (18.Jh.) ÖWeist. 10,165; *Eyerundschmalz (das) wird als ein Wort angesehen; in Ö. zerrührte u. in Schmalz gelinde gekochte Eyer* Öst. Popowitsch (u.1770/2004) 143; *Der gewählte Pathe .. läßt ein Eyer im Schmalz (Eyerkuchen) zurichten* ÖMdaEWb.(1815) 1,295, s.a. ebd. 1,13; *kein Eyerundschmalz mehr z'essen* W. HJörgelBr. 9 (1833) 36; *is a richti 's Mittagmahl schon ferti: / A-n-Oaringschmalz und a g'sottni Milih* swWeinv. Misson (1850) 49; s.a. BayerWb.[2] 1,55 (*Das Aijer in Schmalz*); — **γ)** e. (Fest-)Mahl, bei dem e. Eierspeise gegessen wird ve.; Füg.: *Eier und Schmalz* Imbiß b.d. Hausbeschau vor d. Verlobung westl.mInnv. (u.1915); *Eier und Schmalz halten* e. traditionelle Mahlzeit (bestehend aus e. Eierspeise sowie aus anderen Gerichten) z. Anlaß d. „Gevatterbittens" abhalten uErlauft. (u.1915); vgl. e. hist.Bel. unter Bed.1cβ sowie → *(ge-fatter)pitten*; Mahl am 8. Tag nach e. Hochzeit Schneebg.Geb. (u.1915; Näh. s. DBÖ); vgl. auch: „es war alter Brauch, nach d. Hochzeit ein *oarnschmąlz*-Essen zu geben" Reggelbg., Pustert., Zillert. TirWb. (1955–1956) 1,11; s.a. → *(Ēier)tag, (Schmalz)-, (Ēier-in-Schmalz)-*; — **d)** d. Ei als Schönheits- u. Heilmittel verbr. (d. meisten Bel. wurden u.1915 erhoben), Sachl.: d. Gesicht, d. Haare m. (rohen, verquirlten) Eiern (od. nur m.d. Dottern?) waschen ve.; als Mittel gegen Lungentuberkulose Klagenfurt bzw. gegen die „häutige Bräune" genommen söstl.uMühlv. (jeweils Näh. s. DBÖ); vgl. → *Präune* 2; heiße Eierspeise aufzulegen hilft b. versch. Gelenkskrankh., Abszessen u.ä. ve.; rohe, frisch verzehrte Eier gelten als Potenzmittel wSBö. SdWb. 3,538; e. rohes Ei auf Weißbrot aufgetragen u. um den Kopf gelegt hilft gegen Kopfschmerzen Gott. ZÖV 15 (1909) 175; als bes. heilkräftig bzw. Unheil abwehrend gelten/galten d. zu Ostern geweihten Eier verbr.; vgl. Bed.1e, weiters → *(Ôster)-* 1; s.a. DBÖ; Füg.: *a klår's* [rohes] *Oa*, tägl. in d. Früh getrunken, verhilft zu e. schönen Singstimme SMäWb.(1999) 320, ähnl. Tir. Haider (1985) 192; *geploppma ālan* m. Zucker geschlagene Eier als Krankenspeise PladWb.(1972) 157; vgl. → *ploppen*; *s goldənə óa* „Goldenes Ei", abergläubisches Mittel gegen d. Pest mEisackt. STirWb.(1972) 105 (Näh. s.d.); s.a. → †*(Gold)-*; — **e)** Osterei in Füg. (s.w.u.) verbr.; häufiger bel. als Komp. → *(Ôster)-* 1; s. weiters → *(Ant-lâß-pfinz-tag)-, (Weihen-pfinz-tag)-, (Kar-frei-tag)-, (Goten)-, (Ant-lâß)-, (Weih)-*; — meist als Simpl. f.d. „Osterei" gebr. in den Bez. der div. Osterspiele verbr., Näh. → *(Ēier)pëcken* (Syn. s.d.); s.a. → *(Pëch)-, (Gesch)-, (Gips)-* 1, *(Holz)-* 1, *(Ober)-, (Schub)-, (Pëch-spitz)-, (Ünter)-*, †*(Walg)-*; weitere Spiele s.u. → *(Ēier)peitschen, -pëlzen* (→ *pëlzen* II), *-pempern; Ēier* → *tętschen* 4, *tütscheln* I,2, *tütschen* I,1a, *rödeln, rollen, scheiben, walgen*; s.a. → *(Ēi)päug(e)* 1, *(Ēier)pudel* (→ *Pudel* II), *-puschen*; — im bes.: **α)** Füg.: *(ein) rotes Ei / rote Eier* (rot) gefärbt verbr.; wohl auch f. gefärbte Eier überhaupt ve., s.w.u.; *ov revtn* Ostereier rot färben WSteirWb.(1987) 187; vgl. → *rôten*; s.a. → *(aus)plâsen* 2; Sachl. z. Färben s. GottWb.(1973–1976) 1,126; *rote Eier* rote (bzw. überhaupt gefärbte Eier) als Geschenk zu Ostern an Kinder, unter Verliebten, an Dienstboten verbr., s.a. Haider (1985) 167 (für STir.) sowie DBÖ; als Lohn f.d. „Ratschenbuben" verbr.; Semmeringgeb. ZÖV 8 (1902) 230; Syn. → *(Râtsch)-*; s.a. → *(Râtsch[en])pûbe*; Heischespruch d. Kinder: *glōubd sae-s grißtvs, dād bīdn um v rǫds ǭv* gelobt sei Jesus Christus, täte bitten um ein rotes Ei nwWeinv.; ähnl. swNBgl. Riedl/Klier (1957) 305, söSMä. SdWb. 3,537; vgl. → *(Ēier)sunn-tag* 1; z. Heischen u. Stehlen v. (roten/gefärbten) Eiern in nObKä., nöWSt., uInnv. u. obMühlv. s. ÖVA-Komm. 3,45,34; s.a. *Ēier* → *pëtteln*; z. Brauch des *„Roatn-Oa-aufzoagns"* in Mannersdf. sMBgl. vgl. Petrei (u.1972) 76; Volksmeing.: *d. roten Eier legt d. Hahn* sagt man scherzh. z. kl. Kindern nHausrv.; wer b. Eiersuchen zuerst e. blaues Ei findet, hat Unglück; ein rotes bringt drei Tage Glück St. WZV 33 (1928) 101; e. Spottspruch aus söSBö. s.u. → *Pêhēim* 1; Wetterregel: *waenǫxtn ə dv sun, rǫdə ǭv ə dv šdū'm* warme Weihnachten, kalte Ostern nwMostv.; ähnl. Wetterregeln aus SBö. u. SMä. s. SdWb. 3,538; — *rote Eier* auch für beliebig gefärbte Ostereier obMühlv., Dunkelstn.Wd. u. wohl weiter verbr.; „Ostereier werden rote Eier genannt, ohne Rücksichtnahme auf ihre Farbe“ Dunkelstn.Wd.; — hist., lit.: *Um á raoth's Air* e. rotes Ei als Spieleinsatz mInnv. STELZHAMER (1844a) 117; *Zahl áf Aostern mit Air* [näml. d. Rechng. b. Bäcker], / *Sagn s', mir fáribn* [färben] *üns s' raoth!* mInnv. STELZHAMER (1844b) 129; *Oamal hat er ihr, sagts, án Oar, á roths, gschenkt* OÖ PURSCHKA (1886) 131; *Mancherorts hält man noch an dem alten Brauch fest, anderen Leuten .. ein Osterei zu schenken .. : „A rot's Oa“, wie sie auf dem Lande sagen* Kurier 18.4.1981; — **β)** d. Ostergeschenk überhaupt (früher z.B. e. Tuch od. e. Stück Stoff) in der Füg.: *rotes Ei* mbair. verbr.; vgl. → *(Rôtes-Ēi)tůch*; Füg.: *wǫs ghāfsd mɒ dẹn dsɒn rǫdn ǭɒ?* Was kaufst du mir denn als Ostergeschenk? sWr.Beck.; d. Füg. wird v.d. Sammlern auch als Komp. *(Rôtes)ēi* empfunden: *dẹɒ hǫd ɒn biŋkl rǫdsǭɒ* der hat viele Ostergeschenke (v. seinem Paten) nWachau; *rótsā*, N., d. Gesamtheit d. Ostergeschenke Pollau.Bg.; s.a. → *Pünkel* 3aδ, *(Ēier)-* 1, *(Ôster)-* 2; — **γ)** getupfte, gesprenkelte (Oster-)Eier in d. Füg.: *tupfɒdi ǭɒ* (Pl.) nMBgl.; Sachl.: das Muster entstand, wenn man gefärbte Eier in e. Ameisenhaufen legte ebd.; vgl. → *(Âmēiß)-* 2; *tupfecht* 1; — **δ)** Ei, das (vorzugsweise am Gründonnerstag gelegt) b.d. österl. Speisenweihe in d. Kirche geweiht (gesegnet) wird in d. Füg.: *geweihtes Ei* verbr.; Volksmeing.: man soll es auf e. best. Weise essen OÖ verbr., Näh. s. DBÖ; man soll es m.e. anderen teilen u. gemeinsam essen nwWeinv.; wenn man sich verirrt, soll man an diesen anderen denken, dann findet man heim ebd., ähnl. wBrünn; geweihten Eiern schreibt man Unheil abwehrende Kräfte zu verbr.; z.B. wirft man eines b.e. Brand ins Feuer, um dessen Ausbreitung zu verhindern Auss.Ld., obYbbst., nwWaldv.; man legt es unter e. Brücke ObPinzg. (u.1915); man hebt es unter d. Dach auf nwestl.uMühlv., ähnl. PladWb.(1972) 157; — hist.: *auf den zinnen Plan* [Teller, vgl. → *Plân(e)* 2a] *legt man* [am Ostersonntag] *Runt herumb die gefärbten air auch die weißen und miten darin das geweichte, so vor das Convent geheret* Speiseordng. St.Lorenzen uPustert. (1709) TSCHURTSCHENTHALER (1935) 187; — **f)** Eier als Abgabe bzw. Geschenk am Weißen Sonntag (= d. erste Sonntag nach Ostern) in d. Füg.: *weiße Eier* STir.; Näh. s.u. → *(Sunn)tag* 3cα (4,381). — **2.** Ei(er) anderer Lebewesen ve. (dafür meist d. entspr. Komp., s.w.u.): **a)** Ei(er) eines Insekts ve.; Insektenei BrünnWb.(v.1938/1990) 137 (2.Dem.); im bes.: Eier der Biene obstObInnt. ve.; d. „Brut“ im Bienenstock w-,nöSBö., söSMä., Brünn SdWb. 3,538; — hist.: Ei der Mücke: *wenn die muck wil legen ain ai, / als die henn, so pricht si entzwai* sSTir. VINTLER (1411/1874) 319,9566f.; Ei (Puppe) der Ameise: *Á-n Amáss'* [Ameise] *schleppt á-n Árl durt* NÖ SEIDL (1844) 144; — **b)** Fischrogen w-,nöSMä. SdWb. 3,538. — **3.** Hoden (meist Pl.) verbr.: **a)** Hoden v. Mann verbr., Gott., Zarz, Brünn; mbair.St. KOŠTIÁL (1910) 24, W. (gaunersprl.) BURNADZ (1966) 34, WrWb.(2002) 327, Gott.ObLd. GottWb. (1973–1976) 1,126 (1.Dem.Pl.), ZarzWb. (1983) 56 (M. in Huben); Syn. → *(Tauben)-* 2, *(Juck)-*; — Füg., Ra.: *die Eier hutschen* nichts arbeiten; nichts erreichen W. (gaunersprl.) BURNADZ (1966) 34, ähnl. WrWb. (1990) 67; *der/die/das geht mir auf die Eier* ist mir lästig W., auch WrWb.(2002) 327 u. wohl verbr.; s.a. DWb./D.² 2,821; *einem in die Eier treten* konkret bzw. übertr. in d. Bed. jem. unter Druck setzen, um ihn zum Handeln zu veranlassen W. u. wohl verbr.; lit.: *„Du mußt so einem Mann in die Eier treten“, hat Elfis Mutter immer gesagt* konkret, näml. b.e. Überfall AZ 23.5.1981; — **b)** Hoden v. Tier KäWb.(1862) 81 („bei Mensch u. Tieren“; Pl. u. 1.Dem.Pl.); im bes.: Hoden d. Stieres sbair.ObSt., mGott., öBrünn; s.a. → *(Stier)-*. — **4.** Eier-Bofist (→ Bovista nigrescens) in d. Füg.: *wilde Eier* Waldv. WEINKOPF (1926) 90; Sachl.: „weil sie, im Jugendzustande rein weiß, einzelnen Eiern gleichen, die v.d. Henne im Freien, an unrechter Stelle, gelegt wurden“ ebd.; s.a. → *(Esel)-* 2, *(Hẹxen)-* 2b, *(Kroten)-*, *(Raben)-* 2. — **5.** Erbsengroßes Topfenstückchen, das sich in d. sauren Suppe absetzt westl.mInnv. (1.Dem.); auch als Komp. *(Suppen)-* dass. ebd. (1.Dem.). — **6.** Menschl. Exkremente in d. Füg.: *Eier legen* W. (gaunersprl.) BURNADZ (1966) 34; wohl hierher d. Ra.: *a Ei legen* e. Schaden verursachen, e. Fehler machen WrWb.(1990) 67. — **7.** Geld W. (gaunersprl.) BURNADZ (1966) 34 (Pl.; e. Füg. s.d.); Geld, Hartgeld (aber nur Schillingstücke) Öst. (gaunersprl.) Slg.BRAUN (1972–1976), danach WrWb.(2002) 327. — **8.** Diebsgut W. (gaunersprl.) BURNADZ (1966) 34 (Pl.). — **9.** Tölpel, Dummkopf WrWb.(1990) 67, WrWb. (2002) 327 (jungmdal.); Füg.: *des Eia!; so a*

Ei! ebd.; s.a. SteirSchimpfWLex.(1998) 59 („Du Ei"; Näh. s.d.). — **10.** Hornklee (Lotus corniculatus) in d. Füg.: *Aar in Schmalz* Kä. Car.I 78 (1888) 48, zit. nach MARZELL (1943–1979) 2,1400; Sachl.: nach der gelben Farbe d. Blüten ebd.; vgl. Bed.1cβ.

Komp. (s.a. → Simpl.1eβ,5; selbsterklärende u. semant. unergiebige Komp. wie *[Porzellán]-, [Fisch]-, [Fliegen]-, [Frosch]-* u. dgl. s. DBÖ): **(Affen)-:** Froschlaich mGott. (Pl.); Etym.: z. Bw. s. → *Affe* II. — **(Âmēiß)-, (Âmēißen)-: 1)** „Ameiseneier", d.s. Ameisenpuppen allg. binnenbair. m. Lus., tw. Gott., Bud., Brünn (meist Pl. bzw. 1.Dem.Pl.); auch TirWb.(1955–1956) 1,17, WrWb.(1873) 19, LusWb.(1905) 214, GottWb.(1973–1976) 1,13; Sachl.: *A.* dienen als Vogel- u. Fischfutter verbr.; um sie leicht einsammeln zu können, gräbt man rund um e. Ameisenhaufen mehrere Löcher u. legt dann in einiger Entferng. e. ringförmigen Wassergraben an; durch d. tw. Zerstörg. d. Ameisenhaufens veranlaßt man hierauf d. Ameisen, ihre Puppen in d. Löcher „in Sicherheit" zu bringen, wo man diese dann einsammelt Lüsenert. (1.H.20.Jh.); e. ähnl. Sammelmethode, bei der man e. spez. Blech verwendet Brixent. u. Leukent. s. DBÖ; z. Sammeln v. *A.* im Ötschergeb. swMostv. vgl. KUNDEGRABER (1963) 64f.; s.a. → *(Ēilein)pëch, ēiereln* 4; Ra.: *ein Hirn wie ein A.* näml. so klein (abw.) uMürzt.; hist.: *Dö Amáß-Árln sán rund und sán weiß, / Ákk'rát wie dö Perl'n; – benebst sán s' á Speis' / Fur'n Kropf von dö Vögerln .. Zwá Groschen 's Stánitzel* [spitz zulaufende Papiertüte] NÖ SEIDL (1844) 222; *Omasa'l*, N., d. Ameisenei NöWb.(1847) 212; — **2)** gefärbtes Osterei, das man für einige Tage in einen Ameisenhaufen legt, damit es durch d. Ameisensäure e. gesprenkeltes Muster erhält Glant. (u.1915); s.a. → Simpl.1eγ. — Ltg. (z. genauen Ltg. d. Bw. s.a. → *Âmēiße*): *umeß-* u.ä. Lüsenert., öNTir., tw. Gott., *ǫmeß-* u.ä. TirWb.(1955–1956) 1,17, mMöllt., Glant. (Bed.2), uMürzt., Laßnitzgeb., steir. Lafnitzt., Salzachpong., söFlachg., westl. mInnv., Linz, sTraunv., Mühlv. ve., uTraisent., sWr.Beck., W., uBöW, Lus.; *umɒsn-* u. ä. öUInnt. ve., Lesacht., obGurkt., *ǫmɒsn-* u. ä. wObInnt., mObMurgeb., nHausrv., Dunkelstn.Wd., Weinv. ve., uBöW, wSBö., nöSMä., Bud., Brünn. — **(Anders)-:** am Gründonnerstag gelegtes Ei, s.u. → *(Ant-lâß)-*. — **(Änten)-:** Entenei ve.; hist.: [sie sollen] *sich der aufnemung junger hasen, vögl- und äntenair genzlich entholten* swFlachg. (17.Jh.) ÖWeist. 1,131; s.a. OöWeistGl. 193 (*äntenair*). — **†(Wild-änten)-:** Ei d. Wildente: *Soll sich keiner unterfangen, .. wildäntenair abzunemben* nHausrv. (M.18.Jh.) ÖWeist. 14,244. — **(Aprílen)-:** im April gelegtes Ei obstObInnt. INSAM (1954) 38 (*aprīlənǫəə* [spr. -*ǫɒįə*, Pl.]); Sachl.: in „Kalk" (e. Mischg. aus gelöschtem Kalk u. Wasser) eingelegt ist es weniger haltbar als d. → *(Mēien)-* ebd. — **(Armen)-:** Ei als Ostergeschenk für arme Leute nwFlachg. (u.1915; *ǭɒ'mɒǭɒ*, Pl.); diese gingen z. Osterzeit m.e. Korb zu Bekannten u. Verwandten, um rohe od. gekochte Eier (auch Brot u. Mehl) zu erbitten ebd. — **(Äschen)-:** „Aschenei", ein auf e. best. Weise (welche?) frisch gehaltenes Ei Salzachpong. (*aʃ̌nǭɒ*); Etym.: z. Bw. s. → *Asche*. — **(Pâpst)-, (Pâpsten)-: 1)** Ringlotte (→ Prunus italica) söstl.obMühlv., Raxgeb., nWr.Wd., W. (amdal.), wSBö. (jeweils *bǫpʃ̌t-*), swestl. uMühlv. (*bǫpʃ̌tn-*); — **2)** wohl Eier-Bofist (→ Bovista nigrescens) uBöW MARZELL (1943–1979) 2,1472 (*Popstoir*). — Etym.: d. Bw. in Bed.1 zu → *Pâpst*; in Bed.2 wohl zu → *Pofíst*, vgl. „*Popst* wohl umgedeutet aus *Povist*" MARZELL (1943–1979) 2,1472. — **(Pāum)-:** außen braunes, innen rotes Zuckerl in Eiform mEnnst. (u.1915; *bāmǭɒ*, Pl.); Etym.: Bw. nach der äußeren Farbe? — **(Pëch)-:** Ei, das man z. „Eierpecken" verwendet(e); um seine Festigkeit zu erhöhen, verstärkt(e) man es in betrügerischer Absicht an d. Enden durch Einfüllen v. flüssigem Baumharz verbr. (d. meisten Bel. u.1915); auch STirWb.(1972) 28; Syn. → *(Pëch-spitz)-*; vgl. weiters → *(Pëch)arsch* 2, *(Ēier)pëcken, (Pëch)spitz*; Sachl. zum Bw. s.u. → *Pëch* I,2d. — **(Peicht)-:** Ei als Geschenk, Abgabe des Beichtenden an den Pfarrer obEisackt. STirWb.(1972) 28 (*paiχtǫɒrə*, Pl.); b.d. Abgabe d. Beichtzettels nach Ostern erhielt d. Pfarrer Eier öUInnt. (u.1915); d. Ministranten bzw. d. Mesner sammelten sie ein mWaldv. (u.1915); Füg.: *dɒ hēɒ bfǭɒrɒ lǫʃ̌t bīdn* (läßt bitten) *um d bāexdǭɒ* ebd.; s.a. → *Peicht(e)* (Sachl.), *(Peicht)putter* sowie DRW 2,1459. — **(Përl)-:** Ei d. Perlhuhns westl. uVinschg., söSBö.; Sachl.: man verwendet(e) es in betrügerischer Absicht b. „Eierpekken", da seine Schale härter ist als die des Hühnereies ebd.; Syn. → *(Përl-hennen)-*. — **(Pfingst)-:** am Gründonnerstag gelegtes u. zu

Ostern geweihtes (gesegnetes) Ei uMürzgeb. (*bfiŋgsdǭɒ*); es kommt auf den Maibaum ebd.; lit.: *Unerläßlich ist fürs Weihen am Ostersonntag früh der Osterfleck, die Pfingst- oder Antlaßoa, das gselchte Fleisch und der Kren* obSteyrt. ZsHeimatg. 21 (1932) 72; Etym.: z. Bw. vgl. → *(Pfinz)tag* Donnerstag (Nebenlemma u.a. *[Pfings]-*). —

(Pilg)-, (Pirg)-, (Pulg)-: 1) „Lock-, Heck-, Nestei", d.i. ein Ei, das man im Hühnernest liegenläßt bzw. als Nachbildg. hineinlegt, damit d. Henne weitere Eier dazulegt (u. nicht an e. anderen Ort, vgl. → *[fer]tragen* 1b, *-legen*) binnenbair. allg. m. sbair.SI; auch in den meisten Regionalwbb., oft ohne Ang. der Beschaffenheit; d. meisten Sammlerbel. stammen aus dem 1.Viertel / der 1.H. des 20.Jh.; Syn. → *(Leg)-, (Auf-leg)-, (Ünter-leg)-, (Nĕst)-* 1; — Sachl.: als *P.* nimmt man: e. altes, faules, angebrütetes Ei (das meist m.e. Zeichen versehen wird) St. verbr., uTraisent., Buckl.Wt., FersentWb.(1982) 182 (*pilg oi*); e. ausgeblasenes Ei, das m. Harz, Salz od. Sand gefüllt wird u. dessen Löcher verschlossen werden OÖ u. NÖ ve.; Waldv. WEINKOPF (1926) 41 (*Bülioa*, va.; Näh. s.d.); e. nachgemachtes Ei, meist aus Gips Tir. u. St. ve., OÖ verbr., auch InnvHH. 1 (1958) 43 (*Bullioa*), Tisch.; aus Gips od. Holz SaWb. (1995) 37 (*Bili-Oa*); aus Holz jeweils ve. St., OÖ u. NÖ; aus Holz od. Stein PladWb.(1972) 92f. (*pilgāle*; Textbel. s.d.); aus weiß glasiertem Ton od. aus Porzellan öUInnt., obGurkt., nwTraunv., uTraisent., nwWaldv.; aus Ton od. Gips uBöW, SBö., söSMä. SdWb. 2,369; Syn. → *(Gips)-* 2; — hist., lit.: *das Billi-air; bey dem Pöbel ein Ey, welches man an einen* [sic] *gewissen Ort liegen läßt, damit die Hühner andere Eyer hinzu legen sollen* ÖMdaEWb.(1815) 1,85; *Billy-Ey* Lockei WrWb.(1847) 25; *pilg-oa* Nestei CimbrWb. (1855) 216; *büligoar* Ei, das man den Hennen unterlegt söSkgt. Slg.GRIENBERGER (u.1860); *Billi-Oar* [Kapitelüberschrift] Leg-Ei, Probe-Ei (Bed. lt. Fn. ebd.) obMühlv. HANRIEDER (1907) 12; — **2)** faules od. beschädigtes Ei St. verbr., auch SteirWb. (1903) 83 (*Bilgei*), WSteirWb.(1987) 333 (*byl̥l̥oɒ*), uTraisent., sMBgl. —

Ltg. (zu *il* vgl. Lgg. § 7d1,3; zu *lg* > *lig* [Sproßvok.] ebd. § 49f1; zu *-g-* ebd. § 29b3; zu *i* + *l* in *Pilgei* s.a. SAO 1,182): *pilg-* u.ä. Tir. verbr., s.a. VALTS 5,135b, sObKä., nöMKä., tw. zimbr., Fersent., Plad., Tisch., *pil-* Ahrnt., Def., Lus., *bil-* sWSt., SZNeuhs., *pülg-* mObMurgeb., *bülg-* uBöW, wSBö., *bül-* WSteirWb.(1987) 333, mMSt., sOSt., nwestl.obMühlv., Buckl.Wt., wSBö., SZNeuhs., söSMä., *bǖl-* u. *bǖlg-* uBöW u. SBö. SdWb. 2,369, *büi(g)-* UInnt. TirWb. (1955–1956) 1,78, südl.obInnv., Mostv. ve., mWaldv., wSBö., *buig-* obEnnst., *bǖg-* öNTir., Sa. verbr. (außer Lung., Flachg.), söTraunv., obMühlv. verbr., swestl.uMühlv., *bǖx-* obErlauft., *bǖ-* Traunv. verbr., Mostv. ve., nwWaldv., *pīg-* Katscht., *bīg-* verbr. Lung., *bī-* Flachg., nördl. obInnv.; — m. Sproßvok. u. Ausfall des *-g-*: *bili-*, *bile-* u.ä. Flachg., ob-,mInnv., sHausrv., Waldv. ve., VUMB, *büli-*, *büle-* u.ä. östl.uInnv., n-, mHausrv., wTraunv., ob-,mInnv. ve., öVOWW, wWaldv., SZNeuhs., *pǖli-* sMBgl., nSBgl., *bǖle-*, *buile-* westl.uInnv., *bulli-* InnvHH. 1 (1958) 43; *pul-* Kalsert. TirWb.(1955–1956) 1,78, Iselt., *bulg-* wSBö. ve. (jeweils in Bed.1), *pirg-* obLesacht. ve. SCHABUS (1971) 286 (in Bed.1). —

Etym. d. Bw.: spätmhd. *pilg-ei*, st.N., Nestei MhdWb./L. 2,270; *pilgai, wan ez ist den hennen ain pild ze airn* zum Eierlegen ebd. (Bel. aus Konrad v. Megenberg, ostobd., 1349/1350); ders. Bel. bei FWB 4,400; d. älteste Bel. sieht also e. Zshg. m. *Bild*; dieser Meinung folgen einige Wbb. wie z.B. SchwäbWb. 1,1113; d. zweite gängige Erkl.Versuch stellt e. Verbindg. zu mhd. *be-ligen* „liegen bleiben" her, vgl. z.B.: „aus **bi-lig-ei*, d.i. Ei, das man im Nest liegen läßt u. das daher liegen bleibt" Teuth. 4 (1927/1928) 304; ähnl. schon ÖMdaEWb.(1815) 1,85. — BayerWb.^{2} 1,236 (*Bilg-Ay*) u. 1,55 (*Billi-Aij*), SdWb. 2,369, SchwäbWb. 1,1113 (*Bilg-ei*). —

(Platten)-: Ei, das e. Junghenne gelegt hat Lüsenert. (*plǫtn-*); Etym.: z. Bw. s. → *Plàtte* Junghenne. — **(Ploder)-:** (am Gründonnerstag gelegtes) Ei, das man kl. Kindern zu essen gibt, damit sie leichter sprechen lernen westl.mWaldv.; Etym.: z Bw. vgl. → *plodern* II,5 (reden). — **(Plutsch)-, (Pluschk)-:** altes, faules od. angebrütetes Ei, das b. Schütteln e. glucksendes Geräusch von sich gibt mSBgl. (*plūdšǭɒ*), sOSt. ve. (*blußkǭɒ*); Etym.: z. (lautnachahmenden) Bw. vgl. → *plutschen* 2; d. Ltg. *blußk-* ist Spielform dazu. — **(Průt)-, (Průt)-:** Ei, das z. Ausbrüten bestimmt ist nöMKä., nwestl.obMühlv., nwTraunv., zimbr.; Ltg. d. Bw.: *briɒt-* nwTraunv., *pruɒt-* u.ä. sonst im Verbr.Geb. — **(Pulg)-:** Lock-, Heck-, Nestei, s.u. → *(Pilg)-* 1. — **(Puschkellein)-:** Ei, das e. Junghenne gelegt hat Lienz.Beck. (*pußkəlǝǭɒ*); Etym.: z. Bw. vgl. → *Puschke* 1 (Junghenne). — **(Ant-lâß-pfinz-tag)-:** am Gründonnerstag (→ *[Ant-lâß]pfinz-tag* 1) gelegtes Ei öObMurgeb., uMürzgeb., mbair. verbr. (va.; meist Pl.);

Volksmeing., Braucht. (d. Bel. stammen größtenteils aus d. 1.Viertel d. 20.Jh. bzw. sind von späteren Sammlern als Ef. gekennzeichnet): d. *A.* werden gefärbt u. zur österl. Speisenweihe in d. Kirche gebracht verbr.; sie wurden an d. Knechte verteilt nwTraunv.; dem *A.* schreibt/schrieb man bes. Kräfte zu: es verdirbt e. ganzes Jahr nicht Mostv.; es schützt: vor Hagel, Unwettern u. Blitzschlag öObMurgeb. (Näh. s. DBÖ), Mostv. (man legt es deshalb in Gärten u. Felder); vor Hochwasser uMürzgeb. (man vergräbt es daher am Ufer); vor Ausbreitung e. Brandes Mostv. (man hebt es unter d. Dach auf u. wirft es b.e. Brand ins Feuer); vor dem Verirren NÖ verbr.; weiters schützt das *A.* vor versch. Krankh.: vor d. Auszehrung mHausrv. (Näh. s. DBÖ); vor e. Leistenbruch nördl.oö.Ennst., nöSkgt. (hier vergräbt man es im Stall); vor e. Verletzung m.d. Hacke Triestingt.; Füg.: *ǫndlɒsbfintßtɒǭɒ san fiɒs* (für das = gegen das) *hǫkɒ* ebd.; s.a. → *(Hack)-*; *A.* dienten als Gegenzauber (→ *wenden*) b.d. Fallsucht (Epilepsie) d. Viehs mHausrv. Traxler (1965) 121; sie mußten über e. best. Gegenstand geworfen werden, dabei betete man drei Vaterunser ebd.; *A.* werden an e. kalbende Kuh verfüttert nöSkgt., Mostv.; d. Schalen der *A.* mischt man dem Hennenfutter bei, um d. Legeleistung zu steigern nöTraunv.; e. *A.*, versehen m.e. schwarzen Kreuz, legt(e) man ins Getreide obMürzt. (zu welchem Zweck?); Ltg. d. Bw. s.u. → *(Ant-lâß)pfinz-tag.* — **(Weihen-pfinz-tag)-:** am Gründonnerstag (→ *[Weih(en)]pfinz-tag*) gelegtes Ei ve.; Volksmeing., Braucht.: das *W.* gilt bereits nach d. Legen als „geweiht" nördl.obVinschg. (u.1915); es gilt bereits als „geweiht", bevor es gelegt wird ObPinzg.; e. Füg. aus d. ObPinzg. s.u. → *(Kar-frei-tag)-*; d. Männer trinken d. rohen *W.*, d. Frauen heben sie auf nördl.obVinschg.; *W.* halten d. ganze Jahr UInnt.; sie haben e. bes. harte Schale ObPinzg.; sie werden nicht gefärbt u. an d. Hausbewohner verteilt ObPinzg.; man vergräbt sie auch im Acker bzw. im Stall ebd.; ein am Ostersonntag geweihtes (gesegnetes) *W.* wird über d. Haus geworfen, dies soll vor Blitzschlag schützen uPustert.; s.a. e. hist. Bel. unter → Simpl.1a. — **(Kar-frei-tag)-:** am Karfreitag gelegtes Ei St., Sa., OÖ, NÖ, jeweils ve.; Volksmeing., Braucht.: das *K.* gilt schon als „geweiht", bevor es gelegt ist ObPinzg. (u.1915); Füg.: *s waexnpfíndsdǫgǭɒ und s gxǫɒfrā́edǫgǭɒ hend* (sind) *šō(n) ɒn ǭš* (im Arsch [der Henne]) *gwāexd* ebd.; *K.* gelten als bes. haltbar mbair.ObSt., obTraisent.; sie werden blau gefärbt mbair.ObSt., ObPinzg., söstl.obMühlv.; sie schützen vor Feuer u. Unwettern (insbes. vor Blitzschlag u. Hochwasser), vor Verletzungen (bes. vor solchen m.d. Hacke) u. Krankh. (v. Mensch u. Vieh) St., Sa., OÖ, NÖ, jeweils ve.; zu diesem Zweck ißt man sie, vergräbt sie (z.B. am Bachufer od. im Stall), wirft sie über d. Haus od. verwahrt sie unter dem Dach im Verbr. Geb.; Näh. s. DBÖ; *K.*, die an beiden Enden m. blauer Farbe strahlenförmig bemalt wurden, befestigte man zum Schutz gegen Blitzschlag an d. Innenseite d. Hausgiebels söstl. obMühlv. ÖVA-Komm. 3,45,52 (Fn.67); weitere Hinweise s.u. → *(Kar)frei-tag* (Sachl. 4f; 4,227). — **(Tauben)-: 1)** Taubenei allg. m. Gott. (oft Dem.); Füg.: *Hagelkörner* (bzw. d. jeweilige mdal. Syn.) *so groß wie T.* verbr.; *šaurkxīgɒlɒn so grǫɒß wiɒ taubmǭɒlɒn* obGurkt.; s.a. → *Gruppe, (Hagel)korn, (Schauer)kugel* (Dem.), *Risel, Schlôße*; — **2)** (wohl: kleine) Hoden (e. Mannes) südl.obInnv. (1.Dem.Pl.; scherzh.); Syn. → Simpl.3a. — **(Täuf)-:** Ei(er) als Abgabe an d. Pfarrer für vorgenommene Taufen uEisackt. Haider (1985) 188 (Pl.); er ließ die *T.* im Frühjahr einsammeln ebd. — **(Tę)-: 1)** Ei v. bes. guter, frischer Qualität handels-, marktsprl. (va.); wohl Analogiebildg. zu → *(Tę)peckeréi, -putter*; — **2)** kl. eiförmiger Behälter m. Löchern, z. Aufbrühen v. losen Teeblättern verwendet ugs. — **(Teufel)-:** bes. kleines Ei Monds.Ld. Ebner (1966) 274 (1.Dem.). — **†(Dienst)-:** Ei als Abgabe an den Grundherren: *Diensteier* St. (urk. 1675) SteirWb.(1903) 154; *Die diensthiener* [Hühner als Abgabe] *und dienstair sollen der herrschaft an denen bestimbten tägen .. abgeführt .. werden* W. (1730) ÖWeist. 7,624; s.a. e. Bel. unter → *Trage* 1; vgl. weiters DRW 2,886; Etym.: zum Bw. → *Dienst* 1aβ,γ. — **(Toppel)-:** Ei m. zwei Dottern obGurkt. (1.Dem.), nöSkgt. — **(Draggen)-:** „Drachenei", aus e. Tir. Sage TirWb. (1955–1956) 1,132 (*drǫkŋǭɒ*), dies nach Heyl (1897) 376; Etym.: z. Bw. vgl. → *Drache(n).* — **(Trēid)-:** „auf best. Weise konserviertes Ei", wohl: in Getreidekörner eingelegt mMöllt., Dunkelstn.Wd., wSBö. ve. (jeweils va.); Etym.: z. Bw. vgl. → *(Ge)trēide.* — **(Dreißigen)-:** Ei, das zw. den „Frauentagen"

(15.8.–8.9./12.9./15.9.) gelegt u. meist konserviert wird, da es als bes. haltbar gilt mInnt. (u.1920; *dräesgŋǭɒ*, Pl.); Sachl. dazu s. bei ALPENBURG (1857) 405 (für Tir.); Syn. → *(Frāuen)-*; zu d. unterschiedl. Datumsang. vgl. → *(Frāuen)dreißiger* 1; weiters → *(Frāuen)tag* 1–3; s.a. → *(ein)kalken* sowie DVkWb./EB.[3] 361f., BayerWb.[2] 1,563. — **(Tritt)-, (Dritt)-:** Eidotter mGott. (*drittǫilə*), GottGr.(1908) 225 (*drittoaile*; Var. s.d.), GottWb.(1973–1976) 1,111 (*trittoaile* unter *Dotter*; Var. sowie Textbel. s.d.); Etym.: wohl Umbildg. v. mhd. *tuterei* Eidotter, so GottGr. ebd. u. danach GottWb. ebd. (Näh. s.d.). — **(Tschrêp)-:** beschädigtes (Oster-)Ei uLavantt.; Etym.: z. Bw. vgl. → *Tschrêpe*. — **(Tůch)-:** „künstl. Ei" W. (u.1915; *dūɒxāe*); Sachl.?; ev. *Tuchei*, Zubehör e. Zauberers; er läßt e. dünnes Tuch i.e. für den Zuseher nicht sichtbares eiförmiges Behältnis verschwinden fachsprl. — **(Tutter)-, (Tuter)-: 1)** Eidotter söMKä. LESSIAK (1903) 127 (*tuttərāle*), swMKä. HERZMANSKY (1969) 120 (*tūtɒrālę*), Zarz (*tuttrǭəịə*); — **2)** Ei nMBgl.; Spruch der Ratschenbuben b. Sammeln der Eier zu Ostern: *Mir tatn recht schen bittn um a påar Duda-Oar* nMBgl. RIEDL/KLIER (1957) 304. — Etym.: ahd. *tutarei*, mhd. *toterei, tuterei* Eidotter; s.a. → *Dotter* 1. — **(Pummelástik)-:** „Ei ohne Schale, ähnl. weich wie Gummi", nur lit.: *A schwarze Henn hat Teufelsbruat, / A Bumalastöoa kann's leg'n, / Wird's ausbrüat, kannst ön Teufl hab'n* nHausrv. DEUTL (1899) 61 (Bed. lt. Fn. ebd.); Etym.: z. Bw. vgl. → *(Gummi)elástik*. — **†(Êrung)-:** „Ei, das zur Ehrung (= als Abgabe an den Grundherrn) vom Grundholden gespendet ward": *Ehrungei* St. (urk. 1641) SteirWb.(1903) 189. — **(Esel)-: 1)** Gew. Kürbis (→ Cucurbita pepo) sWSt. ve. (wohl scherzh.); — **2)** „Stäubling", e. Pilz (e. Art v. Lycoperdon) nwWaldv.; vgl. → Simpl.4. — **(Ëst)-:** Nestei, s.u. → *(Nëst)-*. — **†(Feuer)-:** best. Ei, das man d. Volksmeing. nach b.e. Brand ins Feuer werfen soll, um diesen zu löschen: *Hausherren frugen heimlich nach St. Veiter Feuer-Eiern, geweiht in katholischen Kirchen* DSonntg./L. 5./6.1.1924 (zit. aus e. u.1620 angesiedelten Erzählung; Näh. s. DBÖ); s.a. → Simpl.1eδ. — **†(Fogt)-:** Ei als Abgabe an den Vogt: *die vogtair soll man nemmen von aftern* [nach] *ostern* uZillert. (1565) ÖWeist. 2,144. — **†(Fögel)-:** Vogelei swFlachg. (17.Jh.) s.u. → *(Änten)-* (hist.). —

(Frāuen)-: Ei, das zw. den „Frauentagen" (= best. Marienfeiertage; Näh. s.u. → *[Frāuen]tag* 1–3) od. auch direkt an e. „Frauentag" gelegt u. meist konserviert wird sbair. ve., mbair. verbr. (Pl.); ObSt. SteirWb. (1903) 251 (zw. dem gr. u. dem kl. Frauentage [15. Aug. u. 8. Sept.] gelegt); Volksmeing.: e. *F.* gilt als bes. haltbar öNTir., OÖ verbr., auch OöWb.(1978) 86 (Näh. s.d.), Mostv., Schneebg.Geb., nwWaldv., W. (u.1920), sMBgl., wSBö.; Syn. → *(Dreißigen)-*; s.a. BayerWb.[2] 1,802. — **(Gager)-, (Gagerlein)-:** kl. Ei westl.mWeinv. (u.1890; *gǫgɒǭvl*, 1.Dem.); Ei (kindersprl.) nöWeinv. (u.1890; *gǫgɒlǭɒ*); Etym.: z. Bw. vgl. → *Gacke* (Ei). — **(Gagg)-:** Ei (wohl kindersprl.) Lesacht. (u.1925; Sg.: *gǫ́kālə*, Pl.: *gǫ́kālɒn*); Etym.: z. Bw. vgl. → *Gacke* (Ei). — **(Gaggel)-:** nur als Ausruf: **1)** Nachahmg. des Rufs der Henne, wenn sie e. Ei gelegt hat Burggr. (*gǫkəlǫɒ!*); — **2)** übertr.: Ausruf in d. Bed. „Unsinn!" ebd.; Füg.: *a, gǫkəlǫɒ, des glāb* (glaube) *i nit!* ebd. — **(Gans)-, (Gens)-:** Gänseei verbr.; Sachl.: da es e. härtere Schale als d. Hühnerei hat, wird/wurde es in betrügerischer Absicht b. „Eierpecken" verwendet nwWaldv.; Ltg. des Bw.: *gens-* nwWaldv., *gåns-* u.ä. sonst. — **(Gesch)-:** Ei, das (bei e. best. Spiel m. Ostereiern) in eine m. Lehm ausgekleidete Mulde im Erdboden (→ *[Ēier]rüsel*) gelegt wird u. auf das d. „Schubei" hingerollt wird SteirWb.(1903) 285 (*Geschei*); vgl. → *(Schub)-*; Etym.: z. Bw. vgl. → *Gesch* (Teil, Bauch der „Eierrisel"). — **(Gips)-: 1)** in betrügerischer Absicht m. Gips verstärktes (od. auch ganz aus Gips bestehendes) Ei, das b. „Eierpecken" verwendet wird/wurde s-,mbair. ve.; — **2)** aus Gips hergestelltes Nestei ve.; vgl. → *(Pilg)-* 1. — **†(Gold)-, †(Gülden)-:** die sog. Königs- od. Giftlatwerge, e. Heilmittel gegen d. Pest: *Gold-, Güldenei* St. (u.1876) SteirWb.(1903) 299; s. a. → Simpl.1d. — **(Goten)-, (Göten)-:** Ei als Patengeschenk zu Ostern sbair. ve., mbair. verbr. (meist Pl.); Sachl.: d. Taufpate brachte dem Patenkind (bis zu dessen 12. Geburtstag) 12 Eier (6 gekochte u. gefärbte, 6 rohe) ins Haus swFlachg. (u.1915); Ltg. des Bw.: *goutn-* UDraut., WSteirWb.(1987) 185, Gr.-Arlt.; *gōdn-* nWSt., nwFlachg., südl.obInnv., nHausrv., OöWb.(1978) 100, Semmeringgeb., wSBö.; *gȫdn-* Auss.Ld., nw-,swFlachg.; s.a. → Simpl.1eβ, *(Ôster)-* 1,2. — **(Guckucks)-: 1)** Ei des Kuckucks, das dieser oft in e. fremdes Nest legt, damit es dort ausgebrütet wird ugs.; — **2)** übertr.: „unehel." (richtig: außerehel., v.e. anderen Mann stammendes) Kind söFlachg. u. wohl verbr. — **(Gucku-rutz)-:** Marktbez. f.e. best. (nach dem Kukuruz als Futter f. d. Hennen benannte?) Sorte v. Eiern nöSkgt. (u.1925); Sachl.: *G.* waren bes. beliebt u. wurden v. jeder Eierverkäuferin angeboten ebd.; Etym.: z. Bw. vgl. → *Guckurutz* Mais. — **(Gugetz)-, (Gugetzer)-:** Knabenkraut (Orchis L.) uBöW Marzell (1943–1979) 3,435 (*Gugaz[er]O[i]rl* „Kukkucks-eierchen"); Etym.: wohl so genannt wegen der eiförmigen Wurzelknollen ebd. — **†(Gülden)-:** e. Heilmittel, s.u. → *†(Gold)-*. — **(Hack)-:** am Gründonnerstag gelegte, nicht gefärbte, geweihte (gesegnete) Eier, die zu Ostern an Holzarbeiter verteilt werden/wurden u. diese vor Verletzungen m.d. Hacke schützen soll(t)en Gr.Arlt. Fiala (1965) 130 (Pl.); vgl. → *(Ant-lâß-pfinz-tag)-*. — **(Han)-, (Hanen)-, (Haner)-: 1)** (dem Volksglauben nach) v.e. Hahn gelegtes Ei Kä. u. Sa. ve., Gott.; Volksmeing.: e. *H.* muß man ins Wasser legen, dann schlüpft e. „Blindwurm" (Bed.?, ev. Blindschleiche) aus Gurkt. (u.1930; 1.Dem.); es schlüpft e. „Lindwurm" aus Gr.Arlt.; das *H.* ist mißgestaltet od. bes. klein nObKä., mGott. (hier auch 1.Dem.); z. Volksmeing. bezügl. *H.* in Gott. s.a. GottWb. (1973–1976) 1,275; vgl. weiters HDA 3,1337f. u. DBÖ; Ltg. des Bw.: *hǭn-* Gurkt., *hǭnən-* nObKä., *hǭ(n)-* Gr.Arlt., *hūən-* Gott.; — **2)** Ei der Ringelnatter: *Hahnerei* GrazVBl. 1893, Nr.121, zit. nach SteirWb.(1903) 321. — **(Künigel-hasen)-:** „Ei d. Kaninchens", fiktive Ware, um die man d. Aprilnarren schickt(e) nwWeinv. (u.1915; Pl.); Füg.: *gę̄ in d apɒdḗgŋ* (Apotheke) *und hōi mɒ ɒ šok* (Schock, 60 Stück) *ghīniglhǫsnǭɒ* ebd.; vgl. → *(Katzen)-*. — **(Henn)-, (Hennen)-: 1)** verdeutlichend f. Hühnerei Pustert. TirWb. (1955–1956) 1,289 (*hennoar*, Sg.), Lüsenert. (*hęn-*); Braucht.: jeweils ein *Hennenei* fand man in eingestemmten Löchern im Dachstuhl eines 600 Jahre alten Abbruchhauses östl.uVinschg. ZsSchlern 9 (1928) 65f. (Näh. s.d.); s.a. → *Dach* 1aα; hist.: *er* [Gott] *naem für mich* [Isaak] *ein hennen ei* Enikel (1276/1980) 76,3864; — **2)** Größenangabe (so groß wie e. Hühnerei): *die Männer* [Dienstboten] .. *lassen sich .. samstags „a guats Hennoale" Tabak geben* nwMKä. Moro (1951) 93. — **(Përl-hennen)-:** Ei d. Perlhuhns Auss.Ld., südl.obInnv., westl.uInnv., Mostv., uBöW; Sachl.: man verwendet(e) es in betrügerischer Absicht b. „Eierpecken", da seine Schale härter ist als die des Hühnereies ebd.; Syn. → *(Përl)-*. — **(Hęxen)-: 1)** Hühnerei, das dem Volksglauben nach verhext ist sbair. ve., mbair. verbr. (va.; meist 1.Dem.); Volksmeing.: das *H.* wird v.e. Hahn od. einer verhexten (auch: „krähenden") Henne gelegt im Verbr.Geb.; es ist bes. klein OÖ u. NÖ verbr., W., söSBö., söSMä., auch SMäWb. (1999) 221; es ist „mißgestaltet" nObKä., nöMKä., wSBö.; es hat keinen Dotter nwWeinv. Braun (1958) 189 (Näh. s.d.) u. sWr.Wd. Wiechl (1965) 169; es ist leer nwWaldv.; es hat keine harte Schale nöWeinv. (s.a. → *[hin]schürfen* PPt.); es gilt als unzerbrechl. nwWaldv. (u.1915); man wirft es ins Feuer, um d. Hühner vor Schaden zu bewahren Innv. (u.1915); man wirft es, m.d. Rücken z. Haus stehend, über das Dach, um d. Hexe zu bannen nwWaldv.; Waldv. Weinkopf (1926) 41, söSBö.; s.a. e. lit. Bel. unter → *(Ur)-*; weiters → *Dach* 1aα; — **2)** übertr.: **a)** faustgroßer Ballen zs.hängender Bettfedern uPustert. STirWb.(1972) 125 (Näh. s.d.); — **b)** Riesen-Bovist (Lycoperdon bovista), e. Pilz: *Hexenei* St. (lit. 1873) SteirWb.(1903) 345; vgl. → Simpl.4. — **(Holz)-: 1)** färbiges Ei aus Holz, das in betrügerischer Absicht b. „Eierpecken" verwendet wird/wurde s-,mbair. verbr. (va.); auch als Kinderspielzeug verwendet ve.; — **2)** aufklappbares Holzei, das in seinem Inneren e. Heiligenbild, e. Osterlamm od. e. kl. Rosenkranz enthält uMürzgeb. (u.1915); — **3)** eiförmiges Stopfholz mSillt. u. wohl verbr. — **(Hundert)-:** zu kleines Ei FersentWb.(1982) 107 (*hundərtǭidl*; Näh. z. Bw. u. z. Volksmeing. s.d.). — **(Hůner)-:** Hühnerei ve.; bes. in Größenvergleichen ve.; Füg.: *ɒ lukɒ* (Loch) *wiɒ ɒ hę̄ɒ(n)ǭɒ* söSBö.; lit.: *Ålta, wou haust t' Heana-åa? – / „G'scheckat åans unt t' Waißi zwåa!"* SBgl. u. nWUng. ZÖV 21/22 (1915–1916) 162. — **†(Rëb-hůner)-:** Ei d. Rebhuhns: *weder die rebhienerair außzunemmen .. bei grosser straff* sWr.Wd. (18.Jh.) ÖWeist. 7,494. — **(Hůnlein)-:** kl. Ei, v.e. Junghenne gelegt mInnt. (*hīə[n]dlǭɒ*). — **(Juck)-:** Hoden (d. Mannes) obGurkt. (Pl.; wohl scherzh.); Syn. → Simpl.3a. — **(Jungetz)-, (Jungetzen)-:** kl. Ei, v.e. Junghenne gelegt SteirWb.(1903) 370 (*Jungatzei*), Graz (*i̯uŋitsnǭɒ*, amdal.); Etym.: z. Bw. vgl. → *Jungetze* Junghenne. — **(Kalk)-:**

„Kalkei", auf e. best. Weise konserviertes Ei binnenbair. (u.1925; stadtmdal.), tw. Gott.; Füg.: *frißi und kχǫlχǫɒr* obstObInnt.; Sachl.: die *K.* werden/wurden in eine Mischg. aus gelöschtem Kalk und Wasser eingelegt verbr.; d. Schale der *K.* ist rauh, da mit „Kalkmilch" verklebt nöWeinv.; s.a. → *(ein)kalken.* — **(Katzen)-:** „Katzenei", fiktive Ware, um die d. Aprilnarr z. Krämer geschickt wird/wurde nwWeinv. (u.1915); vgl. → *(Künigel-hasen)-.* — **(Klëpper)-:** Ei als Lohn f. Buben, die in d. Karwoche m. Ratschen u. ähnl. Lärminstrumenten durch d. Dorf ziehen nwWaldv. (Pl.) ÖVA-Komm. 6/ 2,107c,40; Füg.: [d. Ministranten bitten] *um 6 Kleberoa* nwWaldv. ebd.; Syn. → *(Râtsch)-, (Rodel)-*; s.a. → *(Râtsch[en])pūbe*; Etym.: z. Bw. s. → *Klëpper* e. Lärminstrument. — **(Kôt)-:** nicht befruchtetes, aber trotzdem bebrütetes Ei, das schlecht, faul wird OÖ, auch OöWb.(1978) 156; Syn. → *(Wind)-* 1; Sachl.: es wird gekocht u. als Hühnerfutter verwendet westl.mInnv.; übertr. i.d. Ra.: *is ɒ ghẹ̄odǭɒ wǫɒ'n* aus e. best. Sache ist nichts geworden nöSkgt.; hist.: *gleichwie unbefruchtete Eyer, die zur Brut nicht taugen, Kotheyer genennet werden* ÖMdaEWb.(1815) 2,157. — **(Kroten)-:** e. Art v. Bovist (Lycoperdon), e. Pilz nwWaldv.; Waldv. WEINKOPF (1926) 188 (*Kröteneier* [verschriftsprachlicht; spr. *grōdn-*]); s.a. MARZELL (1943–1979) 2,1472; vgl. → Simpl.4. — **(Land)-: 1)** Ei, das v. Land in d. Stadt geliefert wird W. (Pl.) u. wohl stadtmdal. verbr.; lit.: *A. M., Obmann der Genossenschaft Salzburger Landei* Presse 9.7.2005; — **2)** Person, die v. Land in d. Stadt kommt u. daher als unerfahren, leichtgläubig u.ä. angesehen wird ugs. (spött.); lit.: *Ich bin ja ein Landei, darum nehme ich besonders gern eine Prise Stadtluft* Presse 13.6.2006. — **(Ant-lâß)-, (Nant-lâß)-, (Anders)-:** am Gründonnerstag (auch: an diesem u. den zwei folgenden Tagen ve.; vgl. → *[Ant-lâß]tag* 1,2) gelegtes Ei verbr.; Möllt. KäWb. (1862) 81 (*nàntlasoar*), SteirWb.(1903) 19 (z. Braucht. s.d.), SaWb.(1995) 27, OöWb. (1978) 32 (Näh. s.d.), SMäWb.(1999) 45 (Näh. s.d.); Füg.: *an ǫntlǝßǭar* [Sg.] *išt dǝr hen in orše* [Arsch] *wāihe* ein *A.* ist schon im Körper d. Henne geweiht Virgent. HORNUNG (1964) 51; — Volksmeing., Braucht.: d. *A.* gilt als Schutzmittel gegen Feuer- u. Wassergefahr St.; Näh. s.u. → *Dach* 1aα; man legt einem Toten, der kurz nach dem Gründonnerstag gestorben ist, ein *A.* in den Sarg; dies soll seine Sündenstrafen (bes. f. sexuelle Vergehen) verringern sMPinzg. (u.1914); z. Volksmeing. bezügl. des Verirrens söSMä. s. u. lit.Bel.; *A gfärbts Antlaßoa nimmt d' Weih nit ån* NÖ TEUFELSBAUER (1935) 51; die am Gründonnerstag u. Karfreitag gelegten *A.* werden gekocht, gefärbt, z. Speisenweihe am Ostersonntag gebracht u. dann vormittags gemeinsam gegessen; sie bringen allen Gesundh., den Frauen Fruchtbark., den Männern Kraft PiestinggebWb.(2006) 101 (*Au[n]låßoa*); z. Braucht. s. weiters: Tir. HAIDER (1985) 165f. u. GRASS (1957) 59f.; UInnt. GERAMB (1948) 75; Kä. GRABER (1941a) 213; Gailt. ZÖV 1 (1895) 13 (*Ontlas-Eier*); nwMKä. MORO (1951) 207 (*Åntlazoalan*, 1.Dem.Pl.); Sa. ZINNBURG (1972) 121f.; OÖ BAUMGARTEN (1927) 29,31; OÖ BURGSTALLER (1948b) 87; Innv. InnvHH. 5 (1973) 51; Linz COMMENDA (1958) 171; Umg.Linz ZÖV 8 (1902) 226 (d. Dienstleute erhalten zu Ostern weichgekochte, ungefärbte Eier, die sog. *Anderseier* lt. Fn. ebd.); NÖ TEUFELSBAUER (1935) 51f.; Waldv. WEINKOPF (1926) 39; s.a. BayerWb.[2] 1,1508, SdWb. 1,424, DVkWb./ EB.[3] 307, HDA 3,1189f. (m. Lit.Ang.); weitere Volksmeing. u. Braucht. wie unter syn. → *(Ant-lâß-pfinz-tag)-* verbr.; s.a. DBÖ; — lit.: *Als in Ebensee die Saline brannte, drängte sich eine Frau herzu und warf drei Antlaßeier in den lodernden Brand .. und das schon bedrohte Postgebäude war gerettet* LinzTPost 24.12.1930; *'s is a rots Ontlaßoa .. Wonn zwoa des Oa verzihrn* [verzehren], / .. *und tuit si oans verirrn, / so findt's zun onern hoam* söSMä. BACHER (1937) 8; — Ltg. d. Bw.: s.u. → *(Ant-lâß)pfinz-tag* 1, Nebenlemma dort u.a. *(Anders)-*; Etym.: z. Bw. vgl. → *(Ant)lâß* Ablaß. — **(Läuter)-:** Ei als Lohn f. Buben, die in d. Karwoche m. Ratschen u. ähnl. Lärminstrumenten durch d. Dorf ziehen uBöW (*laetɒǭiǝr*, Pl.); Syn. → *(Râtsch)-*; s.a. → *(Läuter)pūbe.* — **(Leg)-:** Ei, das man im Nest liegenläßt, damit d. Henne weitere Eier dazulegt ObKä. ve., mbair. verbr.; Syn. → *(Pilg)-* 1. — **(Auf-leg)-:** Ei, das man im Nest liegenläßt, damit d. Henne weitere Eier dazulegt Liesert.; Syn. → *(Pilg)-* 1. — **(Unter-leg)-:** Ei, das man im Nest liegenläßt, damit d. Henne weitere Eier dazulegt nwMKä. (*íntɒlēgǭvlǝ*, 1.Dem.); Syn. → *(Pilg)-* 1. — **†(Lës)-:** Ei, das z. Weinlesezeit gezinst wurde SteirWb.(1903) 438 (*Lesei*, ä.Spr.). — **(Fer-**

lier)-: Ei auf gebackenen Semmelschnitten SteirWb.(1903) 225 (*Verlierei*); vgl. → Simpl.1cα (unter hist.,lit.Bel.). — **(Marter)-:** Ei, das am Karfreitag gelegt wird Tenneng. WIRLEITNER (1951) 37 (*Moachteroar*, Pl.); Volksmeing.: es schützt vor Blitzschlag ebd.; in Mehl eingelegt, bleibt es lange frisch ebd.; s.a. → *(Marter[er])tag* 1. — **(Mēien)-:** im Mai gelegtes Ei obstObInnt. INSAM (1954) 38 (*mǭanǫaə*, Pl. [spr. *mǭa'nǭɒi̯ə*]); Sachl.: in „Kalk“ eingelegt, hält es besser als e. → *(Aprílen)-* ebd.; z. Sachl. vgl. → *(Kalk)-*. — **(Mittel)-:** „gleichmäßiges“ Ei nwOSt. ve. — **(Neid)-:** bes. kleines Ei Monds.Ld. EBNER (1966) 242 (1.Dem.). — **(Nëst)-, (Ëst)-: 1)** Ei, das man im Nest liegenläßt, damit d. Henne weitere Eier dazulegt s-,mbair. verbr.; z. Verbr. in WTir. s.a. VALTS 5,135b; Sachl.: man nimmt dazu e. altes, nicht eigens gekennzeichnetes Ei, das man daran erkennt, daß es schmutzig u. glänzend ist Lienz. Beck.; Syn. → *(Pilg)-* 1; — **2)** Ei, das v.d. Henne in e. Nest (u. nicht auf e. Gitter) gelegt wird, als bes. Qualitätskennzeichen handelssprl. (A.21.Jh.). — Ltg.: *ēiȷ̆ßt-* u.ä. uIselt. u. Lienz.Beck., uLesacht. (jew. in Bed.1); *ę̄isd-* u.ä. sWSt., sOSt., mSBgl. (jew. ve. in Bed.1); sonst *n-* im Verbr.Geb. (in Bed.1,2); Genaues zu d. Ltg. des Bw. s.u. → *Nëst*. — **(Ober)-:** Ei, das b. „Eierpecken“ von oben geführt wird und mit dem man auf das → *(Ünter)-* zustößt, „peckt“ uBöW; Näh. s.u. → *(Ēier)pëcken*. —

(Ôster)-: 1) Osterei allg. m. Gott., Brünn; auch TirId.(1866) 6 (Näh. s.d.), TirWb. (1955–1956) 2,464, KäWb.(1862) 81 (Näh. s. d.), OöWb.(1978) 203 (Näh. s.d.), GottWb. (1973–1976) 2,102; —

B r a u c h t., Volksmeing.: auch heute (A.21.Jh.) werden *O.* gefärbt, (f. Kinder) versteckt, z. Segnung („Weihe“) in d. Kirche getragen u. für div. Spiele verwendet allg.; d. Ang. zu spez. Braucht. wurden jedoch großteils u.1915 erhoben u. sind daher öfter als va. bzw. als abgekommen anzusehen (darauf wird im folgenden nicht bei jedem Bel. explizit hingewiesen); im bes.: man nimmt vorzugsweise am Gründonnerstag u. Karfreitag gelegte Eier, die man am Karsamstag m. gekauften Farben meist rot od. blau färbt verbr., m. „Brasilfarbe“ (= Brasilin, e. roter Farbstoff, gewonnen aus Brasilholz) wBrünn, m. Zwiebelschalen ve. od. m. → *(Ēier)papíer* NÖ, W.; gefärbte Eier legt man in e. Ameisenhaufen, damit sie e. gesprenkelte Oberfläche erhalten sObKä., uBöW; s.a. → Simpl.1eγ, *(Âmēiß)-* 2; *(Ôster)schëck*; man reibt sie m. Fett ein, damit sie e. schönen Glanz bekommen verbr.; — einige *O.* bringt man nebst Fleisch, Kren u. Brot zur österl. Speisenweihe in die Kirche verbr.; Näh. → *(Ôster)sunn-tag* (4,429f.); diese Eier dürfen nicht gefärbt sein, da d. Weihe nicht durch d. Farbe durchdringt sMSt.; vgl. dazu e. Bel. aus NÖ unter → *(Ant-lâß)-* sowie → *durch* II,1; — *O.* als Geschenk: sie werden f.d. Kinder versteckt verbr. (u.1915 haupts. aus d. [klein]städt. Bereich bel.); man erzählt d. Kindern, daß der Osterhase sie lege verbr.; daß d. Hahn sie lege nHausrv., Mostv., nöSMä.; daher seien sie rot nwTraunv.; s.a. → *(Ēier)fogel, (Ôster)hase, (Himmel)henne*; *O.* werden/wurden auch an d. Dienstboten verschenkt verbr., wobei e. best. Anzahl v. Eiern übl. ist; z.B. bekommen Knecht, Magd u. Hüterbub je 3–6 Stück Mostv., je 20 Stück uBöW, je 10 Stück nöSBö.; auch als Geschenk des Paten / der Patin an d. Patenkinder (bis zu e. best. Alter, meist 12–14 Jahre) verbr.; Näh. dazu für Tir. HAIDER (1985) 167; zs. m.e. Backwerk verschenkt verbr. (s.a. Bed.2); weiters als Geschenk unter Liebespaaren, u.zw. beschenkt(e) meist d. Mädchen den Burschen; diese *O.* sind oft m.e. Spruch verziert verbr. m. Gott.; Spruch: *In Liab und Trei schenk i dir dos Ostaei* mbair.ObSt.; weitere Sprüche s. DBÖ u. für Tir. HAIDER (1985) 166; man schreibt m.e. Ätzmittel auf e. gefärbtes Ei verbr.; s. → *(Schēide)waßer*; — geweihten (gesegneten) *O.* schreibt man Unheil abwehrende bzw. Gesundheit u. Gedeihen fördernde Kräfte zu verbr.; man ißt *O.*: am Ostersonntag zs. m.d. „Weihfleisch“ verbr.; mit d. Schale, um sich gegen den „Bruch“ (wohl Leistenbruch, → *Pruch* 2a) zu schützen nördl. obInnv.; auf den nüchternen Magen nHausrv.; um sich gegen d. Verirren im Wald zu schützen öBrünn, vgl. dazu e. lit.Bel. aus söSMä. unter → *(Ant-lâß)-*; man verfüttert *O.*: an e. Kuh b. Kalben uMürzgeb.; zs. m. Salz u. Brot an d. Rinder nördl.obInnv. (noch u.1930 bel.), söSkgt.; man ackert ein *O.* im Feld ein, um Unwetter u. Schädlinge fernzuhalten UInnt., Mürzgeb. (hier m.d. Hinweis: d. *O.* muß ungefärbt sein), sMPinzg., sWr.Beck. (schon u.1915 Ef.); man vergräbt e. *O.*: im Gelände, das durch Hochwasser od. Lawinen gefährdet ist ObPinzg.; unter d. Stalltür ebd., Schneebg.Geb. (hier m.d. Hinweis: „damit keine Hexe hineinkommt“); man befestigt e. *O.* oberhalb d. Haustür als Schutz gegen „bösen Zauber“ uMürzt.; — d. Schalen der geweihten *O.* werden (tw. zu Asche verbrannt) in Feld u. Garten verstreut obDraut. (hier zs. m.d. Knochen v. „Weihfleisch“), nMSt., sMPinzg., südl.obInnv., uMühlv., Schneebg.Geb. (hier m.d. Hinweis: „für d. Bilmesmanderl“; vgl. → *Pilwiß* 1d, *[Pilwiß]mann* [Dem.]); man verfüttert d. Schalen an d. Hühner, dies schützt sie vor dem Habicht sWSt. (u.1930); — weiterer Brauch: d.

Langschläfer am Ostersonntag bekommt e. fauliges *O.* swFlachg.; — zu Ostereiern im Braucht. u. in der Volksmeing. s.a. → Simpl.1e, *(Armen)-, (Pěch)-, (Pfingst)-, (Ant-lâß-pfinz-tag)-, (Weihen-pfinz-tag)-, (Kar-frei-tag)-, (Goten)-, (Hack)-, (Holz)-* 1, *(Klĕpper)-, (Ant-lâß)-, (Läuter)-, (Marter)-, (Ober)-, (Râtsch)-, (Rodel)-, (Schub)-, (Sēifen)-, (Pĕch-spitz)-, (Ünter)-, †(Walg)-, (Weih)-, (Zucker)-*; weiters → *(ēier)prennen*; zu div. Spielen m. Ostereiern s. → Simpl.1e (w.d.), *(Ēier)pĕcken* (w.d.); zu Eiern als Abgabe zu Ostern s. → Simpl.1e (hist.); — weitere Ang. in der einschlägigen Lit.: Öst. KAUFMANN (1982) 112f.; Pustert. TSCHURTSCHENTHALER (1935) 187; Tir. GRASS (1957) 84f.; Tir. HAIDER (1985) 154,165f.; Tir. HÖRMANN (1909) 67f.; Kä. GRABER (1941a) 225f.; St. KRETZENBACHER (1957) 104f.; Sa. ADRIAN (1924) 114f.; OÖ FOCHLER (1971) 88f.; NÖ SCHMIDT (1972) 2,210f.; Bgl. WZV 35 (1930) 152f.; Bgl. PETREI (u.1972) 74f.; Gott. WOLFRAM (1980) 172f.; s. weiters BayerWb.[2] 1,171, DVkWb./EB.[3] 619f., HDA 6,1327f., LThK[2] 3,721; —

hist., lit.: *zumal das lieblich Kützgeschray gross frewd macht sammt dem Oster Ay* Innsbruck (1667) TirId.(1866) 6; *Das Osterei ist unerlässliches Detail des Festes. Bemalen, Suchen, Finden und Becken sind die Highlights der Feiertage* Presse 4.4.2006; — **2)** übertr. auf d. gesamte Ostergeschenk des Paten / der Patin für d. Patenkind nördl. obVinschg. (u.1915); es besteht aus Eiern u. e. bes. Gebäck ebd.; vgl. → *(Ôster)pinza, Fochenze*; ähnl. mEisackt. HAIDER (1985) 167; Syn. → *Pack* I,1b, *(Ôster)-; Pünkel* 3aδ, *(Ēier)-* 1, *(Ôster)-*; s.a. → Simpl.1eβ; — **3)** d. „kirchlichen" *O.* Matrei am Brenner mSillt.; Sachl.: es sind dies 5 Kugeln aus vergoldetem Weihrauch ebd.; diese Kugeln werden am Karsamstag b.d. Weihe der Osterkerze in diese kreuzförmig eingesetzt u. symbolisieren die 5 Kreuzeswunden Christi ebd. P.WIESINGER (schriftl.); s.a. LThK[2] 7,1276. — **(Raben)-: 1)** Ei d. Raben verbr.; auch SteirWb.(1903) 487; Wetterregel: *In Åntlaztågn* [Gründonnerstag bis Karsamstag; vgl. → *(Ant-lâß)tag* 2] *sollts so kålt sein, daß es die Råbnoar zertreibt* [zersprengt, → *(zer)treiben* 1] nwMKä. MORO (1951) 204; — **2)** e. eßbarer Fadenpilz SteirWb.(1903) 487 (*Rabenei*), botan.?; ev. Eier-Bofist (→ Bovista nigrescens); e. Pilz St. FERK (1910) 21 (*Rob'noa*; ohne näh. Erkl.); vgl. → Simpl.4. — **(Râtsch)-, (Râtschen)-, (Râtscher)-:** Ei als Lohn f. Buben, die in d. Karwoche m. Ratschen u. ähnl. Lärminstrumenten durch d. Dorf ziehen Waldv. verbr.; Waldv. WEINKOPF (1926) 40 (*Ratschaoa*), mWeinv., nöSBö., söSMä.; Syn. → *(Klĕpper)-, (Läuter)-, (Rodel)-*; Sachl.: gegeben werden/wurden frische, rohe Eier söSMä.; die *R.* werden am Karsamstag od. Ostersonntag eingesammelt im Verbr.Geb.; Füg.: *mīɒ dādn* (täten) *bitn um d rādšǫɒ* sagt d. Anführer d. Ratschenbuben östl.mWaldv.; [die Ministranten bitten] *um 20–30 Ratscheroa* bzw. *um 5,6 Ratscheroa und 7,8 Schilling* nwWaldv. ÖVA-Komm. 6/2,107c,39; .. *um Ratscheroa, a 6,7,8, neini* westl.mWaldv. ebd.; *um a fünf, sechs Ratschnoa(r)* nwNBgl. RIEDL/KLIER (1957) 304; z. Braucht. s.a. DBÖ; — Ltg. des Bw.: *rādš-* Waldv. verbr., mWeinv., nöSBö., söSMä.; *rādšn-* nWaldv., nwNBgl.; *rādšɒ-* westl.mWaldv., nwWaldv., söSMä.; s.a. → *(Râtsch[en])pûbe, (Râtsch)gĕld, râtschen.* — **(Rodel)-:** Ei als Lohn f. Buben, die in d. Karwoche m. Ratschen u. ähnl. Lärminstrumenten durch d. Dorf ziehen söSkgt. (u.1913); Syn. → *(Râtsch)-*; Etym.: z. Bw. s. → *Rodel* (Bed. u.a. Lärminstrument). — **(Rôtes)-:** Ostergeschenk, → Simpl.1eβ. — **(Rů)-, (Rûh)-, (Rûw)-:** angebrütetes Ei WSt. (*rūɒwǭɒ* u. *rūɒbǭɒ*), sOSt. ve. (*rūɒw-*); *Ruchei* u. *Ruwei* WSt. SteirWb.(1903) 512 (unter *Ruhei*); Etym.: z. Bw. s. → *Rüe.* — **(Rür)-:** Rühreí, Eierspeise ve. (wirkl. gebräuchl.?; zumindest bekannt), dafür häufiger → *(Ēier)speise*; s.a. → Simpl.1cα; z. Verbr. v. *R.* in STir. (Bozen) u. NTir. (Innsbruck) s. WggUgs./K.[2] 397. — **(Sâlflein)-:** Ei als Abgabe: *Die „Salvl Oare"* öEtschgeb., mEisackt. ZsSchlern 40 (1966) 204; Sachl.: d. Eier werden um den Weißen Sonntag (= d. erste Sonntag nach Ostern) für den Pfarrer mEisackt. bzw. für den Kooperator öEtschgeb. eingesammelt (noch 1965 bel.); e. Großbauer gibt 12–16 Stück ebd.; s. a. → *(Sunn)tag* 3cα (Sachl.; 4,381); Etym.: d. Bw. ist Abl. v. „Salve Regina", einem Kirchenlied, das in d. Fastenzeit als Dank od. Bitte f.e. reichen Eierertrag gesungen wurde (nicht mehr gebr.) ZsSchlern 40 (1966) 204. — **(Scharfel)-:** Ei ohne e. feste (Kalk-)Schale ObInnt.; ebd. TirWb.(1955–1956) 2,519 (*šǫrflǭɒ*); Syn. → *(Schürf)-*. — **(Sag-schēiten)-:** Ei, das man in Sägespäne einlegt(e), um es länger frisch zu halten wObMurgeb. (u.1925; Pl.). — **(Schĕrfel)-:** Ei ohne feste (Kalk-)-Schale Zillert. TirWb.(1955–1956) 2,519 (*šęrflǭɒr*); Syn. → *(Schürf)-*; Etym.: z. Bw. vgl. → *Schĕrfe* Eierschale. — **(Schliß)-:** Ei ohne feste (Kalk-)Schale OÖ; Syn. → *(Schürf)-*; Etym.: d. Bw. m. Ablt. zu → *schlēißen* Bed. u. a. etw. (z.B. Federkiele, Baumrinde) entfernen. — **(Schub)-:** Ei, das man auf e. anderes hinrollt (b.e. Spiel m. Ostereiern) SteirWb. (1903) 285 (unter *Geschei*), Näh. s.u. → *(Gesch)-*. — **(Schürf)-, (Schurf)-:** Ei ohne feste (Kalk-)Schale wObMurgeb., sWr.Wd., nöWeinv., W., swNBgl., sMBgl., wSBö.; Syn. → *(Scharfel)-, (Schërfel)-, (Schliß)-*; Ltg.: *šuɒf-* wSBö., *šiɒf-* sonst; Etym.: z. Bw. vgl. → *(hin)schürfen* e. Ei ohne feste Schale legen. — **(Sēifen)-, (Sēif)-: 1)** Ei aus Seife, das in betrügerischer Absicht b. „Eierpecken" verwendet wird/wurde nördl.oö.Ennst., nwestl. uMühlv.; — **2)** wohlriechende Seife in Eiform Znaim.Ld. (u.1915); Sachl.: Ostergeschenk unter Liebenden, gew. v. Mädchen an d. Burschen verschenkt ebd. — Ltg. d. Bw.: *sǫɒfɒn-* nördl.oö.Ennst., *sǫɒfm-* nwestl. uMühlv., *sǫɒf-* Znaim.Ld. — **(Singellein)-:** kl. Ei, v.e. Junghenne gelegt nöstl.obMühlv. (*siŋgɒlǭɒ*); Etym.: z. Bw. vgl. *Singellein* (Kükken, junges Huhn) unter → *sing* (Lockruf). — **(Spetel)-:** kl. Ei, v.e. Junghenne gelegt Dunkelstn.Wd., Mostv., Buckl.Wt.; Ltg.: *šbēdl-* u. ä. im Verbr.Geb.; Etym.: z. Bw. s. → *Spetel* (Bed. u.a. junges Huhn). — **(Spiegel)-:** gebratenes Ei, bei dem d. Dotter ganz bleibt verbr.; z. Verbr. s.a. WggUgs./K.[2] 398; Syn. → *(Ochsen)āuge* 2a; s.a. → Simpl.1cα; Etym. d. Bw.: d. Bw. „nach dem spiegelnden Glanz d. Dotters" DWb./D.[2] 7,3170; entl. als *špiglaj* in d. kroat. Mda. v. Esseg Binder (1954) 115. — **(Pëch-spitz)-:** Ei, das man z. „Eierpekken" verwendet(e); um seine Festigkeit zu erhöhen, verstärkt(e) man es in betrügerischer Absicht am spitzen Ende durch Einfüllen v. flüssigem Baumharz söTraunv.; Syn. → *(Pëch)-*; Etym.: zum Bw. s. → *Pëch* I,2d, *Spitz*. — **(Spreng)-:** Sprengkapsel fachsprl.; lit.: *aus einem Sprengstoffdepot .. 88 mit Hexogen gefüllte „Sprengeier" gestohlen* AZ 28.7.1983. — **(Stier)-:** Hoden d. Stieres W. (Pl.); Sachl.: „essen manche Fleischer sehr gern" W. (u.1920); vgl. → Simpl.3b. — **(Stützen)-:** Ei, das in Häcksel eingelegt wird, damit es länger frisch bleibt Dunkelstn.Wd. (u.1925); Ltg. des Bw.: *šdīdsn-* ebd.; Etym.: z. Bw. vgl. → *Stutze* (Bed. u.a. Getreidestoppel). — **(Ünter)-:** Ei, auf das b. „Eierpecken" m.d. → *(Ober)-* draufgeschlagen, „gepeckt" wird uBöW; Näh. s.u. → *(Ēier)pëcken*. — **(Ur)-:** bes. kleines Ei Innv. u. Hausrv. verbr.; kl. Ei ohne Dotter nHausrv.; Volksmeing.: es ist verhext Innv., Hausrv.; es enthält e. Spinne od. e. Haar u. soll über den Dachfirst geworfen werden mHausrv. Neuner (1966) 149f. (Näh. s.d.), ähnl. sHausrv. Ebner (1966) 278; s.a. Syn. → *(Hęxen)-* 1 sowie BayerWb.[2] 1,55 (*Uraijerlein*); Ltg.: *ūrǭɒ(d)l* im Verbr.Geb.; Bel. in ders. Bed. m.d. Ltg. *uɒrigɒl, wuɒ'nigāe* u.ä. s.u. → *Murgellein*; hist., lit.: *Urairl* ungewöhnl. kleines Ei ÖMdaEWb.(1815) 1,12 (Näh. s.d.); *N. widmete dem städt. Museum in Wels ein sog. Hexenei oder Urei, das von der Bäurin hinterrücks übers Dach geworfen werden soll, weil es Unglück bedeutete* LinzTPost 3.1.1928. — **†(Walg)-:** Ei als Abgabe für e. Osterspiel (→ *walgen*): *ain ieder ist im* [dem Mesner] *schuldig .. zue ostern die walgair* [Hs.C: *walchair*] nwestl.uMühlv. (15.Jh.) ÖWeist. 12,493; *mer hat er* [d. Pfarrer] *walgair zum ostern* Schneebg.Geb. (16.Jh.) ebd. 7,264; *soll ein ieglicher haußgenoß geben .. zu ostern sein walgair* näml. dem Fährmann als Abgabe f. d. Überfuhr über d. Donau sWachau (1660) ebd. 9,431; s.a. OöWeistGl. 411, NöWeistGl. 725. — **(Weih)-:** zu Ostern b.d. Speisenweihe geweihtes (gesegnetes) Ei öUInnt.; Kä. Graber (1941a) 226 (*Weichalan*, 1.Dem.Pl.), Gr.-Arlt.; vgl. → *(Speisen)weihe*. — **(Weiset)-:** Ei als Taufgeschenk d. Paten Gr.Arlt. (Pl.). — **(Weiß)-:** Eiweiß wBrünn (*b̲aeßǭɒ*), auch BrünnWb.(v.1938/1990) 137; s.a. → Simpl.1b. — **(Wēiz)-:** Ei, das durch Einlegen in Weizenkörner länger frisch bleibt nObKä. (u.1925). — **(Wind)-: 1)** unbefruchtetes Ei OöWb.(1978) 330; vgl. auch KrankhNWb./H. 109; Syn. → *(Kôt)-*; — **2)** Lüge W. (gaunersprl.) Burnadz (1966) 118. — **(Winkel)-:** längl., spitzes Ei nwOSt.; man verwendet es gern b. „Eierpecken" ebd. — **(Wuder)-:** e. Pflaumenart (welche?) wBrünn (*b̲ūd̲rǭɒ[d]l*, 1.Dem.); große Pflaumen BrünnWb. (v.1938/1990) 57 (*b̲ūd̲rǭɒd̲ln*, 1.Dem.Pl.); Etym.: z. Bw. vgl. → *Wuder* Widder. — **(Zukker)-:** Osterei aus Zucker, meist klein u. färbig verbr. (Pl. u. 1.Dem.Pl.); größeres Osterei aus weißem Zucker m.e. durchsichtigen „Fenster" aus Zellophan, durch das man in d. Innere sieht, z.B. auf e. Osterlamm u.dgl. W. (wohl va.). — **(Zwetschken)-:** Pflaume (wohl: Frucht d. → Prunus domestica) Gr.-Arlt. (*tswešpmǭɒl*, 1.Dem.).

Abl. → *ēieinen, ēiereln, ēieren, Ēierer, Ēierler, Ēierling, ēiern, ēilecht*; s.a. → *Ēiererin*. *E.G.*

ei, eia, nei; Eiéi; Eilein; Eili; Eiti; Neilein; Heiellein u.a.

Interj., Ausruf m. versch. Stimmungsgehalt binnenbair., Lus., öBrünn; als Subst. (N.) Liebkosung binnenbair. (meist kindersprl.); Wange Tir. verbr., obEnnst., Sa. verbr.; Etym.: mhd. *î*, Interj., MhdWb./L. 1,1414; vgl. dazu ablautendes mhd. *ei, eiâ*, Interj., Verwunderung, Freude u. Klage ausdrükkend MhdWb./L. 1,516, auf welches stdsprl. *ei* zurückgeht, vgl. DWB^{2} 7,309f. (*ei*), DEWb./K.^{24} 229; dieses stdsprl./ugs. *ei* könnte Einfl. auf d. mdal. Desspr. genommen haben. — BayerWb.^{2} 1,1 (*ei, ei-ei* Laut b. Anschmiegen v. Wange an Wange; *das Ailein, Aiailein* diese Schmeichelgebärde), SdWb. 3,539, VlbgWb. 1,672, SchwäbWb. 1,120 (*ai*, Interj., *Aiai, Aile, Aiaile*, Subst., Liebkosung), ebd. 2,553f. (*ei*, Interj.), ebd. 4,1934 (*Naile^{in}* Liebkosung), SchweizId. 1,3 (*ä!* II, Interj. u. Subst., Ausdruck d. Zärtlichkeit usw.), ebd. 1,19 (*ei* III, Interj. lebhaften Affektes).

Bed. u. Ltg.: **1.** Interj. (meist redupl.), Ausruf m. versch. Stimmungsgehalt binnenbair., Lus., öBrünn, in mehreren lautl. Var.: **a)** *ei*: Ausruf d. Staunens u. d. Verwunderg. Käld. (1862) 87 (*ēi-ēi* [spr. *āi-āi*]), Ausruf d. Erstaunens WrWb.(1873) 52 (*ei-ei!* [spr. *ai-ai*]), LusWb.(2001) 83 (*ei!* [spr. *ai*]); Ausruf d. Bedauerns nöWeinv., W. (*áe-i̯-ae-i̯-ae*); Füg.: *áe-i̯-ae-i̯-ae, sǫgd mae(n) wāe* (Weib, Ehefrau) nöWeinv. (Fortsetzg. d. Spruches s. DBÖ); Ausruf d. Überraschg., d. Ärgers TirWb. (1955–1956) 1,141 (*ai, ai*); Ausruf d. Freude Lüsenert. (*ai*; u.1910); Ausruf d. Schmerzes, d. Verwunderg. ebd. (*ái-ai*); als Einleitg. einer Anrede in Füg.: *ai wǫrt!* ei warte! wehe dir! Lüsenert. (u.1910); *ai wol!* na gut! (zustimmend, „tu es doch") ebd.; s.a. DWB^{2} 7,309f. (*ei* Bed.1); — hist. (auch als Einleitg. e. [An-]Rede): *ei! wie wol dir dann geschiht* Enikel (1276/1980) 41,2056; *„Ey, meine liebe freund," sprach ich* NÖ Kleinschroth (1683/1956) 142; *Ei ei* Ausdruck d. Verwunderung ÖMdaWb.(1811) 69; *„Ey, ey, ey," sag i, „um's Madel is mir do lad* [leid] *.."* W. HJörgelBr. 5 (1832) 25; *Ey warum, / Habt mir doch nichts gethan!* mInnv. Stelzhamer (1844c) 86; — **b)** *ei, eia, nei*: Ausruf als Begleitg. einer Liebkosung (Streicheln d. Wange, Anschmiegen v. Wange an Wange) zw. e. Erwachsenen u. e. (Klein-)Kind sbair. ve., ÜGeb. ve., mbair. verbr., öBrünn (jeweils kindersprl.); Ltg.: *ái-ái, áe-áe, ae-áe* u. ä. verbr.; auch SteirWb.(1903) 191, SteirWb. (2000) 38, WrWb.(2002) 328; *aea-aea* mInnt. u. wohl sonst verbr.; *ae-i̯e-i̯e* öBrünn; vgl. → *je*; *nae(n)-nae(n)* nUInngeb., öUInnt., zu *n*- vgl. 2d; s.a. DWB^{2} 7,310 (*ei* Bed.2); vgl. weiters → *hei* (Interj., m. der man e. Kind zärtl. in den Schlaf wiegt). — **2.** Subst. (N. bzw. N.Dem.; vgl. Bed.1b): Liebkosung zw. e. Erwachsenen u. e. (Klein-)Kind, seltener unter Verliebten, u.zw. d. Streicheln od. d. Küssen (dies seltener) der Wange od. d. Anschmiegen v. Wange an Wange binnenbair. verbr. (meist kindersprl.), in mehreren lautl. Var.: **a)** *Eiéi, Eiaeia* (in Füg. [s.w.u.] tw. ohne Art. u. dann Grenzfall zw. Interj. u. Subst.): binnenbair. verbr.; auch Käld.(1862) 87, WSteirWb.(1987) 418, SteirWb.(2000) 38, SaWb.(1995) 56, MühlvWb.(1993) 91, WrWb. (1873) 18, WrWb.(2002) 328; Ltg.: *aiái, aeáe* verbr., *aea-aea* mInnt.; meist als Aufforderg. an e. (Klein-)Kind in Füg.: *(ein) E. geben/ machen* d. Wange streicheln, küssen, sich anschmiegen verbr.; *gīb mɒ (ɒ) aiái/aeáe* verbr.; daneben auch (m. hiatustilgendem *-n-*) *gīb mɒ ɒ-n-aeáe* uMürzt., Auss.Ld., ve. Hausrv., Mühlv.; mWaldv.; *Gib m'r a Ei-Ei* e. Kuß Käld.(1862) 87; *ai-ái gē(b)m* liebkosen WSteirWb.(1987) 418; *gib der Godn* [Patin, → *Gote*] *a schens Eiei* e. Kuß auf d. Wange SaWb.(1995) 56; *gib eahm a Ei, Ei* Liebkosung, Wange an Wange MühlvWb.(1993) 91; *mǫch/gib schẹ^{n} ei-ei!* Aufforderg. an d. Kind zu streicheln WrWb.(2002) 328; s.a. Ugs-Lex./K. 2,689 (*ei-éi machen*), DWB 3,76; — hist., lit.: *Gib an ai ai* streichle m. deinen Händchen meine Backen; gib mir e. Kuß ÖMdaWb.(1811) 7; *ein Eyey geben* e. Kuß geben (kindersprl.) ÖMdaEWb.(1815) 1,191; *Ei-ei* d. liebkosende Streicheln d. Wange NÖ Seidl (1850) 2,88 (Reg.); *Do hast no a schean's Buss'l / Und an Ei Ei* Liebkosung unter Verliebten Auss.Ld. Werle (1884) 129; — **b)** *Ei, Eilein, Eiellein, Eiéilein, Eidlein, Eidschellein*: binnenbair. verbr.; Ltg.: *āi, āiəl, -ələ* Tirld.(1866) 6 (Füg. s.d.), *ai, aiələ* TirWb.(1955–1956) 1,141 (Wangenstreicheln d. Kinder); *ailə* Käld. (1862) 87 (Küßchen); *āe(d)l* Auss.Ld., mEnnst., Pinzg.; *āeɒl* söSMä. SdWb. 3,539; Füg.: *āeɒl gē'm* liebkosen WSteirWb.(1987) 418 u.ä. im Verbr.Geb.; m. Redupl.: *aeáel* nwWaldv.; m. Gleitlt. *-d-*: *aidlə* Käld.(1862) 87 (Kuß; Pl. *aidlɒn*), *aidl* Möllt. KäWb.

(1862) 81 (Berührung d. Wange), *äedl* u.ä. nwObMurgeb.; ObSt. SteirWb.(1903) 190 (*Eidel*, N., liebkosende gegenseitige Berührung d. Wangen), Salzachpong., Buckl.Wt., mWeinv.; NÖ ZÖV 1 (1895) 326 (*aidl-aidl*), WrWb.(1873) 205 (*Aidl-Aidl*, N., d. Streicheln d. Wangen, va.); *aedšae* wSBö.; — hist., lit.: *eid·l*, N., Kinderkuß auf d. Wange Kä. (1804) KäWb.(1862) 81; *Geh, gieb mir a schöns Eidl* gib mir e. Kuß, zu e. kl. Kind gesagt ÖMdaWb.(1811) 69; vgl. auch ebd. 7 (*Aidl*); *Kain Röd von án Eyerl, / Á Bußl – o je!* mInnv. STELZHAMER (1844c) 165; *Eidl*, N., Kuß e. kl. Kindes WrWb.(1847) 38; *äiel* Anschmiegen v. Wange an Wange söSkgt. Slg.GRIENBERGER (u.1860); *Ei du mei liab'r Bua, wås wer m'r måchn, / Eidlan göbn, Bußlan göbn, kuttern und låchn* Käld. (1862) 87; *und gibt 'hm halt áh .. etliche Eidl áf's Wang'* „Streichwänglein" sWr.Beck. NAGL (1909) 179 (Bed. lt. Fn. ebd.); *Und gibt eahm* [dem Sohn] *an Eierl, á zwoa á drei nu* Liebkosung nördl.obInnv. WAGNLEITHNER (1921) 26 (Bed. lt. Fn. ebd.); *Um a hâlber zwoa* [um halb zwei (am Karfreitag)] *kömment die Gotnleut* [Paten] *gfährner. Wir kleanere Kinder gebm aniadn an Eidl* Kä. UNTERLERCHER (1932/1975) 42; — **c)** *Eili, Eiti; Hei, Heidi, Heiti* (kindersprl. N.Dem.; zu *h-* vgl. 2e): d. Streicheln der Wange Tir. ve., mbair. ve.; Ltg.: *aeli* wSBö.; *aeti* nHausrv., söstl.obMühlv., W., wSBö.; *hai, haidi* TirWb.(1955–1956) 1,141; *haidi* obMöllt.; *haite* Sarnt.; — **d)** *Neilein, Neidlein, Neindlein, Neidellein* (m. anlt. *n-* aus dem Satzsandhi wie z.B. bei → *Änel, Ast*): Tir., Kä., St., Sa.; Ltg.: *näe(d)l* u.ä. UInnt. TirId.(1866) 6, öNOTir., UPinzg., Pong.; m. Gleitlt. *-d-* (u. ve. Nas.): *naedl* u.ä. UInnt. TirId.(1866) 6 u. 464 (Füg. s.d.), ebd. TirWb.(1955–1956) 2,448 (Liebkosung d. Wange), mInnt., öNOTir., MKä., Lung., nwFlachg.; *naedlə* obGurkt.; *näe(n)dl* öNTir. ve.; *naedɒl* UInnt. TirId.(1866) 6 u. 464, mObMurgeb.; *naedae* UInnt. TirWb. (1955–1956) 2,448, Pinzg. u. Pong. SaWb. (1995) 137; Füg.: *gib eam a schens Neidei!* e. Wangenkuß, e. Schmeichelei SaWb.(1995) 137; *ä hǫt iɒ nīd ɒ bußl, nẹtɒ ɒ naedl gẹ̄'m* er hat sie nicht geküßt, nur ihre Wange mit seiner Wange berührt Lung.; — **e)** *Heiellein, Heidlein, Heidellein, Hēidellein* (d. *h-* übertr. v.d. Interj. → *hei* bzw. v. dessen Abl. → *Heie, Heiel* Wiege, → *heieln* e. Kind zärtl. in den Schlaf wiegen): Tir. verbr., nöOSt., Buckl.Wt.; Ltg.: *haiələ* u.ä. WTir. verbr., TirId.(1866) 232 (Liebkosung, Küßchen), TirWb.(1955–1956) 1,141, 1,282 (Füg. s.d.) u. 1,286; Füg.: *a haiɒlɒ mǫχχɒ* liebkosen, d. Wangen streicheln obstObInnt. INSAM (1954) 66; m. Gleitlt. *-d-*: *haidl* mNTir. ve., TirId.(1866) 232, TirWb.(1955–1956) 1,282 u. 1,286, *haedl* nöOSt., Buckl.Wt.; *haidələ* mNTir. ve.; *haedɒl* mNTir. ve.; m. lautgesetzl. Entw. v. mhd. *ei* > *ǫɒ*: *hǫɒdɒl, hǫɒdələ* mInnt. — **3.** Subst. (N. Leukent., obEnnst., sonst ohne Genusang.; vgl. Bed.2): Wange Tir. verbr., obEnnst., Sa. verbr.; in mehreren lautl. Var.: *Eidlein, Neilein, Neidlein, Neinlein, Neindellein*: *naidl, näe(n)l, nae(n)dɒl* Tir. verbr., *aedl* obEnnst., Salzachpong., *naedl* obEnnst., sMPinzg., *näe(d)l* wUPinzg.; zur Ltg. m. *n-* vgl. unter Bed.2d; einige Bel. ev. zu → *Eiel*, Nf. *Neiel*. Abl. → *Eiel, eieln*; weiters: *eien*, sw.Vb., streicheln, schmeicheln, eigentl. *eiei* sagen TirId.(1866) 6 (*eien*); *eilig, neilig*, Adj., anschmiegsam WSteirWb.(1987) 407 (*naidli*). *E.G.*

eia, bejahender Ausruf, → *(ei)jâ*

eia popeia, Beginn e. Wiegenliedes, → *heia*

Eibach, Eibenach

N.Koll., **1)** Eibenbestand, -gehölz mGott., GottWb.(1973–1976) 1,126 (*aib̲ox*); in ON: *Obereibach* nHausrv. ANB 1,307f. (*Ibach* urk. 1110–30); als FlN: *im Eibach* Gasen obFeistritzt.; — **2)** „Strauch ähnl. dem Wacholder", wohl: Eibe in Strauchform Gr.Arlt. (*äe'mɒx*); — **3)** Eibenholz GottWb. (1973–1976) 1,126 (*aib̲ox*). — Etym.: Abl. v. → *Eibe*. *E.G.*

Eibe, Eiwe; Älbe, Älber; Albe, Alber; Ilbe; †Ebe, †Elfe

F. (M. in → *[Rôt]-* OÖ), Europ. Eibe (→ Taxus baccata) binnenbair. verbr., zimbr., Zahre, Gott., öBrünn; (Pfeil-)Bogen aus Eibenholz Tir. (hist.). — BayerWb.[2] 1,16 (*Eibe*; ä.Spr. *Eiben, Eiwen*), SdWb. 3,539, VlbgWb. 1,672, SchwäbWb. 2,554, SchweizId. 1,612f.

Ltg. (gegendweise versch. Ltg. nebeneinander mögl.): *Eibe, Eiwe* (zu mhd. *-ī-* s. Lgg. § 13d; zu spätahd. *-w-* ebd. § 25b1 u. SCHATZ [1897] 79): Sg.: *aiwɒ* bair.Lecht. RUDOLF (1933) 414, *aiwə* TirWb.(1955–1956) 1,141, wObInnt. SCHATZ (1897) 79, sObKä., söFlachg.; *aiwa* zimbr. KRANZMAYER (1925/1981) 100, ZimbrWb.(1975) 98; *aib̲ə* Zahre, mGott., auch GottWb. (1973–1976) 1,126; *aibm, äe'm* u.ä. NOTir.

verbr.; UInnt. TirWb.(1955–1956) 1,141, Ob-, MKä. ve., mbair.ObSt., Gr.Arlt., nHausrv., nöSkgt., nwestl.obMühlv., Mostv., Traisent., Piestinggeb., nöWeinv., Marchfd., W., uBöW, öBrünn; *aib* TirWb.(1955–1956) 1,141; — Pl.: *aibm* u.ä. (Sg.=Pl.) ve., *āe'mɒ* Mostv., *aib̄m* Zahre, mGott., *aib̄ən* öBrünn; — 1.Dem.: *Eibel* [spr. wohl *āewl* u. als Dem. aufzufassen], N., SteirWb.(1903) 189, vgl. jedoch → *-eibel* II; *aib̄lə* mGott.; — 2.Dem.: *aiwələ* wObInnt., *āe'mɒl* Mostv., *aib̄ɒl* öBrünn; — *Eibe, Älbe, Älber* (Ltg. letztl. gleichgesetzt mit → *Alber* IV Pappel; gegendweise liegt jedoch ursprüngl. Lautentwicklg. *aeb-* > *aöb-* > *aö'm* mit Rundg. vor Kons. vor, die sekundär hyperkorrekt mit der Ltg. von „Albe, Älbe“ gleichgesetzt wurde; zu diesen Rundungen vgl. z.B. SAO 2,31, Giefing [1955] 40, Stadlmann [1957] 36): — Sg.: *alwə* obstZillert. TirWb.(1955–1956) 1,141 u. 1,310; *āöb* öUInnt.; *aü'm* UInnt. TirWb.(1955–1956) 1,141; *āö'm* mbair.ObSt., nöSkgt., söFlachg., Mostv.; obTraisent. Stadlmann (1957) 106; *āǫ'mɒ* swTraunv. Tatzreiter (1964) 196; — Pl.: *albm* obstZillert. TirWb.(1955–1956) 1,310, *āö'm* öUInnt., *āö'mɒ* Mostv.; vgl. auch → *(Rôt)-*; — *Albe, Alber* (Ltg. übertr. von od. hyperkorrekt für → *Alber* IV Pappel; Erkl. s.w.o.): *ǭe'm* obTraisent. Stadlmann (1957) 106, *ǭe'mɒ* (Sg.!) nWr.Wd. Pausch (1962) 83; vgl. auch → *(Rôt)-*; — *Ilbe* (Ltg. übertr. v. → *Ilme* Ulme; zu *il-* > *ī-* vgl. Lgg. § 7d1 u. ebd. § 4f): Sg.: *ilwə* obstZillert. TirWb.(1955–1956) 1,141 u. 1,310, *ilm* ve. mInnt. Faistenberger (1925) 6,12 (ausdrückl. Einzelbel. in d. Bed. „Eibe“, sonst d. übl. Bez. f. „Ulme“); *īw* Gr.Arlt. (1957; va.); — Pl.: *ilbm* obstZillert. TirWb.(1955–1956) 1,310, *ī'm* Gr.-Arlt. (1957; va.).

Etym.: ahd. *îwa*, st.sw.F., Eibe, mhd. *îwe*, st. F., Eibe, Bogen aus Eibenholz; zu idg. **ei-*, Farbadj., rötl., bunt; dies erweitert zu idg. **(e)i-u̯o-*, **(e)i-u̯ā* Eibe (nach dem rotbraunen Holz) IdgEWb./P.[2] 1,297; s.a. DWB[2] 7,315f.; — d. hist. Schreibg. *eben* (s.u. Bed.1,2) ist viell. Verwechslg. m. mhd. *ebênus*, M., Nf. *eibân*, Ebenbaum MhdWb./L. 1,505; dies eigentl. „Ebenholzbaum“ (Diospyros ebenum), vgl. Marzell (1943–1979) 2,138f.; s.a. → *Ebenus*; zu den weiteren hist. Schreibg. *Elfe* u. *Ire* s.u. Bed.1 (hist.).

Bed.: **1.** Europ. Eibe (→ Taxus baccata) binnenbair. verbr., zimbr., Zahre, Gott., öBrünn; Syn. → *(Tann)eibel* (→ *-eibel* II), *Eiberer* (unter Abl.), *Eibisch* 2; auf Grund des gegendweise nur sporad. Vorkommens der Eibe öfter Verwechslung mit bzw. Lautungsübertr. von → *Alber* IV Pappel, *Ilme* Ulme, s. a. unter Ltg. w.o.; zur Vermengung d. Namen mehrerer immergrüner Gewächse vgl. auch ÖMdaEWb.(1815) 3,217f. (unter *Taxe*); — Sachl.: immergrünes, zweihäusiges Nadelholz in Baum- u. Strauchform, m. roten „Beeren“ („Beere“ bez. hier den botan. „Samenmantel“) an d. weibl. Pflanze; in Öst. nur mehr vereinzeltes Vorkommen im Bergland, jedoch häufig als Ziergehölz, vgl. ÖPfl-Kat. 1,76; — Braucht., Volksmeing.: Zweige der männl. *E.* dienen als Bestandteil v. → *(Palm)puschen* nöSkgt.; s.a. → *perlecht*; man verwendet(e) die (e. Gift enthaltenden) Nadeln [Absud daraus?] als Abtreibungsmittel Klagenfurt (1930); dass. m.d. „Beeren“ [giftig ist allerdings nur der darin enthaltene Same] Dunkelstn.Wd. (u.1920); zu einem aus der E. gewonnenen Heilmittel vgl. Dalla Torre(1895) 68 (aus Tir.), GottWb. (1973–1976) 1,126; in der E. wohnt d. Tod GottWb.(1973–1976) 1,126, ähnl. ZimbrWb. (1975) 98; Füg.: *De àiba ist dar póom 'me tòote* d. E. ist der Baum vom Tod ZimbrWb. (1975) 98; vgl. auch HDA 2,644f.; aus dem wertvollen Holz der *E.* fertigt(e) man Bilderrahmen u. Schatullen GottWb.(1973–1976) 1,126; z. bes. Holzqualität s.a. Bed.2 u. → *eiben* 1; — hist.: [es soll niemand] *die eben* [Eibenbaum lt. TirWeistGl. 821] *und lätschen, auch die kräwätstauden .. nit reiten* [roden] *oder abhacken* öUInnt. (17.Jh.) ÖWeist. 2,18; *Ein edleren holzgattungen – nämlich eiben, ahorn, kronabeth .. ohne erlaubnuß .. zu hacken ist eine straff à stam per 3 fl* nöSkgt. (1756) ebd. 13,362; *Elfe* Eibe OÖ (1841) Marzell (1943–1979) 4,656; vgl. dazu d. Ltg. *ęlfr* Kä. unter → *Alber* IV (Pappel); *Ire*, F., Eibe, Taxus WrWb.(1847) 68; wohl verschrieben f. *Ive*, vgl. auch d. alphabet. Reihung ebd. (*Ire* ist alphabet. nach *Itz* gereiht); zu mögl. *Ive* vgl. *Ivenbaum* ÖMdaEWb.(1815) 3,219 (unter *Eibe*) sowie obd., nd. *Ibe, Ive, Ife* Eibe DWb.(1774–1790) 1,1523f. (unter *Eibe*); *Aiba* Eibe, tasso CimbrWb.(1855) 167. — **†2.** Pfeilbogen aus Eibenholz (Bed. lt. MaInv./Z. 297 [Reg.]): *zwai armprost vnd ain eyb* Burggr. (1439) MaInv./Z. 24; *funf pöse, alte armbrüst vnd ain alte eyben* Burggr. (1452) ebd. 34; *newn alte, bose* [v. geringem Wert od. schadhaft, vgl. → *pōse* I,1a,b] *armbrust .. drey eben* Stanzert. (1486) ebd. 182. — **3.** Zweig des Wacholderstrauchs ZahreWb.(2.H.20.Jh./ 2007) 3 (Textbel. u. Anm. z. Braucht. s.d.).

Komp.: **(Tann)-:** Eibe, s.u. → *-eibel* II. — **(Rôt)-:** Europ. Eibe (→ Taxus baccata), nach d. Farbe d. „Früchte“ (lt. Sammlerang.) od.

nach d. Farbe d. Holzes (vgl. unter Etym. w. o.) OÖ u. NÖ verbr., Sa. (hist.): *(Rôt)eibe*: *rǭdäe'm* Dunkelstn.Wd., *-ā̈'m* uPielacht. (1918); für NÖ s.a. HÖFER/KRONFELD (1889) 21; hist.: *Rotheibe* Eibe Sa. ÖMdaEWb. (1815) 3,217; *Rodaib'n*, F., „Taxusbaum" NöWb.(1847) 221; *Rothaib'n* swMostv. BEKKER (1859) 180; *(Rôt)älbe*: *Rotálm* [*á* spr. wohl *a*] OÖ (Sammlerbel.) MARZELL (1943–1979) 4,657; *(Rôt)alber*: *Rotoiwá(n)*, M., Eibe OöWb.(1978) 231 („gelegentl."); *rōdäüwɒn* nWachau; hist.: *Rothalber* Eibenbaum ÖMdaEWb.(1815) 1,18. — Etym.: d. Formen auf *-älbe, -alber* offenbar der Weißalber gegenübergestellt MARZELL (1943–1979) 4,657; vgl. → *(Weiß)alber* (→ *Alber* IV).

Abl. → *Eibach, -eibel* II, *eiben*; s.a. → †*Eibel* I, *Eibler*; weiters: *eibenecht*, Adj., von d. Eibe, aus Eibenholz PiestinggebWb.(2006) 151 (*ei[b]mat*); *Eiberer*, M., Europ. Eibe (→ Taxus baccata) Pong. (*aewɒrɒ*), westl.mInnv. (*aöwɒrɒ*). *E.G.*

†Eibel I

Genus?, Stange z. Manövrieren e. Schiffes: *Eibel*, ohne Genusang., klafterlanges [= ca. 1,80 m langes], unten zugespitztes Rundholz, welches d. Schiffleute gleich den „Sparringen" [eisenbeschlagener Stecken, → *(Sper)ring*] gebrauchen SkgtLex. (1768–1769/1936) 129; Etym.: letztl. unklar; ev. Dem. v. → *Eibe* (od. *el*-Abl. davon, vgl. → *-eibel* II), da viell. aus Eibenholz; vgl. auch e. sachl. u. lautl. ähnl. Bel. aus d. oö. Schifferspr. unter → *Alber* IV (Dem.). *E.G.*

-eibel II

F., M., nur als Komp. **(Tann)-:** Europ. Eibe (→ Taxus baccata), verdeutlichend auch „Roteibenbaum" SteirWb.(1903) 142 (*Tanneibel*, F.), dass. WSteirWb.(1987) 346 (*dounaiwl, t-*; M.); Eibe steir.Lafnitzt. (v.1935; *dǭnaebl*, ohne Genusang.); steir.Lafnitzt. MARZELL (1943–1979) 4,657 (*Don-eibl*, ohne Genusang.); Syn. → *(Eiblein)tanne, Eibe* 1, *(Rôt)-*; — Etym.: Abl. v. → *Eibe* (s.a. 1.Dem. unter Ltg.); d. Bw. wegen d. Ähnlichk. m.d. Tanne. *E.G.*

eiben, eibern, eibnen, eibein

Adj., von d. Eibe stammend, eiben Tir., St., Sa., jeweils ve., OÖ verbr., Gott.; Etym.: Abl. v. → *Eibe*; Stoffadj. auf ahd. *-în*, ahd., mhd. *îwîn* von d. Eibe.

Ltg. (zu *-en/-ern* vgl. → *pēine[r]n* Ltg.2): *äe'm, äewɒn, äe'mɒn* u.ä. im Verbr.Geb., auch SteirWb.(1903) 189 (*eiben* u. *eibern*), SaWb. (1995) 56 (*eibern*); *ai̯bain* GottWb.(1973–1976) 1,126; zu mhd. *-în* > *-ain* vgl. GottGr.(1908) 210; flekt. (s.a. d. Füg. unter Bed.1,2): *äe'mɒnɒ* (M.), *äe'mɒne* (F.), *äe'mɒs* (N.) nUInngeb.; *äö'mɒn* u. ä. Auss.Ld., nöSkgt.

Bed.: **1.** Aus Eibenholz (bestehend, hergestellt) im Verbr.Geb.; Sachl.: d. (seltene) eibene Holz ist wegen seiner Härte u. Elastizität geschätzt; man verwendet es f. Schnitzereien söNOTir.; f. einfache, hölzerne Faßhähne nwNOTir., nöSkgt., Linz; f. gedrechselte Gegenstände u. f. Stiegen mGott.; f. Bilderrahmen Gott.USeite; — Füg.: *äewɒnəs hoitß* söNOTir., *ai̯bain holts* mGott.; *äe'mɒne bipm* Faßhahn aus Eibenholz nwNOTir.; vgl. → *Pippe* 1; *äö'mɒs hōeds dsan fǫßbipm draksln* nöSkgt.; *äö'mɒne šäedl* Scheiter aus Eibenholz f.d. Weihefeuer am Karsamstag nöSkgt.; *a(n) ai̯bains rāmle* e. Bilderrahmen aus Eibenholz Gott.USeite GottWb. (1973–1976) 1,126; — hist.: *zu denen wöhren* [Stauwehr] *und sulzstichen* [Durchstich z. Ableiten d. Sole] *vieles eibenes pippenholz* [Holz f. Leitungsröhren OöWeistGl. 157] *vonnöthen* nöSkgt. (1755) ÖWeist. 13,354; *Daß niemand bei höchster straff ärbenes* [vgl. mhd. *arbe* Zirbelkiefer], *eibenes oder achornes holz schlage* öUInnt. (18.Jh.) ebd. 2,49. — **2.** Aus Eibenzweigen (bestehend) Auss.Ld., Sa. u. OÖ ve., Piestinggeb.; nur in d. Füg.: *eibenes/eibernes* → *Graß, Gräß, Graßach* Reisig, Zweige v.d. Eibe im Verbr.Geb.; *ɒ-n-äö'mɒs graßt* Eibenzweige, f.d. Palmbuschen vorgeschrieben Auss.Ld. MÜLLEGGER (1968) 144; vgl. → *(Palm)puschen* (Sachl.); *eibers Graß* „Eibentaxen" [= Eibenzweige] SaWb. (1995) 56; vgl. → *(Eiben)dächse*; *s äö'mɒ grǫßɒd* Eibenzweige als Besen z. Reinigung d. Backofens nöSkgt.; *äewɒs grǫß* Eibenzweige f.d. Palmbuschen söSkgt.; *äe'mɒs graß* Eibenzweige als Schmuck b.d. Fronleichnamsprozession obSteyrt.; *A ei(b)mas Grass* Reisig v.d. Eibe PiestinggebWb.(2006) 151; s.a. → *eibenecht* (→ *Eibe* Abl.). *E.G.*

Eiberer, Eibe, → *Eiberer* (→ *Eibe* Abl.)

Eibisch

M., Echter Eibisch (→ Althea officinalis) binnenbair., Zarz, Gott.; Europ. Eibe (→ Taxus baccata) Znaim.Ld. — BayerWb.[2] 1,16, SdWb. 3,539, VlbgWb. 1,673, SchwäbWb. 2,554f., SchweizId. 1,48 (*Ibisch*, F.).

Ltg. (zu inl. *-b-* > *-w-* vgl. Lgg. § 30b1): *aiwiß, aewiß* u.ä. binnenbair. verbr., auch TirWb. (1955–1956) 1,141, BglWb.(2007) 139, SMä. BE-

RANEK (1936) 73, ZarzWb.(1983) 56; daneben auch *aebiß* u.ä. ugs.; *aibiš* GottWb.(1973–1976) 1,126, *eibäš* Gott.Suchent. ebd.; m. dem *-n* des unbest. Art. u. „falscher" Abtrenng.: *naewiß* swNBgl. SEIDELMANN (1957) 123; weitere Ltg., die nur im Bw. bel. sind, s.u. → *(Eibisch)tę* 1.

Etym.: ahd. *îbiska*, st.F., mhd. *îbesche, îbesch, ybesch*, F.; entl. aus lat. *(h)ibīscum*, N., dieses (vermutl.) aus d. Kelt., vgl. DEWb./K.[24] 229, DEWb./D.[3] 171; z. Genus vgl. DWB 3,78 (F., 1862), SchweizId. 1,48 (F., 1881), BayerWb.[2] 1,16 (M., 1872–1877), DWB[2] 7,316 (M., 1993); Bed.2 sek. hierher wegen d. Lautgleichh. d. 1.Silbe m. → *Eibe*.

Bed.: **1.** Echter Eibisch (→ Althaea officinalis) binnenbair., Zarz, Gott.; Sachl.: als Heilmittel verwendetes Malvengewächs; im Bgl. u. in NÖ heimisch, sonst (früher in Kloster-, dann in Bauerngärten) kultiviert, vgl. ÖPflKat. 1,396 u. HÖFER/KRONFELD (1889) 124; aus den getrockneten Blüten, Blättern u. Wurzeln od. auch nur aus den Wurzeln bereitet man d. → *(Eibisch)tę* 1 im Verbr. Geb.; Näh. zu dessen Heilwirkg. (bes. gegen Verkühlg. u. Husten) s.d.; vgl. weiters MARZELL (1923) 220f., mHausrv. TRAXLER (1965) 107 (*E.* als Bestandteil e. Heiltranks f. Rinder; Näh. s.d.), nwNBgl. MAAR (1978) 81 (als Tee, gemischt m. Kamille), wSBö. u. söSMä. SdWb. 3,539 (*Eibisch* Bed.1, Näh. s.d.), GottWb.(1973–1976) 1,126f. (Sachl. u. Textbel. s.d.); Braucht.: *E.* ist Bestandteil d. Kräuterbuschens, der am 15.8. (Mariä Himmelfahrt) od. am 8.9. (Mariä Geburt) z. Kräuterweihe gebracht wird STir. ZsSchlern 8 (1927) 137, Lienz.Beck.; dass. in Sa. u. Kä. ÖVA-Komm. 3,51,22; s.a. → *(Weih)püschel* 1, *(Weih[en])puschen* 1; hist.: *Eibisch* swMostv. BECKER (1859) 1,175. — **2.** Europ. Eibe (→ Taxus baccata) Znaim.Ld. SdWb. 3,539 (*Eibisch* Bed.2). *E.G.*

Eibler

M., Rebsorte nMarchfd. (u.1890; *āewlɒ*); Syn. → *(Gůt)edel*; Etym.: ev. Abl. v. → *Eibe*, da sich d. Rebsorte Gutedel durch bes. dikkes, starkes Holz auszeichnet, vgl. RESCH (1980) 111. *E.G.*

Ēich I

M., Faßgeruch d. Weines nöBoz.ULd. TirWb.(1955–1956) 1,141 (*aiχ*, Ltg. verkehrssprl.); Etym.: Abl. v. → *ēichen* II. *E.G.*

Ēich II

M., Europ. Eichhörnchen (Sciurus vulgaris) jeweils ve. St., OÖ, NÖ; Ltg.: Sg.: *ǫɒx* (amdal.) öObMurgeb.; 1.Dem.Sg.: *ǫɒxl* westl. mInnv., Schneebg.Geb., Buckl.Wt.; 1.Dem. Pl.: *ǫɒxln* Schneebg.Geb.; Etym.: verkürzt aus gleichbed. → *Ēichern* (bzw. aus dessen Nf. *Ēicher*).

Abl.: *Ēichling*, M., (junges) Eichhörnchen M-,OSt. ve. (*ǫɒxləŋ*); Sulmt. SteirWb.(1903) 190 (*Eidling*, M., in Bed.1), Ltg.?; ev. m. *d/ch* wie in → *Ēid*. *E.G.*

ēich, im Ausruf der Beteuerung, → *Ēid* 2b

Ēichach

N.Koll., Eichenbestand binnenbair., Gott.; als FlN, ON verbr.; Eichenholz Gott.; Etym.: Abl. v. → *Ēiche*; ahd. *eihhahi, eichahi*, st.N., Eichenwald, -hain, mhd. *eichach*, st.N., dass. Ltg. (Näh. zur Ltg. d. Stammsilbe s.u. → *Ēiche* Ltg.): *ǫɒχət* u.ä. ObInnt., Brixent., Leukent., *ǭɒxɒ* UInnt., *ǫɒχɒχ* nObKä.; *ǫɒχɒχ, å-, ā-* KäWb.(1862) 81; *ǭɒxɒd* u.ä. Flachg., westl.mInnv., uBöW; *ǭɒhɒd* uYbbst.; *oaiχoχ* Gott., jedoch *oiχoχ* mGott.

Bed.: **1.** Eichengehölz, -wäldchen binnenbair., Gott., auch TirId.(1866) 7, KäWb. (1862) 81, SteirWb.(1903) 189, SaWb.(1995) 140, GottWb.(1973–1976) 1,127; — als FlN (s.a. hist.Bel. w.u.): *s ǫɒχət* Name e. Eichenwäldchens in Stams öObInnt.; *ǭɒhɒd* FeldN in Kröllendf. uYbbst.; — als ON (s.a. hist. Bel. w.u.): *Aicha* mEisackt., *(Völser) Aicha* uEisackt., *Aichach* uEisackt. ANB 1,16 (hist. Schreibg. s.d.); *Aichet* östl.uInnv. ebd. 1,17; s.a. TirWb.(1955–1956) 1,11; *Eichat* Ortsteil v. Absam mInnt., *Aichach* Ortsteil v. Stokkenboi UDraut., *Eichet* Ortsteil v. Grödig swFlachg., *Aichet* Ortsteil v. Taufkn./T. nHausrv., *Aichet* Ortsteil v. Euratsfd. uYbbst.; s.a. ONbb. wie KäONb. 2,16, OBOÖ 1,150 u. ebd. 2,1 (u.ö.); — hist.: *an dem holts genant das Aychech* [Schreibg. in d. Hs.: *e* m. übergesetztem *a*] St.Pölten (1368) UBSPölt. 2,426; [e. Grenze verläuft] *im graben aufs tannach* [Bestand v. Tannenbäumen, → *Tannach* 1] *biß ans Menßegg, aichach an des Aichners gattern* söstl.uMühlv. (u.1600) ÖWeist. 12,829; [e. Grenze verläuft] *vom Gsoll auf das aicha* [Hs.C: *aichach*] Semmeringgeb. (1630) ebd. 7,221; *von dem Gschlägl auf das aihech* Semmeringgeb. (1630) ebd. 7,219; *daß aichach bschauen, obs ainen ganzen oder halben döchant* [e. best. Menge v. Eicheln u. Bucheckern, → †*Tēchen(t)*] *ertragen mag* swFlachg. (17.Jh.) ebd. 1,113; *Ausser Hall auf sogenannten Aichat* Tir. (1703) TirId.(1866) 7. — **2.** Eichenholz GottGr. (1908) 214, GottWb.(1973–1976) 1,127; vgl. → *Pirkach* 2, *Tannach* 4. *E.G.*

Ēiche; Ēichel

F. (M. ve., s.w.u.), Eiche (Quercus) allg. m. SI; Ahorn (→ Acer) Tisch. — BayerWb.[2] 1,23, SdWb. 3,540f., VlbgWb. 1,673, SchwäbWb. 2,556 u. 6/2,1801, SchweizId. 1,72.

Ltg. (gegendweise sind mehrere Lautformen nebeneinander berichtet; z. Entw. v. mhd. *ei* vgl. Lgg. § 20a–h u. K.16; z. Var. *ǫə* für *ǫɒ* vgl. Wiesinger [1970] 2,136f.; z. Entw. v. spätahd. *-ch-* [Abschwächg., Schwund, Restitution] vgl. Lgg. § 34i2,3,5–7 u. ebd. § 29b3 sowie → *Půche*): *Ēiche*: Sg.: m.d. Ltg. d. Stammvok. *ǫɒ-*, *ǫə-*: *ǫɒχ* Burggr., nöBoz.ULd., Sarnt., NOTir. ve., Gr.-Arlt., öSieb.Gm., Dreiz.Gm., Lus., Fersent.; *ǫɒχə* Pass., uPustert., Lienz.Beck., wObInnt.; obZillert. (u.1910), KäWb.(1862) 81, zimbr.; *-ǫɒxə* W. (in → *[Zerr]-*; bauernmdal., alt; vgl. dazu Kühn [1971] 91f.); *ōəχə* Zarz; *ǫɒxɒ* u.ä. Eisackt., uEnnst., nwOSt., OÖ u. NÖ verbr., Bgl. verbr., nWUng., SBö. u. SMä. verbr., Brünn, zimbr.; *ǫɒxn, -ŋ* nöBoz.ULd., uPustert., NOTir. ve., nObKä. u. nwMKä ve. (hier auch *ǭɒhn* u. *āxn*), St. u. Sa. verbr., sWr.Beck., SBgl.; *ǭɒhɒ* uEnnst., söFlachg., Traunv., Mühlv., Mostv., sWr.Wd., Piestinggeb., Buckl.Wt., Waldv. ve., nWachau, nSBgl.; *ǭɒhɒ* u. *ǭɒrɒ* obSteyrt.; *ǭɒhɒn* wSkgt.; *ǭəhɒ* öSBö., Wisch.; *ǭɒ-ɒ*, *ǭɒi̯ɒ* u.ä. OÖ verbr. (meist amdal.); *ǭɒgɒ(n)* u.ä. swNBgl., bgl.Pinkat., öBrünn; *oaiχə, uaiχə* Gott.HLd.; — m.d. Ltg. d. Stammvok. *ā-*: *āχə* KäWb.(1862) 81, *āxɒ* öSMä.; *āxɒ* SMäWb.(1999) 320 (hier auch *ǫɒxɒ*); *āxn, āxŋ* sObKä., nwMKä.; *āxŋ* W. (amdal. in → *[Hasel]-* 2), WrWb.(1873) 16 (*Achn*); *āhɒ, āhə(n), āhn* sObKä., öMKä.; — m. Ltg. d. Stammvok. *ǫi-* (ä. Lautentw., vgl. Lgg. § 20f): *ǫixɒ* östl. mWaldv., söWaldv. (amdal.), Wisch.; *oiχə* Gott. Ld. u. Gott.Wdn. GottWb.(1973–1976) 1,127, *ǭihɒ* nSZNeuhs., *ǭi̯ɒ* mHausrv.; — m.d. Ltg. d. Stammvok. *ai-*, *ae-* (verkehrssprl.): *aiχə, aexŋ* u.ä. verbr., PladWb.(1972) 157 (vgl. aber lautgesetzl. Entw. bei → *Ēichel*); *aiχ* TischWb.(2002) 32 (M., in Bed.1,2); — m. div. Sonderltg. (tw. „mißlungene Ersatzltg.", so Lgg. § 34i7; tw. ev. Einfl. v. → *Ahorn*): *åche* [spr. *ǭχə*] KäWb.(1862) 81, *ǫuxɒ* Buckl.Wt. (*ǫɒxɒ* „feiner" ebd.), *ǭxn* Salzachpong. (neben *ǫɒxn*), *ǭ-ɒ* nöstl.uMühlv., *ǭ-ɒn* bgl.Pinkat.; *ēxŋ* nZlabings.Ld.; — Pl.: *-n, -ŋ* verbr., *-nən, -nɒn* nwMKä., sbair.ObSt., WSteirWb.(1987) 73; *-ɒn* (bei Sg. m. kons. Auslt.) Lus., Fersent.; — 1.Dem.Sg.: *āxnlə* u. *ǫɒxnlə* nwMKä.; *oiχlə* mGott.; m. analogem Umlt. (vgl. Lgg. § 20n1): *ǫ̈ɒχlə* Lus., *ę̄ɒχl* Fersent.; sonst *ǫɒχl* u.ä. (m. entspr. Vok.) ve.; — 2.Dem. Sg.: *ǫɒχələ* wObInnt., *ǭɒxɒl, āxɒl* ve., *aiɒl* nöstl. obMühlv., *ǫɒxɒl* Bud., *ǫɒxəlɒ* BrünnWb.(v.1938/1990) 137; — 2.Dem.Pl.: *-ɒln* mbair. ve.; — *Ēichel* (vgl. dazu Etym. w.u.): *ǫɒχl* obstZillert. TirWb.(1955–1956) 1,11 (F.), Zillert.Wb.(1992) 149 (M., F.); s.a. *aichel* obEnnst. (F.; urk. 1624) unter Bed.1 (hist.).

Genus: F.: allg. (auch f.d. Ltg. *ǫɒχl* Zillert.; vgl. Etym. w.u.; s.a. *aichel* obEnnst. [urk. 1624] unter Bed.1 [hist.]); — M.: WSteirWb.(1987) 347 (*ǫɒxn*; jedoch F. ebd. 73); Dreiz.Gm. (*ǫɒχ*), ebd. ZimbrWb.(1882–1885) 200 (*oache*; [jedoch F. i. d. anderen ZimbrWbb.]); TischWb.(2002) 32 (*aiχ*; in Bed.1,2); d. mask. Genus ist wohl übertr. v. → *(Ēich[en])pāum*; — M. u. F.: ZillertWb. (1992) 149 (*ǫɒχl*, M., F.), WSteirWb.(1987) 347 (*ǫɒxn*, M.), ebd. 73 (*ǫɒxn*, F.).

Etym.: ahd. *eihha, eicha*, st.F., Eiche; mhd. *eich*, st.F., Nf. *eiche* Eiche MhdWb./L. 1,516; zurückgehend auf germ. **aik-*, **aik-(ō)* DEWb./K.[24] 229f. bzw. in weiterer Folge auf idg. **aig-* Eiche IdgEWb./P.[2] 1,13. — Die Nf. *Ēichel*, F. (auch M. ZillertWb.[1992] 149; s.w.o.), für „Eiche" ist wohl urspr. e. N.Dem., das (in Anlehng. an F. auf *-el*) das fem. Genus angenommen hat; e. andere Erkl. bei SteirWeistGl. 334: *aichel*, F., Eiche ist pars (näml. d. Frucht, → *Ēichel*) pro toto (näml. f.d. Baum); vgl. auch DWB[2] 7,322 ([2]*Eichel*, F., kl. Eiche).

Bed.: **1.** Eiche (Quercus), ohne näh. botan. Bestimmg. allg. binnenbair., zimbr.SI, Fersent., Plad., Tisch., Zarz, Gott., Bud., Brünn, Wisch.; bek. auch in Geg. ohne Eichenvorkommen; zur Verbr. der E. in Öst. vgl. ÖPflKat. 1,91f.; s.a. Marzell (1943–1979) 3,1207f.; in den meisten RegWbb. bel.; Syn. → *(Ēich[en])pāum*; — Sachl.: d. wertvolle, harte Holz wird zu Fässern, Stielen (z.B. v. Rechen, Schaufeln), Fußböden, Möbeln u.dgl. verarbeitet verbr.; aus d. Baumrinde bereitet man als Heilmittel d. → *(Ēichel-rinden)tę* zu verbr.; e. anderes Heilmittel gewinnt man aus dem auf Eichenlaub vorkommenden → *(Gall)apfel* 1 verbr.; d. Früchte d. E. waren früher f.d. Schweinemast wichtig, vgl. → *Ēichel* 1; zur E. als Markierungspunkt im Gelände vgl. d. hist. Bel. w.u.; s.a. DRW 2,1296; — Füg.: *Lichte Oachn* Stiel-Eiche (Quercus robur; ä. Bez.: Qu. pedunculata) östl.uInnv. Slg.Neumann (u.1970); *an balt oachen* e. Eichenwald Dreiz.Gm. ZimbrWb.(1882–1885) 200; Hirtengesang: *hiɒti̯ǫ* (→ *hu̇tja*) *hiɒti̯ǫ ǭi̯ɒ, də ghȫwɒ* (Kälber) *mē'ŋd šīɒ nimɒ sǭi̯ɒ* (harnen, → *sēichen*) mHausrv. (u.1920; d. Notenschrift s. DBÖ); — Braucht., Volksmeing.: Zweige, Laub d. E. verwendet man als Häuserschmuck zu Fronleichnam nwWeinv. (2.Dem.Pl.); Füg.: *ɒ grånts* (Kranz) *fɒ dɒ ǭɒhɒ* (auch *ǭɒrɒ*) als Schmuck zu Fronleichnam obSteyrt.; Zweige, Laub d. E. sind Bestandteil d. Sonnwendsträußes im N der St. ÖVA-Komm. 3,51,16; diese werden ausdrückl.

nicht als Bestandteil d. Palmbuschens (→ *[Palm]puschen*) verwendet söstl.obMühlv.; Begründg.: d. E. seien v. Teufel verflucht; dies erkenne man daran, daß sie einen Teil ihres Laubes den Winter über behalten ebd.; der Volksmeing. nach ziehen d. E. den Blitz an söstl.uMühlv., W. u. wohl verbr.; Füg.: *an-ǭvhɒ dsōigd ən blitß dsūhɒ* (→ *[zů-hěr]ziehen*) söstl.uMühlv.; *vor Eichen sollst du weichen, Buchen sollst du suchen* näml. b.e. Gewitter W. u.ä. wohl verbr. (in verkehrssprl. Ltg.); s.a. → *Půche* 1 u. HDA 1,1693; Wetterregel (Vierzeiler): *Grünt d. Eiche vor der Esche, dann hält d. Sommer Wäsche* (es kommt e. regenreicher Sommer); *grünt d. Esche vor der Eiche, dann hält d. Sommer Bleiche* (es wird sehr sonnig; vgl. → *Plēiche* 1) Wetterregel zu Christi Himmelfahrt mInnt. (u.1915); e. ähnl. Wetterregel s. SchwäbWb. 6/2,1801; *De aicha ist dar hòlighe* [heilige] *póom* ZimbrWb.(1975) 98; s.a. HDA 2,646f.; — in ON: *Breiteneich* östl. mWaldv., *Maria Dreieichen* östl.mWaldv.; Füg.: *bae n drae ǫixɒn* bei den drei Eichen, in Maria Dreieichen ebd.; häufig als Bw. in ON wie *Eichberg, -feld, -graben, -holz, -leit*; s. a. → *Ēichach* 1; — hist., lit.: *Wer smerpaum* [→ †*(Schmĕr)pāum*], *ophellpaum oder pirpaum, aichen oder welicherlai nutzpaum das wern, niderslueg* obKremst. (1467) ÖWeist. 13,102; *Schlecht aber ainer ain schmerpaum ab das ist ain eicheln* söstl.uMühlv. (1535) ebd. 12,820; *so ainer .. ein achen abhacken wurt* sMSt. (1584) ebd. 6,377; *Der andere burgfrid .. gehet hinumb bis auf des Widmers alt gestandene aichel* obEnnst. (1624) ebd. 10,75; *ein grosse aicha* [Hs.C: *aichen*] Semmeringgeb. (1630) ebd. 7,219; *aufwerts biß an ain kleines aichel, darein zwai creuz gemacht* mHausrv. (1632) ebd. 14,302; *der urbaramon* [Amtmann] *solle pössen* [Früchte v. Baum schlagen, → *pôßen* 1a] *sechs aichen* swFlachg. (17.Jh.) ebd. 1,113; [d. Bezirksgrenze] *geht von Creuz gegen Tüffenbach werts hinum bis zu des Wimmers aichl* obEnnst. (18.Jh.) ebd. 6,4; s.a. einige ÖWeistGll.; *Àchn* [spr. *a*] d. Eichbaum Preßbgld.(1787) 58; *Sid da Zaid ôba hoaßt d'-Oach'n und d'r Oa'd, wo-s' schtehd: Da Schdog ôm Ais'n* NÖ Ziska (1822) 24; *I bi dá greßte, / Braust d' Aich, in dá Gögnd!* mInnv. Stelzhamer (1841) 278; *Dort und dá steht án Aichán / Schen schodi* [schattig] *und brait* mInnv. Stelzhamer (1844a) 223; *Achn (die)*, auch *Åachn* Eiche NöWb.(1847) 37; *Oach, oacha*, F., Eiche CimbrWb.(1855) 212; *Die Oachn* Gedichtüberschrift sSBgl. Reichl (1918) 17; *Dá Mensch is koan Oach* ist nicht so robust wie e. E. nördl.obInnv. Wagnleithner (1921) 33. — **2.** Ahorn (→ Acer) TischWb. (2002) 32 (*aiχ*, M.).

Komp.: **(Pildlein)-:** e. best. E., an der e. Heiligenbild angebracht ist; sie dient als Grenzmarkierung östl.mWeinv. (u.1915). — **(Pinder)-:** Eichenart (Quercus; Art?), deren astreines Holz z.B. v. Faßbindern (→ *Pinder* 1) verwendet wird sHausrv. — **†(Prēit)-:** e. best. E. m. auffallend breiter Krone; sie diente als Markierungspunkt im Gelände: *Item das gericht Nidervintel .. get .. von der Praitaiche gleich auf in das holz an Stamser gut* uPustert. (1474) ÖWeist. 5/1,440; vgl. auch d. ON *Breiteneich* östl.mWaldv. — **†(Druf)-:** Eichenart: *Drufaich'n*, F., Quercus robur [= Stiel-Eiche, ä. Bez.: Qu. pedunculata)] NöWb.(1847) 116, danach Höfer/Kronfeld (1889) 44; ders. Bel. auch bei Marzell (1943–1979) 3,1215 (hier klassifiziert als Trauben-Eiche [Quercus petraea; ä. Bez.: Qu. sessiliflora]); Etym.: zu *Druffel*, e. Menge dicht beieinanderstehender Gegenstände gleicher Art lt. Höfer/Kronfeld (1889) 44; zu *Traube* nach den *traubigen* Fruchtständen lt. Marzell (1943–1979) 3,1215. — **(Twĕrh)-:** verkrüppelte E., Zwergeiche SteirWb.(1903) 186 (*Twercheiche*); Etym.: z. Bw. vgl. → *zwĕrh*, Nf. *twĕrh* quer. — **†(Fĕld)-:** Stiel-Eiche (Quercus robur; ä. Bez.: Qu. pedunculata): *Feldach'n* NÖ (1855) Höfer/Kronfeld (1889) 44. — **(Frů)-:** Stiel-Eiche (Quercus robur; ä. Bez.: Qu. pedunculata) OÖ Slg.Commenda (u.1915); Etym.: sie blüht zwei Wochen früher als d. → *(Spât)-*, vgl. Marzell (1943–1979) 3,1213. — **(Grẹnz)-:** e. best. E. als Grenzzeichen nöMKä. u. Triestingt. ve.; Ltg.: *grẹntß-* verkehrssprl. im Verbr.Geb.; vgl. → *(Gränz)pāum* (Sachl. s.d.), *-pūche*. — **(Hasel)-: 1)** Trauben-Eiche (Quercus petraea; ä. Bez.: Qu. sessiliflora) sHausrv. Slg.Neumann (u.1970); Abart d. Steineiche swTraunv.; vgl. → *(Stēin)-*; Sachl.: sie wächst an feuchten Ufern u. wird v.d. Faßbindern (→ *Pinder* 1) als Abart d. Steineiche bezeichnet swTraunv.; hist.: *Haseleiche* Winter-Eiche [= Trauben-Eiche] ÖMdaEWb.(1815) 2,152; vgl. → *(Winter)-*; s.a. BayerWb.[2] 1,1172 (*Haselaich* e. Art harter E.); — **2)** „Sommereiche" (= Stiel-Eiche [Quercus robur; ä. Bez.: Qu. pedunculata]) W. (*hǭslāxŋ*; amdal.); vgl. → *(Summer)-*; — **†3)** Eiche (Quercus; Art?): *Haseleiche* Öst. Popowitsch (u.1770/2004) 242; Sachl.: sie hat d. längste u. z. Mästung d. Schweine edelste Frucht ebd. — **(Kar)-:** „Stein-, Grenzeiche“ (Quercus; Art?) sWSt. ve.; Sachl.: ihr Holz ist „knopfig“ (astreich, s. → *knopfig*) u. daher f.d. Herstellg. v. Fässern nicht geeignet ebd.; Etym.: d. Bw.: wohl zu → *Kar* Bergmulde (mit ungünstigen Bedingungen f. d. Pflanzenwuchs). — **(Kesten)-:** Eiche (Quercus; Art?): *Köstnoacha* NÖ Höfer/Kronfeld (1889) 44; Sachl.: ihr Holz ist minderwertig ebd.; Etym.: z. Bw. vgl. → *Keste* Kastanie. — **(Knoppen)-:** Stiel-Eiche (Quercus robur; ä. Bez.: Qu. pedunculata) steir.Lafnitzt.; Ltg.: *khnōubmǫɒxn*; Etym.: z. Bw. s. → *(Knopper)-*. — **(Knopper)-:** Stiel-Eiche (Quercus robur; ä. Bez.: Qu. pedunculata): *Knopperoach'n* Wr.Wd. Marzell (1943–1979) 3,1213 (Bel. v. Höfer/Kronfeld hs.); Etym.: nach d. Gallbildungen [→ *Knopper*] am Fruchtbecher, erzeugt v.d. Gallwespe Marzell ebd. — **(Kol)-:** Stiel-Eiche (Quercus robur; ä. Bez.: Qu. pedunculata) östl.uInnv., nwTraunv.; hist.: *Kolleiche* „im sa. Flachland“ [Flachg.] Jirasek (1806) 31; *KohlEiche* ÖMdaEWb. (1815) 2,152; Etym.: so genannt, weil d. Holz schwarz färbt ebd.; andere Erkl.: weil ihr Holz so schlecht ist, daß es nur zum Brennen verwendet wird DMdaWb.(1780) 269; vgl. d. Syn. → *(Schwarz)-*; s.a. Marzell (1943–1979) 3,1213. — **(Lôh)-:** Trauben-Eiche (Quercus petraea; ä. Bez.: Qu. sessiliflora): *Lohoachn* OÖ Slg.Commenda (u.1915); s.a. Marzell (1943–1979) 3,1215; Sachl.: d. Rinde der *L.* wird zu Gerberlohe verarbeitet, vgl. ebd. 3,1213 (unter Quercus robur). — **(Mark)-, (March)-:** e. best. E. als Grenzzeichen mInnt., swTraunv.; Ltg.: *mǫɒkxǫɒxn* mInnt. (ugs.), *mǭɒre-ǭɒ-ɒ* swTraunv.; hist.: *bis an des Traunpaurnn grunt, da ain marchaichen steet* nwTraunv. (1547) ÖWeist. 13,431; [d. Grenze] *gehet .. vom graben biß auf ain marchaigen, die hat derzeit der Creützpaur auch abgehackt* sWachau (1584) ebd. 9,438; Syn. → *(Mark)pāum* (Sachl. s.d.). — **(Rēin)-:** e. best. E. als Grenzzeichen steir.Raabt. — **(Rôt)-:** Eichenart (Quercus; Art?) m. rötl. Holz Weinv.; NÖ Höfer/Kronfeld (1889) 44 (*Rothach'n*); Sachl.: ihr Holz ist „rothfaul“ ebd. — **(Schwarz)-:** Stiel-Eiche (Quercus robur; ä. Bez.: Qu. pedunculata) OÖ ve.; hist.: *Schwarzeiche* ÖMdaEWb.(1815) 2,152; Sachl.: so genannt, weil ihr Holz schwarz färbt ebd.; Syn. → *(Kol)-*. — **(Sêr)-:** Eiche m.e. Frostriß nMarchfd. (u.1890); Ltg.: *sẹ̄ɒrǫɒxɒ*; Etym.: z. Bw. vgl. → *sêr* wund. — **(Spât)-:** Trauben-Eiche (Quercus petraea; ä. Bez.: Qu. sessiliflora) OÖ, auch „Winter-Eiche“ genannt ebd.; Sachl.: sie blüht zwei Wochen später als d. → *(Frůe)-* ebd.; s.a. Marzell (1943–1979) 3,1216 sowie → *(Winter)-*. — **(Spund)-:** Eiche (Quercus; Art?), deren Holz f. Fässer verwendet werden kann Laßnitzgeb. — **(Stěch)-:** Stechpalme (Ilex aquifolium): *Stecheiche* OÖ (u.1915); Syn. → *(Stěch)palme.* — **(Stēin)-:** Trauben-Eiche (Quercus petraea; ä. Bez.: Qu. sessiliflora) w-,sSTir. ve., nObKä. u. nöMKä. ve., nöSkgt.; NÖ Höfer/Kronfeld (1889) 44 (*Stoanoacha*); Bgl. ve., GottWb.(1973–1976) 2,328; hist.: *Stoanachn* NÖ (1855) Höfer/Kronfeld (1889) 44; Etym.: benannt nach dem bevorzugten steinigen Standort od. nach dem harten Holz Marzell (1943–1979) 3,1216. — **(Stil)-:** Stiel-Eiche (Quercus robur; ä. Bez.: Qu. pedunculata) OÖ ve. (u.1915); hist.: *Stieleiche* d. Kohleiche Sald.(1796) 980; vgl. → *(Kol)-*; *Stieleiche* „im sa. Flachlande“ [Flachg.] Jirasek (1806) 54; *Stülachn* NÖ (1855) Höfer/Kronfeld (1889) 44. — **†(Stingel)-:** Stiel-Eiche (Quercus robur; ä. Bez.: Qu. pedunculata): *Stingeleiche* Öst. DMdaWb.(1780) 187; Etym.: so genannt, weil d. Eicheln an langen Stielen hängen ebd.; s.a. BayerWb.[2] 2,771 (*Stingel-Aich*) u. → *Stingel.* — **(Summer)-:** Stiel-Eiche (Quercus robur; ä. Bez.: Qu. pedunculata) nöMKä. ve., OÖ ve. (u.1915), nwWaldv.; Etym.: so genannt, weil sie zwei Wochen früher blüht als die Wintereiche Marzell (1943–1979) 3,1213. — **(Waßer)-:** Stiel-Eiche (Quercus robur; ä. Bez.: Qu. pedunculata), „Sommereiche“ GottWb. (1973–1976) 2,439. — **(Wěchsel)-:** Stiel-Eiche (Quercus robur; ä. Bez.: Qu. pedunculata) Wr.Wd. Höfer/Kronfeld (1889) 44 (*Wechseloachn*); Etym.: „Weil sie wechselt, indem sie ein Jahr Eicheln trägt, das andere Knoppern“ lt. Marzell (1943–1979) 3,1214 (HöfKr. hs. [= Höfer hs.]); s.a. → *(Knopper)-*; hist. (wohl Verschreibg. u. hierher): *Wecheleiche* „Kohleneiche“ Öst. DMdaWb. (1780) 269; vgl. → *(Kol)-*. — **(Weiß)-:** Trauben-Eiche (Quercus petraea; ä. Bez.: Qu. sessiliflora) sWr.Wd., mWeinv.; NÖ Marzell

(1943–1979) 3,1215 (HöfKr. hs. [= HÖFER hs.]), W., sMBgl.; hist.: *Weißeiche* Winter-Eiche ÖMdaEWb.(1815) 2,152; Etym.: d. Bw. nach der weißl. Rinde der jungen Bäume? MARZELL (1943–1979) 3,1215. — **(Winter)-:** Trauben-Eiche (Quercus petraea; ä. Bez.: Qu. sessiliflora) OÖ (u.1915); NÖ HÖFER/KRONFELD (1889) 44 (*Winteroacha*), nwWaldv., söSMä.; hist.: *Winterach'n* NÖ (1855) HÖFER/KRONFELD (1889) 44. — **(Wisen)-:** Stiel-Eiche (Quercus robur; ä. Bez.: Qu. pedunculata) Lassnitzgeb.; hist.: *Wis'nach'n* NÖ (1855) HÖFER/KRONFELD (1889) 44. — **(Zerr)-, (Zer)-:** Zerr-Eiche (Quercus cerris) Wr.Wd. HÖFER/KRONFELD (1889) 44 (*Cerroachn*), sWr.Wd., nwWaldv., W., Bgl. ve.; Ltg.: *dsẹ̄ɒǭɒhɒ* sWr. Wd., *-ǫɒxə* W. (bauernmdal.), *-ǫɒxn* Bgl. ve.; *dsīɒǫɒxɒ* nwWaldv.; Syn. → *(Zerr)pāum*; s.a. MARZELL (1943–1979) 3,1210; Sachl., Volksmeing.: E. m. gröberem Holz sWr.Wd.; in Zerr-Eichen schlägt häufig d. Blitz ein, da sie viel Sauerstoff enthalten W.; sie wächst an d. Poststraße durch den Wr.Wd. ÖMdaEWb.(1815) 1,175; hist.: *Cerreiche* Öst. (u.1780) HÖFER/KRONFELD (1889) 44; *Zer-, Ser-, Zirneiche* NÖ ÖMdaEWb.(1815) 1,175; Etym.: d. Bw. wird m. → *zeren* (zehren; Ltg. u.a. *dsīɒ'n*) in Verbindg. gebracht.

Abl. → *Ēichach, Ēichel, ēicheln* I, *ēichen* I, *ēichen* II, *ēichig*; s.a. → †*Ēicheler*; weiters: *Ēichin*, F., Eiche OSt. SteirWb.(1903) 190 (*Eichin*). *E.G.*

Ēichel, Eiche, → *Ēiche*

Ēichel; ēichel

F. (N. u. M. ve., s.w.u.), Eichel allg. m. einigen SI; Farbe im Kartenspiel verbr. m. Plad.; div. übertr. Bed. ve. (s.w.u.); in Füg. m. versch. Bed. auch in adv. Gebr. (s.u. Bed.3); Etym.: Abl. v. → *Ēiche*; ahd. *eichila*, st. u. sw.F., mhd. *eichel*, sw.F.; z. Suff. vgl. DGr./W. 2,266; ähnl. Bildg. → *Půchel*. — BayerWb.[2] 1,23f., SdWb. 3,541, VlbgWb. 1,673, SchwäbWb. 2,556f. u. 6/2,1801, SchweizId. 1,73.

Ltg. (z. Stammvok. u. -kons. vgl. → *Ēiche*; z. Entw. v. *-el* nach *-ch-* s. Lgg. § 49d1): Sg.: *ǫɒχl* u. ä. verbr. sbair. u. ÜGeb., Lus. (Bed.2), Fersent., Bud., Brünn; *āxl* u.ä. wOPustert., Ob-,MKä. verbr., KäWb.(1862) 81 (Bed.1), WrWb.(1873) 16, tw. SMä.; *āχχl* (m. lautgesetzl. Entw. des Diph. gegen *āiχχə* Eiche) PladWb.(1972) 157 (Bed.3); *āhl* söMKä. LESSIAK (1903) 174 (Bed.3); *aχl* (ausdrückl. m. kurzem, hellem *a*) KäWb. (1862) 81 (Bed.3); *ǫɒxö, -e* u.ä. NOTir., mbair. ObSt., Sa. verbr., OÖ verbr. (hier auch *ǭɒhö*), Mostv., obTraisent.; *ǫixl* (gegen *ǫɒxɒ* Eiche) wSBö. MICKO (1930) 88; *ǭχl* u. *ǫɒχl* Def. TirWb. (1955–1956) 1,11 (Bed.3); *ǫχella* zimbr. KRANZMAYER (1925/1981) 136,246; *oaiχòl* u. *oaiχl* GottWb.(1973–1976) 1,127; *āexl* ugs. (bes. in Bed.4); — Pl.: *-χln, -xön, -xen* u.ä. verbr.; *-xlɒn* ObKä., *-xlən* mOSt.; *ǫɒχl* (Sg.=Pl.) Lüsenert.; *āhl* (Sg.=Pl.) söMKä. LESSIAK (1903) 174 (Bed.3); — Dem.: Sg.: *-ələ, -ɒlə, -ilə* Tir. u. Kä. verbr., Zarz; *-ɒl* mbair., Fersent.; *ǭɒhae* söSBö.; *ǫ̈ɒχələ* Lus. (Bed.2); — Pl.: *-ələn* u.ä. sbair. ve., *-ələr* nöBoz. ULd., *-əlar* Zarz; *ǭɒhaenɒ* söSBö.

Genus: F.: verbr.; N.: PassWb.(2004) 148, Def. TirWb.(1955–1956) 1,11, KäWb.(1862) 81, söMKä. LESSIAK (1903) 160,174, jeweils in Bed.3; vgl. auch DWb./D.[2] 2,822 (N. f. Eichel als Farbe im Kartenspiel); wBrünn (Bed.1); M.: wOPustert. u. Buckl.Wt. („Eichel", genaue Bed.?).

Bed.: **1.** Eichel, Frucht d. Eiche (→ *Ēiche* 1) allg. m. einigen SI; Syn. → *Jȧnda, (Ēichel)nuß*; s.a. → *Ackeram*; Ra.: *gsund wīɒ-r-ɒ-n-ǫɒxö* gesund wie eine E., völlig gesund, v. e. Kind gesagt westl.mInnv.; *gesund wie eine Eichel* über e. gesunde, robuste Person gesagt söSMä. SdWb. 3,541; s.a. DRaLex./R.[4] 2,359 u. → *(ēichel)frisch*; — Sachl.: E. verwendet(e) man als Schweinemastfutter öU-Innt., nöMKä., Laßnitzgeb., swTraunv., Mostv., Dunkelstn.Wd. u. wohl weiter verbr.; Füg.: *fɒn ǭɒhön wē'n d sāo fǭɒsd* (feist) söstl.uMühlv.; s.a. → *(Ēichel)ā̂ß, (Sau)ge-ā̂ß, Půchel,* †*Tēchen(t)*; geröstet u. zerrieben dien(t)en E. als Kaffee-Ersatz verbr.; vgl. → *(Ēichel)kaffę̄*; e. Absud aus gerösteten E. hilft gegen Durchfall Kä. ve. (u.1930); E. waren auch e. beliebtes Kinderspielzeug verbr.; — hist.: *Den schweynen gibt sy mit preyse / Aicholen zu der speyse* HEINRICH/N.(u.1310/1906) 264,16619f.; *Niemant soll aichl oder anders obst auf frembten grinten .. päsen* [v. Baum schlagen, → *pôßen* 1a] mHausrv. (1559) ÖWeist. 12,123; *ob aber .. ain grosser wind .. die aicheln abwurf* swFlachg. (17.Jh.) ebd. 1,113; s.a. einige ÖWeistGll.; *Da traffen wir arme leuth an, welche waldobst und aichel zusamben suecheten* NÖ KLEINSCHROTH (1683/1956) 199; *Àchl* [spr. *a*] die Eichel Preßbg̅Id.(1787) 58; *Achl (die)* Eichel NöWb.(1847) 37. — **2.** Gallapfel LusWb.(1905) 333 (auch Dem.); Syn. → *(Ēichel)apfel, (Ēich)kugel*; Bez. d. Eichel in Lus. → *Jȧnda*. — **3.** Eichel, Farbe im „Bayerischen/Deutschen" Kartenspiel binnenbair. verbr., Plad.; auch TirWb.(1955–1956) 1,11, KäWb.(1862) 81, SteirWb.(1903) 189; in Tir. u. Kä. auch N., vgl. unter Genus w.o.;

— Sachl.: auf den Spielkarten dieser Farbe sind Eicheln abgebildet; d. Farbe „Eichel" entspr. bei anderen Kartenspielen (z.B. bei → *Taróck* 2) „Treff" (→ *Trẹff*) bzw. gegendweise „Kreuz" (→ *Kräuz*). D. weiteren Farben im „Bayerischen/Deutschen" Kartenspiel heißen → *Grůn* bzw. gegendweise → *Lāub* (diese entsprechen „Pik"; s. → *Pik* II), weiters → *Hërz* (entspr. „Herz") u. → *Schëlle* (entspr. „Karo"); s.a. → *(Ēichel)åss, -künig, -ober, -sau, -unter*; weiters → *Ackeram*; — Füg. (wohl hierher; tw. in adv. Verwendg. als *ēichel*; vgl. auch lautl. ähnl. Füg. m. anderer Bed. unter → *Ēid* 2b): *dẹr hǫt mīɒßn ǫɒxl tsūɒgē(b)m* der hat müssen E. zugeben, d.h. er ist in e. Wettstreit, Wortgefecht unterlegen obGurkt.; *sell ist oachel* das ist gleichgültig STirld.(1901) 309; *do geat óachl* da geht nichts, da führt kein Weg hin, das ist nicht erlaubt STir.Wb.(1972) 5; *Oachö gehn* „Da spielt sich nichts ab" NOTirWb. (1993) 79; *Da wär bald Oachö gangen* genaue Bed.? ebd.; *dəß mɒ ǫɒχl* das ist mir gleichgültig Innsbruck Benigni (1967) 239; *oachö geh(n)* rund gehen, toll zugehen PinzgWb. (1992) 122; *Bua, ban Kåschdn (Karten spielen) is's oachö gånga!* ebd.; — lit.: *Dawal's krat ban Spieltisch hoasst: / Oachl is Trumpf!* sbair.ObSt. Grasberger (1885) 122. — **4.** Eichel, Glans, vorderer Teil d. Penis ugs. — **†5.** Vorrichtung z. Händewaschen (Waschschüssel in Form einer Eichel?, Krug?): *ain zinene Aichl zum Henndtwaschen* Ort? (ev. mMSt.) (urk. 1581; Exz. aus e. nicht näher bestimmbaren Hs., wohl e. Inv.); s.a. SchwäbWb. 6/ 2,1801 (*Eichel* Wasserbehälter in Eichelform), SchweizId. 1,73 (*Eichle* Bed.2: zinnerner Wasserbehälter); s.a. → *†(Gieß)-* sowie → *†(Ēichel)pëcherlein* (→ *Pëcher* II). — **†6.** Knopf, Borte od. Quaste an e. Überkleid: *ain schamlotten schauben* [Übergewand aus e. bes. Wollstoff] .. *mit fēch* [Hermelin lt. MaInv./Z. 302 (Reg.); s.a. → *Fēch*] *verprämt* [→ *(fer)prāmen*] vnd *gulden aychlein* mNTir. (1484) MaInv./Z. 190; Sachl.: Knöpfe in Eichelform lt. MaInv./Z. 242 (Reg.), vgl. auch TirWb.(1955–1956) 1,11; vgl. jedoch: *Schaube* vorn in d. Regel nicht verschließbares Überkleid MaInv./Z. 360 (Reg.); daher: ev. e. Art v. Borte, Verzierung?; vgl. dazu auch SchweizId. 1,73 (*Eichle* Bed.3: ein gewisser Zierat an Frauenkleidg.) u. TextilWb./H. 168 (Abb. e. Borte m. Blättern u. Früchten der Eiche); s.a. DWB² 7,321 ([1]*Eichel* Bed.4f: Zipfel u. Quasten an Kleidungsstücken).

Komp.: **†(Dâchts)-:** Art v. Eicheln: *Die großen langen Aichln, die man Dochts Aichl nent* St. (urk. 1532–1553) SteirWb.(1903) 157; Etym.: d. Bw. ev. zu → *Dâcht* Docht wegen d. längl. Form d. Eicheln. — **†(Gieß)-:** Wasserbehälter, -krug (?): *drey Gießeichel 2 Gulden* Auss.Ld. (Inv. 1642) SteirWb.(1903) 292 („F.?", „Bed.?" ebd.); s.a. → Simpl.5. — **†(Spinn)-:** Spinnwirtel: *Spinneichel*, F., St. (Inv. 1788) SteirWb.(1903) 527.

Abl. → *ēicheln* II; s.a. → *†Ēicheler*. *E.G.*

ēichel, im Ausruf der Beteuerung, → *Ēid* 2b

†Ēicheler

M., Europ. Eichhörnchen (Sciurus vulgaris): *Eicheler oder Eichkåtzchen genannt, sind sehr häufig und von verschiedenen Farben anzutreffen* Sa. Hübner (1796/1983) 2,864; *Oacha, Acher* [diese Formen s.u. → *Ēichern* hist.], *Eicheler*, M., in einigen Geg. des VOWW Tschischka (1832) 2,202; Etym.: zu → *Ēichern* bzw. v. → *Ēiche, Ēichel* beeinfl. *E.G.*

ēicheln I

sw.Vb., Faßgeruch haben, nach (Eichen-)-Holz riechen, v. Wein nwWeinv. Braun (1958) 152, W. (alt); e. Beigeschmack haben, v. Wein, verursacht durch neu eingezogene Faßdauben SMäWb.(1999) 320; ähnl. söSMä. SdWb. 3,543; Syn. → *ēichen* II; Ltg.: *ǫɒxln* u. ä. im Verbr.Geb.; *ǫɒxln* u. *āxln* SMäWb. (1999) 320; Füg.: *der Wein oachlt* westl. mWeinv. HBHollabr.(1953) 414; Etym.: Abl. v. → *Ēiche.* *E.G.*

ēicheln II

sw.Vb., Eicheln sammeln westl.mInnv.; ärgern, plagen u.ä. ve. St., OÖ, NÖ; Ltg.: *ǫɒxln, ǫɒxen* u.ä. im Verbr.Geb.; PPt. (nur in Bed.2): *gǫɒxld, gǫɒxed* ve. St., OÖ, NÖ; Etym.: Abl. v. → *Ēichel*; zu Bed.2 vgl. → *Ēichel* 3 sowie SchwäbWb. 2,557 („Beim Kartenschlagen bedeuten Eicheln Verdruß").

Bed.: **1)** Eicheln sammeln westl.mInnv.; Füg.: *eicheln gehen* Eicheln sammeln gehen ebd.; *ins Eicheln gehen* dass. ebd.; — **2)** ärgern, plagen (z.B. v.e. Krankheit, v. widrigen Umständen gesagt), Schwierigkeiten bereiten (z.B. v.e. Arbeit) u.ä. ve. St., OÖ, NÖ; zu Sturz kommen, wirtschaftl. straucheln TraunvWb.(2004) 137; meist in d. unpersönl. Füg.: *es eichelt (mich) / es hat (mich) geei-*

chelt irgend etw. macht(e) (mir) Probleme im Verbr.Geb.; *haent hǫts mi gǫɒxld* heute hat es mich b.d. Arbeit verfolgt uMurgeb. (u.1910) u.ä. nöOSt., söNÖ; *es ǫɒxöd mi* mir ist übel swTraunv.; *mi håt's gscheit goachlt* ich bin zu Sturz gekommen; ich habe e. wirtschaftl. Mißerfolg gehabt TraunvWb.(2004) 137; *Mi óachöds a weŋ* mir geht es etwas schlecht MühlvWb.(2002) 136; *Gėstan hảds mė góachöd* gestern ist es mir schlecht gegangen ebd.; *es ǫɒxed* etw. stößt auf Hindernisse, „wegen der Bosheit der Materie" Mostv.; *des ǫɒxed mi uɒ'ndle* das reizt, quält mich ordentl.; ich weiß mir keinen Rat (z.B. b.e. Krankh., e. schwierigen Arbeit) Buckl. Wt.

Komp.: **(an)-:** Schwierigk. bereiten Mostv., nur in d. Füg.: *Däs oach'lt mi' heit' owa sauwa aou* wenn e. Arbeit nicht gut von statten geht MostvWb.(2004) 267. — **(der)-: 1)** jem. reizen, sekkieren (scherzh.) swTraunv. TATZREITER (1964) 190; sekkieren sHausrv.; — **2)** verfolgt werden durch Mißgeschicke swTraunv. TATZREITER (1964) 190. *E.G.*

eichen, eichnen; ēichen, -ēichten sw.Vb., eichen binnenbair. (fachsprl.) verbr.; Etym.: (spät)mhd. *îchen*, Nf. *îchten* MhdWb./L. 1,1411f.; entl. aus spätlat. *aequāre* gleichsetzen DEWb./K.[24] 230. — BayerWb.[2] 1,24 (*aichen, aichnen*), SdWb. 3,544, VlbgWb. 1,673, SchwäbWb. 2,558, SchweizId. 1,73.

Ltg.: *eichen, eichnen*: *aiχn, aexŋ* u.ä. verbr.; *aexɒ* westl.uInnv., nöNBgl., uBöW; m. doppelter Endg.: *aexnɒ* nwWaldv., swNBgl.; — *ēichen, -ēichten* (hyperkorr. Vermundartlichung, als ob mhd. *ei-* vorläge): *ǫɒχn* u.ä. TirWb. (1955–1956) 1,11, obstObInnt., öUInnt., mMöllt., Liesert., *ǫɒxɒ* westl.mInnv., Perschlingt., *-aχtn* westl.mWeinv. (u.1890) in → *(ab)-*; vgl. auch d. Ltg. des Bw. unter → *(Eich)amt*.

Bed.: **1.** Eichen, im Handel gebräuchl. Gefäße (z.B. Weinfässer), Gewichte, Waagen, Längenmaße u.dgl. m.d. amtl. Maßen vergleichen u. d. amtl. Norm anbringen binnenbair. (fachsprl.) verbr.; Syn. → *pfächten* 1, *zimentíeren*; Sachl.: zu Eichordnungen, -gebühren u.dgl. in Tir. vgl. ROTTLEUTHNER (1883) 110 u.ö.; Füg.: *e. Faß, e. Waage* (u. dgl.) *eichen / eichen lassen* verbr.; *geeicht sein* v.e. Weinfaß gesagt nöNBgl. RESCH (1980) 138; Sachl.: d. Fassungsvermögen muß auf dem vorderen Faßboden eingestanzt sein ebd.; ähnl. söSMä. SdWb. 3,544; — übertr. auf d. Menschen in d. Füg.: *der is auf mehr g'eicht* er kann mehr Alkohol vertragen W., ähnl. verbr.; — hist., lit.: *und all Kholsekh nach demselben Eysen, und fůrter die Khollpennen* [→ *(Kol)pënne*] *nach dem gerechten Sackh geeycht und gefåcht* [geeicht, gemessen, → *pfächten* 1] .. *werden* Salzbḡ. (1532) BaierBgRecht/L. 222; *das gerecht geschworn maß, es sei korenstär, fueterstär, maßurn, maßkandl, wag und mülmözen .. ist ain richter schuldig .. mit dem fronpotten* [→ †*(Frôn)pote* unter → *Pote* I] *umbher zu den wirtsheusern und müllern zu geen, und dieselben maß zu aichen* Burggr. (1583) ÖWeist. 5/2,764; *So a Nåsn* [näml. v. e. jungen Burschen], *des solltst kenna, / is hålt no net g'aicht fürn Wei*ⁿ W. (u.1935) WEINHEBER (1953–1956) 2,175. — **2.** Subst. PPt. (M.): fanatischer, verbissener Mensch: *a Geeichta* W. (gaunersprl.) BURNADZ (1966) 43.

Komp.: **(ab)-:** eichen westl.mWeinv. (u.1890; *ǭ-aχtn*); hist.: [neue Hohl- u. Längenmaße sowie Gewichte] *alda gegen denen so bei dem gericht verhanden abeichen oder cimentiern* Auss.Ld. (1568) ÖWeist. 10,17. *E.G.*

ēichen I, ēichern, ēichein Adj., eichen, aus Eiche(nholz) verbr. m. zimbr.SI, Fersent., Zarz, Gott., öBrünn; hölzern, ungeschickt, starr vor Kälte OÖ ve.; Etym.: Abl. v. → *Ēiche*; Stoffadj. auf ahd. *-în*; ahd., mhd. *eichîn* eichen.

Ltg. (Stammsilbenvok. u. -kons. wie in → *Ēiche*; zu *-en/-ern* vgl. → *pēine[r]n* Ltg.2): *ǫɒχɒn* u.ä. sbair. verbr., zimbr., Fersent.; *ǫɒxɒn, ǭɒhɒn* u.ä. ÜGeb. u. mbair. ve.; *ǫɒxɒ* mbair. verbr.; *aixŋ, āxɒn* u. *ǫɒxɒn* söSMä. SdWb. 3,544; *ǫxɒn* u. *ǫian* nöSBö. SdWb. 3,544; *ǭɒḡɒn* u. *ǭɒi̯ɒn* swNBgl., öBrünn; *ǫɒχn* WSt.; *oaiχain* u.ä. Gott. (zu mhd. *-în* > *-ain* vgl. GottGr.[1908] 210); — flekt.: M.: *ǫɒxɒnɒ* ve.; F. u. Pl.: *-ɒne* ve.; N.: *ǫɒxɒs, -əs* verbr.; *ǫɒχɒns, -əns* Burggr., obstObInnt.; *ǫɒxɒnɒs, -ɒnəs* u.ä. söNOTir., mittl.obMurt., NÖ ve.; *ǭɒhənɒs* u. *ǭɒrənɒs* bgl.Pinkat.; *ōəχa* ZarzWb. (v.1920/1983) 56.

Bed.: **1.** Eichen, von d. Eiche stammend, im bes.: aus ihrem Holz bestehend, hergestellt verbr. m. zimbr.SI, Fersent., Zarz, Gott., öBrünn; Syn. → *ēichig*; — Füg.: *oɒchəs hulz* Eichenholz WSteirWb.(1987) 301; *ɒ ǫɒχɒnɒs prẹ̄d* Brett aus Eichenholz mittl.obMurt.; *ǫɒxɒs hōeds fiɒ faßɒ* Eichenholz f. Fässer westl.mInnv.; *a oacha(n)s Holz* TraunvWb. (2004) 137; *ǫɒxɒne šdāwɒl* eichene Stäbchen, Eichenspäne, die am österl. Weihefeuer entzündet werden söstl.uMühlv.; *aos ɒ bißl ɒn ǫɒxɒn lāb* aus einem bißchen Eichenlaub, als Bestandteil d. Palmbuschens uYbbst.; *A oachani Trucha* e. Truhe aus Eichenholz PiestinggebWb.(2006) 153; *ōəχχa lāp* Eichenlaub ZarzWb.(v.1920/1983) 56; Spruch: *eichenes* (spr. *ǫɒχəs*) *Holz / macht den Binder* (Faßbinder, → *Pinder* 1) *stolz* Laßnitzgeb.; — hist., lit.: *nëgel zu den ayheynn Rynnen* nWr.Wd. (1425) RbKNeubḡ. 9/1; *das man baid leib mit ainer aichen wid, der man auf das weib gepunden* obKremst. (1467) ÖWeist. 13,106; *weder hasles noch aichens holz .. niderschlagen .. alle aichern stamb .. ungeschnait haimbfüern* nwBoz.ULd. (1570) ebd. 5/1,288; *der ambtman soll ime* [einem Gotteslästerer] *zwo aichen hosen* [Beinfesseln NöWeistGl. 604] *anlegen* nWr.Beck. (E.16.Jh.) ebd. 9,204; *Recept vor die Dörr* [e. Krankh., → *Derre* II,3a; Überschrift; e. Zutat ist:] *Aiches Laub – ein Hand voll* GrazKochb. (1686/1992) 215; *Aichenes Tauffel-Holz* f. Faßdauben Öst. ÖMdaGl.(1747) 703; vgl. → *Taufel* 1; *Dár Aich zaichnán s' d' Jahr / Auf sein'n aichern Tisch* gemeint sind d. Jahresringe mInnv. Stelzhamer (1868) 206. — **2.** Hölzern, ungeschickt südl.obInnv.; Füg.: *šdōe de ned gǭɒ so ǫɒxɒ ā̊(n)!* stell dich nicht gar so ungeschickt an ebd.; *ɒ-n-ǫɒxɒnɒ ghūnt* e. unbeholfener Kerl ebd.; vgl. → *Kunde*. — **3.** Starr, steif vor Kälte südl.obInnv., swTraunv.; Füg.: *i bī(n) gånds ǫɒxɒ* ich bin ganz steif vor Kälte ebd.; s.a. lautl. u. bed. mäßig ähnl. → *(der)narren* (PPt.). — **4.** Bed.?, nur in Füg.: *ǫɒxɒnə hōsn* feste, strapazierfähige (?) Hose W.; *ein eichenes* (spr. *ǫɒxɒs*) *Hosentürl* (Klappe d. Lederhose), *einen buchenen* (→ *pūchen* 1) *Knopf dran* aus e. „Gstanz'l" wSBö. (Fortsetzg. s. DBÖ); wohl Verwechslg. m. → *irhen* ledern; vgl. auch e. lit. Bel. unter → *pūchen* 1. *E.G.*

ēichen II

sw.Vb., nach d. (Eichen-)Faß riechen, v. Wein nöBoz.ULd. TirWb.(1955–1956) 1,141 (*aiχn*, verkehrssprl.); Syn. → *ēicheln* I; Füg.: *d. Wein tut aichn* dass. ebd.; *d. Wein tut fąsaichn* dass. ebd.; Etym.: Abl. v. → *Ēiche*. Abl. → *Ēich* I. *E.G.*

†ēichen III

sw.Vb., zueignen, zusprechen, testamentarisch vermachen: *ze geben gemacht und geaychent .. allez daz, daz in haws und in hof ze Schennan ist* Burggr. (1369) STirDeutscht./St. 3/2,290; *so schaff ich und aychen mein pettgewant .. allew meinew chlainad und varendew hab meiner lieben swester Elsen* uEisackt. (1394) ebd. 3/2,242; Etym.: ahd. *eihhôn, eichôn*, sw.Vb., zueignen, zusprechen u.ä. AhdWb./K. 215; mhd. *eichen*, sw.Vb., dass. MhdWb./L. 1,516; Vermutungen z. weiteren Herk. s. ausführl. bei EWA 2,971f. *E.G.*

ēichen, im Ausruf der Beteuerung, → *Ēid* 2b

Ēichering, Eichhörnchen, → *Ēichering* (→ *Ēichern* Abl.)

Ēicherling, Eichhörnchen, → *Ēicherling* (→ *Ēichern* Abl.)

Ēichern, Ēichernt, Ēicher; Ēichhörnlein, Ēinkörnlein; †Ēichorn [Eichhörnchen]

M., Europ. Eichhörnchen (Sciurus vulgaris) verbr. m. einigen SI; Teufel UKä.; best. Fleischstück v. Schwein mMSt. — BayerWb.[2] 1,23 (*Aichorn*, M., u. div. weitere Formen), SdWb. 3,542 (*Eichelein*) u. 3,545 (*Eich-horn*), VlbgWb. 1,673 (*Eicher* unter *Eichhorn*), SchwäbWb. 2,559 (*Eicher* unter *Eich-horn*), SchweizId. 1,73 (*Eicher* I).

Ltg. (Näh. zur Lautentw. der Stammsilbe s.u. → *Ēiche*): *Ēichern* (m. Abschwächg. v. mhd. *-orn* > *-ern*; vgl. Etym. w.u.): *ǫɒχɒŋ* obstZillert., *ǫɒχɒn* u.ä. mSTir., Maltat. (neben *ǫɒχɒ*), obstGurkt., sMSt., ObPinzg., söFlachg., öSkgt.; *ǫχɒn* Söllt.; *āxɒn* ObDraut.; Gitscht. (2004), *āxɒŋ* Liesert. (hier neben *āxɒ*), *āhrŋ* söMKä. Lessiak (1903) 107,159; — Pl.: Sg.=Pl. ve.; — Dem.: *ōəχrndle* ZarzWb.(v.1920/1983) 56; Spielformen: *oiχeɒrndle* mGott. (u.1930; m. Einfl. v. „Hörnlein"), *hakχerndle* Zahre (1910), ähnl. ebd. Magri (1940–1941) 135; — *Ēichernt* (m. epith. *-t* wie z.B. → *Parchent*; vgl. auch d. Ltg. v. → *[Ēichern]pfnetscher*): *ǫɒxɒnt* UInnt., Leukent., U-, MPinzg. (1961); Spielformen: *ǫɒχhɒnt* nUInngeb., Brixent.; *ǫɒxǫnt* wUPinzg. (v.1930); — *Ēicher* (verkürzt aus *Ēichern* in Analogie zu den mask. Abl. auf *-er*): *ǫɒχər, ǭɒxɒ* u.ä. STir. verbr., auch obPustert. (hier neben *āχɒ*), Def., Lienz.Beck., NTir. verbr., mMöllt., Maltat. (hier neben *ǫɒχɒn*), sMPinzg.; *āχɒ* u.ä. obPustert. (neben *ǫɒχɒ*), Villgratent.; Liesert. (neben *āxɒŋ*), Plad. (amdal.); — Pl.: Sg.=Pl. obst-,wOblnnt., *-ɒn* sonst verbr.; — Dem.Sg. (häufiger bel. als d. Vollform; zum Genus s.w.u.): *ǫɒχɒlə* u.ä. Tir. u. Kä. verbr.; *āxɒlə* u.ä. sObKä., sw-,söMKä., Plad.; *āχɒdlə* Pustert. ZarzWb.(v.1920/1983) 56; *ǫɒχɒl* u.ä. Tir. ve., St. verbr., Mostv., Buckl.Wt.; *āχɒdl* wOPustert.; Spielform: *hǫɒχərlə* UKä. KäWb. (1862) 143 (in Bed.1,2); — Dem.Pl.: Sg.=Pl. Tir. u. St. ve.; *ǫɒχrlɒr* stir.Wippt., *ǫɒχɒlɒ* steir.Laf-nitzt.; *-lən, -lɒn* bzw. *-ln* sonst verbr.; — *Nēicher* (Spielform m.d. *n* des unbest. Art.): *nuaiχɒr*

Gott.Suchent. GottWb.(1973–1976) 1,127; — *Ēichhörnlein* (nach d. Stdspr.): *ǫɒχhern(d)l* u. ä. mMöllt., söFlachg., *ǫɒχhę̄'nl* Gr.Arlt.; *Eichhörnlein* [Ltg.?] Wisch. SDWA 1,8 u. *ǫiχ-* [weitere Ltg. nicht angegeben] ebd. 1,20; *āchhe(r)ndl* [sic! richtig *ǫɒχ-*] sMPinzg. WggUgs./K.[2] 184; hierher od. Dem. von *Ēicher*: *ǫɒχördla* Folg. Kranzmayer (1925/1981) 239; — *Ēinkörnlein*: *ūə(n)kχörla* Dreiz.Gm. Kranzmayer (1925/1981) 32 (m. volksetym. Umdeutung in „ein" u. „Korn" ebd.); ähnl. ZimbrWb. (1882–1885) 220.

Genus des Dem. (dies ist häufiger bel. als d. Vollform; s.u. Ltg.): N.: verbr.; F.: Kä. Schüttelkopf (1906) 55 (*Åacherle*), irrtüml. f.d. Pl.?; M. (neben N.): nö-,sOSt. (*ǫɒχɒl*).

Etym.: ahd. *eichurno, -orno*, M., auch *eich(h)orn* u. *eichor* EWA 2,974f.; mhd. *eichorn*, st.M., Eichhorn MhdWb./L. 1,517, mhd. *eicher* dass. ebd. 1,516 (verkürzt aus *eichorn* ebd.); d. erste Wortbestandteil zu idg. **aig-* (sich) heftig bewegen; d. zweite zu idg. **u̯er-* Eichhorn, Wiesel, Näh. s. bei IdgEWb./P.[2] 1,13f. u. 1,1166; d. Umdeutg. zu „Eiche" u. „Horn" erfolgte erst sek.; Näh. z. Etym. s.a. bei DWB[2] 7,329f.

Bed.: **1.** Europ. Eichhörnchen (Sciurus vulgaris), Eichkätzchen binnenbair. verbr. (vorwiegend amdal.), Dreiz.Gm., Folg., Plad., Zarz, Gott., Wisch.; auch in den meisten RegWbb.; Syn. → *Pausch* 11, *(Pāum)për, Ēich* II, †*Ēicheler, Ēichering* (s.u. Abl. w.u.), *Ēicherling* (s.u. Abl. w.u.), *Ēichling* (→ *Ēich* II Abl.), *(Ēich)katze* (Dem.), *Rineischel, Skirátt*; s.a. → *(Ēicherlein)pausch*; — Füg.: *spring* [springen] *wie an Âcha* Villgratent. ÖZV 77 (1974) 7; *wiɒ ɒ austsōχnər ǫɒχər sain* so mager wie ein „ausgezogenes" E. sein, entw. verglichen m.d. Kadaver eines E. ohne (d. abgezogenen) Balg od. m.e. ausgestreckten E. nördl.obVinschg. (u.1915); *ɒ kχęɒrl wiɒ ɒ-n-ǫɒχər* näml. klein u. mager obstObInnt.; *ɒ rǫɒtər ǫɒχɒn* e. rotes E. obstGurkt.; *ǫɒχɒlə špīln* e. Schattenspiel m.d. Fingern machen nöMKä.; — Volksmeing.: d. pulverisierte Kot eines roten E., in einem Getränk aufgelöst u. getrunken, macht schwindelfrei Tir. Alpenburg (1857) 383 (*Eichhorn*); vgl. auch HDA 2,655f.; d. Gehirn d. E. galt als Mittel gegen Schwindel SteirWb.(1903) 190 (*Eicherl*, N.); — hist., lit.: *Von aychorne* [Überschrift] .. *prot* [brate] *aichorne und ze glid sy* [zergliedere sie] W. KlstKochb.(u.1430/1999) 330; *zuo hasen, aichhorn und vögeln an die alle geust* [gießt] *man gewürtz in den haffen* wSkgt. MondsKochb.(1439/1999) 150; *Ein allt weib beschorn / Ist des tewffels aychorn Demonis aspriolus* [mlat. f. Eichhörnchen] *est femina rasa* KäSpruchslg.(1468/1930) 15; vgl. Bed.2; *Alle die da jagent aicharn* mEnnst. (15.Jh.) ÖWeist. 6,17; *welicher esst* [Äste] .. *abhacket, do man haichörn auf schol vahen* [soll fangen] söstl.uMühlv. (15.Jh.) ebd. 15,149; *Es soll nimant .. kain vich, es sei .. vogl, achorn, wilthüener .. verkaufen* öOb-Murgeb. (16.Jh.) ebd. 6,311; *hiener, aichhorn, vögl, vischwaid* obKremst. (1699) ebd. 13,141; s.a. d. ÖWeistGll.; *Oacha, Acher, Eicheler* [dies → †*Ēicheler*], M., Dem. *Oachal* VOWW ve. Tschischka (1832) 2,202; *Schröckt kain Krahn* [Krähe] *áfn Feld und schoißt kain Aicherl von Holzbám* mInnv. Stelzhamer (1851) 82; *Sie* [d. Engel] *seint wie die Oácherlein so lustig umg'hupft* Tir. Pailler (1881) 166; *Aicherl* Eichhörnchen Auss.Ld. Kain (1884) 147 (Reg.); *Wear weard nôchar mit diar ôrman* [näml. m.e. Hund] / *Aff d' Oachar* [näml. Eichhörnchen jagen] *und i's Wôssar geah'n* Tir. Lutterotti (1896) 82; *Unterließen wir es, die Zapfen rechtzeitig herabzunehmen, so waren bald die „Oachern"* .. *da* Kä. Unterlercher (1932/1975) 70; *und zsåmb dön* [trotzdem; näml., weil sie so klein wie Kirschen waren] *håmar se* [sie, d. Birnen] *noch gern gössn, / dö Acharlan und mir* [wir] swMKä. Glawischnig (1948) 37. — **2.** Teufel UKä. KäWb.(1862) 143 (*hǫɒχərlə*, N.); Sachl.: z. E. als Symbol d. Teufels vgl. e. hist. Bel. unter Bed.1 sowie DRaLex./R.[4] 2,360f. — **3.** Lendenbraten v. Schwein, nach d. rundl., längl. Form mMSt. ve. (*ǫɒχɒl*, N.); Syn. → *(Lunge[n])prâten*.

Komp.: **(Spôr)-:** mageres Eichhörnchen SteirWb.(1903) 525 (*Spereicherl*, N.); Füg.: *ein rechtes Sp. sein* e. kränkl. Aussehen haben, schwächl. sein ebd.; Etym.: z. Bw. vgl. → *spôr* trocken, mager u.ä.

Abl. → *Ēich* II; s.a. → †*Ēicheler*; weiters: *Ēichering*, M., Eichhörnchen UKä. KäWb. (1862) 81 (*âchering*), Kä. Schüttelkopf (1906) 55 (*Åachering*); *Ēicherling*, M., Eichhörnchen Burggr. (*ǫɒχərliŋ*). *E.G.*

ēichern, im Ausruf der Beteuerung, → *Ēid* 2b

ēichig

Adj., eichen, aus Eichenholz, -rinde OSt. (*ǭɒxi*); aus Eichenholz gefertigt SteirWb. (1903) 190 (*eichig*); Syn. → *ēichen* I,1; Füg.: *ǭɒxis hūlds* Eichenholz nöOSt.; *s māūl mid ǭɒxigi rintn aosgūɒglɒdsn* d. Mund (b. Zahnschmerzen) m. Eichenrindenabsud ausspülen mOSt.; vgl. → *(aus)gurgletzen* u. → *(Ēichel-rinden)tę, (Ēichen-rinden)-*; Etym.: Abl. v. → *Ēiche.* *E.G.*

Ēichin, Eiche, → *Ēichin* (→ *Ēiche* Abl.)

Ēichling, Eichhörnchen, → *Ēichling* (→ *Ēich* II Abl.)

ēichling, im Ausruf der Beteuerung, → *Ēid* 2b

Eichsel, Deichsel, → *Deichsel*

eichten, Vieh weiden u.ä., → *auchten*

(ab)eichten, eichen (Maße, Gewichte überprüfen), → *(ab)eichen*

Eichterl, e. kurze Zeitspanne u.ä., → *Auchte*

Ēid; ēich, ēichel, ēichen, ēichernt, ēichling M. (N. SaWb.[1995] 140), Eid, Schwur verbr., rechtssprl., ugs., zimbr., Zarz; im Ausruf der Beteuerung, des Erstaunens u.ä. (hier auch als Interj.) verbr.; Etym.: mhd. *eit*, st.M., ahd. *eid*, st.M., germ. **aiþa-*, M., Eid; Näh. s. DEWb./K.[24] 230. — BayerWb.[2] 1,36 u. 1,1616, SdWb. 3,546, VlbgWb. 1,674, SchwäbWb. 2,561f., SchweizId. 1,73 (*Eich* III, M., Eid in Beteuerungen) u. 1,91f. (*Eid*).

Ltg.: *Ēid*: Sg.: *ǭɒd* TirWbb., KäWbb., SaWb. (1995) 140, OöWb.(1978) 199, söSkgt. (1860), nwestl.obMühlv. (amdal.), wSMä. SdWb. 3,546; *ǭɒt* KäId.(1862) 205, ZimbrWb.(1975) 186; *ǭɒd* u. *ād* KäWb.(1862) 81; *āid, āed* u.ä. rechtssprl., ugs., Zarz (1913); *ǻt* mSBgl. Laky (1937) 81; — Pl.: *öote* ZimbrWb.(1975) 186; — 1.Dem.: *ǭɒdl* u. *ādl* KäWb.(1862) 81; — *ēich, ēichel, ēichen, ēichernt, ēichling* (nur in Bed.2b; Näh. s.d.): *ǫɒχ* TirWbb., *ǫɒχl, aχl, aχla* KäWb. (1862) 81, *ǫɒχl* u.ä. söSkgt. (u.1860 u. 1896), nMarchfd. (1890); *ǫɒχn* söSkgt. (u.1860), *ǫɒχɒnt* Sa. (1865; m. epith. *-t*), *ǫɒχləŋ* söSkgt. (u.1925).

Bed.: **1.** Eid, feierl. Versicherung der Wahrheit, feierl. Versprechen verbr., rechtssprl., ugs., zimbr., Zarz, auch in mehreren RegWbb.; zu den versch. Bed.Inhalten im Rechtsgebr. vgl. DRW 2,1301f.; s.a. DRaLex./R.[4] 2,361, HDA 2,659f.; Syn. → *Juramẹ́nt, Schwů̊r*; s.a. → *†(Ēid)pfenni(n)g, -denár; schweren*; auch in hist. Komp. wie *†(Purger)-* Eid d. Bürger, vgl. OöWeistGl. 169 (*-aid*), NöWeistGl. 626 (*-ait*); *†(Râtsfreund)-* Eid d. Ratsmitglieder, vgl. OöWeistGl. 346 (*-aid*); *†(Richter)-* Eid d. Richters, vgl. OöWeistGl. 355 (*-aid*); — Füg.: *dōu khunt i ɒn āid ǭlēi'ŋ* das könnte ich beschwören nöOSt.; *ęɒ hǫit* (hält) *ghǫɒn āed ned* er bricht seine Versprechen Dunkelstn. Wd.; *dɒ fǫlišə āed* d. falsche Eid, Meineid östl.mWeinv. (1890); vgl. → *(Mēin)-*; *i šwēɒ ɒn hā̊leŋ* (heiligen) *āed* W.; — hist., lit.: [sie] *swer auch ein aid auf irn prüsten und auf iren zopfen, das sie das guet nimermer gevader* [fordere] W. (u.1300) WrStadtRb. (1873) 100, s.a. ebd. 149 (Reg.); *dez hab ich in Ein gestalten* [= PPt. v. *stellen*; vgl. *einen eid stellen* ihn textl. formulieren u. vorsprechen DWB 10/2,1,2206] *ayd hincz* [hin zu] *got vnd hincz den Heÿligen gesworen* OÖ (1378) UBOÖ 9,485; *„Auf meinen ait," / Sprach si zehant* Suchenwirt (2.H.14.Jh./ 1827) 80,24,323f.; *Hie ist vermerkcht was ain valscher aid bedeutt* nöstl.obMühlv. (1435) ÖWeist. 12,176; *ob ein herter* [Hirte] *verluer ein viech .. so sol er .. schweren bei seinen aiden auf seinen knuttl* [Knüttel, Stab d. Hirten] Buckl.Wt. (1499) ebd. 7,235; [d. Zeugen] *schwörn ainen leiplichen ait mit aufgehebten fingern und gelerten worten zu gott und den heiligen* söSTir. (o.J.; 15.Jh.?) ebd. 5/2,643; *Das hofgesindt tröstet die kunigin auf Irn Aidt Sy wolten thun Ritterlichen* Teuerd.O (u.1510) 8v; *Ich* [e. Tuchmacher] *schwäre einen aid zu gott* W. (1648) NöHandwOrdng./ O. 278; *der* [e. Kläger] *soll selbander schwören bei ihren aufgerekten* [*aufrecken* schwören lt. NöWeistGl. 610; gemeint sind d. erhobenen Schwurfinger] *aiden .. ist es aber ein armer mann oder frau .., soll sich der richter genügen lassen an* [ohne] *ier ains aid* sWr.Wd. (18.Jh.) ÖWeist. 7,591; s.a. einige ÖWeistGll.; *Oad, oat*, M., Pl. *öde*, Eid, giuramento CimbrWb.(1855) 213; *Drauf hat der Roaner sein'n Eid a'glegt* sWr.Beck. Nagl (1909) 225; *I schwo̊r dir's mit heiligen Eiden, daß i streng .. sein will mit ihm* Sarnt. Pölt-Nordheim (1914) 31. — **2.** Ausdruck d. Beteuerung od. Verwunderung, nur in d. Füg. *mein Eid!; meineid!; meineich(el)!* u.ä. fürwahr, wirklich u.ä. binnenbair. (eher va.); entstanden aus d. formelhaften Wendg. *bei meinem Eid!*; ähnl. Füg. s.u. *meiner* → *Treue* 3, *Sêle*; d. Füg. werden v.d. Sammlern bzw. i. d. RegWbb. oft als Komp. wiedergegeben; sie sind als Interj. aufzufassen (zum Gebr. v. festen Verbindungen als Interj. vgl. auch DGr./D.[4] 642): **a)** Füg. *mein Eid!; meineid!* u. ä. wahrhaftig!, wirklich! u.ä. Tir., Kä., Sa., söSkgt., obMühlv.; W. (hist.); *meinoad!* bei meinem Eide! STirId.(1901) 306; *Meinoad!* Beteuerung TirId.(1866) 7 (Textbel. s.d.) u. danach TirWb.(1955–1956) 1,11; *dǫs is māenǭɒd ɒ gruəßə* (große) *gšiχt* Brixent.; *mein* *oad!* Beteuerungsformel KäWb.(1862) 81, auch als „Bemitleidungswort" Draut. ebd.; *mein Oad* e. Beteuerung Pinzg. SaWb.(1995) 140; *satrameinåath* bei meiner Seele, d.h. bei meinem Eide KäId.(1862) 205, vgl. auch → *såkra*; *Mein oad na, ha i mi heunt vaschlafn!* söSkgt. ZÖV 2 (1896) 133; wohl hierher: *mǫnaen!* Ausruf d. Staunens nwestl.obMühlv. (v.1935); — h i s t., l i t.: *Ja, meinoad! 's ist warla wahr* Öst. (1688) WrVHumor/H. 17; *aber warhafftig, mein aidt, der teiffl hol (mich), sie* [näml. Spione] *seint nit mehr da* W. (1695) ABRAHAM (u.1690/1943–1945) 2,150; *mainrad* bei meinem Eide, fürwahr (Interj.) WrWb.(1847) 86, eigentl.: meiner Eid (wie *meiner* → *Sêle*); *mein oad wann·s lang gwert* KäWb.(1862) 81 (aus e. Hirtenlied; d. weiteren Text s.d.); *Såggra main Oadt, und wås kaft's mar denn åå* Sa. SÜSS (1865) 91; *Uh mein Oad, uh mein Herr! wia d' Zeit do vågeht!* OÖ PURSCHKA (1886) 142; *I wåaß, wås i tua .. / Und as wur^d meinåad båłd nid das Narrischest' sein* NOTir. KOHL (1908a) 16; — **b)** Füg. *mein Eich(el)!; meineich(el)!; meineichen!* u.ä. wahrhaftig!, wirklich! u.ä. jeweils ve. Tir., Kä., Sa., OÖ u. NÖ; wohl verhüllende Ltg. für „Eid" m. Einfl. v. → *Ēichel* 3 (vgl. dort ähnl. Füg. m. anderer Bed.); vermutl. Zshg. m. d. Ausruf b. Kartenspiel: *eichel ist trumpf!* DWB 3,79; vgl. auch: *elliptisch meineid! .. wurde etwan durch euphemismus verdreht in mein eichel!* DWB 3,83 (unter *Eid*); s.a. BayerWb.[2] 1,23 (unter *Aich*: *Mein Aəchəl!* Beteuerungsausdruck; vermutl. ein verkapptes *mein Aid!*); *meinàch* Beteuerung TirId.(1866) 7; *meinoach* ebd. 657 (unter *schwànz*; Textbel. s.d.); *main oach* wahrhaftig TirWb.(1955–1956) 1,11 u. *mainoach* wahrlich ebd. 2,421; *main'oàch*, Adv., „mein Eid", fürwahr ZillertWb.(1992) 135; *mein achla* KäWb.(1862) 81; *mein oarchn!; mein oarchl!* Ausdruck d. Verwunderg., d. Staunens söSkgt. Slg.GRIENBERGER (u.1860); *Mein oarchl, dås het i nöt glaubt* ebd.; *māenǭɒxl!* wahrlich nMarchfd. (1890); *mae(n) ǫɒχləŋ!* Ausruf söSkgt. (u.1925; Ltg. ist beeinfl. v. → *Ēichern* Eichhörnchen); — h i s t., l i t.: *Er* [d. Franzose = die Franzosen als Kriegsgegner] *ist ja, mein Achl, noch nit unser Herr* Öst. (18.Jh.) KLIER (1959) 28; *Ja – Mein Oach'l! Ih bin Zeug'!* NÖ SEIDL (1844) 218; *Oach'l! (mein')*, e. Beteuerungsformel, wahrscheinl. e. verkapptes *„mein' Oad!"* (bei) meinem Eid ebd. 323 (Reg.); *was muess das sein, / dass i' mein Achla' nit schlàf·n kànn ein?* uLavantt. KäWb.(1862) 296; *Åft spring' i, mein Oachant* [Ltg. ist beeinfl. v. → *Ēichern* Eichhörnchen, s.d. unter Ltg.], *eilög aus'n Haus* Sa. SÜSS (1865) 37; *Dem Ding is, mein Oáchl! ámal nimmá z'traun* OÖ PAILLER (1881) 184 (dass. wie: *mein Oad* = bei meinem Eid Fn. ebd.); *Na, mein oachl, jiatzt geht Kirauhr* [Kirchenuhr = Kirchturmuhr] *a z'lang (zu spät), denkt er si* söSkgt. ZÖV 2 (1896) 133.

K o m p. (s.a. → Simpl.1): **(Dienst)-:** Diensteid ugs. ve. Tir., St. u. NÖ, MBgl. (*dīnstaid, -aed* u.ä.). — **†(For)-:** Eid, der vor d. Zeugenaussage geleistet wird (vgl. DWB 12/2,991): *daz man neme van dem chlager ê sinen ayt selb ander, daz da haizzet ain vorayt* W. (1340) FRA 3/1,11. — **(Mēin)-:** Meineid, falsches Schwören (vor Gericht), falsche Beweisaussage unter Eid ugs. (*maenaed* u.ä.); mMSt. ve. (*mǭɒnāed*); Etym.: mhd. *meineit*, st.M.; d. Bw. entweder aus mhd. *mein, meine*, Adj., falsch, betrügerisch od. aus mhd. *meine, mein*, st.F., Falschheit; s.a. DEWb./K.[24] 610; — h i s t.: *schol im einen stuel setzen under die füezz, und die zungen slachen oben an ein haken, und den stuel darnach züchen, das die zunge beleib an dem haken, und puezz den manaid, den er gesworn hat* W. (1.H.13.Jh.) WrStadtRb.(1873) 133; *auch zeitlicher und ewiger leibs- und der seelenstraff aines falschen unwarhaften mainaids* söSTir. (o.J.; 15.Jh.?) ÖWeist. 5/2,643; *meinaid, gottslästerung, rumor und raufhändl* obKremst. (v.1511?/c.1699) ebd. 13,141; *wer mainaid swert und des überzeugt würt, das gehört für das recht maleficii* mEisackt. (M.16.Jh.) ebd. 5/1,409; s.a. DRW 9,445f.; Etym.: mhd. *meineit*, st.M.; d. Bw. entweder aus mhd. *mein, meine*, Adj., falsch, betrügerisch od. aus mhd. *meine, mein*, st. F., Falschheit; s.a. DEWb./K.[24] 610. — **(Schwůr)-:** verstärkend für „Eid" bgl.Pinkat. (*-åt* u. *-āed*).

A b l. → †*-ēid, ēiden, -ēidig, ēidigen*; weiters: †*(Mēin)ēider*, M., einer, der e. Meineid geschworen hat: *Liger, trieger, mainaider .. Seint all des teufels soldner* Rennaus (u.1400/1874) 13. *E.G.*

†-ēid

Adj., nur als Komp. **(mēin)-:** meineidig, falsch: *Mainaide prif, mainaide wort / Han ich von im nie hörn lesen* SUCHENWIRT (2.H.14.Jh./1827) 6,3,58f.; *derselbe saltner*

[Weinberghüter] *ist falsch und mainat gehaissen* nwBoz.ULd. (o.J.) ÖWeist. 5/1,310; Syn. → *(mēin)ēidig*; Etym.: Abl. v. → *Ēid*; Näh. z. Etym. s.d. unter → *(Mēin)-*; vgl. mhd. *meineide* dass. *E.G.*

Ēidam, Ēiden

M., Schwiegersohn, Eidam binnenbair. verbr. (bes. Bgl.), meist va., sbair.SI, Brünn. — BayerWb.[2] 1,37 (*Aidem, Aiden*), SdWb. 3,546 (*Eidam*), SchwäbWb. 2,562 (†*Eidam*). Ltg. (zu mhd. *ei* s. Lgg. § 20; zu *-m* ebd. § 48b4; zu *-d-* > *-r-* ebd. § 28b3; zu *-dn* > *–'n* ebd. § 34c6; zur mögl. Nasalierg. nach *d*-Ausfall ebd. § 34c7; zu *-gn* [wenn > *-rn*] vgl. ebd. § 50e2, dazu s.a. PladWb.[1972] 157): Sg.: *ǭɒdn* Tirld.(1866) 7, danach TirWb.(1955–1956) 1,11, *ǭdn* Def. ebd. 1,11; *ǭədn* Def. (Sammlerbel. u.1913), *ǭɒdn* Iselt. (1944), *ādn* wOPustert., *aidom* (Ansageform) mMöllt., *Eid(a)m* [Ltg.?] Zollfd. DWA 6,5, ö-, mObMurgeb. ebd., *Eiden* [spr. *ǭɒdn*] SteirWb. (1903) 190, *Edam (Eidam)* [Ltg.?] SaWb.(1995) 55, *aedåm* (Ansageform) nwFlachg., *ǫɒrm* söSkgt. (u.1860), *ǭɒ'n* u. *ǭɒn* Bgl. verbr., *ǭɒ'n* nWUng., *āgn* Preßbḡ.Geg. (1936) DAÖ 1498, nöUmg.Preßbḡ., *arn* Preßbḡ.Geg. DWA 6,5, *ǫɒrn* SMä. (u.1890), *ādn* nöSMä. (amdal.), *ǫɒdom*, *ǭdom* zimbr., *ǭdum* Sieb.Gm. Grunow (1966) 413, *ǭə'n* Fersent., *ādn, ārn, āḡŋ* Plad., *ā'ŋ* u. *ādn* (dies Ansageform) Tisch., *ōədn* u.ä. Dt. Ruth, *ōədɒm, -əm, ōəbm* Zarz, *oaidn, oidn* Gott., *aidam* [Ltg.?] Brünn SdWb. 3,546; — Pl.: *ödəme* zimbr. Kranzmayer (1925/1981) 106, *ǭə'n* Fersent., *ādne, ārne, āḡne* Plad.
Etym.: ahd. *eidum*, st.M., Schwiegersohn, mhd. *eidem, eiden*, st.M., Schwiegersohn, -vater; Vermutungen z. weiteren Herk. s. bei DEWb./K.[24] 230, DEWb./Pf.[5] 265, DWB[2] 7,338f., EWA 2,979f., Grunow (1966) 228f. (hier m. Zs.Stellg. d. versch. Theorien); d. volle Endsilbenvok. *-a-* der stdsprl. Form entwickelte sich aus frnhd. *-(e)m*, vgl. DWB[2] 7,338.
Bed.: **1)** Schwiegersohn, Eidam Tirld. (1866) 7, TirWb.(1955–1956) 1,11, Zollfd. DWA 6,5 (*Eid[a]m*), SteirWb.(1903) 190, ö-, mObMurgeb. DWA 6,5 (*Eid[a]m*), SaWb. (1995) 55 („nur mehr selten“), söSkgt. Slg.Grienberger (u.1860), swNBgl. Seidelmann (1957) 140 (Ef.) u. Bgl. allg. (meist als Ef. bez., jedoch noch 1975 bel.), nöSMä. (amdal.); Preßbḡ.Geg. (1936) DAÖ 1498, nöUmg.Preßbḡ.; Sieb.Gm. Grunow (1966) 413 (1964), zimbr. Kranzmayer (1925/1981) 105, FersentWb.(1982) 167, PladWb.(1972) 157 (Textbel. s.d.), Tisch. Geyer (1976) 166, Zarz u. Dt.Ruth ZarzWb.(v.1920/1983) 56, GottWb.(1973–1976) 1,127 (Textbel. s.d.), Brünn SdWb. 3,546; z. Verbr. s.a. DAÖ 1498 (1936), DWA 6,5, Debus (1958) 34 (nach DWA 6,5), Grunow (1966) 412f.; Syn. → *(Tochter)mann, Schwiger, -sun*; s.a. → *(Ēidam)dierne*; d. (amdal.) weibl. Gegenstück → *Schnůr* Schwiegertochter; auch als FN *Eidam, Eidem, Eiden* ve.; — hist.: *her Chůrrat chaiser Hainreichs aybm* Enikel (1276/1980) 542 (Bed. „nepos“ lt. ebd. Reg. 749); [e. Erbschaft] *halber seinem sun Olramen und halber seinem aidem Ulreichen* NÖ (1302) UBSPölt. 1,205; *mit dem tode von minem aydeme hern Graeiffen sun* W. (1317) QuWien 1/1,156; *Der kunig .. suecht hylff pey seynem ayden, kunig Mathias von Vngern* Unrest (1499/1957) 115; *Wir pitten dich mit unns zegen* [zu gehen] / *Zu deinem aydn, Caypha* Tir. PassVorsp.(1514/1897) 469; *wer aiden oder schnur* [Schwiegertochter, → *Schnůr*] *einfüert und mit heirat zu im nimbt* wOPustert. (Anf.16.Jh.) ÖWeist. 5/2,565; *Da aber ain kind, aidn, schnur* [Schwiegertochter, → *Schnůr*] *oder andere pluetsfreund* [Blutsverwandte], *die erbschaft zu suechen vermainen* obKremst. (1587) ebd. 13,134; *dössen aiden Christian* Brixent. (urk. 1679) InvWestendf.I; *Àdn* [spr. *a*], *Eydam, Tochtermann* [vgl. dazu Bed.2] PreßbḡId.(1787) 58; *Der Aidam; Eidam, Schwiegersohn. Es wird dieses Wort wenigstens in d. Gegend unseres Gebirges* [wohl nwTraunv., vgl. Vorw. ebd.] *gehöret, wo es bey dem Pöbel der Aimm lautet* ÖMdaEWb.(1815) 1,11 (z. Geb.Ang. s. Vorw. ebd.); *Aim*, M., Schwiegersohn, Eidam NöWb.(1847) 44; *Oadom, odom* Eidam, genero CimbrWb.(1855) 213; *oar'm*, M., Schwiegersohn söSkgt. Slg.Grienberger (u.1860); — **2)** Schwiegersohn in spezieller Bed. Def., Gott.: **a)** Ehemann der Erbtochter (wenn kein Sohn vorhanden ist) Def., Gott.; Füg.: *Žai bərnt an oaidn nām* sie werden e. Eidam nehmen: zum Übergeben [z. Weitergeben d. Besitzes], wenn kein Sohn in d. Familie war Gott.USeite GottWb.(1973–1976) 1,127; *ɒn ǭdn innęm* dass. Def.; — **b)** Mann, der eingeheiratet hat u. daher ortsfremd ist (abw.) Def.; Füg.: *tǭs iš lai a-n-ǭədn* das ist nur ein Eingeheirateter (der nicht so angesehen ist wie e. Einheimischer) Def.; *ǭdn werden* einheiraten Def. TirWb.(1955–1956) 1,11. *E.G.*

Eidamer, e. Käse, → *Edamer*

Ēidechse, Ëidëchse, Ēidëchse, Ëidächse, Hëidächse, Egedëchse, Egedächse, Hegedëchse u.a. [Eidechse]

F. (M. ve., Näh. s.u.), Eidechse allg. m. SI,

Feuersalamander ve., Wassermolch hist.; Teufel Kä. — BayerWb.² 1,51f. (*Egedechs, -lein*), 1,1053 (*Haidechs*), SdWb. 3,546f., VlbgWb. 1,674, SchwäbWb. 2,562f., 6/2,1802, SchweizId. 1,94f.

Etym.: ahd. *egidehsa, ewi-*, F., AhdWb./K. 212, mhd. *egedëhse, egedehs(e)*, kontr. *eidehse*, F., MhdWb./L. 1,511; d. weitere Herk. ist unsicher, verdunkelt u.a. durch d. vielen, z.T. schon alten Umgestaltungen (Verballhornungen, Tabuisierungen, Anlehnungen an andere Wörter u.ä. [s. a.u.]); d. erste Wortglied geht ev. auf germ. **agwi-*, idg. **ogu̯hi-* Schlange, Wurm zurück, dem zweiten Wortglied liegt viell. germ. **-þehsō(n)-* od. **-þahs(i)jō(n)-*, mhd. *dëhse, dehse* bzw. *dähse* Spinnrocken zugrunde; zum Ansatz *-dächse* m. Sek.Uml. s. ZMF 30 (1963) 331f.; das Wort erscheint im Verbr.Geb. als (ältere) unkontrahierte Form *Egedëchse* etc. u. als (jüngere) kontr. Form *Ëidëchse* bzw. sek. *Ēi-* u. *Ei-* (zur Kontr. von ahd. *egi* zu *ëi* [mdal. verbr. *a*], zu dessen tw. Verdrängung durch *ēi* [mdal. verbr. *ǫɒ*] bzw. zum [durch schriftsprl. Einfl. begünstigten] Zs.Fall m. dem aus mhd. *î* entstandenen *ei* [mdal. *ai*] s. Lgg. § 20o; vgl. dazu auch → *Ege*); gel. tritt *n-* des angewachsenen unbest. Art. vor den Vok. (s. Lgg. § 46a2); verbr. sind Formen m. sek. *h*-Vorschlag vor Vok. (dazu s. Lgg. § 33a2 u. Bsp. wie → *ēischen* [Nf. *hëischen*], *jetzt* [Nf. *hietz* u.ä.]); nicht kontr. u. kontr. Formen können sich vermischen, zeigen z.T. spielerische Abweichungen, Verballhornungen, scherzh. Umformungen etc.; im ersten Wortglied haben sich tw. andere Wörter eingemischt, so z.B. → *Tenne, Hāu* (da sich die E. angebl. gerne im Heu [mdal. *hā, hai*] aufhält), *heben, Helle* Hölle, *Henne, Wëg* (da E. oft auf Wegen anzutreffen sind, vgl. auch → *[Wëg]narr* Salamander); das zweite Wortglied zeigt gel. Anklänge an → *Dachs, Deichsel* (wegen d. längl. Form, z.T. viell. auch in Anlehng. an *Teuxel*, einer [verhüllenden] Spielform v. → *Teufel*), *Hęxe* (zur Vorstellg. der E. als Hexentier s. HDA 2,678f.), *krächseln* klettern (da Eidechsen auf schiefen/senkrechten Flächen kriechen können), *Nâtter* [Nf. *Âtter*] Schlange, Natter, *Ochse* (1.Dem.; s.a. ZMF 30 [1963] 331f. sowie → *[Rëgen]ochse, [Wëtter]-* Salamander); zur Etym. s. a. DEWb./K.²¹ 155, DEWb./K.²³ 208, DWB² 7,340, DEWb./Pf.⁵ 265 u. zs.fassend EWA 2,959f.

Ltg. (einzelne Formen sind oft kleinräumig verbr., vielf. gelten in Kleinstgeb. mehrere Varianten; die Dem. überwiegen u. sind gebietsweise auch alleinherrschend; zs.fassende Angaben zu mdal. Formen [die hier alle berücksichtigt sind] s.a. bei Insam [1936] 77f. [u. K.13; f. Burggr.], TirId.[1866] 101 u. 244, Dalla Torre [1894] 82f. [f. Tir.], TirWb.[1955–1956] 1,141, Rauchbauer [1932] 80 [f. NBgl.], Karner [1933] 200 [f. Bgl.], SDWA 1,S.20, SdWb. 3,546f., Kranzmayer [1925/1985] 41 [Gl. m. Verweisen auf zimbr.Bel. in Kranzmayer (1925/1981)], GottWb.[1973–1976] 1,127): *Egedëchse*: *ēgədękßə* u.ä. Pass.; ve. STir. TirWb.(1955–1956) 1,141; TirId.(1866) 244; *egə̄dękße* Sieb.Gm.; *ēgadęgso* ve. STir. TirWb.(1955–1956) 1,141; *ēgədękß* u.ä. Ultent., Dt.Geg., m-,uEisackt.; Tir. Dalla Torre (1894) 82, FersentWb.(1982) 71; *ēgədakšə, ēgədakš* (Pl. *-kšn*) GottWb.(1973–1976) 1,127 (zum Zs.Fall v. mhd. *ä* u. *ë* s. Lgg. § 2d1); 1.Dem.: *eigədękslé* (Pl. *-lan*) ZahreWb. (2.H.20.Jh./2007) 62; — *Egedächse*: *eigedakße* obLesacht.; 1.Dem.: *ēgədękßlə* außf.Lecht.; *egidakßl* u.ä. obSarnt., SarntWb.(1958–1961) 4,23 (Pl. *-lar*), ve. STir. TirWb.(1955–1956) 1,141; — *Egedachs* (Rückbildg. zum [häufiger verwendeten] 1.Dem. v. *Egedëchse*, s.o.): *eigədǫks* (M.; Sg.=Pl.) ZahreWb.(2.H.20.Jh./2007) 62; — *Egedëtsch*: *ēgədatš* Gott. (u.1900; M.), GottWb. (1973–1976) 1,127 (F.); 1.Dem.: *ēgədatšle* Gott.; — *Ederdëchse*: *ēdərdakšə* GottWb.(1973–1976) 1,127; — *Negedëchse*: *nēgədakšə* Gott.USeite GottWb.(1973–1976) 1,127; — *Hegedëchse, Hëgedëchse*: *hēgədękßə* u.ä. stir.Wippt.; mEisackt. (Pl. *-n*), ebd. STirWb.(1972) 121; uPustert. (Pl. *-kßn*), Antholzert., Sell., ObDraut.; *hēgədękßə* Antholzert.; *hēgədękß* u.ä. Vinschg.; Burggr., ebd. Insam (1936) 77f. (u. K.13), uSarnt., Dt.Geg.; m-,uEisackt., Boz.Uld. (Pl. *-n*); ve. STir. TirWb.(1955–1956) 1,141, Lienz.Beck., obLecht., uSillt., TirId.(1866) 244, Tir. Dalla Torre (1894) 82, ObDraut., obstGurkt.; *hęgədękß* u.ä. Vinschg. (Pl. *-n*), sBoz.Uld., uPustert., Zw. Toren, obLesacht., wNockgeb.; KäId.(1862) 132, Kä. Schüttelkopf (1906) 59; *hegədękße* Sieb. Gm.; 1.Dem.: *hēgədękßl* u.ä. uPustert., Nockgeb.; *hęgidękßl* Tauferert.; — *Hegedächse*: *hegidakßa* u.ä. obstÖtzt. (Pl. *-kßin*), ebd. TirWb. (1955–1956) 1,141; *hegədakßə* u.ä. Virgent., Iselt., Kalsert., obLesacht., KäWb.(1862) 55; *hēgədakß* Lienz.Beck., otir.Lesacht.; 1.Dem.: *hegədakßle* u.ä. wOPustert.; Kalsert. (Pl. *-lɒn*), otir.Lesacht., obstÖtzt.; *hegədakßl* u.ä. Sarnt., mEisackt., obPustert.; ve. STir. TirWb. (1955–1956) 1,141; OPustert., otir.Lesacht., Def. (Pl. *-lɒn*), otir.Draut., Iselt., Kalsert.; Tir. Dalla Torre (1894) 82; obLesacht., obstGurkt., KäWb.(1862) 55; — *Hägedächslein*: 1.Dem.: *hāgədakslɒn* (Pl.) ve. Kä.; — *Hegerdëchse, Hëgerdëchse, Hegeredëchse, Hegeredechse, Hëgeredëchse*: *hēgərdękße* Pass.; *hęgǫdękßę* Ahrnt.; *hegərdękß* Bozen; *heigradękß* uEisackt.; *hēgrədękß* ve. STir. TirWb.(1955–1956) 1,141; TirId.(1866) 244; *hēigrɒdēikß* Reggelbg.; *hęgərədękß* südl.obVinschg.; — *Hëgerdächslein*: 1.Dem.: *hęgǫdakßl* Antholzert.; — *Hederdëchse, Hëderdëchse, Hederdechse*: *hedərdękß* Bozen; *hędǫdękßę* obAhrnt.;

hēidərdekβə u.ä. obstObInnt. (Sg.=Pl.), öObInnt., TirId.(1866) 244; *hēidərdekβ* wObInnt.; 1.Dem.: *hẹdrdẹkβli* Zw.Toren; — *Hededächslein, Hëdedächslein*: 1.Dem.: *hedidagsl* Pustert. TirWb.(1955–1956) 1,141; *hẹdidakβl* obPustert.; — *Hederdächse*: *hēdərdakβɒ* ObInnt. DALLA TORRE (1894) 82; — *Hebedëchse, Hëbedëchse*: *hēiwədẹkβə* u.ä. (Pl. *-kβn*) Sell., Stub., obSillt.; *hēiwedẹkβẹ, hēiwedẹkβ* Villgratent.; *hẹ̄wədẹgs* Sillt., Umg.Innsbruck TirWb. (1955–1956) 1,141; — *Hebedächse*: *hēiwedakβẹ* (Pl. *-kβn*) wOPustert.; *hēwɒdakβn* ve. mInnt.; 1.Dem.: *hewədakβl* u.ä. obPustert.; wOPustert. (Pl. *-lɒn*); Pustert. TirWb.(1955–1956) 1,141; — *Heberdechse*: *hēwərdekβ* obstObInnt.; *hēiwərdekβn* mInnt.; — *Egerëchse, Ëgerëchse, Egerechse, Egerëtsche*: *eḡərẹkβe, eḡərẹtβe* Sieb.Gm. KRANZMAYER (1925/1981) 68; *egərẹkβ* u.ä. Reggelbg.; ve. STir. TirWb.(1955–1956) 1,141, Tir. DALLA TORRE (1894) 82; *ẹgerẹikβ* TirId.(1866) 244; *ēḡərekβ* Fersent.; — *Hegerëchse*: *hegrẹkβə* Pfitscht.; *hēgərẹkβ* u.ä. Sarnt., nö-,sBoz.Uld.; ve. STir. TirWb.(1955–1956) 1,141; — *Hederëchse*: *heidrẹkβ* nördl.obVinschg.; — *Heredëchse, Heredechse*: *hērədẹkβə* u.ä. obstObInnt. (Sg.=Pl.), Sell.; *hērədẹkβ* u.ä. Stanzert.; ObInnt. TirWb.(1955–1956) 1,141; *hērədekβə* u.ä. Pazn., obstObInnt.; *hērədekβ* Stanzert.; Pazn. (Sg.=Pl.), obstObInnt. (Pl. *-ə*), wObInnt.; 1.Dem.: *hērədekβlə* Kaunert.; *hērədikβlə* Samn.; — *Heredächse*: *hērədakβa* uÖtzt.; *hērədakβ* u.ä. wObInnt. (Pl. *-ə*); ObInnt. TirWb.(1955–1956) 1,141; 1.Dem.: *hērədakβlə* u.ä. Gurglt., wObInnt., Pitzt.; — *Hergedëchse*: *hērgədẹkβa* Sell.; — *Hergedächse*: *hergədakβa* Ötzt.; 1.Dem.: *hirgədakβlẹ* (Pl. *-lẹn*) obÖtzt.; — *Wëgdëchse*: *wẹidẹkβn* nSBgl.; — *Wëgedächslein*: 1.Dem.: *wẹ̄igedaksl* Def. HORNUNG (1964) 70 (in Bed.2a); — *Helledächslein*: 1.Dem.: *hēledakβl* wOPustert.; *hōidakβlə* (Pl. *-lɒn*) Virgent.; — *Ëgerhẹxe, Egerhẹxe*: *ẹ̄gərhẹkβə* u.ä. Pass.; ve. STir. TirWb.(1955–1956) 1,141; *ēgərhẹksə* ve. Pass. INSAM (1936) 78; — *Negerhẹxe*: *nēgərhẹksə* ve. Pass. INSAM (1936) 78; — *Tëgerhẹxe*: *tẹgərhẹgsə* Pass. TirWb.(1955–1956) 2,634; — *Hegregechse*: *hēigrɒgēikβ* Reggelbg.; — *Ëidëchse, Ëidechse, Eidëchse, Ëidechse*: *ādẹikβ* u.ä. uMurgeb.; söSBö. SdWb. 3,546; *ādekβ, ādikβ* sSBgl.; *ādikβn, ādikβt* SBgl.; *ādekβ* (M. u. F.; Pl. *-n*) söSBö.; *ǭɒdẹkβ* u.ä. außf.Lecht. TirWb.(1955–1956) 1,141, Zw.Toren, nw-, sWSt., nMSt.; *oaidekšə* GottWb.(1973–1976) 1,127; 1.Dem.: *ādẹkβl* nw-,westl.mWaldv.; *ādekβl* u.ä. nwWaldv., sSBgl., söSBö.; s-, mSZNeuhs. BERANEK (1936) 87; *ādikβl* nMBgl., SBgl.; *ǭɒdẹkβlə, ǭdẹkβlə* außf.Lecht.; *ǭɒdẹkβl* uMurgeb., obYbbst., westl.mWeinv.; *oidekβl* mHausrv.; *oidẹiksl* nöWisch. SdWb. 3,547; *ōdẹksl* Wisch. SDWA 1,S.20 (wohl m. sek. *ō-* aus *oi-*); 2.Dem.: *ādekβae* söSBö.; — *Eidëchse, Eidechse*: *aidẹkβə* u.ä. obLecht., Pazn. (Sg.=Pl.), wObInnt., ObDraut.; Brünn SdWb. 3,546; *ēidẹkβ* außf.Lecht.; *aidẹkβn* u.ä. Ossiach.Geg., uLavantt., sJaungeb.; nöSkgt. (Sg.=Pl.), Linz, uYbbst. u. wohl auch sonst ve. als (jüngere) ugs. Ltg.; 1.Dem.: *aidẹkβlə* u.ä. Tannheimert., Zw. Toren; Lecht., ebd. TirWb.(1955–1956) 1,141 („schriftdt. Form"), ObDraut.; *ẹdẹgslə* Tannheimert. TirWb.(1955–1956) 1,141; *aidekβlə* uMöllt.; *aidẹkβl* u.ä. (z.T. wohl als jüngere, ugs. Form) obLesacht., verbr. OÖ, Ybbst., swWaldv., uBöW, SZNeuhs.; *aidekβl* u.ä. otir.Draut., nöSkgt., obSteyrt., südl.oöEnnst.; SZNeuhs. SDWA 1,S.20; 2.Dem.: *aedẹkβɒl* Ybbst., uBöW, SZNeuhs.; *aedẹkβae* (Pl. *-kβaeɒn*) uBöW; *aidiksɒlɒ, aidiksɒl* nSZNeuhs. SdWb. 3,547; — *Ëidächse, Ëidächse*: *ādakβn* mOSt.; *ādakβ* uMurgeb.; *ǭɒdakβn* mMöllt., obLavantt.; *ǭɒdakβ* mittl.obMurt.; 1.Dem.: *ādakβl* u.ä. obGailt., UDraut., Lurnfd., Ossiach.Geg., nöWSt., OSt., öUPinzg., Salzachpong., Linz, verbr. NÖ (ohne Mostv.; Pl. *-n* ve. NÖ), W. (Pl. *-n*), auch WrWbb., ve. Bgl., Ödenbḡ.Geg., SZNeuhs.; verbr. SMä. (Pl. *-n*); *ǭɒdakβlə* obGurkt., obLavantt., Obdachgeb.; *ǭɒdakβl* u.ä. mMöllt., Maltat., Katscht., Metnitzt., obGurkt., Lavantt.; verbr. St. (M. mittl.obMurt.; Sg.=Pl., daneben Pl. *-n*, im nwObMurgeb. Pl. *-lɒ*), Lung. (Sg.=Pl., daneben Pl. *-lɒ*), sMPinzg., Gasteinert., Gr.Arlt., wTenneng., sFlachg., verbr. OÖ, auch OöWb.(1978) 199, verbr. NÖ (Pl. *-n* ve. NÖ), ve. Bgl.; wSBö., söSMä., Bud. SdWb. 3,547; *ǭidakβl* nSZNeuhs.; *oidaksl* nöWisch. SdWb. 3,547; *ōdaksl* Wisch. SDWA 1,S.20 (wohl m. sek. *ō-* aus *oi-*); 2.Dem.: *ādakβɒl* nwNBgl., SMä.; *ǭɒdakβɒli* nwObMurgeb.; *ǭɒdakβɒl* mObMurgeb., uEnnst. (Pl. *-kβɒlɒ*); — *Eidächse*: *aidakβ* obMöllt.; 1.Dem.: *aidakβlə* obGailt.; *aidakβl* u.ä. Def., Jochbergt., TirId.(1866) 101, Tir. DALLA TORRE (1894) 82, Möllt. (F. uMöllt.), UDraut., obGailt., öNockgeb., obGurkt., Gegendt., Zollfd.; Kä. SCHÜTTELKOPF (1906) 57 (M. od. N.), swObMurgeb., ob-, mEnnst., sOSt., ObPinzg.; öUPinzg. (Sg.=Pl.), Pong., ve. Tenneng., Flachg.; obInnv. (M. nördl. obInnv.), westl.mInnv., nHausrv., w-,söSkgt., swestl.ob-,swestl.uMühlv., Mostv., w-,sVUWW, westl.mWaldv., wNBgl., nMBgl., nSBgl.; wSBö., ve. SMä. (Pl. *-n*); Bud., Brünn; *ẹ̄daksl* Bud. SdWb. 3,547; 2.Dem.: *aedakβɒl* Schneebg.Geb., ve. SMä.; — *Eidachse* (sek. Rückbildg. aus dem 1.Dem. v. *Eidächse*, s.o.): *aidǫkβ* Gegendt.; *aidǫkβn* u.ä. obGurkt., Laßnitzt.; — *Hëidëchse, Hëidëchse*: *hādẹkβ* Brixent.; *hǫidẹkβə* u.ä. ve. uBöW, nöSMä., Brünn SdWb. 3,546; — *Heidëchse*: *haidẹkβ* Bozen; — *Hëidächse, Hëidächs, Hëidächse*: *hādakβə* obZillert.; *hādakβ* obMöllt.; *hādakβ* Ob-

Pinzg. (Pl. *-n*; ve. M.; „weil gerne beim Heu“ [= *hā*]); 1.Dem.: *hādakßl* u.ä. obZillert. (ve. F.; Pl. *-laŋ*), Ach.Beck., nUInngeb.; UInnt. TirWb. (1955–1956) 1,141, Kössent., Pillers.Geb., mMöllt., Gegendt., Zollfd., Pinzg. (Sg.=Pl. sMPinzg.), Salzachpong.; nöSMä., Brünn SDWA 1,S.20; *hādakßl* obMöllt.; *hǭɒdakßl* u.ä. Maltat. (Pl. *-lən*), Liesert., Metnitzt., obEnnst.; ObLung. (Pl. *-lɒ*); 2.Dem.: *hādakßal* (Pl. *-kßalɒ*) Brünn; — *Heidächse*: *haidakß* uMöllt.; 1.Dem.: *haidakßl* u.ä. obMöllt., obGurkt., obEnnst., Auss.Ld., MPinzg., wUPinzg.; Pong. (Pl. *-n*), Tenneng., Flachg.; SaWb.(1995) 96 (*Heidaxl*; „vermutl. aus der Gedankenverbindg. m. ‚Heu‘ entstanden“); nördl.obInnv. (M.), wSkgt., GottWb.(1973–1976) 1,127; — *Heidachse* (sek. Rückbildg. aus dem 1.Dem. v. *Heidächse*, s.o.): *haidǫkß* mMöllt.; — *Hëiderdächslein*, *Hëirerdächslein*: 1.Dem.: *hādɒdakßl* uZillert. (Pl. *-lɒ*), verbr. öN-Tir.; UInnt. TirWb.(1955–1956) 1,141; *hāradakßl* TirId.(1866) 244; 2.Dem.: *hādɒdakßae* Jochbergt.; — *Hëibedächse*, *Hëiberdächse*: *hāwedakß* Lurnfd.; 1.Dem.: *hāwedakßl* UDraut.; *hāwərdakßl* öObInnt.; *hāwɒdakßl* mInnt., nUInngeb.; — *Hëigredächse*, *Hëigedächse*: *hāgredakß* TirId.(1866) 244, Tir. DALLA TORRE (1894) 82; 1.Dem.Pl.: *hāgədakslɒn* Kä. UNTERLERCHER (1932/1975) 52; — *Hardëchslein*: 1.Dem.: *hǭrdękßli* Pazn.; — *Hardächslein*, *Haredächslein*: *hǭrdakßli* Pazn.; *hǭrədakßli* u.ä. Pazn., ebd. TirWb.(1955–1956) 1,141; — *Ē̈idrëchslein*, *Ē̈iderechslein*: 1.Dem.: *ādrękßl* obstKampt.; *ādɒrekßl* obKampt.; *ādrekßl* Buckl.Wt.; — *Ē̈idrächse*, *Ēidrächse*: *ādrakß* mSBgl.; 1.Dem.: *ādrakßl* u.ä. n-,mOSt., sMSt.; Ob-,MSt. SteirWb.(1903) 12 (*Adrachsel* F. u. N.), w-,sVUWW, nö-,mWeinv., Marchfd., W., Preßbḡ.Geg., verbr. Bgl., nWUng.; *ǭɒdrakßl* Schneebg.Geb., nMBgl.; 2.Dem.: *ādrakßɒl* steir. Lafnitzt.; — *Hëidrächslein*: 1.Dem.: *hādrakßl* mInnt.; — *Eidrächslein*: 1.Dem.: *aedrakßl* öNBgl.; — *Ē̈iderächslein*: 1.Dem.: *ādɒrakßl* u. ä. steir.Lafnitzt., steir.Raabt., nw-,öNBgl., sMBgl., nSBgl., ung.Heide, ve. swSlwk.; — *Ē̈iderdrächslein*: 1.Dem.: *ādɒdrakßl* u.ä. OSt. SteirWb.(1903) 11 (F.), w-,sVUWW, nMarchfd., ve. Bgl.; — *Nëiderdrächslein*: 1.Dem.: *nādɒdrakßl* m-,nSBgl., ung.Pinkat.; — *Ē̈iderdächslein*, *Ē̈iderendächslein*: 1.Dem.: *ādɒdakßl* mOSt., sWr.Wd.; *adɒrɒndakßl* sSeew.; — *Ē̈iderkrächslein*, *Ē̈idererkrächslein*: 1.Dem.: *ǭɒdɒgrakßl* steir.Lafnitzt. (kindersprl.); *ādrɒgrakßl* W. (scherzh.); — *Ē̈irëchse*, *Ē̈irëchse*: *āręks* u.ä. m-,sOSt.; OSt., sMSt. Steir.Wb.(1903) 27; *āręksn* u.ä. m-,sOSt.; *ǭɒręks* u.ä. sWSt., m-,sMSt., m-,sOSt.; *ǭɒręiksn* uMurgeb.; — *Eirechse*: *āerekß* uFeistritzt.; — *Ē̈irächse*, *Ē̈irächse*: *ārakß* mOSt., ebd. SteirWb.(1903) 26, sOSt.; OSt., sMSt. SteirWb. (1903) 27 (*Orax*; genaue Ltg.?); 1.Dem.: *ārakßl* obPielacht.; Brünn BERANEK (1936) 87; *ǭɒraksl* sMSt.; — *Hëirēinzlein*: 1.Dem.: *hārōəntßlə*, *hārūəntßlə* obLecht.; — *Ē̈ideichslein*, *Ēideichslein*: 1.Dem.: *ādaekßl* nw-,öNBgl., mSBgl.; *ēɒdaekßl* swNBgl. (m. analogem Umlt. v. *ōɒ-*); *ōidaiksl*, *ōdaiksl* (wohl m. sek. *ō-* aus *ōi-*) Wisch. SDWA 1,S.20; — *Eiderdeichslein*: 1.Dem.: *aedɒdaekßl* wNBgl.; — *Eindeichslein*: 1.Dem.: *āe(n)daeksl* Znaim.Ld. SDWA 1,S.20; — *Genëideichslein*: 1.Dem.: *kŋādaekßl* wNBgl.; — *Ē̈idergewächslein*: 1.Dem.: *ādɒgwakßl* nöWeinv. (scherzh.); — *Tëiderächslein*, *Tëidernächslein*, *Tëirerhächslein*: 1.Dem.: *tādɒrakßl* u.ä. NBgl., ung.Heide; *tādɒnakßl*, *tārɒhakßl* NBgl.; — *Nâterdrächslein*, *Âterdrächslein*: 1.Dem.: *nǭdɒdrakßl* Piestinggeb.; *ǭdɒdrakßl* ebd., sMBgl.; *ōdɒdrakßl* nSBgl., sSZNeuhs.; 2.Dem.: *nǭdɒdrakßɒl*, *ǭdɒ-* Piestinggeb.; — *Âterächslein*: 1.Dem.: *ǭdɒrakßl* NBgl., sMBgl., ung.Heide; *ǭdrakßl* nöNBgl.; — *Âterdeichslein*: 1.Dem.: *ǭdɒdaekßl* wNBgl.; — *Nâterkrächslein*: 1.Dem.: *nǭdɒgrakßl* Dunkelstn.Wd.; 2.Dem.: *nǭdɒgrakßɒl* ebd.; — *Quȧdragewächslein*: 1.Dem.: *gwādragwakßl* söSMä. (scherzh.); — *Abhërkrächslein*: 1.Dem.: *ǭwɒgrakßl* W. (scherzh.); — *Haberdächs*: *hǭwɒdaks* Kä. GRABER (1944) 250 (M.; in Bed.3); — *Erechslein*: 1.Dem.: *ērekßl* nHausrv.; — *Erächslein*: 1.Dem.: *ērakßl* uMurgeb.; — *Edechslein*, *Idechslein*, *Iedechslein*: 1.Dem.: *ēdekßl* u.ä. (Sg.=Pl.) uBöW; *īdekßl* u.ä. (Pl. *-n*) nwestl.obMühlv.; *īɒdekßl* wSBö.; 2.Dem.: *ēdekßae* (Pl. *-aeɒn*) uBöW; *īdekßae* nwestl.obMühlv.; — *Medëchslein*, *Midëchslein*, *Medechslein*, *Merechslein*: 1.Dem.: *mēdękßl*, *mīd-* obYbbst.; *mēidękßl* (durch Ferndissim. aus **nēidękßl*, bei dem *n-* aus d. unbest. Art. angewachsen ist) wSBö. MICKO (1930) 47 u. 49; *mēdekßl* söstl.uMühlv.; *mērekßl* Almt.; — *Bidechslein*: 1.Dem.: *bīdekßl* uBöW, wSBö.; — *Edächslein*: 1.Dem.: *ēdakßl* söSkgt., uBöW; — *Hedächse*: *hēdakßa* obstÖtzt.; *heidakß* Virgent.; 1.Dem.: *hēidakßl* Liesert.; — *Heirächslein*: 1.Dem.: *haerakßl* obEnnst.; — *Ē̈igidëchse*: *ǭɒgidękßn* obstGurkt.; — *Ē̈ilidëchse*: *ǭɒlidękßn* obstGurkt.; — *Dëchse* (Kf. v. *Hebedëchse*, s.o.): 1.Dem.: *dękßl* Innsbruck BENIGNI (1967) 251; — *Tennenächse*: *täenɒnakß* sSeew.; — *Wëgdrächslein*: 1.Dem.: *węidrakßl* nSBgl.; — *Wëterdëchse*: *węidɒdęikßn* nSeew.; — *Egeresch*, *Egerisch* (M.): *eig(ə)rəš*, *ēg(ə)riš* Lavantt.; Kä. SCHÜTTELKOPF (1906) 57, sKanalt.; 1.Dem.: *ēgərišlə* KäId. (1862) 191, Kä. SCHÜTTELKOPF (1906) 62; — *Ē̈igetze*: *āgəts* uMurgeb.; 1.Dem.: *āgətsl* ebd.; — *Egrätz* (M.): *eigratß* nöWSt.; — *Hegritsch*: *hēgritß* u.ä. Def., TirId.(1866) 244; — *Hegerut-*

scha: *hegerutßa* Tirld.(1866) 244; — *Eckesturz*: *eikχeßturtß* (Pl. *-e*) Dreiz.Gm. ZimbrWb. (1936) 49 (in Bed.2a); *Esedëck*: *ēiżədekχ* u.ä. (Pl. *-e*) Dreiz.Gm.; ebd. ZimbrWb.(1882–1885) 179 (M.); — *Heserëchse*: *hēiśɒrẹgś* Fersent.; — *Hennegritscha*, *Hennegritsch*: *hennɒḡritßa* Sieb.Gm. KRANZMAYER (1925/1981) 75; *henəḡritß* (Pl. *-ɒn*) LusWb.(1905) 269; 1.Dem.: *henəḡritßlə* Lus.; — *Ingeritscha*: *iŋḡ(ɒ)ritßa* Sieb.Gm. KRANZMAYER (1925/1981) 71.

Genus: F. in der nichtdeminuierten Form verbr.; F. in der Form d. 1.Dem. jew. ve. obZillert., uMöllt., Ob-,M-,OSt.; M. in der nichtdeminuierten Form Kä. (in Bed.3), Lavantt., sKanalt.; ve. nöWSt., ObPinzg., söSBö., Dreiz.Gm., Zahre, Gott.; M. i.d. Form d. 1.Dem. ve. Kä., mittl.obMurt., nördl.obInnv.; N. in Dem. verbr.

Bed.: **1.** Eidechse (Lacerta), meist ohne genauere Zuordnung, doch wohl in erster Linie die (in ganz Öst. verbr.) Zauneidechse (L. agilis) sowie die Berg- od. Waldeidechse (L. vivipara) allg. m. SI, seltener die (v.a. in OÖst. vorkommende) Mauereidechse (L. muralis) sowie die Smaragdeidechse (L. viridis) ve.; — Füg.: *ɒ grẹ̄ɒ(n)s ādekßl* Smaragdeidechse nwWaldv.; *grẹ̄ɒ(n)s ēdekßl* dass. uBöW; *ḡriənai ēḡədakśə* dass. GottWb. (1973–1976) 1,127; *der gruan eisedek* dass. Dreiz.Gm. ZimbrWb.(1882–1885) 179; *śā̆, dọ rẹnd ɒ-n-ādakßl* schau, da läuft e. E. W. u.ä. verbr.; *aedẹkßn sunɒnd se gẹ̄'n* legen sich gern in die Sonne nöSkgt.; *du bfāusd wiɒ-r-ɒ drọ̄gɒds mẹ̄idẹkßl* du fauchst (→ *pfaus[t]en* 2) wie e. trächtige E. wSBö.; *ẹɒ họ̄d ɒn ghōbf wiɒ ɒ ādakßl* e. kleinen Kopf westl. mWeinv., ähnl. söSMä.; *fliŋk wiɒ-r-ɒ ādakßl* sWr.Beck., ähnl. nwWaldv.; *s khint išt pəhent biə a nēḡədakśə* schnell wie eine E. Gott. USeite GottWb.(1973–1976) 1,127 (weitere Kontextbel. s.d.); *būglɒts ādakßl* bucklige E., scherzh. v.e. gebeugt Gehenden W.; — hist., lit.: *bî in was kroten und nâtern vil. / edechsen* [so als Lesart in Hs.9, 15.Jh.], *mukken ich iu wil / nennen* ENIKEL (1276/1980) 164,8565f.; *grosser, grüner Eydex* SlowWb. (1781) o.S.; *Hådachsel* sSa. („Gebirg") SaId. (1796) 966; *Ádáchs'l* NÖ SEIDL (1844) 283; *Egerechs* CimbrWb.(1855) 178; *Hegerutscha* ebd. 191; *Högadexn und Blindschleichn* mEisackt. KOHL (1908b) 197; *Der Kunt* [Kerl] *is g'sund als wie a Hebadaxen in der Sonnen* mInnt. GREINZ (1913) 100; *'s Adaxl kraxlt über meine Füaß'* söSMä. BACHER (1926) 6; *Die Âttern* [Nattern, → *Nâtter*] *und Hagedachslan hâmp an schean Unterschlupf ghât* Kä. UNTERLERCHER (1932/1975) 52. — Sachl.: die E. gilt als glückbringend ve.; wenn Kinder e. E. sehen, sagen sie *Adraxl, Adraxl, wünsch ma a Glück, daß i heut oder morgen was find'* nöWeinv. HDA 2,680; die E. wird auch als Schutzgeist gegen Schlangengefahr angesehen OÖ HDA 2,681f.; e. tote grüne E. (*eigratß*) wird in Schnaps eingeweicht u. kranken Pferden als Heilmittel gegeben nöWSt.; zu weiteren Vorstellungen rund um die E. im Volksglauben s. HDA 2,672f. — Syn.: f. Eidechse: → *Pêter* 3, *Farer, Fiper, (Fier)fůß* (Dem.); *(Länze)gurre, Guscher, Guschker; (Tatter)mann* (Dem.), *Maurer; (Nâtter)můme* (Dem.), *Reidel; Růpërt, Růprëcht* (Dem.); *Schießer* (Dem.), *(Stock)-; Schütze* (Dem.); f. Smaragdeidechse: → *Grůne, Grůnling, Grůnze, Guscher, Guschker, (Kraut)han, Wisel*. — **2.** Best. Arten v. Schwanzlurchen (Triturus; wohl durch Verwechslg. m. Bed.1): **a)** Feuersalamander (Salamandra salamandra) Def. HORNUNG (1964) 70, ZahreWb.(2.H.20.Jh./2007) 62; ve. mOSt., uMurgeb., obInnv., sWr.Wd., Preßbḡ. Geg., nWUng. SCHÄFFL (1971) 22f.; ve. uBöW, w-,nöSBö. SdWb. 3,547; Füg.: *schekkiges Eidechsl* Feuersalamander ve. n-, mHausrv., wSBö. SCHÄFFL (1971) 45; *rotes Eidechsl* dass. ve. wSBö. ebd. 46; *dəzə śprintsatn eiḡədẹkslan* diese gefleckten (→ *sprinzecht*) Salamander ZahreWb. (2.H.20.Jh./2007) 62; Salamander [wohl: Feuersalamander] Dreiz.Gm. ZimbrWb. (1936) 49; hist.: *Mazharol, m. welsche Eidex, Molch* SlowWb.(1789) 520 (vgl. slow. *močerol* Feuersalamander); Syn. s.u. → *Salamánder*; — **†b)** „kleiner Wassermolch" (wohl e. best. Triturusart) CimbrWb.(1855) 191 (*Heckestrazza*). — **3.** Übertr.: Teufel: [Der] *Teifl .. varschwindat .. nåch so a drei Täg kimp* [kommt] *an ondarar Håbadax* Kä. GRABER (1944) 250; s.a. → *(Krutzi)-*.

Komp.: **(Feuer)-:** Feuersalamander (Salamandra salamandra) ve. mOSt., wSBö. SCHÄFFL (1971) 56 (*Feuereidechse[l]*). — **(Grůn)-:** Smaragdeidechse (Lacerta viridis) Metnitzt. (*grẹ̄ɒnhọɒdakßl*). — **(Krutzi)-:** (sanftes, scherzh.) Fluchwort obKremst. (*grūdsiọ̄ɒdakßl*); Linz, uTraisent., nöWeinv., sWr.Beck., W., auch WrWb.(1873) 97 (*grūdsiādakßl*); östl.mWeinv. FRIMBERGER (1895; *grūdsiādrakßl*); Etym.: zum Bw. s. → *(Krutzi)türke* (→ *Türke* I). — **(Wëg)-:** Feuersalamander (Salamandra salamandra) Def.

SCHÄFFL (1971) 24 (*Wegeidechsl*; genaue Ltg.? Vgl. d. Formen *Wëgdëchse, Wëgedächslein* unter Ltg. w.o.); s.a. d. Syn. → *(Wëg)narr*.
Abl.: *Ëidechser, Hegedëchser*, Pl., i.d. Einschicht gelegene Höfe („verkriechen sich wie die Eidechsen“) mEisackt. STirWb.(1972) 121 (*heigədẹgsər*). *W.B.*

ëiden, ëiten

sw.Vb., **1)** einen Eid leisten, schwören Pustert. TirWb.(1955–1956) 1,11 (*aidn*), ZimbrWb.(1975) 186 (*òatan*); — **2)** büßen, entgelten müssen obEisackt. STirWb.(1972) 5 (*óadn*); Füg.: *dẹs guɛtɛ wettɛr wear mɛr nou óadn* [d.h., auf das z.Z. gute Wetter wird schlechtes Wetter folgen; gewissermaßen als „Strafe“] obEisackt. ebd. 5; Syn. → *ëidigen* 1. — Etym.: Abl. v. → *Ëid*. — BayerWb.[2] 1,37 (*aiten*).
Komp.: **(be)-:** (etw.) durch e. Eid bekräftigen, beschwören nöOSt. (v.1950; *biáitn*), Mostv., westl.mWaldv. (jeweils *bəáetn*). — **†(ge)-:** gegen jem. einen Eid schwören (Bed. lt. NöWeistGl. 656): *da zween gesessen man .. den wol zu trauen und zu glauben ist, den mag ein man den andern nicht geaiden* söWeinv. (1409/c.19.Jh.) ÖWeist. 8,386. *E.G.*

-ëidig

Adj., nur als Komp. **(mëin)-:** meineidig, wortbrüchig ve. m. Bud., öBrünn; Syn. → *†(mëin)ëid*; Ltg.: *muɒnọɒdig* westl. uVinschg., *mọɒnaede* mMSt., obTraisent., nwWaldv., *maenaede* u.ä. sonst ugs.; Füg.: *ein meineidiger Bauer* ugs.; — hist.: *so sol der richter dem main* [falsch, unwahr; vgl. mhd. *mëin(e)*; andere Hs.: *mainaidigen*] *swerer die drei vinger, da er mit gesworn hat, abslahen* mHausrv. (1391) ÖWeist. 14,444f.; *der manaidig mensch swert* nöstl.obMühlv. (1435) ebd. 12,177; *ist er ein rädlführer, so soll er für ein männadigen* [Hs.B: *meinaidigen*] *man gehalten werden* nwNBgl. (1670) ebd. 11,143; Etym.: Abl. v. → *Ëid*; Näh. s.d. unter → *(Mëin)-*. *E.G.*

ëidigen

sw.Vb., **1)** büßen, entgelten müssen nöBoz. ULd., Eisackt., Def., obstZillert. TirWb. (1955–1956) 1,11; ahnden, büßen, strafen Eisackt. TirId.(1866) 7; büßen, strafen STirId.(1901) 278 (*aidigen*; Ltg.?); ein Übel infolge Vergeltung leiden UInnt. BayerWb.[2] 1,37 (*oadigen*); Syn. → *ëiden* 2; Ltg.: *ọɒdiŋ* nöBoz.ULd., *ọɒdign* Eisackt., *ọ̄dəŋ* Def., *ādiŋ* obstZillert., alle Ltg. nach TirWb. (1955–1956) 1,11; *ọɒdi'ŋ* UInnt.; — **2)** durch Eid den Beklagten überführen SteirWb. (1903) 190 (*eidingen*, ä.Spr.). — Etym.: Abl. v. → *Ëid*. *E.G.*

ëieinen

sw.Vb., nach Eiern riechen Gott.ULd. (*ọ̄iain*); zu den Vb. auf *-ain* < mhd. **-înen* vgl. GottGr.(1908) 210f.; Etym.: Abl. v. → *Ëi*. *E.G.*

Eiel, Neiel

F., **1)** Anschmiegsamkeit WSteirWb.(1987) 504 (*nai[d]l*); – **2)** Wange WSteirWb.(1987) 504 (*nai[d]l*); „Wänglein“ (Bed.?) nöWSt. (*naedlɒ*, Pl.); s.a. → *ei* 3. — Etym.: Abl. v. → *ei*. *E.G.*

eieln, eiellen, eiéieln; heieln, heiellen; neieln

sw.Vb., d. Wange e. Kindes streicheln, Wange an Wange schmiegen, e. Kuß auf d. Wange geben TirId.(1866) 101 (*eieln*), ebd. 232 (*haielen*), TirWb.(1955–1956) 1,282 (*haiələn*), UInnt. ebd. 2,448 (*naidln*), mSillt. (*haidələn*), mInnt. (*haidln, haidələn, naidlən*), söNOTir. (*nae[d]ln*), söMKä. (*naidln*), ObSt. SteirWb.(1903) 190 (*eideln*), sOSt. ebd. 191 (*eieideln* [spr. wohl *aeáedln*]), ebd. 336 (*heideln*; hier auch in d. Bed. „durch Wiegen einschläfern; schlafen“; dies s.u. → *heieln*), WSteirWb.(1987) 451 (*nai[d]l[n]*), swFlachg. (*aedaen, aeɒln*), SaWb.(1995) 56 (*eieln*), westl.mInnv. (*aeɒln*), söNÖ (*hae[d]ln*), nwWaldv. (*aeáe[d]ln*); zu d. Ltg. m. *h-*, *n-* u. *-d-* s. d. Erkl. unter → *ei* 2b,d,e; s.a. UgsLex./K. 2,689 (*eiéien, eiéilen, éijeln, éien* streicheln, liebkosen); vgl. auch DWB[2] 7,352 (*eien* liebkosen, streicheln); Syn. → *eien* (unter → *ei* Abl.). — Etym.: Abl. v. → *ei*. — SchwäbWb. 1,120 (*aile*ⁿ liebkosen).
Komp.: **(ab)-:** d. Wange e. Kindes streicheln, Wange an Wange schmiegen, e. Kuß auf d. Wange geben UInnt. TirWb. (1955–1956) 2,448 (*ọnaedln*), öNTir. (*ọnaedln, -nae[n]ln*), uMürzt. (*ọ̄āe[d]ln* u. *ọnāe[d]ln*), mEnnst. u. obTraisent. (*ọ̄āe[d]ln*), Ennspong. (*ọnāe[d]ln*). *E.G.*

ëiereln, ëieln, ëiellen

sw.Vb., **1)** Eier legen, v.d. Henne wObMurgeb.; — **2)** nach Eiern riechen od. schmecken nUInngeb.; nach Eiern riechen uBöW; — **3)** m. roten Eiern spielen Mühlv. BayerWb.[2] 1,55 (*aierlen, airlen*); — **4)** Ameiseneier (= Ameisenpuppen) sammeln u. reinigen swMostv. (va.) KUNDEGRABER (1963) 71 (Näh. s.d.); auch als Komp. *(an)-* einen Sack m. Ameiseneiern anfüllen ebd.; *(aus)-* d. Ameiseneier v. Spreu u.dgl. trennen ebd. (auch subst.); s.a. → *Ēierler*. — Ltg.: *ǭvrön* nUInngeb., *ǭvlvn* wObMurgeb. (zu *-ln* > *-lvn* vgl. Lgg. § 46h12), *ǭv(d)ln* swMostv., *ǭivln* uBöW; PPt.: *āo(n)gǭvld* swMostv. (vgl. Bed.4); Etym.: Abl. v. → *Ēi*. *E.G.*

ēieren, ēiern, ēiein

Adj., **1)** tw. aus Eiern bestehend/gemacht, „eiern", v.e. Backwerk, v.e. Speise KäWb. (1862) 81 (*âran*), SteirWb.(1903) 191 (*eiren* unter *eiern*), Gr.Arlt., OÖ ve. (tw. Ef.), Gott. ULd.; Füg.: *eirenes Brot, eirene Kipfel, eirener Teig* aus Eiern u. Milch gemacht od. gebacken SteirWb.(1903) 191; *s wẹikxvl is ǭa'n* d. Teig d. Weckerls ist „eiern", enthält viele Eier Gr.Arlt., vgl. → *Wecken*; *ǭvrvnə ghipfe* mHausrv. (Ef.), vgl. → *Kipf*; *vn ǭvrvn šīdl* (Akk.) einen mürben Wecken (als Patengeschenk) ebd., vgl. → *Schidel*; *óaras Scherai* süße Eierspeise, Kuchen m. Eiern als Zutat MühlvWb.(2002) 137; hist.: *Müeten's má* [müßten sie mir] *kochá nöt z'airá* [nicht mit zu vielen Eiern bereitet], *nöt z'lehn* [weich, → *lên*] mHausrv. LINDEMAYR (u.1770/1875) 317; *'n aarne Spaiß* Gericht aus Eiern ÖMdaGl.(1785) 70; *aranas Kipfl .. e. mürbes Kipfel, wobei Eyer (Ar) sind* NöWb.(1847) 56; — **2)** empfindlich (wie e. rohes Ei), weinerlich, wehleidig NOTirWb.(1993) 79, OÖ ve.; Füg.: *Sei doch nicht gar so oara!; So ein oaranes Kind* NOTirWb.(1993) 79; *ǭvrv umgẹ̄(n)* m.e. bes. Wehleidigen wie m.e. rohen Ei umgehen mHausrv. NEUNER (1966) 139; *sāe/dūv ned so ǭvrv* sei/tu nicht so empfindl. nwTraunv.; hist.: *oararn sein* stets ängstl. sein söSkgt. Slg.GRIENBERGER (u.1860); *oararn thun* m. etw. wie m. Eiern umgehen ebd. — Ltg.: *ǭvrvn, ǭvrv* u.ä. im Verbr.Geb., jedoch (jeweils in Bed.1) *ārvn* KäWb.(1862) 81, *ǭa* Gr.Arlt., *ǭiain* Gott. ULd. (zu den Adj. auf *-ain* vgl. GottGr.[1908] 210); Etym.: Abl. v. → *Ēi*. *E.G.*

Ēierer

M., Eiereinkäufer, -händler Waldv., Weinv., nöMarchfd., söSMä. (lit., s.w.u.); Sachl.: er kommt/kam zu d. Bauern, kauft(e) Eier, Hühner, Butter u.dgl. u. bringt/brachte diese Produkte zum Markt im Verbr.Geb. (wohl va.; jedoch noch 1966 aus d. mWeinv. bel.; Ef.?); Ra.: *dǫ ghånsd wǫvtn bis dv rǭd ǭvrv* [v. Sammler als Füg. Adj.+Subst. aufgefaßt; ev. als Komp. aufzufassen?] *ghimd* da kannst du warten, bis d. Eierhändler mit den roten Eiern kommt, d.h. sehr lange (weil es rote Eier nur zu Ostern gibt; od. ist gemeint „vergebens warten", da er nur mit rohen, ungefärbten Eiern handelt?) östl. mWaldv. (u.1915); Syn. → *(Ēier)handler, -mann; Fragner*; auch als FN: *Ei(e)rer, Ai(e)rer, Ayrer, Oirer* (dies in OÖ; vgl. dazu → *Ēi* Ltg.); s.a. FNWb./B. 1,15; — h i s t., l i t.: *dô widerfuor in âne swaer / ein armer eiraer. / er truoc ein kretzen* [Tragkorb, → *Kretze*] *ûf dem ruck, / .. / er truoc kaes und hüener vil* ENIKEL (1276/1980) 487,24957f.; *Ayrer: ayer-Verkauffer* ÖMdaGl.(1747) 693; *Aarer* Eierverkäufer ÖMdaGl.(1785) 70; *Eirer* Eierhändler SteirWb.(1903) 197 (ä.Spr.); *der Oarer geht um* söSMä. BACHER (1926) 86; — Ltg.: *ǭvrv* im Verbr.Geb.; Etym.: Abl. v. → *Ēi*; mhd. *eieraere*, st.M., Eierverkäufer MhdWb./L. 1,517.

K o m p.: **†(Hüner)-:** Händler m. Hühnereiern, Hühnern u.dgl.: *ein hunerairer was er chauft auf seinen wagen* östl.mWeinv. (1414) ÖWeist. 11,224; *hüenerayrer, khässtecher und schmältzler* W. (1536) QuWien 1/5,93.

A b l. → *Ēiererin*. *E.G.*

Ēiererin, Ēierin

F., Eiereinkäuferin, -händlerin nWaldv., nWeinv., SMä.; Sachl. s.u. → *Ēierer*; Syn. → *(Ēier)tändlerin, -tragerin, -weib*; Ltg.: *ǭvrvrin* nWaldv.; nwWeinv. KORKISCH (1938) 152; SMäWb.(1999) 320; *ǭvrin* nöWeinv.; Etym.: Abl. v. → *Ēierer*; d. Ltg. *ǭvrin* entw. verkürzt aus *ǭvrvrin* od. direkt abgel. v. → *Ēi*. *E.G.*

Ēierler

M., Sammler v. „Ameiseneiern" (= Ameisenpuppen) swMostv. (va.) KUNDEGRABER (1963) 71 (*ǭvlv*); Syn. → *Âmēißler*; Sachl. s.u. → *(Âmēiß)ēi* 1, *ēiereln* 4; Etym.: Abl. v. → *Ēi*. *E.G.*

Ēierling

M., **1)** Echter Gelbling, Eierschwamm (→ Cantharellus cibarius) St. FERK (1910) 26 (*Oaling*; „nicht allein in Steiermark"); — **2)** Birnensorte wUPinzg. (*aevliŋ*). — Etym.: Abl. v. → *Ēi*. *E.G.*

ēiern

sw.Vb., **1)** m. Eiern handeln nöWeinv., VUMB (u.1890); Füg.: *ẹv ǭvd* er handelt m. Eiern nöWeinv.; — **2)** sich ungleichmäßig drehen, schlingern (z.B. v. e. Rad) ugs.; auch WrWb.(1990) 67; — Ltg.: *ǭv'n* nöWeinv., VUMB; *āevn* ugs.; Etym.: Abl. v. → *Ēi*.

(hër-um)-: herumreden, sich nicht klar ausdrücken ugs.; lit.: "[er] *hat da herumgeeiert", bekrittelt ein Gewerkschafter: „Unsere Botschaft war zu wenig klar."* Standard 20./21.05.2009. *E.G.*

eifen
sw.Vb., jucken, brennen, beißen (v. Schmerzen in d. Haut, von Hautwunden) SteirWb. (1903) 191 (*eifen*); Etym.: unklar. *E.G.*

Eifer I
M., Eifer, Bemühen binnenbair. ve. (eher ugs.), Plad., Gott., Bud., wBrünn; Unwille, Zorn St. — BayerWb.² 1,44, SdWb. 3,557, VlbgWb. 1,676, SchwäbWb. 2,568, Schweiz-Id. 1,109 (*Ifer*).

Ltg.: *aifər* Def. TirWb.(1955–1956) 1,142, sbair. sonst ve., Gott.; *aiffər* NTir. TirWb.(1955–1956) 1,142; *äefɒ* u.ä. ve. ÜGeb. u. mbair., Bud.; *āivr* Plad., wBrünn.

Etym.: von d. Wortfamilie *Eifer, Eiferer, eifern* ist *Eiferer* zuerst bel. (seit 1349/50), als nächstes d. Vb. *eifern* (seit 1411) DWB² 7,356f.; d. Subst. *Eiferer* setzt aber d. Existenz des Verbs bereits f. d. 14.Jh. voraus, vgl. ebd. 7,360; erst „deutl. später" bel. ist d. Subst. *Eifer*; in weiterer Folge wird jedoch das Subst. *Eifer* als Ausgangswort f. d. ganze Wortsippe verstanden, vgl. ebd. 7,356f. (unter *Eifer*) u. ebd. 7,360 (unter *eifern*); zur weiteren (unsicheren) Herk. d. Wortfamilie vgl. ebd. 7,360 u. DEWb./K.[24] 231; entl. ins Slow. als *aifer* SlowWb.(1789) 77.

Bed.: **1)** Eifer, Bemühen, Strebsamkeit, Begeisterung u.ä. (Bed. wie stdsprl.) binnenbair. ve. (eher ugs.), Plad., Gott., Bud., wBrünn; auch TirWb.(1955–1956) 1,142, SteirWb.(1903) 191, SMä. Beranek (1936) 73, PladWb.(1972) 157 (Textbel. s.d.), GottGr.(1908) 187, wBrünn Hiller (u.1880–1938) 63; Füg.: *ghǫɒn äefɒ hǭ'm* keine Lust, keinen Antrieb (zu irgend etw.) haben nördl.obInnv.; *dē hǭd äefɒ, daß ɒn mā̊(n) grīɒgd hǭd* „die hat Eifer, daß sie einen Mann bekommen hat"; sagt man v.e. Braut, die das „Ja" b.d. Trauung in d. Kirche (zu) laut gesprochen hat Schneebg.Geb. (u.1915); auch als *(Dienst)-* Diensteifer ugs., PladWb.(1972) 143; — hist., lit.: *soll ain ieder gemainsmann* [Angehöriger der Gemeinde] *allen miglichisten fleiß und eifer gebrauchen* [um e. Brand zu verhindern] wOb-Innt. (1641) ÖWeist. 3,206; [einem Gottesdienst] *mit eifer beiwohnen* W. (1674) Nö-HandwOrdng./O. 242; *im doppelten Eifer mit dem Essen und mit dem Ratschen* [Plaudern] mSTir. Pölt-Nordheim (1917) 81; — **2)** Unwille, Zorn SteirWb.(1903) 191; hist., lit.: *Hernach hat der nåmliche Herr in sein Eifer alle, denen d' Madam Figano nicht gfalln hat, Rebhåhnl gheissen* W. Eipeldauerbr. 27 (1796) 9; *ás traut sih / koaner 'was z'redn zán Küni, der ord'ntlih vor Eifer und Zorn foamt* [schäumt, → *fēimen*] sWr.Beck. Nagl (1909) 116.

Komp. (s.a. → Simpl.1): **†(Ge)-:** Eifer, Lust, Begierde CimbrWb.(1855) 185 (*Gaivar*) u. danach TirWb.(1955–1956) 1,231 (*gaivar* zimbr.); Etym.: intensivierende Kollektivbildg. wie z.B. → *(Ge)spåss*; s.a. CimbrWb. (1855) 185 (wohl aus *ga, g'* und *aivar* gebildet); s.a. → *†(ge)eifern* 2. — **(Jagd)-:** Jagdlust, -fieber obGurkt., uBöW, Bud.

Abl. → *Eiferach, eifrig*; s.a. → *Eiferer, eifern.* *E.G.*

Eifer II
M., e. Fadenwurm (wohl e. Art v. Saitenwurm) Lüsenert. (u.1920; Sg.: *aifər*; Pl.: *aifərn*); vgl. syn. od. bed.ähnl. → *Eiferling* (s. u. Abl. w.u.), *Ifer, (Waßer)kalb*; Sachl.: der E. ist mehrere Dezimeter lang, ähnelt einem weißen od. schwarzen Zwirnsfaden, lebt im Wasser u. gilt als äußerst „giftig". Das Verenden v. so manchem Stück Vieh wird darauf zurückgeführt, daß es einen E. getrunken habe Lüsenert.; Etym.: wohl Nf. zu → *Ifer* (Näh. s.d.).

Abl.: *Eiferling*, M., „Wassertrichine" mEisackt. ve. TirWb.(1955–1956) 1,142 (*aifərling*). *E.G.*

Eiferach
N.Koll., Eifersucht KäWb.(1862) 82 (*eifrach*); Syn. → *(Eifer)sucht*; Etym.: Koll. zu → *Eifer* I. *E.G.*

Eiferer
M., eifersüchtiger Mensch KäWb.(1862) 82 (*eifrar*), Znaim.Ld. SdWb. 3,557 (ohne Ltg.); hist.: *es mag auch niemant ain eifrer sein, / nur der da hat lieb und pein* Vintler (1411/ 1874) 127,3684f.; Etym.: zu → *Eifer* I (Näh. s. d. unter Etym.); vgl. auch → *eifern* 1. *E.G.*

Eiferling, „Wassertrichine", → *Eiferling* (→ *Eifer* II Abl.)

eifern
sw.Vb. (sw. u. st.PPt. Gott.), eifersüchtig sein binnenbair. verbr., Plad., Zarz, Gott., wBrünn; eifrig sein ve.; sich ereifern u.ä. (Näh. s.w.u.) ve.; Etym.: zu → *Eifer* I (Näh. s. d. unter Etym.); entl. ins Kä.Slow. als *âjfrati*, vgl. ZarzWb.(v.1920/1983) 56.

Ltg. (vgl. → *Eifer* I): *aifərn* u.ä. sbair., Gott., *äefɒn* u.ä. ÜGeb. u. mbair., *āivrn* Plad., *āiffrn* Zarz u. Dt.Ruth ZarzWb.(v.1920/1983) 56 (m. verkehrssprl. *-f-* statt mdal. [d.h. sth.] *-v-* ebd.), *aivrn* wBrünn; PPt.: *gaifəršt* Sillt., *gaefɒšd* Gr.-Arlt., *gāefɒd* mbair. ve., *ḡaifərt, ḡaifərn* GottWb. (1973–1976) 1,128.

Bed.: **1)** eifersüchtig sein, sich eifersüchtig gebärden, seine Eifersucht zeigen binnenbair. verbr., Plad., Zarz, Gott., wBrünn; Znaim.Ld., Brünn SdWb. 3,557; auch Tirld. (1866) 101f. (hist. Bel. s.d.), TirWb. (1955–1956) 1,142, KäWb.(1862) 82, WrWb. (1873) 52, WrWb.(2002) 328, SMäWb.(1999) 135, PladWb.(1972) 157, ZarzWb.(v.1920/1983) 56, GottWb.(1973–1976) 1,128 (Füg. s. d.), wBrünn HILLER (u.1880–1938) 63; — Füg.: *mit einem/einer eifern* auf ihn/sie eifersüchtig sein u. es durch d. Verhalten zeigen verbr.; *mit jem. e.* eifersüchtig sein Tirld.(1866) 101; *mit âme e.* dass. KäWb.(1862) 82; *ęɒ āefɒd mid saen wāe* er quält sein Weib mit Eifersucht nwestl.obMühlv. (v.1935); *Der N. eifert mit'n Schatt'n an der Wand* ist ganz ohne Ursache eifersüchtig WrWb.(1873) 52 (e. weitere Füg. s.d.); *einer/eine tut eifern* verbr.; *schau wia des Khind eifad* WrWb. (2002) 328; *der Hund eifert* wenn sein Besitzer e. anderes Tier streichelt W., wBrünn u. wohl verbr.; — hist., lit.: *wann die lieb die ist so frum, / das si niemant eifern tuet* VINTLER (1411/1874) 126,3681f.; wohl hierher: *Er* [Gott] *eifert man und freuelein, / auch alle creatur, / er will der liebst gehaben sein* OSWALD (u.1425/1904) 198,67f.; *Das kann aber z' Wien nur den gmein Leuten gschehn; denn d' gnådign Herrn und Fraun eifern z' Wien nicht – und schleichen also einander nicht nach* W. Eipeldauerbr. 15 (1794) 20; *Der Polak ist ůber d' neue Bekanntschaft ein Bißl eifersůchtig; denn er eifert gleich, sobald ein Fremder meiner Frau Gmahlin was ins Ohr sagt aber das ist curios, Herr Vetter, mit mir eifert er nicht* W. ebd. 29 (1796) 5; *Dáß ih nit eifern thu', / Dös is ganz kloar; / I gunnát' nur Koan'm von dir / Koan Hárl Hoar* NÖ SEIDL (1844) 17; *Muaßt nit aso eifan, / Dås Eifan is Sündt* Sa. SÜSS (1865) 180; *Und iatz derf i nimmá* [näml. tanzen], *ös is wögn mein' Wei, / Iatz derf i kám zuaschaun, sie eifárát* [Kj.Pt., würde eifern] *glei* OÖ PURSCHKA (1886) 27; *Zon Brummeln, zon eifa'n håst du jå kåan' Grund* UInnt. (1903) KOHL (1908a) 61; *Sie* [d. Ehefrau] *tuat gern eifán* mInnv. SCHATZDORFER (1969) 131; — **2)** fleißig arbeiten u. lernen SMäWb.(1999) 135; — **3)** sich bes. f. etw. einsetzen SMäWb.(1999) 135; — **4)** streiten, z.B. um e. Erbschaft W. (u.1930); — **†5)** Unmut äußern, sich erregen: [e. unschuldig Inhaftierter u. dann Freigelassener schwört,] *gegen denen die an meiner gefängnus schuld möchten haben, in ungnaden und ausserhalb rechtens nimermehr zu eifern noch zu rechen* sMBgl. (E.17.Jh.) ÖWeist. 7,1021.

Komp.: **(an)-:** anspornen, (jem. für etw.) begeistern u.ä. ve.; anspornen öst. (u. süddt.) VALTA (1974) 283; hist., lit.: *jedermann* [solle] *zu einen ehrbaren lebenswandl und christlicher einigkeit durch lobwürdiges vorspillen und untadlhaften vorgehen eines gesammten magistrat angeeifert werden* nwObMurgeb. (1715) ÖWeist. 6,252; *Dadurch* [durch Umpflanzen u. Düngen] *eifert man die Pflanzen an, viele Blüten zu treiben* Linz BWoche 8.11.1931. — **(be)-:** nur als PPt.: von Eifer durchdrungen Laßnitzgeb.; Füg.: *ich bin so beeifert zum Arbeiten* ich arbeite voll Eifer, voll Freude ebd. — **(der)-:** sich ereifern, aufregen in d. refl. Füg. *sich d.* steir.Raabt., obMühlv., östl.mWeinv. — **†(ge)-: 1)** sich ereifern, in d. Füg.: *sich gaivarn* CimbrWb. (1855) 185; — **2)** begierig sein CimbrWb. (1855) 185 (*gaivarn*). — Etym.: vgl. → *†(Ge)eifer* (→ *Eifer* I). *E.G.*

eifrig, eiferig

Adj., eifrig ve. (eher ugs.), Plad., Gott., öBrünn; auch als Komp. *(dienst)-* diensteifrig ugs., Plad.; Füg.: *er betet e.* sMBgl.; *der Hund ist e.* wachsam, scharf öBrünn (v.1925); — hist., lit.: *abents zum eiferigen schlafgebet anhalten* obSteyrt. (1641) ÖWeist. 13,243; *dem heiligen gottsdienst mit eifriger andacht .. beiwohnen* sWr.Beck. (1668) NöHandwOrdng./O. 11; *Alß ich dieselbige* [näml. Briefe] *gelesen .. sagte ich ganz eifrig darauff: „Iezt verstehe ich erst recht disen handl"* NÖ KLEINSCHROTH (1683/1956) 187; *welcher sich umb die defension* [Verteidigung] *deß closterß äuferigst angenommen und ihm vorgenomen ehenter zu sterben, alß von kloster zu weichen* NÖ ebd. 73; *die gotßdienst vleissig und eiferiger alß bißhero beschechen besuechen* Liesert. (17.Jh.) ÖWeist. 6,453; *Sie wártelt* [spricht, erzählt, s.u. → *wörteln*] *so eifri* OÖ PURSCHKA (1892) 69; *Dáß's eh ganz án eifringá Liabhabá hat* OÖ ebd. 186; *Weil's an' eifering Gäuschütz'n* [iron. f. „Gass'lbua", einen, der „Fensterln" geht] *oft zu dumm weaschd* Pillers.Geb. (1889) KOHL (1908a) 87 (Bed. lt. Reg. ebd. 151); — Ltg.: *aefɒre* Laßnitzgeb., söstl. uMühlv., *aivriχ* u.ä. Plad., öBrünn, *aifrikx* Gott., *aefre, -ix, -ig* u.ä. sonst ve.; *aifəriŋ* u.ä. Pillers.Geb., OÖ ve. (s.u. hist., lit.); — Etym.: Abl. v. → *Eifer* I. *E.G.*

êig, vergangen, → *ê* (Abl.)

Ēigen

N., Besitz, Eigentum ve.; ON verbr., FlN ve.; Grundbesitz, Ortsgemeinde u.ä. hist. — BayerWb.[2] 1,48, SdWb. 3,558 (unter *Eigen* u. *eigen* Bed.4,1), SchwäbWb. 2,570f. u. 6/2,1803f., SchweizId. 1,146.

Ltg. (z. Entw. v. mhd. *ei* vgl. Lgg. § 20): *ǫɒgŋ, ǫɒ'ŋ* u.ä. STir. ve., Liesert., mInnv., söSkgt. (1860), obMühlv., wSBö., SMä., *āgŋ, ā'ŋ* Lesacht., Millst.Geg., *ǫi'ŋ* Innv. ve., wSBö.

Etym.: ahd. *eigan*, st.N., Habe, Gut, Besitz, Eigen(tum), Eigentümlichkeit AhdWb./K. 214; mhd. *eigen*, st.N., Eigentum, bes. ererbtes Grundeigentum im Ggs. zu mhd. *lêhen* MhdWb./L. 1,518; Verbalnomen zu germ. **aigan* haben, besitzen (dies ist auch Ableitungsbasis v. → *ēigen*, Adj.), vgl. DWB[2] 7,387 (unter *Eigen*, N., Näh. s.d.).

Bed.: **1.** Besitz (bes. Haus-, Grundbesitz), Eigentum TirWb.(1955–1956) 1,11 (*an aigen* [als hist. Bel. aufzufassen?]), Kä. ve., söSkgt. (1860), Znaim.Ld., SMäWb.(1999) 320; Füg.: *mae(n) ā'ŋ* mein Besitz Millst.Geg.; *mae(n) ǫɒ'ŋ* Liesert., söSkgt. (1860), Znaim.Ld.; *ęɒ hǫd ghǭɒ(n) ǫɒ'ŋ* keinen Hausbesitz söSkgt. (1860); s.a. Bed.3a; hist.: *Es schol der fuerman dasselb* [Handelswaren] *fueren und bewaren, recht, als* [als ob] *es sein aigen sei* W. (13./14.Jh.) WrStadtRb.(1873) 69. — **2.** ON, FlN: *āgŋ* Aigen (ON) b. St.Jakob im Lesacht.; *ǫi(g)ŋ* Aigen südl.obInnv. OBOÖ 1,51, *ǫi(g)ŋ* (ä. Ltg.), *ǫɒ(g)ŋ* (jüngere Ltg.) Aigen östl.mInnv. ebd. 2,25; d. ON *Aigen* kommt in Kä., St., Sa., OÖ u. NÖ jeweils öfter vor; s.a. ANB 1,18f. u. 1,309; *ǫɒ'ŋ* u. *ǫi'ŋ* Aigen [ON; wo?] wSBö. Micko (1930) 89; Füg.: *ins ǫɒ'ŋ gē(n)* nach Aigen/Inn (Ortsteil d. Gemeinde Bad Füssing) in Bayern gehen (bes. b.d. Leonhardi-Wallfahrt) westl.mInnv.; *ins ǫɒ'ŋ gē(n)* nach Aigen (nwestl.obMühlv.) gehen obMühlv.; *ǫɒgŋ* Eigen, FlN, das z. Hof gehörende Feld Ahrnt. Hopfgartner (1970) 144f.; hist.: *Häufti* [häufig] *gehnt nu in Aign* [Schreibg. *ai* f. mdal. *ǫɒ*] mInnv. Stelzhamer (1844b) 141; *Aign* Dorf in der Pfarre Schildorn [östl.mInnv.] ebd. 327 (Reg.); s.a. Bed.3b; als FlN, ON in Komp.: *(Siben-forh)-* „Siebenföhreneigentum“, Name einer Wiese am Tanzbach im Sarnt. STirWb.(1972) 249 (*sîmforóagn*); *(Neu)-* Neu-Schallersdf. SMä., e. Dorf b. Znaim SMäWb.(1999) 320 (*Nei-Oagn*); als ÜN f.d. Ort zu verstehen od. Bez. f.e. Ortsteil? — **†3.** Terminus der Rechtsspr. (vgl. dazu DRW 2,1321f.): **a)** Grund- u. Hausbesitz (z. Paarformel „Erbe und Eigen“ m.d. urspr. Bed. „Erbgrund u. Kaufgrund“ vgl. DRW 2,1322): *Stirbt ain man und sol gelten, und let erb und aigen genueg hinder im* W. (13./14.Jh.) WrStadtRb.(1873) 59; *ein guet, das gelegen ist ze Tyemendorf .. des zwo hofstet sind .. das guet mein und meiner vordern rechtes aigen ist* uTraisent. (1307) UBSPölt. 1,219; *Wer da klagt umb urbar oder umb aigen oder umb gult* [Abgabe an den Grundherren, → *Gülte*] mEisackt. (15.Jh.) ÖWeist. 5/1,260; *so ainem phant eingeantwuert werden, eß sei varund guet schreinphant* [→ †*(Schrein)pfand*] *essendeu phant* [= gepfändetes Vieh, das gefüttert werden muß] *oder erb und aigen* Tulln.Beck. (15.Jh.) ebd. 8,620; *in sonderhait ain aigen zuegesagt* näml. e. anteiligen Besitz an e. Wohnhaus W. (1536) QuWien 1,1,224; *welcher weisen* [durch Beweis überführen, bezeugen lt. OöWeistGl. 417] *will umb erb und aigen* mInnv. (M.18.Jh.) ÖWeist. 12,109; e. Begriffsklärung f.d. hist. Begriff „Eigen“ f.d. Bel. aus OÖ s.a. OöWeistGl. 190 (*aigen, aign, äugen*); wohl hierher (od. z. Adj. → *ēigen*): *einen Platz im Walde oder auf einer „Fürfrey“* [Gemeingut, → †*(Für)frei*] *mit einem Zaun umgeben und sich dadurch gleichsam zu Eigen machen* Skgt.Lex.(1768–1769/1936) 96 (unter *Einfangen*); s.a. → *Urbar* herrschaftl. Gut, das dem „Urbarmann“ z. Bewirtschaftung überlassen wird; — **b)** Gut, Besitz, Herrschaftsbereich eines Grundherren („Allod“ im Unterschied zum „Lehen“); in weiterer Folge Siedlung, Ortsgemeinde (die gewisse Privilegien hat, „Freidorf“): *hie envor dô kande man iz wol bî Riuwental. / dâ von solde man mich noch von allem rehte nennen: / nust* [nu(n) ist] *mir eigen unde lêhen dâ gemezzen smal* Neidhart (1.H.13.Jh./1968) 86,7,2f.; *auf meines herrn aigen von Babenberch sol nimant den plutigen pfening* [vgl. → *(Plůt)pfenni(n)g*] *haben* uLavantt. (1289) ÖWeist. 6,525; *diu purch ze Sternberch, diu ir* [der Gräfin Katharina v. Sternberg] *reht aigen was mit allem dem, daz ze rehte darzu gehôret* Tir. (1311) FRA 2/78,68; *Vermerkt die rechten des markts, urbar und gerichts zu Weyssenpach. Von erst das es ist recht freiß aigen und von niemand zu lehen beruerd* uMühlv. (14.Jh./c.16.Jh.) ÖWeist. 12,542; *nachdem als Zillingdorf ist ein freis aigen, wer dahin furt traid, wein oder fleisch .. der mag die da vertreiben, verkaufen oder* *schenkn* [ausschenken] sWr.Beck. (15.Jh.) ebd. 7,106; *ain freis aigen zu Münnichwalt* [Mönichwald] *ze stiften .. und sind frei im aigen aller maut* steir.Lafnitzt. (16.Jh.) ebd. 6,107; *wie noch an vil orten diser nam aigen gemain* [gebräuchl., bekannt] *ist und dardurch ain clains dörfel verstanden wiert* obEnnst. (nach 1590) ebd. 10,46; *Das dorf oder aign Alhambing* [Allhaming] *hat seinen befreiten burkfridt* nwTraunv. (v.1621) ebd. 13,54; *Aigen, (praedium) Marckte, Dörffer* Öst. ÖMdaGl.(1747) 629.

Komp. (s.a. → Simpl.2): **†(Erb)-:** ererbte u. vererbbare Liegenschaft: *Wer umb erbaigen, grund und poden .. clagen will* nöSkgt. (nach 1620) ÖWeist. 13,398; s.a. OöWeistGl. 195, DRW 3,52 sowie → Simpl.3a. — **†(Frei)-: 1)** rechtes freies Eigen, an dem d. Bauer Eigentumsrecht hat u. das keiner eigentlichen Grund-, sdn. einer bloßen Schirmherrschaft unterworfen ist SteirWb.(1903) 252 (ä.Spr.); s.a. OöWeistGl. 235 u. DRW 3,726f.; — **2)** „Freidorf", Dorf m. best. Rechten: *Hohenwolckersdorf ist ein frei aigen* Buckl.Wt. (17.Jh.) ÖWeist. 7,68; nach DRW 3,726f. als Subst. (Komp.), nach NöWeistGl. 652 als Adj. + Subst. aufzufassen; s.a. → Simpl.3b, *†(frei)ēigen*. — **(Zwi)ge-:** Haus m. zwei Besitzern Gr.Achent. TirWb.(1955–1956) 2,740 (*zwîgaign*). — **†(Käuf)-:** durch Kauf erworbenes Eigen (vgl. → Simpl.3a): *unsers rechten chauf aigens zwai phunt gelts* nwMostv. (1341) UBSPölt. 1,339; „gekauftes Eigen an liegendem Gute" SteirWb.(1903) 381 („Weist."); s.a. DRW 7,586 (m. weiteren Bel. aus Öst.). — **†(Kuchel)-:** „zur landesfürstl. Küche gewidmetes Gut od. Gefälle [Abgabe, → *(Ge)felle*]" SteirWb.(1903) 418 (*Kucheleigen*, ä.Spr.); s.a. DRW 8,27 (*Kücheneigen*). — **†(Lut)-:** Allod TirId.(1866) 7 (*lutaigen* [wohl als hist. Bel. aufzufassen]); Füg.: *das Bichele luteigen* uStub. (nach 1774) StubON/H. 88 (Subst. od. Adj.; Näh. s.d.); Etym.: Näh. zum Bw. s.u. → *(lut)ēigen*. — **†(In-wërt)-, †(In-wërts)-:** innerhalb e. Herrschaftsverbandes frei veräußerliches Dienstgut bzw. das Recht an diesem lt. DRW 6,310f. (unter *Inwärt[s]eigen*; einige hist. Bel. aus Öst. s.d.): *Hec sunt predia circa Helphâwe* [Helpfau nördl.obInnv., vgl. ANB 1,509], *quod dicitur inwertaigen* Monds. wSkgt. (12.Jh.) ÖUrb. 3,2/1,198; *vnd dy hoftet* [sic!] *sind auch inwerttaygen gen Gleuzz* [Gleiß uYbbst.] o.O. (1374) FRA 2/33,265; *Inwärtseigen*, N., SteirWb.(1903) 366f. (ä.Spr., ohne Bed.Angabe); vgl. BayerWb.² 2,1008f.

Abl. → *ēigenhaft, Ēigner*; s.a. → *ēignen*. *E.G.*

ēigen

Adj., jemandem gehörend, eigen verbr., Plad., wBrünn; verwandt; besonder; eigenwillig; absonderlich u. weitere übertr. Bed., jeweils ve. — BayerWb.² 1,48, SdWb. 3,558, VlbgWb. 1,677, SchwäbWb. 2,569f., SchweizId. 1,145f.

Ltg. (z. Entw. v. mhd. *ei* vgl. Lgg. § 20): *ǭɒgŋ, ǭɒ'ŋ* u.ä. verbr. sbair., ÜGeb. u. mbair.; *ǭɒgə* wObInnt., *āga* Stanzert., *āgŋ, ā'ŋ* u.ä. stir.Pustert., obGailt., Gitscht., Gurkt., Glant., W. (amdal.), Plad.; *aixɒn* nSBgl. (1906); daneben *āigŋ, āe'ŋ* u.ä. verkehrssprl. verbr.; vgl. *āi'ŋ* (durch Einfl. d. Verkehrsspr.) u. *ǭɒ'ŋ* wSBö. Micko (1930) 89; *aign* (statt zu erwartendem *oagn*) wBrünn Hiller (u.1880–1938) 60; *āe'ŋ* SMä. Beranek (1936) 86; flekt. Formen (soweit bel.; s.a. unter Füg.): *ǫɒ'ŋeŋ* eigenen, als Analogie zu den Adj. auf *-ig*, gegen richtig *ǫɒ'ŋɒ(n)* Gr.-Arlt. Fiala (1965) 212; *äⁱŋgɒ* eigener W. Gartner (1900) 146; *d̲r āg̅ne, d̲ āg̅ne, z āg̅ne* der, die, das eigene PladWb.(1972) 157; *an āg̅ŋd̲r, an āg̅na, an āg̅ŋz* ein eigener usw. ebd. 157.

Etym.: ahd. *eigan*, Adj., eigen usw.; mhd. *eigen*, Adj., dass.; isoliertes PPt. von germ. **aigan* haben, besitzen (dies ist auch Ableitungsbasis v. → *Ēigen*, N.), vgl. DWB² 7,370 (Näh. s.d.), DEWb./K.²⁴ 231, DEWb./Pf.⁵ 266.

Bed.: **1.** Einer Person gehörend, einer Sache zugehörig; eigen verbr. m. Plad., wBrünn; — Füg.: *im eigenen Haus* u.ä. verbr.; *in oagnən haus* TirWb.(1955–1956) 1,11; *Er hat sei' agn's Haus* WrWb.(1873) 17; *in die eigenen vier Wänd'* zu Hause W. u. wohl verbr.; *miər hǭbɒ ǫɒgnɒ sǫɒf tsum špīəlɒ und fir d plōwə waß* wir haben eigene [näml. selbst gemachte] Seife z. Spülen (des Bodens) u. f.d. blaue [= bunte; vgl. → *plâu* I,1e] Wäsche obstObInnt. Insam (1954) 62; *s ǭɒ'ŋe brå̄d* d. im Haus gebackene Brot nöSkgt.; es ist ergiebiger als das gekaufte ebd.; *des hǭw-i mid ä̅gɒnə å̄'ŋ gsē'ŋ* mit eigenen Augen W.; *pit āg̅nd̲r hǫnt* mit eigener Hand PladWb.(1972) 157; *zum Haus gehört ein eigener Garten; er wurde auf eigenen Wunsch .. entlassen* so u.ä. verkehrssprl.; — hist., lit.: *hat der lai* [Laie] *nicht aigens insigel, so haizz im der stat insigel darüber geben* W. (14.Jh.) WrStadtRb.(1873) 101; *Das man ainen yeden Inwoner, der nicht aigen haus hat, hie ze wienn nur ainst fur gericht vmb allerlay geltschuld laden sol, vnd nicht mer* W.